ars digitalis

Reihe herausgegeben von

Peter Klimczak, FG Angewandte Medienwissenschaften, Brandenburgische Technische Universität, Cottbus, Deutschland

EBOOK INSIDE

Die Zugangsinformationen zum eBook inside finden Sie am Ende des Buchs.

Die Reihe ars digitalis wird herausgegeben von PD Dr. Dr. Peter Klimczak.

Sollen technische und kulturelle Dispositionen des Digitalen nicht aus dem Blickfeld der sie Erforschenden, Entwickelnden und Nutzenden geraten, verlangt dies einen Dialog zwischen den IT- und den Kulturwissenschaften. Ausgewählte Themen werden daher jeweils gleichberechtigt aus beiden Blickrichtungen diskutiert. Dieser interdisziplinäre Austausch soll einerseits die Kulturwissenschaften für technische Grundlagen, andererseits Entwickler derselben für kulturwissenschaftliche Perspektiven auf ihre Arbeit sensibilisieren und den Fokus auf gemeinsame Problemfelder schärfen sowie eine gemeinsame ‚Sprache' jenseits der Fachbereichsgrenzen fördern. Notwendig ist eine solche interdisziplinäre Auseinandersetzung nicht zuletzt deshalb, um den vielfältigen technischen Herausforderungen an Mensch, Kultur und Gesellschaft ebenso informiert wie reflektiert zu begegnen.

In dieser Reihe finden nicht nur Akteure aus Wissenschaft, Forschung und Studierende aktuelle Themen der Digitalisierung fundiert aufbereitet und begutachtet, auch interessierte Personen aus der Praxis werden durch die interdisziplinäre Herangehensweise angesprochen.

Peter Klimczak, Dr. phil. et Dr. rer. nat. habil., ist Privatdozent an der Brandenburgischen Technischen Universität.

Angela Krewani · Peter Zimmermann
Hrsg.

Das Virus im Netz medialer Diskurse

Zur Rolle der Medien in der Corona-Krise

Hrsg.
Angela Krewani
Institut für Medienwissenschaft
Philipps-Universität Marburg
Marburg, Deutschland

Peter Zimmermann
Bergische Universität Wuppertal, Deutschland

ISSN 2662-5970　　　　　　ISSN 2662-5989 (electronic)
ars digitalis
ISBN 978-3-658-36311-6　　ISBN 978-3-658-36312-3 (eBook)
https://doi.org/10.1007/978-3-658-36312-3

Die Deutsche Nationalbibliothek verzeichnet diese Publikation in der Deutschen Nationalbibliografie; detaillierte bibliografische Daten sind im Internet über http://dnb.d-nb.de abrufbar.

Springer Vieweg
© Der/die Herausgeber bzw. der/die Autor(en), exklusiv lizenziert an Springer Fachmedien Wiesbaden GmbH, ein Teil von Springer Nature 2022
Das Werk einschließlich aller seiner Teile ist urheberrechtlich geschützt. Jede Verwertung, die nicht ausdrücklich vom Urheberrechtsgesetz zugelassen ist, bedarf der vorherigen Zustimmung des Verlags. Das gilt insbesondere für Vervielfältigungen, Bearbeitungen, Übersetzungen, Mikroverfilmungen und die Einspeicherung und Verarbeitung in elektronischen Systemen.
Die Wiedergabe von allgemein beschreibenden Bezeichnungen, Marken, Unternehmensnamen etc. in diesem Werk bedeutet nicht, dass diese frei durch jedermann benutzt werden dürfen. Die Berechtigung zur Benutzung unterliegt, auch ohne gesonderten Hinweis hierzu, den Regeln des Markenrechts. Die Rechte des jeweiligen Zeicheninhabers sind zu beachten.
Der Verlag, die Autoren und die Herausgeber gehen davon aus, dass die Angaben und Informationen in diesem Werk zum Zeitpunkt der Veröffentlichung vollständig und korrekt sind. Weder der Verlag, noch die Autoren oder die Herausgeber übernehmen, ausdrücklich oder implizit, Gewähr für den Inhalt des Werkes, etwaige Fehler oder Äußerungen. Der Verlag bleibt im Hinblick auf geografische Zuordnungen und Gebietsbezeichnungen in veröffentlichten Karten und Institutionsadressen neutral.

Planung/Lektorat: Petra Steinmueller
Springer Vieweg ist ein Imprint der eingetragenen Gesellschaft Springer Fachmedien Wiesbaden GmbH und ist ein Teil von Springer Nature.
Die Anschrift der Gesellschaft ist: Abraham-Lincoln-Str. 46, 65189 Wiesbaden, Germany

Einleitung

Die Corona-Krise dominiert seit spätestens März 2020 die Berichterstattung und die Kommunikation in den traditionellen und den sozialen Medien. Sie gewinnt damit eine beunruhigende Präsenz, der sich niemand entziehen kann. Neben Presse und Radio war es in den ersten Monaten vor allem die Berichterstattung des Fernsehens über die Ausbreitung und die Brennpunkte der Pandemie, die die öffentliche Meinung prägte. Schockierende Bilder und Berichte von Menschen an Beatmungsgeräten auf überfüllten Intensivstationen, vom Abtransport der Leichen und deren Bestattung auf rasch ausgehobenen Gräberfeldern lösten in weiten Teilen der Bevölkerung Ängste vor einer Infektion mit dem unbekannten Virus aus und drängten auch die Politiker zu raschen Gegenmaßnahmen. Sie haben zur Akzeptanz der drastischen Freiheitsbeschränkungen in der Bevölkerung seit dem ersten ‚Lockdown' im Frühjahr 2020 erheblich beigetragen. Dazu gehört nicht nur das Verbot von Massenveranstaltungen und kultureller Angebote, die Schließung gastronomischer Betriebe, Hotels und Geschäfte, sondern auch die Einschränkung persönlicher Freiheitsrechte durch Ausgangssperren, Reise- und Kontaktverbote. Es waren Maßnahmen, wie sie in diesem Ausmaß bislang noch nicht einmal in Kriegszeiten praktiziert worden waren. Kritik an der Einschränkung demokratischer Grundrechte trat angesichts dieses bedrohlichen medialen Szenarios dabei zunächst in den Hintergrund. Damit schlug die ‚Stunde der Exekutive' und der Virolog*innen. Die Parlamente wurden bei der Entscheidungsfindung kaum noch zu Rate gezogen und die Bundesregierung übernahm gemeinsam mit der Runde der Ministerpräsident*innen der Länder das Kommando. Legitimiert wurde diese Vorgehensweise durch ein bislang kaum genutztes Infektionsschutzgesetz, das mehrfach verschärft wurde.

Ambivalenter als in Fernsehen, Radio und Presse, die sich an journalistischen Maßstäben der Informationsvermittlung orientieren, sind die Informationen und Meinungsbilder in den sozialen Medien, die zwischen Dramatisierung und Verharmlosung der Pandemie oszillieren und der Verbreitung von Fake News, Verschwörungstheorien und rechtsradikaler Propaganda ein weites Feld bieten. Internetplattformen wie Facebook, Twitter und Instagram fungieren insbesondere in Krisenzeiten als Instrumente einer weniger informativ als affektiv beeinflussten Meinungsbildung. Dabei spielt die öffentliche Diskussion um die schrittweise Rücknahme der Restriktionen und um begleitende staatliche Maßnahmen der Prävention und Überwachung wie Maskenpflicht, Impfnachweis, Corona-Tests und die ‚Corona-App', die Algorithmen zu mächtigen Wächtern gesellschaftlicher und privater Kontakte macht, eine wichtige Rolle.

Dem Kampf der Meinungen in den sozialen Medien begegnen die traditionellen journalistischen Medien mit der wissenschaftlich fundierten Aufbereitung von Fakten in Form von Schaubildern, Grafiken und Statistiken, die die Zahl der Infektionen, Krankheitsverläufe und Todesfälle zu Fieberkurven der Pandemie verarbeiten. Es sind Parameter, an denen sich auch die Politiker im permanenten Wechsel von Restriktionen und Lockerungsmaßnahmen des öffentlichen und privaten Lebens orientieren. Podcasts bekannter Virolog*innen und Sendungen zur Lebenshilfe und Beratung in Zeiten der Pandemie ergänzen und interpretieren diese ebenso informativen wie beängstigenden Wellen im Infektionsverlauf. Sendungen der Fernsehunterhaltung, Kabarettisten und die witzige Aufbereitung der Pandemie in Memes und Clips sorgen demgegenüber für Entspannung. Katastrophen- und Pandemiefilme erfreuen sich dank der Angstlust der Zuschauer*innen verstärkter Popularität. Das Bild des unsichtbaren Virus in Gestalt einer stacheligen Kugel mit Saugnäpfen ist in den Medien allgegenwärtig und schnell zur visuellen Ikone der Corona-Pandemie geworden.

Aufgrund der Medialität des Virus und der kontroversen Diskurse der Krise haben die Herausgeber*innen dieses Buches im Juli 2020 in der Gesellschaft für Medienwissenschaft einen ‚Call for Papers' veröffentlicht, der ein breites Echo gefunden hat. In den 19 Beiträgen, die sich auf den Zeitraum von März 2020 bis zum Frühjahr 2021 konzentrieren, setzen sich die Autor*innen mit verschiedenen Aspekten der medialen Aufbereitung der Corona-Pandemie auseinander.

Einen ersten Schwerpunkt bildet die Analyse der Krisenberichterstattung über die Corona-Pandemie in Fernsehen und Presse. Dennis Gräf und Martin Hennig haben zu diesem Thema schon im August 2020 eine Studie veröffentlicht, die den einschlägigen Sondersendungen von ARD und ZDF einen auf die Pandemie verengten ‚Tunnelblick' bescheinigte – eine provokante These die ein ungewöhnlich breites und kontroverses Medienecho gefunden hat. Im vorliegenden Buch vertiefen sie diese Erkenntnisse mit Reflexionen und Analysen zur Methodik und Funktionsweise von Krisenjournalismus. Am Beispiel der Berichterstattung der *Tagesschau* im Frühjahr 2020 kommt Miriam Goetz zu dem Ergebnis, das hier im Gegensatz zu den im Internet kursierenden Falschmeldungen sachlich und glaubwürdig berichtet wurde. Peter Zimmermann konstatiert ähnlich wie Gräf und Hennig eine hypertrophe Konzentration der Fernseh- und Presseberichterstattung auf die Pandemie, die nicht nur der Information, sondern auch der Einschüchterung und Disziplinierung der Bevölkerung gedient, die Einschränkung der Grundrechte legitimiert und ein patriarchalisches Narrativ vom ‚Vater Staat' und seinen unmündigen Kindern propagiert habe.

Ein zweiter Schwerpunkt widmet sich der Auseinandersetzung mit der Corona-Pandemie in der Fernsehunterhaltung. Joan Kristin Bleicher weist insbesondere in Hinblick auf Fernsehserien und nicht-fiktionale Sendungen auf deren Entlastungsfunktion hin. Comedy Reihen, Infotainment, Kochsendungen und Talk-Shows dienten ebenso der

Zerstreuung und Ablenkung wie der pragmatischen Lebenshilfe. Am Beispiel von Corona Mini-Serien wie *Drinnen, Ausgebremst* oder *Social Distance*, zeigt Gabriele Dietze, wie über meist traumatisierte weibliche Hauptfiguren Quarantäne als Erzählung über Krisen bewältigende ‚Therapie' entwickelt wird. Für die unterhaltsame und entlastende Gestaltung dient die Form der „Dramedy" – eine Kombination aus Drama und Comedy. Televisuelle Geisterspiele aus der Zeit des Lockdowns präsentiert Anne Ulrich. Sie untersucht, wie politische Late-Night-Shows in Deutschland und den USA, die im Lockdown ohne Studiopublikum auskommen mussten, dieses zu ersetzen versuchten – dient es doch als hochgradig inszenierter Stellvertreter des Fernsehpublikums und sorgt für eine Atmosphäre der Geselligkeit, die von der Pandemie erstickt worden ist.

Die Auseinandersetzung mit der Pandemie im Internet und den Social Media steht in einer weiteren Gruppe von Beiträgen im Mittelpunkt. Samuel Breidenbach und Peter Klimczak untersuchen den Umgang von Twitter mit dem Corona-Virus im Spannungsfeld von ‚Wahrheit und Falschheit' und neue Regeln der Content-Moderation, die der Verbreitung von Falschmeldungen entgegenwirken sollen. Désirée Kriesch vergleicht auf der Grundlage der Uses-and-Gratification-Theorie den wissenschaftlichen Audio-Podcast *Das Coronavirus-Update* von Christian Drosten mit dem Unterhaltungspodcast *Fest&FlauschigZuhause,* die der Hörerschaft auf ganz unterschiedliche Weise Halt und Orientierung zu geben versuchen. Charmaine Voigt und Tobias D. Höhn gehen der Frage nach, inwieweit sich im ‚Lockdown' nicht nur die Koch- und Essgewohnheiten, sondern auch die gesamte Ernährungsweise verändern und welchen Beitrag dazu der #corona-Diskurs auf *Twitter* leistet. Kevin Pauliks untersucht die Begriffsgeschichte von Memes und die Medienpraxis des Memeing am Beispiel von *Corona-Chan*, der ersten humorvollen Darstellung von Internet-Memes des Corona-Virus im Anime-Stil. Dabei weist er darauf hin, dass der Meme-Begriff in der Evolutionsbiologie seinen Ursprung hat, wo er als infektiöse Idee galt („virus of the mind"), die sich von Mensch zu Mensch überträgt und Immunschwäche infiziert.

In Krisenzeiten haben ‚Verschwörungstheorien' Hochkonjunktur, die nach den ‚wahren' Ursachen, Schuldigen und Profiteuren der Krise suchen. Angela Krewani reflektiert die Funktionsweise dieser ideologisch geprägten Narrative im Kontext kybernetischer Modellbildungen. Carolin Lano weist auf die Wechselwirkung von Verschwörungstheorien und journalistischer Berichterstattung hin: Angesichts der unsicheren Nachrichtenlage über eine weitgehend unsichtbare Gefahr, treten in der Berichterstattung Unschärfen und Irritationen auf, die als Rohstoff für verschwörerische Szenarien dienen. Diese werden wiederum zum Gegenstand der Berichterstattung. Mit der Funktion von Statistiken, Diagrammen, Dashboards und Tracing-Apps, die sowohl der sachlichen Information über die Verbreitung der Pandemie als auch deren Eindämmung dienen, beschäftigt sich Thorben Mämecke.

Um die Koevolution menschlicher Selbstentwürfe im Spannungsverhältnis von Mensch, Medium und Corona geht es in dem Beitrag von Jiré Emine Gözen und Sebastian Sierra Barra. Sie weisen darauf hin, dass die Pandemie nicht nur als Bedrohung der menschlichen Existenz verstanden worden ist, sondern auch als Chance, Fehlentwicklungen zu korrigieren und über gesellschaftliche Neuentwürfe nachzudenken. Der Lebenshilfe in Zeiten der Verunsicherung und Desorientierung dienten die vom Bundesministerium für Gesundheit initiierten Video-Clips der Reihe *#WirBleibenZuhause*, die Robin Schrade in seinem Beitrag vorstellt. Die visuelle Darstellung des unsichtbaren Virus, die von wissenschaftlich fundierten Modellen bis zur freien Gestaltungen in Emojis und Comics reicht, und die Veranschaulichung des Verlaufs der Pandemie in den Medien durch Grafiken und Dashboards steht im Mittelpunkt des Beitrags eines Autor*innen-Teams. In Krisenberichterstattung, Wissenschaftskommunikation und Entertainment haben sie sich mittlerweile zu visuellen Tropen verfestigt und sind zum Teil des kollektiven Bildgedächtnisses geworden.

Pandemiefilme und Computerspiele, die vor der Corona-Pandemie entstanden sind, stehen im Mittelpunkt einer weiteren Gruppe von Beiträgen. Tobias Helbig analysiert eine Reihe von Epidemiefilmen, die sich im Gefolge von Wolfgang Petersens erfolgreichem Thriller *Outbreak* (1995) mit dem Ausbruch, dem Verlauf, der Bekämpfung und den Auswirkungen einer Epidemie befassen. Vielfach spielen dabei xenophobe Tendenzen eine wichtige Rolle, wenn das Virus etwa aus dem afrikanischen Dschungel oder den Laboren feindlicher Mächte kommt. Drehli Robnik behandelt eine Reihe neuerer Epidemiefilme, die zwischen 2016 und 2020 entstanden sind. Dabei geht es ihm insbesondere um die filmische Darstellung und Wahrnehmung der Dekonstruktion scheinbar stabiler gesellschaftlicher Verhältnisse im Verlauf der Pandemie und der damit verbundenen Verunsicherung und Desorientierung der Protagonist*innen und Zuschauer*innen, die auch zu neuen Formen gesellschaftlicher Kooperation führen können. Das postapokalyptische Computerspiel *Death Stranding* aus dem Jahre 2019, in dem der Bote eines Lieferdienstes zum einzigen Kontakt wird, der den in Isolation lebenden Menschen noch bleibt, wirkt wie eine Vorwegnahme der Lebensbedingungen in der Corona-Pandemie in Zeiten eines radikalen Lockdowns. In der Retrospektive bekommt dieses von Felix Schniz vorgestellte Spiel, in der der Spieler des Boten zum Helfer und Hoffnungsträger der vereinsamten Individuen wird, eine beängstigende Aktualität.

Wir danken allen Autorinnen und Autoren die dazu beigetragen haben, das Virus im Netz medialer Diskurse zu lokalisieren und die Rolle der Medien in der Corona-Krise zu erforschen. Unser besonderer Dank gilt auch Peter Klimczak, der dieses Buch in seine Reihe „ars digitalis" aufgenommen hat, Sophia Leonhard und Petra Steinmüller für die Betreuung von Seiten des Verlages sowie unseren Hilfskräften Lea Heiser und Dorian Lummel.

Angela Krewani
Peter Zimmermann

Inhaltsverzeichnis

Teil I   Krisenberichterstattung in Fernsehen und Presse

1   Corona und Medien: Analyse- und Reflexionslinien von Krisenjournalismus 3
Dennis Gräf und Martin Hennig
- 1.1   Einführung 4
- 1.2   Die Sondersendungen 6
  - 1.2.1   Krisenrhetorik und Inszenierung der Krise 7
  - 1.2.2   Verhältnis zur Politik 10
  - 1.2.3   Leistungs- und Funktionsfähigkeit in der Krise 13
- 1.3   Blick auf andere Sendungsformate 16
- 1.4   Reflexionen zu Spezifika und Problemen forschungsseitiger Medienkritik in Krisenzeiten 18
- 1.5   Fazit 21
- Literatur 23

2   Visualisierung einer Pandemie 25
Miriam Goetz
- 2.1   Die Rolle der öffentlich-rechtlichen Medien in der Corona-Pandemie 26
  - 2.1.1   Schwerpunkte in der Corona-Berichterstattung 26
  - 2.1.2   Mediale Präsenz des Virus – quantitative Analyse der Corona-Berichterstattung 27
  - 2.1.3   Übermittelter Charakter des Virus – qualitative Analyse der Corona-Berichterstattung 28
  - 2.1.4   Medienbildproduktion und bevorzugte visuelle Übermittlung von Inhalten 31
  - 2.1.5   Autoritätspersonen im Kontext des Virus 32
- 2.2   Einordnung der Erkenntnisse in Produktionskontext und aktuelle Lage der visuellen Berichterstattung 33
- 2.3   Fazit 35
- Literatur 36

3 „Die Mutanten werden uns überrennen": Krisenberichterstattung zur Corona-Pandemie zwischen Information, Panikmache und Disziplinierung 39
Peter Zimmermann
  3.1 Krisen-, Kriegs- und Katastrophenberichterstattung 40
  3.2 Die Corona-Pandemie und die ‚Stunde der Exekutive' 41
  3.3 Das ‚Regiment der Pest': ‚Lockdown', Disziplinierung und Einschränkung der Freiheitsrechte 44
  3.4 Zur Rolle der Medien als vierte Gewalt und Hüter demokratischer Rechte 46
  3.5 Der Verlautbarungs-Journalismus und das ‚Patriarchalische Narrativ' 49
  3.6 Umschlag der Stimmungslage und Tendenzwende der Berichterstattung 51
  3.7 Nach der Krise ist vor der Katastrophe 55
  Literatur 57

Teil II Pandemie und Fernsehunterhaltung: zwischen Ablenkung und Therapie

4 **Fun, Facts und Viren** 61
Joan Kristin Bleicher
  4.1 Einleitung 61
  4.2 Das Angebotsspektrum der Fernsehunterhaltung 62
  4.3 Formen und Funktionen der fiktionalen Unterhaltung 63
  4.4 Zum Einfluss von Corona auf das serielle Erzählen im Fernsehen ... 64
  4.5 *Sloborn* (2020) als serielle Vision der Pandemie 65
  4.6 Corona in der non-fiktionalen Fernsehunterhaltung: Eskapismusfunktion in Krisenzeiten 66
  4.7 Anpassungen der Produktion von Unterhaltungsformaten an die Pandemiebedingungen 67
  4.8 Kochen, Reden, Unterhalten 68
  4.9 Reden über die Krise in Talkshow- und Late Night Showformaten ... 70
  4.10 Comedy und Corona 72
  4.11 Für Euch da – SWR Comedy gegen Corona 73
  4.12 Vom Saal ins Studio: Corona Fernsehkarneval 73
  4.13 Fazit 74
  Literatur 75

5 **Quarantäne als Therapie: Corona-Miniserien** 77
Gabriele Dietze
  5.1 Eine signifikante Leerstelle 77
  5.2 Ein Nischenformat: Die Corona-Miniserie 79
  5.3 Erzählformate 80

	5.4	Ach ja, die Liebe	82
	5.5	Quarantäne als Therapie	84
		5.5.1 Typus 1 – Das Isolationsmodell	86
		5.5.2 Typus 2 – Beziehungskiste	87
	5.6	You can't quarantine Love	88
	5.7	Schlussbemerkung	89
		Literatur	91
6	**Televisuelle Geisterspiele**		**95**
	Anne Ulrich		
	6.1	„This is weird, isn't it?" – Geisterspiele im Fernsehstudio	96
	6.2	„Das Elixier der Geselligkeit": Zur kommunikativen Rolle des Studiopublikums	100
	6.3	Das Studiopublikum als Claque	103
	6.4	Abschied vom Studiopublikum: „Right now, I'm imagining your laughter."	105
	6.5	Late Night at Home: Die Hosts als sendende Massen-Eremit*innen	112
	6.6	Schluss: Klick, Clique und Claque	120
		Literatur	121

Teil III Die Pandemie im Internet und den Social Media: zwischen (Des)Information, Prävention und Überlebenshilfe

7	**Wahrheit und Falschheit in Twitter**		**127**
	Samuel Breidenbach und Peter Klimczak		
	7.1	Twitters Maßnahmen gegen das Virus	128
	7.2	Content-Moderation in Twitter	130
	7.3	Twitters Ideale für die Kommunikation auf der Plattform	132
	7.4	Kurzer Rückblick in die Geschichte der Wahrheitstheorien: Russell, Hempel, Carnap	135
	7.5	Bestimmbarkeit des Wahren und Falschen	137
	7.6	Das Verhältnis von Aussagen und Ausgesagtem	138
	7.7	Die Bestimmung des hinlänglich Bewährten	141
	7.8	Zurück zu Twitter	142
	7.9	Fazit und Ausblick	143
		Literatur	144
8	**Halt in haltloser Zeit**		**147**
	Désirée Kriesch		
	8.1	Einleitung	148
	8.2	Das Coronavirus-Update mit Christian Drosten	150
	8.3	Fest & Flauschig Zuhause	154
	8.4	Fazit	158
		Literatur	159

9	Ernährungsbotschaften im #corona-Diskurs auf Twitter	163

Charmaine Voigt und Tobias D. Höhn

	9.1	Einführung	164
	9.2	Methodisches Vorgehen	165
	9.3	Ergebnisse	167
		9.3.1 Diskursakteur*innen	167
		9.3.2 Thematischer Diskursverlauf	170
	9.4	Fazit und Ausblick	172
		Literatur	173

10	Infektion im Internet	175

Kevin Pauliks

	10.1	Einleitung	176
	10.2	Ursprung von Memes und Memetik	177
	10.3	Evolution von Memes im Internet	180
	10.4	Medienpraxis des Memeing am Beispiel von *Corona-chan*	187
	10.5	Fazit	192
		Literatur	193

Teil IV Datenpolitiken und Verschwörungsideologien

11	Kybernetische Datenpolitik und Verschwörungsideologien	197

Angela Krewani

	11.1	Einleitende Überlegungen	197
	11.2	Bilder der Wissenschaft im öffentlichen Diskurs	198
	11.3	Kybernetisierung der Pandemie	200
	11.4	Kollektive Bildkulturen der Pandemie	205
		Literatur	209

12	Die Irritation der Irritation	213

Carolin Lano

	12.1	Einleitung	214
	12.2	Zum Medienereignis Corona	215
	12.3	Die Verschwörungstheorie als Krisenphänomen	216
	12.4	Berichterstattungsphasen und Evolution der Corona-Verschwörungstheorien	218
	12.5	„Viruses of the mind": Eine neue Form der Irritation?	223
	12.6	Fazit	225
		Literatur	226

13	Flatten the Curve – Pandemic Dashboards & Tracing-Apps	229

Thorben Mämecke

	13.1	Zahlen als numerische Äußerungsmodalitäten in den Corona-Medien	230
	13.2	Pandemic Dahboards – Nummerische Visualisierungen der Corona-Krise	231

	13.3	Corona-Dashboards zwischen Wissenschaftskommunikation und Datataining..	233
	13.4	Genealogie der biopolitischen Datenvisualisierung................	235
		13.4.1 Praktische Aspekte der Datengeschichte...................	236
		13.4.2 Epistemologische Aspekte der Datengeschichte............	237
		13.4.3 Legitimitätsaspekte der Datengeschichte...................	238
	13.5	Dashboards der Selbst- und Gesellschaftssteuerung................	239
	Literatur...		241

Teil V Gesellschaftliche Auswirkungen und Visualisierungen der Pandemie

14 Mensch – Medium – Corona 245
Jiré Emine Gözen und Sebastian Sierra Barra
  14.1 Perspektiven des In-Beziehungtretens............................ 246
  14.2 Verschiebungen des Beziehungsraums 247
  14.3 Beziehungsweisen 248
  14.4 Zum Neuentwurf 250
  Literatur... 251

15 #WirBleibenZuhause 253
Robin Schrade
  15.1 Einführung.. 254
  15.2 Zusammen gegen Corona 255
  15.3 Parzellieren/Disziplinieren/Kultivieren 257
  15.4 Wir bleiben zuhause... 259
  15.5 Ausblick... 262
  Literatur... 264

16 OBSERVE! An Inanimate Virus (Animated) 267
Judith Ellenbürger, Erwin Feyersinger, Martina R. Fröschl, Björn
Hochschild, Katrin von Kap-herr, Sebastian R. Richter, Maike Sarah
Reinerth und Janina Wildfeuer
  16.1 Einleitung... 268
  16.2 Die visuelle Identität des Virus 269
  16.3 Kontexte, Funktionen und Interpretationen der visuellen Identität des Virus.. 273
  16.4 Die visuelle Identität der Pandemie und ihrer Ausbreitung............ 276
  16.5 Kontexte, Funktionen, Interpretationen der visuellen Identität der Pandemie 281
  16.6 Conclusio... 282
  Literatur... 283

Teil VI Pandemiefilme und Computerspiele

17 „**Darkness and Decay and the Red Death held illimitable dominion over all.**"... 287
Tobias Helbig
  17.1 Epidemien als Motiv in Literatur und audiovisuellen Medien 288
  17.2 Der Epidemiefilm als Wissenschaftsthriller...................... 289
  17.3 Der Epidemiefilm als Allegorie 294
  Literatur.. 300

18 **Spielfilm als Pandemie-Panorama mehrdeutiger Reproduktion** 303
Drehli Robnik
  18.1 Einleitung... 303
  18.2 Aufarbeitung und Niedriglohnarbeit: *The Cured*................... 304
  18.3 Try a Little Tenderness: *93 Days*.............................. 307
  18.4 Schluss mit Sündenbocksuche: *Contagion – Viral – Virus* 309
  18.5 Im Happy Team der kleinen Unterschiede: *Little Joe* 315
  Literatur.. 318

19 **Gemeinsame Boten der Einsamkeit** 319
Felix Schniz
  19.1 Einleitung... 320
  19.2 Eine Welt in Scherben 321
  19.3 Essential Worker, Lockdown, Social Distancing................... 323
  19.4 Die metamoderne Heilung für den postmodern Blues?.............. 324
  19.5 Die ‚strands' verbinden 327
  Literatur.. 328

Autorinnen und Autoren... 331

Teil I

Krisenberichterstattung in Fernsehen und Presse

Corona und Medien: Analyse- und Reflexionslinien von Krisenjournalismus

Dennis Gräf und Martin Hennig

Zusammenfassung

Der Beitrag analysiert aus einer medien- und kultursemiotischen Perspektive die Berichterstattung des Jahres 2020 zum Coronavirus exemplarisch anhand der Sondersendungen *ARD extra – Die Coronalage* und *ZDF Spezial*, um spezifische Inszenierungsstrategien und potenzielle Problemfelder von Krisenjournalismus zu diskutieren. Ein Fokus wird dabei auf der Krise als Erzählmodell, dem Verhältnis zur Politik und weiteren verhandelten gesellschaftlichen Ideologien, insbesondere den gerade auch in der Krise verstärkt zutage tretenden Ideologemen der Leistungsgesellschaft, liegen. Die Untersuchung wird flankiert von einer kursorischen Analyse von äquivalenten Tendenzen der Berichterstattung in weiteren medialen Formaten. Abschließend ziehen wir methodisch-theoretische Schlussfolgerungen aus dem medialen und gesellschaftlichen Umgang mit medienkritischen Studien im Krisenzeitraum und reflektieren in diesem Zusammenhang das krisenspezifische Verhältnis von Wissenschaft, Politik und Journalismus.

Schlüsselwörter

Krisenjournalismus · Medienkritik · Corona · Semiotik · Narratologie

---

D. Gräf
Universität Passau, Passau, Deutschland
E-Mail: dennis.graef@uni-passau.de

M. Hennig (✉)
Eberhard Karls Universität Tübingen, Tübingen, Deutschland
E-Mail: martin.hennig@izew.uni-tuebingen.de

1.1 Einführung

Seit Beginn der Corona-Pandemie im Frühjahr des Jahres 2020 ist diese ein zentraler Gegenstand medialer Berichterstattung. Dabei kommt Medien im Allgemeinen und insbesondere dem öffentlich-rechtlichen Rundfunk die relevante gesellschaftliche Aufgabe zu, die mit der medizinischen Krise einhergehenden politischen Maßnahmen und Entscheidungen aus verschiedenen Perspektiven zu kontextualisieren und kritisch zu begleiten: „Je unvoreingenommener und vielfältiger die Beobachtungen der Medien sind, desto demokratischer ist der Prozess der Meinungsbildung" (Thomaß und Radoslavov 2016, S. 5). Darüber hinaus gelten „Unabhängigkeit, Vielfalt, Faktizität, Relevanz, Ausgewogenheit, Neutralität" (Schicha 2019, S. 41) als Normen journalistischer Qualität und können gerade in der Krisenberichterstattung Transparenz hinsichtlich des gesamten Diskursspektrums herstellen. Dabei verlangt der Öffentlichkeitsaspekt des Rundfunk-Systems nach einer kritischen wissenschaftlichen Begleitung medialen Handelns.

Vor diesem Hintergrund ist unsere im August 2020 erschienene Studie *Die Verengung der Welt* (vgl. Gräf und Hennig 2020), in der wir für die Corona-Sondersendungen von ARD und ZDF bis zu diesem Zeitpunkt exemplarisch eine spezifische Krisenrhetorik sowie verschiedene damit zusammenhängende Inszenierungsstrategien rekonstruiert haben, in den Medien breit rezipiert worden. Unser in einem digitalen Forschungsmagazin erschienener (Kurz-)Aufsatz war dabei als kritischer Aufschlag zur wissenschaftlichen Diskussion von Tendenzen der Krisenberichterstattung gedacht, jedoch wurde der Beitrag in kürzester Zeit einer breiteren Öffentlichkeit bekannt und hat ein breites und polarisierendes mediales wie gesellschaftliches Echo ausgelöst, auch weil er zum Teil (politisch) auf eine Fundamentalkritik am öffentlich-rechtlichen Rundfunk reduziert wurde. Dies hat uns einerseits erneut die Relevanz des Gegenstandsfeldes Krisenjournalismus vor Augen geführt, andererseits aber auch in vielerlei Hinsicht für die Effekte und Problematiken von Medienkritik in Krisenzeiten sensibilisiert.

Tatsächlich beanspruchen einzelne Beispiele unserer Studie keine Repräsentativität für das umfassende Feld der Krisenberichterstattung bei den Öffentlich-Rechtlichen und darüber hinaus, vielmehr sollten sie im Einzelfall aufzeigen, inwiefern Strategien massenmedialer Krisenkommunikation problematisch sein können. Die Sondersendungen von ARD und ZDF haben aufgrund ihres prominenten Sendeplatzes nach den Hauptnachrichten eine große Reichweite, stellten und stellen somit einen probaten Untersuchungsgegenstand medienwissenschaftlichen und semiotischen Erkenntnisinteresses dar, prägen sie doch gerade aufgrund dieser Reichweite die Wahrnehmung gesellschaftlicher Realität unter dem Coronavirus mit und verarbeiten anknüpfende gesellschaftliche Diskurse.

Die von uns mit der ersten Studie gemachten Erfahrungen nehmen wir nun im vorliegenden Beitrag zum Anlass, vertiefend über kommunikative Prozesse im Kontext von Krisenjournalismus zu reflektieren. In diesem Sinne erweitern wir die Perspektive unserer ersten Studie, indem wir den gesamten Zeitverlauf des Jahres 2020 betrachten und 1.) anhand von Einzelfallbeispielen aus den Sondersendungen bis zum 31.12.2020 allgemeine

Tendenzen von Krisenberichterstattung ausführlich nachzeichnen und in ihrer Bedeutungskonstruktion kritisch diskutieren, um daran anschließend 2.) aufzuzeigen, dass ähnliche Tendenzen der Berichterstattung auch in anderen öffentlich-rechtlichen Sendungskontexten, genauso aber auch im Privatfernsehen zu identifizieren sind und es sich somit um allgemeine, nicht-senderbezogene Tendenzen handelt. Abschließend wollen wir 3.) methodisch-theoretische Schlussfolgerungen aus dem medialen Umgang mit unserer ersten Studie und mit Medienkritik in Krisenzeiten im Allgemeinen ziehen und in diesem Zusammenhang das Verhältnis von Wissenschaft, Politik und Journalismus reflektieren.

Die Semiotik als methodische Grundlage unserer kulturwissenschaftlichen Untersuchung geht davon aus, dass auch Nachrichtenformate, die im Gegensatz zu fiktionalen Formaten einen dominant referenziellen Charakter haben, potenziell eigenständige Weltmodelle konstruieren können, die aus einem System von Aussagen bestehen und denen implizit Normen, Werte und anthropologische Annahmen inhärent sind. Ein solch konstruiertes Weltmodell ergibt sich aus der Abstraktion der Textdaten:[1] Auch journalistischen Texten liegen strategische Entscheidungen zugrunde, die sich mit dem Begriffspaar Selektion (Auswahl von Aussagen und Daten) und Kombination (spezifische Zusammenstellung des Ausgewählten) fassen lassen und grundlegend für die Paradigmenbildung eines Nachrichtentextes sind. Dabei sind die Modalitäten des Sagens (als syntagmatische Ebene) für eine Analyse der Modalitäten des Gesagten (als paradigmatische Ebene) zentral, indem es nicht nur die Daten und Aussagen an sich sind, aus denen sich spezifische Bedeutungen ergeben, sondern auch die Art und Weise ihrer Präsentation, was als Inszenierungsstrategie bezeichnet werden kann.

Der Begriff der Inszenierung bezieht sich zum einen auf die strategische Operation von Selektion und Kombination, also die Auswahl und die (argumentative) Zusammenstellung von Daten. Zum anderen bezieht er sich auf die Darstellungsweise, in audiovisuellen Formaten beispielsweise auf die Ebene der Kamerahandlung sowie die Einstellungsgröße oder die mise-en-scène, also die Gestaltung des Filmbilds hinsichtlich des Verhältnisses von Vorder-, Mittel- und Hintergrund. Die in diesem Sinne in jedem medialen Produkt anzutreffende Inszenierungsebene hat nichts mit einer wie auch immer gearteten Veränderung außermedialer Wirklichkeit im Sinne ‚medialer Manipulation' zu tun – wie es den Medien im Kontext von Fake News-Debatten häufig vorgeworfen wird –, gleichwohl werden in der Inszenierung eigenständige Bedeutungen über die referenzielle Ebene hinaus produziert.

Der konstruktivistische Ansatz unserer Studie liegt in der Tatsache begründet, dass Nachrichten immer auch Texte sind. Wenn auch das (aktuelle) Thema im Vordergrund stehen mag, so wird es in einem textuellen Zusammenhang präsentiert: „Themen sind abstrakte Sachverhalte, die man als solche nicht kommunizieren kann. Man braucht dazu immer sprachliche Texte oder vergleichbare Zeichenkomplexe" (Renner 2007, S. 31).

---

[1] Dies wird auch aus der Perspektive der Medienethik so gesehen: „Medienberichte sind kunstvolle Aufbereitungen, sie stellen also immer spezielle Konstrukte von Wirklichkeit dar" (Funiok 2011, S. 96).

Texte bauen dabei durch das Was? und das Wie? der Darstellung argumentative Strukturen auf. In diesem Zusammenhang stellt auch die Entscheidung für oder gegen eine bestimmte Darstellungsweise einen Akt strategischer Konstruktion dar, der analytisch offenzulegen ist.

Besonders deutlich zeigt sich die Ebene der eigenständigen Bedeutungsproduktion von referenziell geprägten journalistischen Formaten dann, wenn diese neben der reinen Informationsvermittlung gleichzeitig auch Geschichten transportieren, indem beispielsweise von jenen durch die politischen Maßnahmen generierten gesellschaftlichen Krisenzuständen in personalisierten Zusammenhängen erzählt wird. Vor diesem Hintergrund kann die narratologische Analyse der Inszenierungsstrategien faktualer Formate aufzeigen, inwiefern sich diese in ein latentes Spannungsverhältnis begeben, das Karl N. Renner anhand von drei sog. ‚Fallen' narrativer Strukturen im journalistischen Storytelling konturiert hat: Bei der Spannungsfalle dominiert die Dramaturgie die Erzählung, bei der Personalisierungsfalle werden strukturelle Zusammenhänge auf das Handeln einzelner Akteure reduziert, bei der Ideologiefalle wird die implizite Wertevermittlung nicht reflektiert. Spannungs-, Ideologie- und Personalisierungsfalle (vgl. Renner 2008) können auf ihre Art dazu beitragen, eine faktuale Vermittlung zu konterkarieren, indem quasi-fiktionale Narrativierungsstrategien dem nüchternen Nachrichteninhalt spezifische Bedeutungen beifügen, insofern Geschichten etwa immer auch einen Prozess der Werteherausbildung darstellen. Im Rahmen der damit konstruierten Interpretationsrahmen stelle sich folglich stets die Frage:

> Wieweit muss Journalismus, wie weit darf Journalismus die Komplexität struktureller Zusammenhänge reduzieren, will er seine selbstgestellte Aufgabe noch erfüllen und die Menschen in den unterschiedlichsten Lebens- und Erfahrungsbereichen über das zu informieren, was für sie gemeinsam von Bedeutung ist? (Renner 2008, S. 10)

1.2 Die Sondersendungen

Unser folgender Analysefokus auf den Sondersendungen bei ARD und ZDF ist insofern heuristisch begründet, als diese 1.) kondensiert über aktuelle Nachrichten zur Corona-Pandemie informieren wollen, 2.) auf einem prominenten Sendeplatz – direkt nach den Hauptnachrichten – liegen und damit von einer großen Reichweite auszugehen ist,[2] 3.) anzunehmen ist, dass diese große Reichweite die gesellschaftliche Perspektive und Bewertung der jeweils aktuellen Situation wesentlich mitsteuert. Damit schaffen die Sondersendungen einen – im wertfreien Sinne – Diskurskorridor, der über Prozesse der Selektion und Kombination Welt- und Wertebilder massenmedial verbreitet.

---

[2] Exemplarisch sei auf die ZDF-eigene Medienforschung *ZDFscope* verwiesen, nach der *Tagesschau* (ARD) und *heute* (ZDF) am 26.01.2021 zusammen ein Viertel des Marktanteils auf sich vereinen konnten und eine Gesamt-Einschaltquote von 6,33 % (*Tagesschau*) sowie 5,55 % (*heute*) hatten. Nur tagesaktuell abrufbar unter https://medienforschung.zdf.de/Portal/Default.aspx

Im Jahr 2020 hat die ARD insgesamt 74 Sondersendungen mit dem Titel *ARD extra – Die Coronalage*, das ZDF insgesamt 61 Sondersendungen mit dem Titel *ZDF Spezial* ausgestrahlt (Stand 31.12.2020). Für diesen Zeitraum lässt sich erkennen, dass die Frequenz der Sondersendungen im Zeitraum März bis Mai 2020 besonders hoch war. Die Phase des zweiten Lockdowns im Herbst 2020 zeigte zwar wieder eine Erhöhung der Frequenz gegenüber dem Sommer, die aber bei Weitem nicht den Stand des Frühjahrs 2020 erreicht. Daraus ist abzulesen, dass ARD und ZDF zu Beginn der Pandemie auf einen erhöhten Informationsbedarf reagierten, wohingegen selbst zur Zeit der zweiten Welle die Frequenz der Ausstrahlungen unter dem Stand des Pandemiebeginns bleibt.

Dabei stellen Sondersendungen, wie die von uns untersuchten Formate bei ARD und ZDF, die das geplante Fernsehprogramm unterbrechen, eine Abweichung vom regulären Programmablauf dar. Da nun über den von uns untersuchten Ausstrahlungszeitraum hinweg eine Verstetigung des Formats der Sondersendungen zu konstatieren ist, bedeutet dies gleichzeitig, dass die Abweichung latent institutionalisiert wird. Dies ist besonders deshalb eine zentrale Ausgangsbeobachtung, da anzunehmen ist, dass in einem Fall wie der Corona-Krise, in dem ein Thema über unterschiedlichste journalistische Formate und längere Zeiträume hinweg einen derart großen Raum einnimmt, dieser nicht durchgehend mit neuen Informationen bzw. noch nicht beleuchteten Aspekten gefüllt werden kann. Und wenn auch die in den Sondersendungen verhandelten Themenbereiche der aktuellen Nachrichtenlage entsprechend variieren – von der Impfstoffherstellung über Lockdown-Verlängerungen bis hin zu Kritik an der Impfstoffbeschaffung – so lässt sich hier tatsächlich immer wieder eine Tendenz zur informationellen Redundanz feststellen. Gerade die ab Februar 2021 in den Sendungen manifeste Kritik an der Impfstoffbeschaffung, die eine Kritik an politischen Strategien ist, erfüllt im Prinzip nicht das Kriterium der Sondersendungen, besonders relevante und berichtenswerte Neuigkeiten zu vermitteln (diese Kritik ließe sich eher in den von ARD und ZDF angebotenen politischen Magazinen verorten). In Fällen informationeller Redundanz wird ein Mehrwert der Berichterstattung jedoch in der Regel auf anderen Ebenen als der der Informationsvermittlung generiert. So kommt es dann etwa verstärkt zu Einordnungen und Meinungen, und weiter auch zu Emotionalisierungen und Dramatisierungen. Derartige, sicherlich nicht einzigartige, jedoch gerade für die Krisenberichterstattung signifikante Tendenzen abseits der Informationsvermittlung wollen wir im Folgenden ausführlicher erörtern.

1.2.1 Krisenrhetorik und Inszenierung der Krise

Ein zentrales Mittel zur emotionalen Affizierung von Rezipierenden liegt im Erzählen von Geschichten. Auch die journalistische Berichterstattung zur Corona-Pandemie wird zum Teil über Elemente von Erzählstrukturen transportiert. Dies spiegelt sich in den von uns untersuchten Sondersendungen auch auf Ebene der verwendeten Inszenierungsstrategien: So kommt immer wieder Musik zum Einsatz, deren Funktion als Stilmittel per se auf Ebene der Emotionserzeugung angesiedelt ist. Narrationen liegt in der Regel eine

Abweichung vom Normalzustand, eine Verletzung der geltenden Ordnung zu Grunde. Die Abweichungen von der gesellschaftlichen Normalität durch die politischen Maßnahmen gegen die Virusverbreitung beinhalten nun einen ähnlichen Ereignischarakter und wurden in den Sondersendungen entsprechend fokussiert. So ziehen sich vor allem im ersten Halbjahr 2020 eigentlich redundante Bilder von leeren Geschäften und Fußgängerzonen, öffentlichen Plätzen und Einrichtungen durch etliche Sondersendungen.[3] Zum Teil wird dabei auf Inszenierungsstrategien zurückgegriffen, welche die krisenhafte Bildsprache noch übersteigern: So sind im *ARD Extra* vom 23.06. (TC ab 01:23) sepiafarbene, farblich entsättige ‚Bilder der Leere' zu sehen, die durch einen Filter an den Rändern mit Unschärfe versehen werden, was den Einstellungen einen alptraumhaften Charakter verleiht. Genauso werden geschlossene Ladenpassagen und Einkaufsstraßen häufiger aus extremer Untersicht gezeigt (vgl. etwa das *ZDF Spezial* vom 22.03.2020, TC 03:55), was die gesellschaftliche Ohnmacht gegenüber den dahinterstehenden Regeln und Grenzziehungen unterstreicht.

Als ‚Bilder der Leere' transportieren diese Einstellungen letztlich keine neuen Informationen. Sie entfalten jedoch im Sinne einer Minimalnarration Ereignishaftigkeit innerhalb eines Einzelbildes und werden entsprechend häufig repetiert. Dabei unterstreichen sie kontinuierlich den Bruch mit der etablierten gesellschaftlichen Ordnung. Entsprechend ihrer semantischen Nullpositionen übernehmen die Bilder im Jahresverlauf unterschiedliche rhetorische Funktionen: So verschwinden sie nach dem ersten Shutdown im Frühjahr 2020 nicht einfach, sondern fungieren weiter als Bildwelten des Nicht-Wünschenswerten mit appellativem Charakter: „Wie lange also müssen wir noch durchhalten, damit solche Bilder nicht wieder unseren Alltag bestimmten?" (ARD Extra vom 06.08., ab TC 21:09). Auch über diese Bildformen hinaus kennzeichnet die Berichterstattung die stetige Wiederkehr einmal etablierter Krisenerzählmuster, etwa bezüglich der Emotionalisierung von Einzelschicksalen von Betroffenen der wirtschaftlichen Maßnahmen oder auch in der Darstellung des Familien- und Berufslebens (siehe Abschnitt „Leistungs- und Funktionsfähigkeit in der Krise"). Derartige Bilder und Narrative steigern sich im Zusammenspiel mit anderen Sendungselementen zu einer *Krisenrhetorik*, die durch eine geringe Diversität an Inszenierungsstrategien gekennzeichnet ist:

1.) In den Kommentierungen der Bilder und Beiträge finden sich im Untersuchungszeitraum iterierend Prognosen negativer gesellschaftlicher Entwicklungen: „Die Krise, sie könnte unsere Innenstädte auch auf Dauer spürbar verändern" (*ARD Extra* vom 25. März 2020, 11:18), „Die Arbeitswelt, wie wir sie kannten, zerfällt gerade" (*ARD Extra* vom 30. April 2020, 11:28), „Wie lange können wir uns das […] noch leisten?" (*ARD Extra* vom 25. März 2020, ab 02:52). Generell finden sich in den Sendungen kontinuierlich Mutmaßungen und Beschreibungen möglicher Negativ-Szenarien, nicht nur medizinischer Natur, sondern vor allem auch in wirtschaftlicher Hinsicht und etwa in

---

[3] Vgl. exemplarisch die entsprechenden Bilder(-strecken) im *ARD Extra* vom 19.03., 25.03., 16.04., 23.06., 06.08., 27.08., 28.10. oder im *ZDF Spezial* vom 06.03., 15.04., 24.04., 06.05.

Bezug auf die kaum absehbaren Folgen des Bildungsausfalls (vgl. *ZDF Spezial* vom 21.04.2020 oder *ARD Extra* vom 18.06.2020).

2.) Im Zusammenspiel der Beiträge untereinander problematisieren sich diese wechselseitig. So wird immer wieder die aufgrund der geschlossenen Schulen erhöhte familiäre Belastung thematisiert, gleichzeitig jedoch die gesundheitliche Gefahr geöffneter Bildungseinrichtungen fokussiert.[4] Genauso werden Aspekte der Bewältigung der medizinischen Krise unter wirtschaftlichen Gesichtspunkten problematisiert. Einerseits wird eine Öffnung[5] der Schulen gefordert, jedoch werden entsprechende Regelungen wiederum aufgrund ihrer dem Föderalismus geschuldeten, bundesweiten Uneinheitlichkeit kritisiert. Insgesamt werden damit iterierend Stimmungsbilder gezeichnet, die selbst in Zeiten der Entspannung der Pandemielage wie im Sommer 2020 vorrangig ins Negative verweisen.

3.) Werden Aspekte größerer Themenfelder in Einzelbeiträgen abgearbeitet, lässt sich dabei ebenfalls das Krisennarrativ bzw. die Defizienz des über die Beiträge hinweg vermittelten Weltmodells als verbindende rhetorische Klammer ausmachen. So werden im *ARD Extra* vom 30.07. verschiedene Aspekte eines Urlaubs innerhalb der Krise problematisiert. Der Themenblock beginnt mit Problemen der Testung von Reiserückkehrern an den Flughäfen, thematisiert später anhand eines Beispiels die durch Reiserückkehrer ausgelösten Infektionen vor Ort; die Sendung schließt mit einem Beitrag über Probleme (Gedränge, abgesperrte Bereiche) des Urlaubs in Deutschland; der Off-Kommentar subsumiert abschließend zu Bildern eines abfahrenden Wohnmobils: „Und so suchen manche in diesem Jahr schon vorzeitig wieder das Weite" (TC ab 14:58). Auch wenn jeder einzelne Beitrag für sich genommen legitim ist, ist in diesem Rahmen auffällig, dass die Elemente in ihrem Zusammenspiel einer appellativen Struktur entsprechen, die nicht eindeutig artikuliert ist, sondern der Sendungsrhetorik implizit bleibt.[6] Dabei ist eine Übereinstimmung von den in den Sendungen im Ausstrahlungszeitraum selbst zitierten politischen Appellen und der argumentativen Struktur der Beiträge im Beispielfall zu konstatieren: Das ‚Bleibt Zuhause' der politischen Ansprache wird in der Abfolge der einzelnen Sendungselemente mit argumentativer Evidenz versehen. Diese Rhetorik als Rhetorik zu hinterfragen, kann gerade auch von journalistischer Seite aus als wichtig erachtet werden, insofern hier

---

[4] Im *ARD Extra* vom 16. April 2020 folgt diese Problematisierung in zwei Beiträgen unmittelbar aufeinander.

[5] Öffnungen und Lockerungen bestehender Regelungen werden wiederum rhetorisch konstant auf Begriffe wie „Angst" und „Unsicherheit" zurückgeführt: „Ein Schulstart mit Freude, Frust und auch Angst" (*ARD Extra* vom 06.08.2021, ab TC 01:07); „Ob's hilft? Ich bin unsicher, wie so oft in diesen Tagen" (*ARD Extra* vom 27.04.2021, ab TC 02:46).

[6] Diese Rhetorik beschränkt sich nicht auf die besprochene Sendung vom 30.07., sondern lässt sich auch zu anderen Jahreszeitpunkten finden. Vgl. etwa die inhaltlich äquivalente *Prognose* im Off-Kommentar des *ARD Extras* vom 20.05.2020: „Urlaub in Corona-Zeiten. Er wird wohl möglich sein. Aber Garantien gibt es keine. Es ist eine Reise ins Ungewisse." (ab TC 03:11). Ähnlich im *ARD Extra* vom 30.09. sowie im *ZDF Spezial* vom 06.08.2020.

problematische Konnotationen eines grundsätzlichen Näheverhältnisses zwischen Regierung und Medien entstehen, die in dieser Lesart nicht zwangsläufig intendiert sein werden.

4.) Generell kulminiert die rhetorische Struktur der ARD-Sondersendungen häufig in einem – erst einmal neutral zu konstatierenden – didaktischen Impetus, der sich insbesondere in den verstärkt emotionalisierten letzten Sendungsbeiträgen zeigt, wenn zum Beispiel Risikogruppen gegenseitige Rücksicht anmahnen[7] oder noch einmal allgemeine Verhaltensregeln rekapituliert werden.[8] Für die ZDF-Sondersendungen ist zwar auch hin und wieder eine Didaktisierungstendenz erkennbar, die sich aber eher auf der Ebene einzelner Beiträge – vgl. den Beitrag *Sorgen um die Jugend* des *ZDF Spezial* vom 28.10.2020 – manifestiert, nicht auf der Ebene einer ganzen Sendungsrhetorik.

Problematisch wird diese Rhetorik aus unserer Perspektive dann, wenn sie sich zur Moralisierung ausweitet, die besonders dazu geeignet ist, Meinungskorridore zu verengen. Entsprechendes ist in den ARD-Sendungen mit der Verschärfung des Infektionsgeschehens am Ende des Jahres 2020 zu beobachten. So wird das *ARD Extra* vom 23.12. in der ersten Hälfte dominiert von einem eindringlichen Bericht zur Infektionslage an den Krankenhäusern und einem anknüpfenden Interview mit einem Mediziner. Diese erst einmal neutrale Berichterstattung wird im zweiten Teil der Sendung an eine extreme Moralisierungsrhetorik gekoppelt: Eine Rückschau auf das *ARD Extra* vom 22.05.2020 greift ein damaliges Interview mit einem Rentner auf einer Corona-Demo auf, der sich nun in der Gegenwart von eben dieser Demo und von Gegner*innen der staatlichen Maßnahmen im Allgemeinen distanziert. Diese Abwertung der Kritiker*innen geht im weiteren Sendungsverlauf so weit, dass Landesbischof Heinrich Bedford-Strohm im Interview zu Seelsorge und Weihnachten in Corona-Zeiten themenunabhängig von Moderator Fritz Frey gefragt wird: „Stichwort Corona-Demonstrationen. Die hat es jetzt einige gegeben. Und die Frage, die sich mir gestellt hat, wo stehen da die Kirchen ganz genau? Ist das eine Kirche für alle, also auch für Corona-Leugner […]?" (TC: ab 12:12). So problematisch Attitüde und Rhetorik der im Beitrag gezeigten ‚Corona-Gegner' auch sind; festzustellen ist, dass im Sendungsverlauf gar keine weitere Argumentation in dieser Richtung erfolgt, sondern die zitierte Interviewrhetorik allein die Zugehörigkeit zur Gruppe der Demonstrierenden als ausreichend für eine vollständige Diffamierung als Mensch andeutet.

1.2.2 Verhältnis zur Politik

Niklas Luhmann fragt in *Die Realität der Massenmedien*: „Welche Gesellschaft entsteht, wenn sie sich laufend und dauerhaft auf diese Weise [das heißt über die Massenmedien;

---

[7] Vgl. etwa das *ARD Extra* vom 30.09., 20.10., 28.10. oder 11.12.
[8] Vgl. das *ARD Extra* vom 08.10.2020.

D.G./M.H.] über sich selbst informiert?" (2009, S. 95 f.). In der massenmedialen Selbstbeobachtung der Gesellschaft entstehe zwangsläufig ein Fokus auf Diskontinuitäten und Konflikte, wobei die damit erzeugte, dauerhafte Selbstirritation in den Medien selbst in Form von moralischen Wertungen kompensiert werde. Die von uns untersuchte Krisenrhetorik mit Hang zur Moralisierung erscheint aus dieser Perspektive weniger als medialer Einzelfall, sondern als generelles Symptom von Mediengesellschaften. Verstärkt diskussionswürdig wird dies allerdings immer genau dann, wenn Medienwirklichkeiten eng auf Rhetoriken des politischen Systems beziehbar sind und Medien und Politik wechselseitige Referenzpunkte ihres jeweiligen Handelns bilden. Anders gesagt: Selbstverständlich muss medial breit über gesellschaftliche Krisen berichtet werden. Wenn systemische Handlungslogiken jedoch nicht mehr voneinander differenzierbar sind, droht ein Verlust der inneren Funktionslogik der betroffenen Gesellschaftssysteme (vgl. Henkel 2020). Entsprechend ist von journalistischer Seite aus gerade in Krisenzeiten kritischer Abstand zum politischen System gefragt, da Diskurse über Medien ansonsten drohen, zu politischen Diskursen zu transformieren, Medienkritiken zu Politikkritiken werden und umgekehrt, was weder für das mediale noch für das politische System wünschenswert sein kann.

Vor dem Hintergrund der Frage nach dem Verhältnis von Medien und Politik ist etwa die Auswahl von Gesprächspartner*innen in Interviewformaten im Sinne des Prinzips von Selektion und Kombination signifikant und bedeutungstragend, entscheidet sie doch über Sichtbarkeiten und Unsichtbarkeiten von diskursiven Positionen. Gleiches gilt für die inhaltliche Struktur einer Sendung und ihre einzelnen Elemente. In Bezug auf die Sondersendungen lassen sich theoretisch drei Äußerungsebenen rekonstruieren, die als hierarchisiert zu verstehen sind: Die erste Ebene bezieht sich auf die Äußerungen der Moderator*innen und ihrer Gesprächspartner*innen. Diese Ebene ist die ranghöchste, weil sie durch die Moderator*innen alle weiteren Sendungselemente rahmt. In diesem Sinne sind die direkt von Moderator*innen geführten Interviews den filmischen Beiträgen übergeordnet. Dies lässt sich bereits daran erkennen, dass in den Interviews ein direkter Bezug zu den redaktionellen Filmen hergestellt wird, beispielsweise indem die Interviewpartner*innen gebeten werden, einen Beitrag zu kommentieren. Die zweite Ebene bezieht sich auf die filmischen Beiträge, deren Perspektive dominant über die Kommentierungen und Einordnungen des Gezeigten durch Redakteur*innen aus dem Off geprägt ist. Die dritte Ebene lässt sich dann bei den in den filmischen Beiträgen interviewten Personen verorten, deren Statements im Rahmen der hierarchisch organisierten Gesamtsendung die schwächste Position einnehmen.

Werden nun in der ranghöchsten Ebene ausschließlich Politiker*innen selbst zu politischen Entscheidungen befragt – und seien es auch Oppositionspolitiker*innen –, so bleibt die Perspektive doch schlussendlich eine politische, wie es beispielsweise anhand des *ZDF Spezials* vom 03.03.2021 zu sehen ist: Zu Fragen nach Lockerungen der Lockdown-Strategien werden lediglich Volker Wissing (FDP) und Karl Lauterbach (SPD) interviewt; nicht-politische Interviewpartner*innen sind absent. Wenn auch Wissing und Lauterbach unterschiedliche Auffassungen hinsichtlich der politischen Maßnahmen vertreten, kann die Absenz nicht-politischer Gesprächspartner*innen als eine problematische Tendenz verstanden werden, weil hier keine Stimmen mit einer anderen Perspektive außerhalb einer politischen Funktionslogik (etwa aus dem Bildungssystem) gehört werden.

Darüber hinaus kann ein weiteres Problemfeld entstehen: Einige Sendungen zeigen, dass Interviewpartner*innen, deren Auffassung eher kritisch gegenüber den Maßnahmen ist, marginalisiert werden. Als Beispiel für die Installation eines spezifischen Weltbildes durch eine Platzierung einzelner Gesprächsteilnehmer*innen kann das *ZDF Spezial* vom 28.10.2020 dienen, das – fiktionale Formate referenzierend – mit „Tag der Entscheidung" betitelt ist und die Entscheidungen des Krisengipfels der Bundesregierung behandelt. In chronologischer Reihenfolge werden folgende Personen interviewt: Olaf Scholz (SPD), Manuela Schwesig (SPD), Michel Kretschmer (CDU), Viola Priesemann (Max-Planck-Institut für Dynamik und Selbstorganisation), Marcel Fratzscher (DIW), Volker Wissing (FDP), Jonas Schmidt-Chanasit (DZIF), Felix Zimmermann (ZDF). Wie zu Beginn der Sendung vom Moderator angekündigt, versucht die Sendung in Bezug auf die Entscheidungen des Krisengipfels „mit denen, die so entschieden haben und mit ihren Kritikern" (*ZDF Spezial* vom 28.10.2020, TC 00:55) zu sprechen. Die Struktur der Sendung sieht dabei so aus, dass die Befürworter*innen der Maßnahmen aus Politik, Wissenschaft und Wirtschaft das erste Segment der Sendung bestreiten, das insgesamt 32 Minuten dauert. Im Anschluss daran kommen Kritiker*innen zu Wort, die, abzüglich des ZDF-internen Mitarbeiters Felix Zimmermann, 10 Minuten zugewiesen bekommen. Prinzipiell verfährt die Sendung zwar äquivalent in dem Sinne, dass auch bei den Kritiker*innen Politiker*innen und Ärzt*innen zu Wort kommen, allerdings wird im 10-Minuten-Block der Kritiker*innen zusätzlich ein moralisierender Bericht über junge, feiernde Menschen gezeigt, der die Maßnahmen in ihrer Erforderlichkeit bekräftigt. Wenn also durchaus beide Seiten gehört werden, so ist es die Struktur der Sendung, die implizit eine Gewichtung vornimmt. Nur ein Drittel der Sendezeit entfällt auf kritische Stimmen, deren Statements zusätzlich durch einen Einzelfall-Beitrag relativiert werden.

Im Laufe der Pandemie hat sich das Verhältnis der Sondersendungen zur Politik jedoch insgesamt sichtbar verändert: Während kritische Äußerungen auf der dritten Ebene (Interviews innerhalb von Beiträgen) im gesamten Untersuchungszeitraum präsent sind, lässt sich im Jahresverlauf auch auf der zweiten und ersten Ebene vermehrt eine Distanz zu politischen Entscheidungen diagnostizieren. Diskussionen zu Schulschließungen (vgl. exemplarisch das *ARD Extra* vom 14.12. oder das *ZDF Spezial* vom 13.12.2020) oder zu den Konsequenzen der politischen Maßnahmen für Einzelhandel, Mittelstand und Gastgewerbe (vgl. das *ZDF Spezial* vom 14.10.2020) werden im Jahresverlauf zunehmend schärfer geführt. Auch grundsätzliche Fragen zur Berichterstattung in Pandemiezeiten werden punktuell angeschnitten: So findet sich im *ARD Extra* vom 05.10.2020 eine sehr kritische Einordnung des medialen Umgangs mit Zahlen und Statistiken.

Gleichwohl ist immer wieder zu beobachten, dass die Sendungsstrukturen insgesamt und das Zusammenspiel der Sendungselemente untereinander eine spezifische Rhetorik entwickeln, die grundsätzliche Kritik an politischen Maßnahmen (außerhalb des Themas Impfen) in einen spezifischen Rahmen stellt. So folgen im *ZDF Spezial* vom 25.11.2020 auf die Kritik an der Schließung des Gastgewerbes und des Kulturbetriebs Sterbestatistiken und Menschen in kritischem Gesundheitszustand, sodass die vorherige Kritik auf einer moralischen Ebene latent ausgehebelt wird.[9] Der wichtige Blick auf die Opfer der Pandemie erlangt damit eine Bedeutung über sich selbst hinaus und genau in dieser Reihenfolge ist der Sendungsverlauf dazu geeignet, ebenfalls wichtige kritische Diskurse abzuschneiden und im Extremfall zu delegitimieren.[10]

1.2.3 Leistungs- und Funktionsfähigkeit in der Krise

In diesem Abschnitt wollen wir die Perspektive etwas erweitern: Weniger problematische mediale Tendenzen fokussieren, als nach Ideologemen der gesellschaftlichen Selbstwahrnehmung und Selbstbeschreibung fragen, die aus den von uns untersuchten Formaten ablesbar sind. Die krisenspezifische mediale Perspektivierung von Gesellschaft betrifft einmal die thematische Breite insgesamt: Neben Gesundheit, Politik und Wirtschaft spielen sonstige gesellschaftliche Bereiche und die dortigen Auswirkungen der Krise (z. B. Ausbildung, Hochschulen) in den Sondersendungen nur eine sehr untergeordnete Rolle. Ein wiederkehrendes und im Jahresverlauf immer häufiger aufgegriffenes Thema bilden demgegenüber die durch die politischen Maßnahmen entstandenen familiären Probleme.

Die Form der Thematisierung ist dabei ähnlich. Im Rahmen von Lockdown und Home Office wurden unabhängig von der medialen Berichterstattung Settings geschaffen, die statt auf Fremdsteuerung vermehrt auf der Selbstkontrolle und Selbstführung der Subjekte beruhen.[11] Die Frage nach der Organisation des veränderten Familienalltags ist auch das zentrale Element der Darstellungen innerhalb der Sondersendungen. Wiederholt wird in der Inszenierung räumlich-bildlich und im Off-Kommentar die Überschneidung ehemals getrennter Kontexte hervorgehoben (ein Kind mit seinem Vater vor dem Arbeitscomputer, Home-Schooling mit der Mutter in der Küche).[12] In dieser Thematisierung von Familien wird vornehmlich die Frage nach deren Leistungs- und Funktionsfähigkeit gestellt bzw. umgekehrt die Nicht-Erfüllung des üblichen Leistungspensums als Problem ausgemacht, und zwar in alle Richtungen: Im Kontext von Homeoffice mit Kindern werden Arbeit und

---

[9] Ganz ähnlich wird im *ARD Extra* vom 02.11.2020 von einem Bericht über die Probleme des Einzelhandels unmittelbar auf ein schweres Patientenschicksal geschnitten. Strukturell analog im *ARD Extra* vom 11.12.2020.

[10] Dabei gilt es aus unserer Sicht, die damit entwickelten Rhetoriken – gerade weil sie implizit bleiben – sichtbar und mögliche Probleme diskutierbar zu machen, was nicht automatisch bedeutet, dass derlei Hierarchisierungen im Sinne eines gesellschaftlichen Wertekonsens nicht explizit diskursiv ausgehandelt werden könnten. Eine weitere zu diskutierende Frage wäre allerdings, inwiefern es die Aufgabe von Nachrichtenformaten (selbst mit Magazincharakter) ist, einen solchen gesellschaftlichen Wertekonsens auszudrücken und darüber hinaus muss an dieser Stelle auch die Frage nach wünschenswerten alternativen Strukturen der Berichterstattung offen bleiben.

[11] Vgl. zu diesem Subjektmodell aus soziologischer Sicht Bröckling (2007).

[12] Vgl. das *ARD Extra* vom 20.05.2020 sowie das *ZDF Spezial* vom 01.04.2020.

Kinderbetreuung an den üblichen Ansprüchen gemessen und als defizitär bewertet, auch das Home-Schooling wird weniger gesellschaftlich, sondern vornehmlich im Kontext der eigenen Qualitätsansprüche der Akteure problematisiert („Mir fehlen da auch einfach die Grundlagen", *ARD Extra* vom 20.05.2020, TC 14:01, siehe auch das *ZDF Spezial* vom 23.03.2020). Die Darstellungsmuster der Sendungen unterstreichen diesen individuellen Leistungsanspruch noch: Pointiert inszeniert werden Leistungsbereitschaft wie Leistungsdefizite[13] sowie durch die Akteure selbst geäußerte Durchhalteparolen[14] und Selbstdarstellungen aus der Perspektive einer Leistungsgesellschaft.[15]

Auch auf der Ebene der Familiendarstellungen im Rahmen der Krise werden damit implizit gesamtgesellschaftliche Aussagen getroffen und ideologische Setzungen sichtbar. Wenn weiter vornehmlich Mütter im Kontext des Home-Schoolings,[16] Väter dagegen tendenziell absent,[17] im Home-Office oder im Bereich der Freizeitgestaltung der Kinder dargestellt sind, ruft dies traditionelle Geschlechterrollenbilder auf, genauso wie die Sendungen zum Teil über räumliche Ordnungen geschlechtsspezifische Kompetenzbereiche skizzieren (siehe oben: Vater vor dem Arbeitscomputer, Mutter beim Home-Schooling in der Küche). Vor allem aber dominiert die natürlich schon vor der Krise gesellschaftlich präsente und jetzt spezifischer sichtbare Leistungsideologie: Statt die Familienzeit in der Krise als vielleicht auch positive Abweichung vom Alltag zu inszenieren, wird in den Sendungen gerade die Diskrepanz zu diesem betont – und zwar nahezu ausschließlich in negativer Hinsicht unter Bezugnahme auf außerfamiliäre Werte wie Produktivität und Effizienz. Das Familienleben in der Krise verkommt so zur Nicht-Zeit, die schon darüber abgewertet ist, dass sie nicht den üblichen gesellschaftlichen Maximen folgt.

Passend zu den Anforderungen der Leistungsgesellschaft wurde in der Krise die Rede von sog. ‚Held*innen des Alltags' normalisiert. Adressiert werden damit Personen, die ihre Berufsrolle in übersteigerter Form bis hin zur Selbstaufopferung ausüben. Unabhängig davon, inwiefern einzelne Berufsgruppen tatsächlich von einer stark erhöhten Arbeits-

---

[13] „Bevor die Kinder aus der Schule kommen, noch schnell eine E-Mail fertig machen. […] Sie haben sich arrangiert." (*ARD Extra* vom 11.12.2020, ab TC: 00:44); demgegenüber thematisiert die Kamerahandlung im *ARD Extra* vom 16. April 2020 (ab 00:50) explizit den im Kontext von Homeoffice und Kinderbetreuung liegen gebliebenen Abwasch.

[14] „Wir gucken eben, dass wir das hier weiterhin gut hinbekommen" (*ARD Extra* vom 27.03.2020, TC 18:58).

[15] Als gesellschaftliche (nicht: mediale) Tendenz wird dies in einem essayistischen Einzelbeitrag im *ARD Extra* vom 22.05.2020 (ab TC 13:58) explizit thematisiert: „Sind wir bald schon wieder ständig unterwegs und immer auf Achse? Für eine Wirtschaft, die boomen muss – in der Rekorde und Wachstum alles sind, Menschen effizient sein und immer liefern müssen? Ist das das Wichtigste für unser Glück? Corona kann eine Zäsur sein. Klar, wir können einfach so weiter machen, aber wir haben die Chance auf einen echten Neuanfang."

[16] So etwa im *ARD Extra* vom 16.04., 20.05. oder 25.05.2020. Auch nehmen die Sendungen weitere Hierarchisierungen vor: So sitzen im *ARD Extra* vom 08.12. zwar beide Eltern beim Home-Schooling am Tisch, interviewt zum Thema wird jedoch die Mutter allein.

[17] Siehe das *ZDF Spezial* vom 21.03. oder das *ARD Extra* vom 14.12.2020.

belastung betroffen waren und sind, lässt sich in der zunehmenden medialen Funktionalisierung des Begriffs die parallele Entwicklung eines entsprechenden gesellschaftlichen Erzählmusters[18] feststellen, welches die Leistungsbereitschaft – und damit immer auch die Notwendigkeit zur Selbstaufopferung – der handelnden Akteure betont.[19] Dabei wird die Semantik der Alltagsheld*innen auch konkret wirksam, denn sie markiert eine erhöhte gesellschaftliche Sichtbarkeit der unter der Kategorie subsumierten Berufsgruppen. In den von uns untersuchten Sendungen waren in dieser Hinsicht positive Effekte im Sinne der politischen Adressierung der Probleme einzelner Berufsfelder (etwa von Pflegekräften) zu verzeichnen.[20] Der sich im Krisenverlauf stetig wandelnde mediale Fokus auf einzelne Teilbereiche des Arbeitslebens verweist jedoch auf die generelle Dynamik gesellschaftlicher Sichtbarkeiten[21] – die immer auch mit alten oder neuen Unsichtbarkeiten einhergehen. Denn berufliche Leistung wird in der Krise tendenziell überhöht oder ist auf der anderen Seite gar nicht sichtbar: Beruflicher Stillstand im Shutdown oder die Folgen von Arbeitslosigkeit waren im Jahr 2020 eher keine Themen der Sondersendungen.

Das Prinzip von Leistung und Funktionsfähigkeit findet sich darüber hinaus in der Inszenierung des deutschen Geschehens im Vergleich zu anderen Nationen. Dabei werden implizit und explizit Grenzen zwischen der eigenen und anderen Kulturen gezogen. So wird im *ZDF Spezial* vom 22.10.2020 im Kontext der Infektionslage in Polen, Belgien, Frankreich und Irland zweimal die Defizienz des jeweiligen Gesundheitssystems genannt. Einmal von einem irischen Passanten, einmal von der Off-Stimme der Redakteurin, die ausführt, dass es „um das polnische Gesundheitssystem nicht zum Besten" stehe (*ZDF Spezial* vom 22.10.2020, TC 23:00). Damit wird eine latente Differenz eingezogen,[22] die sich im Rahmen der Sendungsstruktur verstärkt: Zwei weitere Beiträge der Sendung führen vor, dass das deutsche Gesundheitssystem, wenn auch überlastet, prinzipiell gut und funktionsfähig ist.[23]

Als extremes Beispiel für die Inszenierung des ‚Nicht-Funktionierens' eines anderen Kulturraums innerhalb des Untersuchungssamples kann das *ZDF Spezial* vom 04.04.2020 gelten, in dem New York als Raum massiv defizitären Handelns in Bezug auf das Infekti-

---

[18] Vgl. zu den Merkmalen von Heldennarrativen exemplarisch: Westfälisches Landesmuseum für Industriekultur (2010); Immer und van Marwyck (2013).
[19] Vgl. etwa die Reihe „Held*innen des Alltags" der *Tagesschau* (https://www.tagesschau.de/inland/helden-des-alltags-101.html) oder den Spot „Heldinnen des Alltags" der Parfümeriekette Douglas, der für den Muttertag 2020 produziert wurde (https://www.youtube.com/watch?v=XzVl5nmOWK0).
[20] Vgl. das Interview mit Arbeitsminister Hubertus Heil im *ARD Extra* vom 18.06.2020.
[21] Dies zeigt sich schon daran, dass sich der Berufsgruppen-Fokus abhängig vom Krisenverlauf bereits wandelte und zum Beispiel ab Herbst 2020 verstärkt die Mitarbeiter*innen der Gesundheitsämter in den Blick nahm.
[22] Eine ähnliche Rhetorik findet sich in Bezug auf die Thematisierung der russischen und chinesischen Impfstoffe im *ARD Extra* vom 08.12.2020.
[23] Siehe dazu auch das *ZDF Spezial* vom 21.07.2020, in dem die deutsche Wirtschaft und der deutsche Sozialstaat als robuster und leistungsfähiger als die Systeme der südlichen Nachbarländer bezeichnet werden.

onsgeschehen inszeniert wird. Dabei wird erstens auf das profitorientierte amerikanische Gesundheitssystem verwiesen, zweitens auf das Nicht-Reagieren der Stadt New York auf die Infektionslage, und schließlich drittens – und hier wird New York von der Sendung implizit politisch extrapoliert – auf die Weigerung des amerikanischen Präsidenten Donald Trump, angemessene Maßnahmen zu ergreifen. Gemeinsam mit den latent für fiktionale Formate vorgesehenen Inszenierungsstrategien dieser Sendung[24] wird hier ein verdichtetes Bild New Yorks bzw. Amerikas entworfen, das von einem Paradigma der Dysfunktionalität dominiert wird, sodass schlussendlich eine Skandalisierung des Nicht-Funktionierens erkennbar ist.

1.3 Blick auf andere Sendungsformate

Die aufgezeigten krisenspezifischen Rhetoriken sind dabei kein Einzelfall und keinesfalls auf die Berichterstattung von ARD und ZDF beschränkt. Dies wollen wir im Folgenden punktuell aufzeigen, exemplarisch an jeweils einem weiteren Fernsehformat der Öffentlich-Rechtlichen sowie der Privaten. Aus Gründen der Vergleichbarkeit haben wir dabei ebenfalls Formate mit Magazincharakter herangezogen, einmal die Sendung *WDR Aktuell*, einmal das *RTL Nachtjournal*, die sich von den Sondersendungen allerdings über ein potenziell viel breiteres Themenspektrum innerhalb einer Sendung abheben.

Dennoch findet sich etwa im *WDR Aktuell* vom 01.12.2020 (12:45 Uhr) ein signifikantes Beispiel für eine übergreifende Krisenrhetorik. Eingeleitet wird die Sendung mit einem Beitrag über die Maskenpflicht an Schulen, welcher die inhaltliche Problematisierung auch auf der Inszenierungsebene aufnimmt: Zu sehen sind farblich entsättigte Bilder eines Klassenraums mit maskentragenden Schüler*innen, unterlegt mit bedrohlicher Musik. Dem folgen in weiteren Beiträgen 1.) eine Prognostizierung möglicher Probleme bei der Impfstoff-Verteilung, 2.) Berichte über die negativen Folgen der Maßnahmen auf die Wirtschaft, inklusive ‚Bildern der Leere' (siehe oben), 3.) ein Beitrag über langfristige Verschuldungen aufgrund des Shutdowns. Auch hier ist natürlich jeder Einzelbeitrag für sich legitim, auch hier führt der Überhang in der Corona-Berichterstattung allerdings dazu, dass kaum neue Informationen, sondern vor allem Stimmungsbilder produziert werden, und zwar vornehmlich solche, die im Zusammenspiel ein vollständig negatives Weltbild ergeben.

Dabei steht eine solche Sendungsrhetorik auch im WDR nicht allein. Die Krisenrhetorik wird in anderen Sendungen auch auf spezifischere Themenfelder appliziert. So behandelt eine Sendung am 27.11. (21:45 Uhr) in mehreren Beiträgen den ‚Black Friday' und das Einkaufsverhalten der Deutschen. Dabei wird dieser für die deutsche Wirtschaft mutmaßlich positive Anlass genauso problematisiert wie in sonstigen Sendungen die Wirtschaftskrise. Es geht um Ansteckungsgefahren beim Einkaufen vor Ort, aber auch um virusunabhängige Probleme wie den entstehenden Verpackungsmüll. Die Anregung des

---

[24] Vgl. zu dieser Sendung ausführlich Gräf und Hennig (2020).

letzten Beitrags: Konsumverzicht und Geschenke selbst basteln. Unabhängig von der wahrscheinlich guten Absicht des Vorschlags ist festzustellen: Auch dies ist eine beitragsübergreifend konstruierte Sendungsrhetorik mit Tendenz zur Dramatisierung und Moralisierung.

Krisenrhetoriken lassen sich natürlich auch in Formaten der privaten Sender finden. So berichtet das *RTL Nachtjournal* vom 18.02.2021 im Zusammenhang mit der Impfstrategie der Bundesregierung über die Impf-Situation in einigen deutschen Städten. Der dazugehörige drei Minuten dauernde Beitrag ist einmal lexikalisch-semantisch auffällig, weil sich in ihm eine Vielzahl von negativ konnotierten Signalwörtern finden lässt. Im Rahmen von Aussagen zur Verbreitung des Virus sowie zu Impfrisiken fallen folgende Begriffe: „verunsichern" (02:50); „Sorgen bereiten" (02:51); „Angst vor einer dritten Welle" (03:15); „Mutationshochburg" (03:21); „Sorgen" (03:32); „ansteckender und gefährlicher" (03:53); „Sorgen" (04:03); „Schlaganfall" (04:18); „Entzündung des zentralen Nervensystems" (04:30); „Alarm" (05:07); „Verunsicherung" (05:25).

Weiter werden anhand des Einzelfallbeispiels eines Rettungssanitäters Nebenwirkungen der Impfung mit dem Astra-Zeneca-Impfstoff geschildert: Der Mann habe sich wie bei einem Schlaganfall bzw. bei einer zahnärztlichen Lokalanästhesie mit Lähmung einer Gesichtshälfte gefühlt. Zwar wird auch berichtet, dass diese Nebenwirkung nach wenigen Tagen abgeklungen sei und sich im Rahmen erwartbarer Nebenwirkungen befinde, dennoch wird die im Vorgang selbst bereits angelegte erzählerische Triade aus 1.) Ausgangszustand (gesund), 2.) Transformation (Impfung, gesundheitliche Probleme), 3.) Rückkehr in den Ausgangszustand (gesund), im Rahmen der spezifischen Inszenierung zusätzlich dramatisiert: Das Ende des Beitrags zeigt den betroffenen Rettungssanitäter aus einer starken Untersicht in Kombination mit einem leicht gekippten Blickachsenwinkel sowie einer gleichzeitigen Überblende mit Impfstoffdosen. Die hier erzählte Bedrohlichkeit des Impfvorgangs wird durch die Koexistenz dreier auffälliger Inszenierungsmittel angezeigt. Dabei wird diese Krisenrhetorik vom Beitrag selbst als Pseudokrise entlarvt: Da im Off-Kommentar zweimal explizit geäußert wird, dass die Nebenwirkungen – auch durchaus heftiger Art – im Prinzip nicht besorgniserregend seien, muss das Einzelfallbeispiel als Emotionalisierungsstrategie in einer per se alarmistischen Rhetorik gelten.

Auch im *WDR Aktuell* vom 30.11.2020 (18:00 Uhr) zeigt sich anschaulich, was für Effekte die Einbindung von Informationen in einen Erzählrahmen haben kann. Thema ist der zum Ausstrahlungszeitpunkt vergleichsweise niedrige Inzidenzwert der Stadt Münster, der im einleitenden Kommentar der Moderatorin in Bezug gesetzt wird zu den Städten mit den höchsten Werten: „Traurig berühmt sind derzeit die Städte Passau […] und Hildburghausen […]. Beide […] Hotspots in Deutschland. Auf dieser Liste rangiert Münster ganz weit unten" (TC: ab 02:37). Hier wird somit einleitend eine Art Städtevergleich als semantischer Bezugsrahmen des Beitrags gesetzt. Dieser vermittelt nun für sich über den Inzidenzwert Münsters hinaus keine neuen Informationen, sondern kontextualisiert diesen mit Interviews von Bürger*innen und dem Leiter des Corona-Krisenstabs der Stadt. Dieser führt den Inzidenzwert Münsters jedoch kausal auf das Verhalten der ansässigen Bürger*innen zurück: „[…] die Menschen verstehen es und sie ziehen mit" (TC: ab 03:46).

Auch gesamtgesellschaftliche Maßnahmen wie die Umstellung auf Online-Lehre an den Universitäten werden in den Straßeninterviews als in Münster scheinbar besonders wirksam ausgewiesen: „Wenn man dann mal an der Uni ist, […] wird halt schon sehr stark drauf geachtet, […] da wird schon so das Risiko echt klein gehalten" (TC: ab 04:15). Der Beitrag liefert folglich keine neuen Informationen – woran der niedrige Inzidenzwert hängt, ist nicht eindeutig kausal bestimmbar. Die informationelle Leerstelle wird stattdessen durch einen Erzählrahmen kompensiert. Der Städtevergleich in der Anmoderation kontrastiert zwei abstrakte semantische Räume (Städte mit hohem Inzidenzwert vs. Städte mit niedrigem Inzidenzwert), die an konkrete Topografien gebunden sind (Passau/Hildburghausen vs. Münster). In diesen Interpretationsrahmen ordnen sich nun alle Folgeaussagen des Beitrags ein, die vor allem ein positives, regelkonformes Verhalten der Bürger*innen in Münster unterstellen. Es wird damit eine Minimalerzählung konstruiert: Menschen in Münster verhalten sich regelkonform und werden dafür belohnt. Damit wird aber gleichzeitig eine Ordnung impliziert, aus der sich zwei zentrale Schlüsse ableiten lassen: 1.) in Städten mit hohen Inzidenzwerten verhalten sich die Menschen nicht regelkonform, 2.) Menschen in Münster verhalten sich stärker regelkonform als Menschen in Passau oder Hildburghausen. Die Erzählung zeichnet also trotz ihres Minimalismus bereits ein Weltbild, das in allen Konsequenzen vielleicht gar nicht transportiert werden soll.

Diese drei Fallbeispiele können und wollen keine umfassende Korpusanalyse ersetzen, sie zeigen aber, dass spezifische Kriseninszenierungen und Krisennarrative bzw. Narrativierungsstrategien sowohl in den Dritten Programmen als auch bei den Privaten gleichermaßen zu finden sind. Sie zeigen allerdings auch, dass das Krisennarrativ im *RTL Nachtjournal* bereits an der Oberfläche, plakativ, über die eine Krise nahezu beschwörenden, verwendeten Lexeme fassbar wird.

1.4 Reflexionen zu Spezifika und Problemen forschungsseitiger Medienkritik in Krisenzeiten

Wie eingangs geschildert, hat unsere erste Studie zu den Corona-Sondersendungen von ARD und ZDF in den Medien eine lebhafte Diskussion zu Leistungen und Funktionen von Krisenjournalismus ausgelöst. Dabei haben sich für uns weitere übergreifende Aspekte und Fragen zur Rolle von Medienkritik in Krisenzeiten und zum allgemeinen und krisenspezifischen Verhältnis von Medien und Wissenschaft ergeben, die wir hier diskutieren wollen.

1.) Eine wiederholt gegenüber unserer Studie geäußerte Kritik lautete, sie sei nicht repräsentativ, da ausschließlich die Sondersendungen fokussiert wurden.[25] Dies ist sicher

---

[25] Vgl. exemplarisch das Interview mit ZDF-Chefredakteur Peter Frey bei Niemeier (2020). Frey spricht hier von einem „Zirkelschluss", da unsere Studie Corona-Sondersendungen untersucht hätte, um dann ein Übermaß an Corona-Berichterstattung zu kritisieren. Ohne uns gegen Kritik immuni-

richtig, nur ist anzunehmen, dass die Zielsetzung einer qualitativen inhaltsanalytischen Untersuchung, bei der auf den Einzeltext in seiner Tiefenstruktur gerichtete semiotische und narratologische Analyseinventare zur Anwendung kommen, nicht bei einer umfassenden Würdigung der internationalen Presselandschaft mit unterschiedlichsten Medien und Formaten liegen kann. Dies wäre das Ziel weit umfassender angelegter Projekte, die allerdings ebenfalls zwangsläufig eine Sample-Auswahl treffen müssen, und bei denen im Kontext größerer Korpora in der Regel auch andere Methoden zur Anwendung kommen.

Eine inhaltsanalytische Untersuchung der Tiefenstruktur eines journalistischen Formats produziert demgegenüber in erster Linie tatsächlich Erkenntnisse genau dieses Format betreffend. Allerdings ist anzunehmen, dass journalistische Texte in ihrer Konzeption abstrakten Regelsystemen (dem Pressekodex, journalistischen Leitlinien, aufmerksamkeitsökonomischen Gesichtspunkten etc.) folgen, die stellvertretend anhand von Einzelanalysen herausgearbeitet werden können. Dabei geht es dann weniger um die Darstellung eines Ist-Zustandes der Presselandschaft, sondern vielmehr um die Identifikation problematischer Tendenzen. Diese werden dann auch nicht von ‚positiven' Gegenbeispielen ausgehebelt: Dass es etwa punktuell immer wieder auch kritische Einordnungen und Leseanleitungen von ‚Corona-Zahlen' gibt (vgl. die Argumentation bei D'Inka 2021), würde aus dieser Perspektive nichts an einer anhand von wissenschaftlichen Einzeluntersuchungen festgestellten Problematik der Argumentation über entkontextualisierte Quantifizierungen ändern. Und in welcher konkreten Relation – im Sinne von Mehrzahl und Minderzahl – sich einzelne Tendenzen der Berichterstattung insgesamt zueinander befinden, wäre wieder das Thema einer anknüpfenden, quantifizierenden Untersuchung.

2.) Wissenschaftliche Medienkritik wird auch in den Medien selbst besprochen, wobei sie zwangsläufig ihrem Entstehungskontext und Adressatenkreis enthoben wird. Diese Grenzüberschreitung in das Mediensystem hat vielfältige Konsequenzen. Journalistische Beiträge arbeiten in der Regel auf der Grundlage der Personalisierung wissenschaftlicher Ergebnisse, wo in der Wissenschaft eher von Positionen auszugehen ist. Personalisierungsstrategien sind wiederum dazu angetan, in Tendenzen der Moralisierung von Diskurspositionen umzuschlagen: Wenn Diskurspositionen mit Personen gleichgesetzt werden, ist dies potenziell dazu geeignet, den inhaltlichen Fokus zu verschieben, der dann nicht länger primär auf Ergebnissen oder Argumentationen liegt,

---

sieren zu wollen (die Ausführungen dieses Abschnitts entspringen gerade einem Lernprozess unsererseits in der Forschungskommunikation): Hier zeigt sich aus unserer Sicht eine immer wieder anzutreffende Tendenz, wissenschaftliche Medienkritik in den Medien selbst extrem zu simplifizieren und auf dieser Ebene dann argumentativ zu kontern. Selbstverständlich hatten wir nicht kritisiert, dass überhaupt über Corona berichtet wird, sondern die Verengung von Diskurskorridoren innerhalb dieser Berichterstattung anvisiert. Daneben stellte sich für uns die Frage, inwiefern die Informationslage im Frühjahr 2020 eine zum Teil tägliche Ausstrahlung von Sondersendungen und damit die über das Format ausgedrückte Normalisierung des gesellschaftlichen Ausnahmezustands tatsächlich rechtfertigte.

sondern zum Beispiel auf den jeweilig unterstellten, nicht-wissenschaftlichen, etwa politischen Motivationen hinter einer wissenschaftlichen Veröffentlichung. Diese Tendenz lässt sich auch am Umgang des Pressesystems mit Journalismuskritik vonseiten der Medienforschung beobachten.[26]

Auf der anderen Seite wird bei journalistischen Einwendungen zu Aussagen einzelner Wissenschaftler*innen zum Teil eine ganze Forschungsrichtung pars pro toto adressiert und im Extremfall delegitimiert. So titelte die FAZ im Frühjahr 2020 als Antwort auf vereinzelte Kritik an der Print-Berichterstattung zur Corona-Krise: „Wie Medienforschung sich lächerlich macht" (D'Inka 2021). Der Argumentation des Artikels zu Grunde liegen Aussagen von Medienforscher*innen, etwa zum distanzlosen medialen Umgang mit Zahlen und Statistiken; diese werden im Artikel über journalistische Einzelfallbeispiele der weiterführenden Einordnung von ‚Corona-Zahlen' scheinbar widerlegt (siehe 1.). Der Beitrag endet mit einer gegenüber Medienkritiker*innen während der Corona-Krise mehrfach herbeizitierten Sentenz von Helmut Reitze, ehemaliger Intendant des Hessischen Rundfunks: „Nicht alles, was Sie nicht gesehen haben, haben wir nicht nicht gesendet." Hier kulminiert die personalisierte Argumentation in einem Bild von Wissenschaftler*innen als gewöhnliche Zuschauer*innen und Leser*innen mit blinden Flecken im (quasi-privaten) Medienkonsum. Wissenschaftliche Aussagen werden dabei in alltagssprachliche Kommentare über ‚die Medien' übersetzt und auch auf dieser allgemeinen Ebene durch Einzelfallbeispiele widerlegt, wohingegen die tatsächliche Reichweite wissenschaftlicher Aussagen nur im jeweiligen Forschungsdesign und vor dem Hintergrund der jeweiligen Fragestellung zu überprüfen wäre (siehe oben etwa zum spezifischen Erkenntnisinteresse inhaltsanalytischer Untersuchungen).

3.) Wissenschaftliche Studien können stets nur unter Zugrundelegung dieser jeweiligen Fachspezifika in einem angemessenen Deutungsrahmen rezipiert werden. Dies haben wir selbst erfahren müssen, nachdem wir unseren ersten Artikel online auf Researchgate einer interessierten Öffentlichkeit zugänglich gemacht haben. Der Erfahrung zufolge verbleiben die dort veröffentlichten Publikationen innerhalb einer Fachöffentlichkeit. Deren Grenzen hat unser Beitrag schnell überschritten: Bis heute verzeichnet die Studie dort 84.218 Reads (Stand: 23.03.2022). Dabei haben sich schnell auch von uns nicht-intendierte Lesarten ergeben, die vor allem eine politische Interpretation der Studie betreffen. Natürlich sind Analysen des Mediensystems innerhalb einer Krise niemals frei von politischen Implikationen, gerade wenn in einem Diskursfeld wie der Corona-Krise Politik, Medien und Wissenschaft jeweils eng aufeinander bezogen agieren. Allerdings sind textanalytische Aussagen prinzipiell von normativen Aussa-

---

[26] Lehming (2021): „Eine freie und unabhängige Presse zeigt die Bilder der Pandemie. Dazu gehören erschöpfte Pfleger, überfüllte Krankenhäuser, verzweifelte Eltern, arbeitslose Künstler. Unterschlagen wird nichts. Wer etwas anderes behauptet, bildet Legenden. Deren Funktion besteht darin, ein Sich-nicht-abfinden-wollen mit den Einschränkungen, die der Kampf gegen das Virus mit sich bringt, zu rationalisieren."

gen zu unterscheiden: Sollensaussagen benötigen einen Maßstab außerhalb des eigentlichen Untersuchungsgegenstandes – etwa Kriterien für ‚guten' Journalismus. Inhaltsanalytische Untersuchungen sind demgegenüber zuvorderst in der Lage, Textstrukturen sichtbar zu machen. Diese Strukturen können dann in einem ersten Schritt mit allgemeinen journalistischen Kriterien wie Faktizität und Ausgewogenheit abgeglichen werden, was normative Aussagen erster Ordnung produziert – auf dieser Ebene sind auch unsere Untersuchungen normativ, insofern sie Tendenzen innerhalb des journalistischen Feldes als Bruch mit journalistischen Leitlinien kritisieren. Eine normative Aussage zweiter Ordnung wäre dann zum Beispiel der Entwurf von Kriterien einer ‚angemessenen' Krisenberichterstattung – eine Aufgabe, für die andere Disziplinen wie die Medienethik die passenden Werkzeuge bereitstellen.

Unsere Studie wurde immer wieder auch auf der Ebene normativer Aussagen zweiter Ordnung funktionalisiert, etwa bezüglich einer generellen Abwertung des öffentlich-rechtlichen Rundfunks oder einer Fundamentalopposition gegenüber den politischen Maßnahmen. Dabei sind solche Schlüsse in keiner Weise zwingend: Medienkritik kann vielmehr als notwendig betrachtet werden, um die zentralen demokratischen Funktionen des (öffentlich-rechtlichen) Rundfunks in einer Gesellschaft hervorzuheben und zu stärken. Will man Medienkritik normativ lesen, dann wird hier schlicht eine andere Art und Weise der Berichterstattung eingefordert – nicht mehr und nicht weniger. Besonders problematisch wird es dann, wenn die normative Lesart zweiter Ordnung zu einer grundsätzlichen Fehlinterpretation des Studiendesigns führt und dann etwa ein im medienwissenschaftlichen Feld neutraler Begriff wie ‚Inszenierung' im gesellschaftlichen Diskurs als ‚Manipulation' durch die Medien gedeutet wird. Hier beginnt die zentrale Aufgabe von Wissenschaftskommunikation: Da sich Transferleistungen von Wissenschaft in die Gesellschaft immer in Gefahr begeben, dass derlei Interpretationsrahmen verloren gehen, gilt es hier – gerade im Kontext Krisenkommunikation – Wissenschaftstransfer als eigenständiges Diskursfeld zu stärken und geeignete Formate zu finden, die helfen, notwendige Erläuterungen und Einordnungen direkt mitzutransportieren.

1.5 Fazit

Ist Journalismuskritik in Krisenzeiten sinnvoll und geboten? Diese Frage wurde nicht nur im Zuge der Corona-Krise, sondern bereits vorher, angesichts der „gesellschaftlichen Generalkritik" (Überall 2018, S. 239) am Mediensystem, immer wieder gestellt. So verweist etwa Bernhard Pörksen auf die grundsätzliche Gefahr einer Politisierung von forschungsseitiger Medienkritik und formuliert damit selbst ein medienpolitisches Statement:

> Wer nun – womöglich mit guten Gründen und der gebotenen Schärfe – Journalisten kritisiert, Grenzüberschreitungen und Fehltritte, Vorurteile und Übertreibungen sichtbar macht, der wird sich irgendwann überlegen, ob er dadurch zum Parteigänger wird. Medienkritik wandelt

sich dann in ein weltanschauliches Positionierungsspiel, sie wird zum Anlass für grundsätzliche Bekenntnisse in einer von ideologischen Energien und dem allgemeinen Wutbeben regierten Stimmungslage (Pörksen 2020, S. 124).

Doch die traditionelle Medienlandschaft ist natürlich nicht unabhängig von den hier angesprochenen Diskursdynamiken zu sehen. Nicht, weil Medien auch Fehler machen, sondern vor allem, weil das Mediensystem selbst ein zunehmendes „Simplifizieren, Dramatisieren und Emotionalisieren" (Überall 2018, S. 241) befördert hat, was sich aktuell verstärkt als Skandalisierungsdynamik (vgl. Pörksen und Detel 2012) in den digitalen und sozialen Medien wiederfindet.

Auf der Ebene des Mediensystems ist hinsichtlich der hier angesprochenen gesellschaftlichen Generalvorwürfe ein permanentes Wechselspiel zwischen etablierten und anderen medialen Kanälen beobachtbar (vgl. Hennig 2021). Dazu gehören selbst- und fremdreferenzielle Strategien der Attribution von ‚Lüge' (‚Lügenpresse') und ‚Wahrheit' (etwa in der Rede vom ‚seriösen Journalismus'), der Umgang mit und die Sanktionierung von Grenzüberschreitungen (etwa im Fall des Spiegel-Autors Claas Relotius) oder auch mediale Reaktionen auf Reflexionen von außerhalb, etwa aus dem Wissenschaftssystem. Vor dem Hintergrund dieser Wechselwirkungen ist zu fragen, inwiefern ein konkreter journalistischer Umgang mit Medienkritik zur gesellschaftlichen Polarisierung beiträgt oder diese im Gegenteil zu entschärfen hilft. Dabei erscheint eine generelle Skandalisierung von Medienkritik aus unserer Sicht wenig hilfreich, vielmehr wird – gerade aufgrund der sekundären Öffentlichkeiten in den sozialen Medien – „Fehlerkultur zur Pflicht" (Überall 2018, S. 245). Allerdings wäre das Augenmerk dabei natürlich nicht nur auf tatsächliche Fehler, sondern gerade innerhalb von Krisenberichterstattung auch auf subtilere Fragen zu legen, wie sie Markus Spillmann mit Blick auf die Corona-Krise formuliert hat:

> Hat der Journalismus seine konstituierende Aufgabe in dieser historischen Krise richtig begriffen und […] angemessen wahrgenommen? Leistete er Faktenprüfung, Kontextherstellung, Sachlichkeit und Validierung, die Unterscheidung zwischen ‹geprüft› und ‹vermutet›, zwischen wahr und falsch? Bot er Platz für Diskurse, kritische Reflexion, für das Hinterfragen? Und übte er sich in der Einhaltung von Distanz auch dann, wenn man sich der Sache verpflichtet fühlt oder dem Gegenüber nahe? Dies in einer Sprache, die verständlich bleibt und dennoch differenziert ist, die Nuancen zulässt und doch präzise bleibt? Und in Bildern, die das Richtige zeigen, auch dann, wenn es eigentlich gar keine Bilder gibt? (Spillmann 2020, S. 287–288).

In Zeiten der Digitalisierung und im Rahmen der veränderten Infrastrukturen der Nachrichtenverbreitung (vgl. Russ-Mohl 2017) ist die Frage nach den Modalitäten des Informiert-Werdens essenziell, um angemessene Wege einer gesellschaftlichen Informationsgrundversorgung und der Informationsvermittlung zu diskutieren. Und gerade bei der Erfüllung seiner bei Spillmann angesprochenen, gesamtgesellschaftlichen demokratischen Funktionen ist Journalismus auf Selbst- und Fremdkritik angewiesen. Denn es ist anzunehmen, dass die für solche Fragen maßgeblichen Merkmale und Bedeutungspotenziale journalistischer Texte genauso wenig auf ausschließlich bewussten Entscheidungen der Verantwortlichen beruhen, wie dies bei anderen Medientexten und ihren Autor*innen der Fall ist. Nur die kontinuierlich begleitende Kritik kann über die Offenlegung von inhaltlichen und inszenatorischen Tendenzen dafür garantieren, dass Entscheidungen zur Formatgestaltung einerseits auf Produzent*innenseite reflektiert getroffen und andererseits auch einem gesellschaftlichen Diskurs zugänglich werden. So können professionsethisch ganz unterschiedliche und für sich auch argumentierbare Kommunikationshaltungen (vgl. Herrmann 2013) oder Menschenbilder den besprochenen kommunikativen Tendenzen in der Krisenberichterstattung zu Grunde liegen. Doch um sie als solche überhaupt diskutieren zu können, müssen diese Tendenzen offen kommunizierbar sein, selbst wenn Medienkritik dabei in Gefahr gerät, politisch funktionalisiert zu werden. Gerade in Zeiten enger Bezugnahmen von Politik und Medien aufeinander ist genuine Medien- und Journalismuskritik unabdingbar, um die systemischen Leitlinien des Journalismus als solche zu erhalten und zu ihrer Entflechtung mit politischen Handlungslogiken beizutragen.

Literatur

Bröckling, U. (2007): *Das unternehmerische Selbst: Soziologie einer Subjektivierungsform*. Frankfurt am Main: Suhrkamp.

D'Inka, W. (2021): Sind alle Journalisten Versager? In: FAZ.net (https://www.faz.net/aktuell/feuilleton/medien/wie-medienforschung-sich-laecherlich-macht-16729555.html) [letzter Zugriff: 07.01.2021].

Funiok, R. (2011): *Medienethik. Verantwortung in der Mediengesellschaft*. Stuttgart: Kohlhammer.

Gräf, D./Hennig, M. (2020): Die Verengung der Welt. Zur medialen Konstruktion Deutschlands unter Covid-19 anhand der Formate ARD Extra – Die Coronalage und ZDF Spezial. In: *Privatheit und Digitalisierung 14*, S. 14–22. Zeitschrift? Ort und Jahr?

Henkel, A. (2020): Corona-Test für die Gesellschaft. In: *Soziologie und Nachhaltigkeit – Beiträge zur sozial-ökologischen Transformationsforschung. Sonderband II: Die sozial-ökologische Transformation in der Corona-Krise* (https://www.uni-muenster.de/Ejournals/index.php/sun/article/view/2939) [letzter Zugriff: 07.01.2021].

Hennig, M. (im Erscheinen, 2021): Medien und Realität. Verfahren der Analyse von ‹Fake News› und hermetischer Weltmodelle. In: Decker, J.-O. et al.: *Mediale Strukturen – strukturierte Medialität. Konzeptionen, Semantiken und Funktionen medialer Weltentwürfe in Literatur, Film und anderen Künsten*. Kiel: Ludwig.

Herrmann, F. (2013): Vom Oberlehrer zum Kumpel. Das Beziehungsgeflecht journalistischer Texte im Medienvergleich. In: Renner, K. N./Von Hoff, D./Krings, M. (Hg.): *Medien. Erzählen. Gesellschaft. Transmediales Erzählen im Zeitalter der Medienkonvergenz*. Berlin: De Gruyter, S. 241–264.

Immer, N./van Marwyck, M. (Hg) (2013): *Ästhetischer Heroismus. Konzeptionelle und figurative Paradigmen des Helden*. Bielefeld: transcript.

Lehming, M. (2021): Wider die Mär von einer Kumpanei in der Corona-Berichterstattung. In: Der Tagesspiegel (https://www.tagesspiegel.de/gesellschaft/medien/stecken-politik-und-medien-unter-einer-decke-wider-die-maer-von-einer-kumpanei-in-der-corona-bekaempfung/26820500.html) [letzter Zugriff: 07.01.2021].

Luhmann, N. (2009): *Die Realität der Massenmedien*. Wiesbaden: VS Verlag für Sozialwissenschaften.

Niemeier, T. (2020): Corona-Berichterstattung: Frey kann Kritik nicht verstehen. In: DWDL.de (https://www.dwdl.de/nachrichten/80646/frey_kann_kritik_an_coronaberichterstattung_nicht_verstehen/?utm_source=&utm_medium=&utm_campaign=&utm_term=) [letzter Zugriff: 07.01.2021].

Pörksen, B./Detel, H. (2012): *Der entfesselte Skandal. Das Ende der Kontrolle im digitalen Zeitalter*. Köln: Herbert von Halem.

Pörksen, B. (2020): Journalismuskrise und Diskursverschiebung in Zeiten der Medienrevolution. In: Russ-Mohl, S. (Hg.): *Streitlust und Streitkunst. Diskurs als Essenz der Demokratie*. Köln: Herbert von Halem, S. 120–135.

Renner, K. N. (2007): *Fernsehjournalismus*. Konstanz: UVK.

Renner, K. N. (2008): Storytelling im Fernsehjournalismus – Ein Zukunftskonzept mit offenen Fragen. In: Friedrich-Ebert-Stiftung (Hg.): TV 3.0. Journalistische und politische Herausforderungen des Fernsehens im digitalen Zeitalter (https://journalismus.uni-mainz.de/app/uploads/2019/04/Renner_TV_3_MR.pdf) [letzter Zugriff: 07.01.2021].

Russ-Mohl, S. (2017): *Die informierte Gesellschaft und ihre Feinde. Warum die Digitalisierung unsere Demokratie gefährdet*. Köln: Herbert von Halem.

Schicha, C. (2019): *Medienethik*. München: UVK.

Spillmann, Markus (2020): Der Schutzwall bröckelt. Warum wir den Journalismus wieder als gesellschaftlichen Wert verankern sollten. In: Russ-Mohl, S. (Hg.): *Streitlust und Streitkunst. Diskurs als Essenz der Demokratie*. Köln: Herbert von Halem, S. 286–302.

Thomaß, B./Radoslavov, S. (2016): Unabhängigkeit und Staatsferne – nur ein Mythos? In: Bundeszentrale für politische Bildung (Hg.): Dossier Medienpolitik (https://www.bpb.de/gesellschaft/medien-und-sport/medienpolitik/172237/unabhaengigkeit-und-staatsferne-ein-mythos) [letzter Zugriff: 07.01.2021].

Überall, F. (2018): Reale Wahrheitsinseln im Lügenmeer? Medien in Zeiten des digitalen Umbruchs und der gesellschaftlichen Generalkritik. In: Haarkötter, H./Nieland, J.-U. (Hg.): *Nachrichten und Aufklärung. Medien- und Journalismuskritik heute: 20 Jahre Initiative Nachrichtenaufklärung*. Wiesbaden: Springer VS, S. 239–247.

Westfälisches Landesmuseum für Industriekultur (2010): *Die Helden-Maschine. Zur Aktualität und Tradition von Heldenbildern*. Essen: Klartext Verlag.

Visualisierung einer Pandemie

Corona-Nachrichtenberichterstattung im Verlauf und am Beispiel der ARD-*Tagesschau* vom 1. März 2020 bis 31. Mai 2020

Miriam Goetz

Zusammenfassung

Der vorliegende Beitrag untersucht die Nachrichtenberichterstattung der ARD-Tagesschau vom 1. März 2020 bis 31. Mai 2020. Im Fokus der Analyse steht die Visualisierung des neuartigen Corona-Virus und die Frage, wie dieser den deutschen Betrachter*innen im Untersuchungszeitraum, vom Ausbruch der Pandemie bis zum beginnenden Abflachen der Infektionszahlen vermittelt wurde. Leitende Fragen der Analyse sind, welche Bilder für die Vermittlung des Virus gewählt wurden und wie emotional/informativ die Berichterstattung ausfiel? Mittels einer quantitativen und qualitativen Inhaltsanalyse soll Menge, Länge und Charakter der Corona-Meldungen ergründet werden und Rückschlüsse auf das Format *Tagesschau* gezogen werden. Nach der empirischen Untersuchung folgt eine Einordnung der Ergebnisse in das aktuelle Nachrichtenmanagement und in den Kontext der derzeitigen visuellen Kommunikation in den Medien sowie ein Ausblick

Schlüsselwörter

Visuelle Kommunikation · Corona Berichterstattung · Medienpsychologie · Medienrezeption · Visuelles Kommunikationsmanagement

M. Goetz (✉)
Duisburg, Deutschland
E-Mail: mgoetz@ist-hochschule.de

2.1 Die Rolle der öffentlich-rechtlichen Medien in der Corona-Pandemie

Ab Anfang Februar 2020 fanden die Meldungen zum Corona-Virus steigend Eingang in die deutsche Nachrichtenlandschaft. Dabei nahmen die sozialen Medien und das Fernsehen eine exponierte Stellung ein, da hier viele Bilder fast in Echtzeit gesendet werden konnten. Im Kontext der Corona-Pandemie gewannen die öffentlich-rechtlichen Sender an Bedeutung, da diese für die (mitunter verunsicherte) Bevölkerung mehrheitlich für Glaubwürdigkeit und Seriosität standen. Deutlich zeigte dies die Analyse TV-Marktanteile im März: Das ZDF verbuchte 14,1 Prozent, Das Erste 11,9 Prozent, die privaten Mitbewerber kamen hingegen nur auf 8,5 Prozent (RTL), 5,6 Prozent (SAT 1) und 4,1 (ProSieben) (vgl. Szameit 2020).

Aufgrund der tragenden Rolle der öffentlich-rechtlichen Sender hinsichtlich der Informationsversorgung soll am Beispiel des Nachrichtenformats Tagesschau (ARD) untersucht werden, wie das Virus visualisiert und dargestellt wurde. Aufgrund der Masse an Bildmaterial bietet sich hier ein quantitatives, inhaltsanalytisches Verfahren an (vgl. Petersen und Schwendner 2011, S. 21). Es gilt erstens, die Virusdarstellung in ihrem zeitlichen Verlauf vom 1.März 2020 (Beginn der Krise, Fallzahlen in Deutschland 51) bis 1.April 2020 (Peak der Corona-Krise, Fallzahlen in Deutschland 6173; WHO, Johns Hopkins University) konsequent zu verfolgen (vgl. Dussel 2019, S. 455).

2.1.1 Schwerpunkte in der Corona-Berichterstattung

Welche Schwerpunkte setzt die Nachrichtenredaktion und Produktion in ihrer (visuellen) Darstellung? (vgl. Bozdag und Kannengießer 2019, S. 364). Von den 92 Nachrichtensendungen, die hier in die Analyse mit einflossen, hatten 17 einen wirtschaftlichen, 33 einen politischen und 42 einen allgemein, gesellschaftlichen Aufmacher-Beitrag. Die wirtschaftlichen Aufmacher behandelten v. a. die milliardenschweren Hilfspakete der Bundesregierung und Rezessionsprognosen, im weiteren Verlauf des Aprils 2020 wurden die Staatshilfen für Konzerne wie die Lufthansa besprochen oder Verbrauchergutscheine anstelle von Geldzahlungen. In der Politik ging es v. a. um die Pandemieregelungen, Grenzschließungen sowie Ansprachen der Kanzlerin an das Volk. Auffällig war hier, dass mit Ende März vor allem das Machtgerangel zwischen Bund und Ländern um die Verlängerung bzw. Lockerung der Pandemie zunehmend in den Vordergrund geriet, anstelle des eigentlichen Virus'. Die gesellschaftlichen, allgemeinen Themen befassten sich im März durchweg mit den steigenden Fallzahlen und Todesfällen durch das Virus, Einschränkungen im Alltag durch Corona oder auch die abgesagten Olympischen Spiele in Japan. Ab April und v. a. ab Mai, wurden die Beschränkungen zunehmend in Frage gestellt und die langfristigen Pandemieinstrumente (z. B. Entwicklung der Corona-App) wurden prominent thematisiert. Befasst man sich neben den Aufmachern mit den gesamten Nachrichtensendungen, dominieren in einigen der analysierten Nachrichtensendungen die politischen, in anderen die wirtschaftlichen Meldungen, durchgehend aber werden Meldungen zu den Einschränkungen und Folgen des Virus für die deutsche Bevölkerung und deren Alltagsleben visualisiert. Somit können diese Meldungen quantitativ als Schwerpunkt der hier analysierten 92 Nachrichtensendungen ausgemacht werden, was folgerichtig ist, da diese für die Zuschauer*innen den größten Mehr- und Nachrichtenwert bieten.

2.1.2 Mediale Präsenz des Virus – quantitative Analyse der Corona-Berichterstattung

Zweitens gilt es, die „Präsenz" der Virusdarstellung im Format nachzuverfolgen. Darunter fällt erstens die Frage, wie oft und wie lange z. B. Berichterstattungen zu Corona gesendet werden? In welchen absoluten Zahlen und relativ zum Gesamt-Bilderangebot der Nachrichtensendung?

Die Corona-Meldungen fanden sich im Beobachtungszeitraum (1.März bis 31. Mai 2020) täglich in den Nachrichtensendungen. Dabei beliefen sich die Corona-Meldungen in den 92 untersuchten Nachrichtensendungen insgesamt auf eine Sendezeit von 20 Stunden und 12 Minuten. Durchschnittlich beinhaltete jede Nachrichtensendung 13,05 Minuten für Corona-Meldungen und Beiträge. Bei einer durchschnittlichen Länge des Formats *Tagesschau* von 17 Minuten, zeigt sich, dass Corona täglich bis zu 76 Prozent der Nachrichtensendezeit einnahm. Dabei zeigte sich im zeitlichen Verlauf eine beobachtbare Steigerung der Meldungen zu Corona, korrelierend mit dem Anstieg der Fallzahlen und Pandemieregelungen durch die Politik. Während die Sendung vom 1. März 2020 dem Thema Corona mit der Meldung „150 Fälle mehr als am Vortag", 0,25 Minuten einräumte, nahmen die sieben Corona-Meldungen am 17. März 2020 mit insgesamt 14,48 Minuten fast die komplette Sendung ein. Die steigende Bedeutung von Corona für Publikum und Einschaltquoten zeigte sich auch an der Platzierung der Corona- Meldungen in der Gesamtkomposition der einzelnen Nachrichtenformate. Während diese vom 1. März bis 3. März 2020 noch an vierter oder fünfter Stelle gesendet wurden, nahmen sie ab 4. März 2020 durchweg die ersten Plätze im Nachrichtenformat ein. Mit zunehmender Normalität des Virus schafften es im April zunächst vereinzelt andere Themen an die Spitze des Nachrichtenformats. Am 18. April 2020 wurde beispielsweise über die Einreise junger Flüchtlinge als Aufmacher berichtet, am 24. April 2020 war der Tod des Politikers Norbert Blüm die erste Meldung. Betrachtet man die visuellen Darstellungen als Zeitreihe, dominierten in der ersten Hälfte des Aprils die Diskussionen um die Beschränkungen, in der zweiten Hälfte die wirtschaftlichen Maßnahmen zwecks Überbrückung der Krise die Schlagzeilen. Mit sinkenden Fallzahlen ab Mai wurden beispielsweise in drei aufeinanderfolgenden Sendungen der *Tagesschau* die Demonstrationen in den USA gegen anhaltende Polizeigewalt und Präsident Trumps Socialmedia-Gesetz prominent als erste Meldungen gebracht (vgl. die Tagessschau vom 29. Mai 2020, 30. Mai 2020, 31. Mai 2020). Diese nahmen auch quantitativ mit durchschnittlich 4,13 Minuten Beitragslänge fast ein Drittel der Gesamtsendezeit ein und dominierten durch die besonders dramatischen Bilder der Ausschreitungen und die ergänzend, emotionale Ansprache des Reporters, das Gesamtformat. Das Virus und die eher nüchtern gehaltenen Informationen zu den Pandemieregelungen wurde ab Mitte Mai in fast jeder zweiten Sendung nur noch als zweite Meldung gebracht und nahm im Zeitraum 15. Mai bis 31. Mai 2020 auch nur noch durchschnittliche 7,5 Minuten der Gesamtsendezeit der *Tagesschau* ein. Zum Vergleich: Im Zeitraum 15.März bis 31. März 2020 erhielt das Virus und dessen Auswirkungen stets die Aufmacher-Position und nahm durchschnittlich 13,27 Minuten Sendezeit jeden Abend ein. Doch nicht nur die quantitative Abbildung des Virus ist von Interesse, sondern auch dessen qualitativ-inhaltliche Übermittlung in Form von Bildern.

2.1.3 Übermittelter Charakter des Virus – qualitative Analyse der Corona-Berichterstattung

Der nächste Schritt besteht darin, das transportierte Image des Virus in der *Tagesschau* konkreter zu erfassen: Mit welchen (Schock-)Bildern, Grafiken wird dieses den Fernseh-Zuschauer*innen vermittelt? Wie viel rein informatives bzw. wie viel emotionales Bild-Material wird eingebaut? An dieser Stelle muss ein kurzer Exkurs zum akteursorientierten Ansatz von Bock erfolgen (vgl. 2011, S. 65). Seiner Theorie folgend sind jedem vermittelten Medienbild bestimmte Akteure aus dem Produktionsprozess vorgeschaltet, die maßgeblich das, was wir als Rezipient*innen aus Nachrichtenbildern herauslesen, prägen und steuern (vgl. ebd., S. 58). Dieser Ansatz muss jedoch richtigerweise um die Hinweise von Müller und Kappas erweitert werden, welche neben den Produzent*innen auch die Rezipient*innen von Bildern als gleichwertige, starke Akteure im Bereich der Bedeutungszuschreibungen in Bildern verorten (vgl. Müller und Kappas 2011, S. 17–25). Sie betonen auch, dass die Bedeutung, die seitens der Bildproduzent*innen dem Bild zugewiesen wurde, nicht automatisch von den Rezipient*innen identisch zugeordnet wird. Je nach individueller Prägung, Perspektive und Erfahrung, erlangt ein und dasselbe Bild eine unterschiedliche Bedeutungszuschreibung (vgl. ebd., S. 17–25). Damit kann nicht gewährleistet werden, dass alles das, was die Autorin aus den Bildern deutet, auch von anderen Betrachter*innen identisch interpretiert wird. Da weder das komplette Sendematerial vorliegt noch Prüfinstanzen in Form von Rezipient*innen- Befragungen oder Befragungen der Aktanten möglich sind, kann hier folglich nur die (mutmaßliche) Akteurs-Perspektive weiterverfolgt werden.

Die Nachrichtensendung *Tagesschau* ist insgesamt sehr klassisch aufgebaut, das bedeutet, dass jede tägliche Sendung zunächst mit der Anmoderation der Moderator*innen und einem Standbild startet. Diese Meldung wurde durchweg, auch bei den Aufmachern mit Corona-Inhalten, sehr nüchtern und informativ vorgetragen. In der Regel folgen auf die statische Anmoderation meist durchschnittlich zwei bis drei Bewegtbildbeiträge, erneut unterbrochen durch die statische Zwischenmeldung der Sprecher*innen, worauf erneute zwei oder drei Bewegtbild-Beiträge folgen. Während die sachlichen Meldungen der Nachrichtensprecher*innen Ruhe in das Format bringen, erzeugen die durchaus emotionalen Original-Töne aus der deutschen Bevölkerung, die in den Bewegtbildbeiträgen eingebettet sind, die entsprechende Nahbarkeit. Neben der sehr sachlichen Ansprache der Nachrichtenmoderator*innen trägt auch der streng geregelte Aufbau des Nachrichtenformats dazu bei, dass die Nachrichtensendung mehrheitlich informativen Charakter besitzt. Dies untermauert nochmals die zu Beginn formulierte These, wonach Formate der Öffentlich-Rechtlichen, wie dieses, auch durch die strenge Struktur und primär informative Tonalität an Glaubwürdigkeit und Seriosität in der Bevölkerung gewannen. Die Tonalität ist bei den innerdeutschen Meldungen mehrheitlich informativ, nicht aber bei den ausländischen Meldungen. „Chaotische Zustände an der deutsch-polnischen Grenze" (*Tagesschau*, 18. März 2020), „Europäische Länder, die sich im Alarmzustand befinden" (*Tagesschau*, 15. März 2020) oder die Lage im Ausland, die „[…] jederzeit eskalieren kann" (*Tagesschau*, 27. März 2020) bezeugen, dass die Dramatik in Ton und Bild vor allem bei den Beiträgen aus dem Ausland zu finden ist. Dies zeigt sich über den April hinweg bis Ende Mai, wie beispielsweise am 21. Mai 2020 „Situation in Brasilien verschärft sich" oder am 28. Mai 2020 „USA – mehr als 100.000 Tote durch Corona".

Die Bilder sind dem Text entsprechend angepasst oder vice versa. Im März ist das Virus noch neu und die Fallzahlen erreichen in kurzer Zeit ihren Höhepunkt. Bemerkenswerterweise nutzt die *Tagesschau* in diesem Zeitraum (fast) keine schockierenden Bilder. Die wenigen Ausnahmen finden sich bei den ausländischen Beiträgen und zeigen z. B. Kühllaster, die in den USA als Leichenschauhäuser fungieren (vgl. *Tagesschau*, 22. März 2020) Corona-infizierte, italienische Intensivpatienten die in Krankenhäusern unter Beatmungsgeräten liegen (vgl. *Tagesschau*, 26. März 2020) oder Familienangehörige eines Infizierten in Südamerika, die weinend in die Kamera schreien und ihre Regierung um Schutz anflehen (vgl. *Tagesschau*, 9. April 2020). In einer Sequenz werden auch im Beobachtungszeitraum in Deutschland beatmete, deutsche Intensivpatienten gezeigt (*Tagesschau* am 26. März 2020). Diese Sequenz wird zum Höhepunkt der Corona-Krise gesendet und ist eingebettet in Meldungen von Hamsterkäufen, Krankenhaus-Vernetzungen, fehlenden Erntehelfern und dem EU-Gipfel, der über die Schaffung von Corona-Bonds zwecks Vergemeinschaftung von Schulden diskutiert. Die emotionale Lage im Land, die augenscheinliche Angst der Deutschen zu verhungern, findet hier mehr als in anderen Sendungen Eingang und wird erstmals auch in Bild und Ton emotional vorgetragen. Eine zweite Sendung, die mit Blick auf dramatischere Bilder und emotionalere Tonalität heraussticht, ist die vom 14. März 2020. Diese Sendung ist insofern auffallend, als dass hier fortwährend Meldungen gebracht werden, welche das (Alltags-)Leben der deutschen Bevölkerung direkt betreffen: Touristen müssen aus dem Urlaub zurück nach Deutschland fliegen, Altenheimbewohner finden sich plötzlich in Quarantäne, Einreisen in Deutschland werden erschwert und die Hamsterkäufe nehmen erkennbar zu. Erstmals dominieren bei den inländischen Meldungen zu Corona emotionale Tonalität und Bilder. Das führt dazu, dass die ausländischen Meldungen eher spärlich und kurz behandelt werden.

Mehrheitlich steuert die *Tagesschau* aber sachlich gegen emotional geführte Debatten an und sendet das entsprechende Bildmaterial mit. So warnt man interessanterweise in einer der inhaltlich emotionalsten Sendungen vom 14. März 2020, in der Bilder von leeren Supermarktregalen und geschlossenen Grenzen in Europa die Meldungen dominieren, vor Falschmeldungen in den sozialen Netzwerken und Fake News zu Corona. Im weiteren Verlauf des Aprils und Mai finden derart emotionale Vermittlungen des Virus' und dessen Auswirkungen auf die Gesellschaft hingegen nicht mehr statt. Ab April prägen Bilder der politischen Verhandlungen zwischen Bund und Ländern, Konferenzen der EU zu den Corona-Hilfspaketen und die zunehmende, gesellschaftliche Akzeptanz von Corona die Berichterstattungen. So werden im April beispielsweise Berichte über „Lockerung für Gottesdienste" (*Tagesschau*, 17. April 2020), „Kitas sollen schrittweise wieder öffnen" (*Tagesschau*, 29. April 2020) oder „Zinsfreie Darlehen für Studierende möglich" (*Tagesschau*, 30. April 2020) gesendet. Das Gerangel zwischen Bund und Ländern um die Entscheidungshoheit über Lockerungen im Lockdown, Einzelregelungen je Bundesland (*Tagesschau* vom 20. März 2020) und die daraus resultierende Verwirrung und der Frust der deutschen Bevölkerung hingegen werden ab Mitte März zum regelmäßigen Thema in der *Tagesschau*. Visualisiert werden diese eher emotionalen Themen durch einzelne O-Töne von Passanten oder durch den Einblick in deutsche Haushalte, in denen Eltern beschreiben, wie sie versuchen, Kind und Beruf unter einen Hut zu bekommen (*Tagesschau* vom 8. April 2020). Das Virus wird hierbei zwar primär als belastender Alltagsfaktor visualisiert, dem aber gleichzeitig verbal, pragmatisch begegnet wird.

Insgesamt kann festgehalten werden, dass die Bildberichterstattung und Vermittlung des Virus in dem Format *Tagesschau* bezogen auf die Beiträge für Deutschland mit den wenigen, erörterten Ausnahmen, informativ und sachlich erfolgt. Das Virus und dessen Folgen im Ausland werden hingegen im untersuchten Zeitraum deutlich dramatisierter in Bild und Ton übermittelt. Es steht zu vermuten, dass die *Tagesschau* als öffentlich-rechtlicher Sender auch inhaltlich versucht, der deutschen Bevölkerung Sicherheit durch die Politik zu vermitteln und in Abgrenzung dazu, die Lage im Ausland nochmals deutlich dramatischer schildert. Dazu kommt, dass die Fallzahlen im Ausland (v. a. in Staaten wie Italien, Frankreich, Spanien und den USA) im Vergleich zu Deutschland tatsächlich deutlich höher lagen und der Verlauf der Infektionen tödlicher war. Diese Nachrichten beinhalten den entsprechenden Nachrichtenwert, der die deutsche Bevölkerung nicht direkt betrifft, wohl aber Staaten, welche die entsprechende, geografische oder wirtschaftliche Nähe bzw. Bedeutung zu Deutschland aufweisen. Den deutschen Zuschauer*innen wird erkennbar konstant vermittelt, dass die Lage in Deutschland (noch) unter Kontrolle sei, während dies in anderen Staaten der Welt schon längst nicht mehr der Fall ist. Es ist davon auszugehen, dass jedes betrachtete Bild nicht nur technisch, sondern auch sozial konstruiert ist (vgl. Lobinger und Mengis 2019, S. 602). „Ein Bild verstehen bedeutet deshalb nicht nur zu verstehen, was das Bild zeigt, sondern auch, was mit dem Bild gezeigt werden soll" (Bucher 2011, S. 149). Für die Frage des Bildverstehens ist daher die Bildverwendung zentral (vgl. Scholz 2011, S. 372). In diesem Zusammenhang gilt es den Kontext der Medienbild-Produktion gesondert zu beobachten.

2.1.4 Medienbildproduktion und bevorzugte visuelle Übermittlung von Inhalten

Der Kontext der Medienbild-Produktion determiniert in hohem Maße die Darstellung des Virus. Dieses wird, wie zuvor erörtert, in der *Tagesschau* nur wenig durch schockierende, angsteinflößende Bilder vermittelt, dafür aber stark durch Grafiken. Gute Infografiken schaffen es im Vergleich zu einem Bild, mehr und komplexe Informationen sehr sachlich zu vermitteln. Die Infografik wird folglich eingesetzt, um Zuschauern komplexe Themengebiete verständlich, entlang der W-Fragen, zu vermitteln (vgl. Buchholz und Schult 2009, S. 135). Die mehrheitliche Vermittlung des Virus erfolgt in der *Tagesschau* tatsächlich durch geografische Karten, mittels derer demonstriert wird, in welchem Staat bzw. Stadt oder Region eines Staates in Europa oder weltweit, das Virus wie viele Infektions- und Todesopfer gefordert hat. In 41 der insgesamt 92 Nachrichtensendungen wird die Pandemie durch Landkarten vermittelt. Es zeigt sich folglich auch hier eine eher nüchterne, analytische Darstellung, die dennoch ihre Wirkung – aufmerksam machen auf das Grassieren des Virus' – nicht verfehlt. Drei der insgesamt dreizehn Kartendarstellungen befassen sich mit Regionen in Deutschland, der Rest thematisiert das Infektionsgeschehen im Ausland. Auch hier steht also die visuelle Darstellung der gravierenden Ausbreitung des Virus' im Ausland im Vordergrund. Ab dem 22. April 2020 gesellen sich zu der bereits bekannten Europakarte in jedem *Tagesschau*-Format weitere Infografiken hinzu, welche den Zuschauern v. a. die nationalen Maßnahmen, Regelungen und Inhalte der Hilfspakete erklären sollen. Die Infografiken zu den nationalen Regelungen lösen wiederum die übergroßen Virus-Bilder ab, welche die *Tagesschau* noch zu Beginn der Pandemie im Zeitraum 8. März bis 6. April 2020 zum Auftakt einer jeden Sendung sendete. Das Virus wird also ab dem 6. April 2020 auch in den Infografiken visuell stärker als Teil des Alltagsgeschehens vermittelt. Ferner wird das Virus fester Bestandteil der wiederkehrenden Infografiken und verliert sowohl durch die informative Form als auch Frequenz an Dramatik. Die überdimensional große Fotografie des Virus selbst, zeigt sich ausschließlich in den ersten Wochen der Pandemie (März bis Anfang April). In allen zehn Fällen wird stets dasselbe, vielfach vergrößerte Bild des Virus als Aufmacher verwendet und erscheint in den betreffenden Sendungen auch parallel mit den zuvor erörterten, geografischen Karten. Diese stark bildhafte Darstellung des Virus' (*Tagesschau* vom 8. März bis 6. April 2020) bildet genau den Zeitraum der höchsten Anstiege der Infektionszahlen ab. Auch durch das fortwährende Zeigen desselben Virus-Bilds zeigt sich ein gewisser Gewohnheitseffekt beim Betrachter. Eher marginal wird das Virus in Form von Teststäbchen (*Tagesschau*, 29. März 2020) oder Infektions-Verlaufskurven (*Tagesschau* ab dem 2. April fortlaufend) vermittelt. Letztere werden im weiteren Verlauf bis zum Sommer eine vermehrte Verwendung finden, um der Bevölkerung den Verlauf der Infektionszahlen bildhaft und alltagsnah zu übermitteln. Für den beobachteten hiesigen Zeitraum zeigt sich aber insbesondere eine eher informative, bildhafte Darstellung des Virus.

Die Emotionalisierung der Sendung erfolgt wiederum durch Einblenden der O-Töne aus den Befragungen in der deutschen Bevölkerung, Einblicke in den Alltag des medizinischen Personals oder Aussagen gestresster Eltern. Allein die konstante, gleichbleibende Platzierung dieser emotionaleren Beiträge nach den einordnenden Infografiken schmälert allerdings einen (potenziellen) dramatisierenden Effekt, der aus dieser Darstellung resultieren könnte und dient eher einer abwechslungsreichen Sendungsgestaltung. Bei der Analyse der visuellen Kommunikation im Fernsehen lohnt ein Blick auf die hier verstärkt gesendeten Formate und deren Zweck. Die analysierte *Tagesschau* arbeitet stark mit bebilderten Nachrichten und der sog. „Nachricht im Film" (vgl. Buchholz und Schult 2009, S. 148). Bei der bebilderten Nachricht wird versucht, eine eher nüchterne Nachricht durch optisch ansprechende Elemente möglichst abwechslungsreich zu gestalten und zugleich größtmögliche Übereinstimmung zwischen der vermittelten Information und dem gesendeten Bild herzustellen. Gelingt letzteres nicht, entsteht beim Betrachter die sog. „Bild-Text-Schere", d. h. der Inhalt der gesendeten Nachricht wird als nicht kongruent zum vermittelten Bild wahrgenommen und verwirrt den Zuschauer (vgl. Buchholz und Schult 2009, S. 122). Dieses Format zeigt sich v. a. bei den Beiträgen, die dramaturgisch nach den Infografiken und politischen Pressekonferenzen, den Alltag der Deutschen behandeln. Die zweite, stark genutzte Formatform ist die Nachricht im Film, die vor allem dann genutzt wird, wenn wenig optisch ansprechendes Bildmaterial zur Verfügung steht z. B. bei Politikertreffen oder Pressekonferenzen. Diese werden im behandelten Zeitraum häufig nach dem Aufmacher zum Corona-Status gesendet.

2.1.5 Autoritätspersonen im Kontext des Virus

Ein weiterer Aspekt, der im Zusammenhang mit der visuellen Kommunikation im Nachrichtenformat von Bedeutung ist, ist die Frage, wie Autoritätspersonen (Politiker, Forscher etc.) und deren Corona-Botschaften den Zuschauer*innen präsentiert werden (vgl. Panofsky 1975, S. 38). Autoritätspersonen werden im besagten Untersuchungszeitraum in 53 Sendungen der *Tagesschau* explizit gesendet. Explizit meint, dass diesen mindestens ein Beitrag von 0,15 Minuten zugestanden wird und diese nicht nur im Kontext einer Meldung erwähnt werden. Von diesen 53 Sendungen bestreitet 16Mal der RKI-Präsident Prof. Wieler, 15Mal Kanzlerin Merkel, 14Mal der bayrische Ministerpräsident Söder und 13Mal der deutsche Gesundheitsminister Spahn einzelne Meldungen in den Nachrichten. Diese vier sind medial die Präsentesten. Weitere visuell hervorstechende Persönlichkeiten des politischen Geschehens sind Finanzminister Scholz (5Mal), Arbeitsminister Heil (5Mal) und NRW- Landespräsident Laschet (7Mal). Während die Bundeskanzlerin vor allem an die Solidarität der Bürger und Bürgerinnen appelliert und im Kontext des Alltagsgeschehens visualisiert wird, wird RKI-Chef Wieler eher im Kontext konstanter Warnungen vor einem weiteren Anstieg der Infektionszahlen und einem zu leichtfertigen Handeln präsentiert. Entsprechend werden seine Aussagen kontinuierlich von den Infografiken zur Virusentwicklung flankiert und unterstützt. Der Bundesgesundheitsminister wird insbesondere als Verfechter der Infektions-Maßnahmen der Bundesregierung und des Gesundheitssystems übermittelt. Bildhaft verdeutlicht wird dies mit Hilfe von Infografiken und Alltagsszenen aus Arztpraxen und vereinzelt auch Krankenhäusern. Der bayrische Ministerpräsident wiederum wird stärker als zielgerichteter Politiker gezeigt, der die Maßnahmen streng, aber konsequent und zum Wohle Bayerns umsetzen will, folglich werden primär Ausschnitte aus bayrischen Städten oder der bayrischen Staatskanzlei gesendet. Inhaltlich und bildhaft wird hier nichts Neues vermittelt, denn das Virus selbst ist bei den Auftritten der Politiker eher Mittel zum Zweck. Im Vordergrund stehen bei allen der analysierten Politiker*innen und Forscher*innen die beabsichtigten Maßnahmen und die Darstellung des eigenen Agierens im Kontext des Virusgeschehens. Wie zuvor beschrieben, könnte man aufgrund der sichtbaren quantitativen und qualitativen Diskrepanz der gesendeten Bilder aus dem Ausland (sehr emotional, mitunter sogar reißerisch) und dem Inland (gemäßigt, informativer Tenor) folgern, dass dies den Rezipient*innen seitens der Produzent*innen gezielt übermittelt werden sollte. Diese Schlussfolgerung bleibt jedoch hypothetisch, da erweiterte Rezipient*innen- Befragungen oder Befragungen der Produzent*innen nicht vorliegen.

2.2 Einordnung der Erkenntnisse in Produktionskontext und aktuelle Lage der visuellen Berichterstattung

Noch nie zuvor wurden in der Geschichte des Journalismus derart viele Bilder veröffentlicht wie heute. Diese Entwicklung ist eine Folge des tiefgreifenden Öffentlichkeits- und Medienwandels, der sich seit zwei Jahrzehnten mit großer Dynamik im Kontext der wachsenden Digitalisierung vollzieht (vgl. Lobinger 2012, S. 68). Der Visualisierungstrend wurde v. a. durch das Aufkommen neuer, digitaler Medientechnologien, sowohl im Bereich der Produktion (digitale Kameras), der redaktionellen Verarbeitung (Grafik- und Layoutprogramme) und Publikation (digitaler Druck/Live-Streaming) begünstigt. Fechter und Wilke haben 1998 bereits die Bedeutung der Bilderdienste AP, DPA und Reuters für die Bildberichterstattung analysiert und eine Systematik von Anbieterstrukturen herausgearbeitet, die zeigt, dass der Bildermarkt Expansions-, Globalisierungs- und Konzentrationsprozesse aufweist (ebd., S. 75 f.). Diese Entwicklung hat sich innerhalb weniger Jahre dramatisiert: Das Bildvolumen der Bilderdienste ist laut Wilke innerhalb weniger Jahre von 1998 bis 2005 um das sechsfache gestiegen (vgl. Wilke 2008, S. 82 f.). Redaktionen erhielten bereits 2016 bis zu 20.000 Bilder täglich angeboten (vgl. Runge 2016, S. 281) und auch die Wege, wie man als Journalist Wissen sichtbar macht, haben sich mit der Entwicklung verschiedener Ausspiel-Kanäle im Digitalen vervielfacht (dies zeigt sich auch im Angebot der diversen, beobachtbaren Verweise in der *Tagesschau* auf ARD-Extras und *Tagesschau.de*). Frosh spricht von einer „globalen Bildindustrie" (2003). Sinnbild dafür ist der Boom der Stockfotografie. Kennzeichen der Stockfotos sind Ort- bzw. Zeitlosigkeit, visuelle Klischees und Stereotypen, die sich global deutlich besser vermarkten lassen als individuelle Aufnahmen (vgl. Ullrich 2008, S. 51). Dies zeigt die stets gleiche, neutral und zugleich kollektiv leicht verständliche Darstellung des Virus in den *Tagesschau*-Sendungen. Der Fokus des Bild-Journalismus liegt inzwischen auf global vermarktbaren, symbolischen Bildern. Studien, die sich v. a. auf Berichterstattung in Printmedien fokussierten, stellten immer wieder die kulturelle und soziale Wirklichkeitskonstruktion durch den Journalismus heraus und zeigen ferner, dass journalistische Bildkommunikation stark konventionalisiert ist und fast immer auf vergleichbare Bildmotive zurückgreift (vgl. Grittmann 2019, S. 134; Döveling 2019, S. 76). Perlmutter bezeichnet diese als „generic icons" (Perlmutter 2005, S. 109). Diese Bildtypen können schnell zu Stereotypen mutieren, was sich im Verlauf der Corona-Pandemie durchaus andeutet, wenn man sich die wiederkehrende Frequenz des immer gleichen Bildes zum Corona-Virus vor Augen führt. Diese Konventionalisierung bzw. Typisierung des Bildmaterials, konnte in der vorliegenden, empirischen Untersuchung bestätigt werden.

Zwei weitere Befunde aus der empirischen Analyse gilt es in diesem Kontext noch zu erörtern: Zum einen zeigten sich neben den kanonisierten Stock-Fotos durchaus auch emotionalere Einblendungen (z. B. die dramatische Lage in Italien). Zum Verständnis von kollektiv-emotionalen Ereignissen und (massen)medial, visuell-emotionalisierenden Darstellungen greift Döveling auf die Erkenntnisse der Emotionssoziologen zurück. „Kommunikationswissenschaftlich relevant ist: Bilder in den (Massen-)Medien stellen immer eine Auswahl aus dem tatsächlichen Geschehen dar, die unter anderem von Journalisten oder der Journalistin getroffen wird" (Döveling 2019, S. 75) Soziologisch betrachtet, dienen medial distribuierte Bilder, „[…] einer kommunikativen und gesellschaftlichen Orientierung und vermitteln somit bestimmte Konstruktionen einer sozialen Realität" (Müller 1997, S. 17–25) Döveling zeigt in ihrem Beitrag auf, dass visuelle Kommunikation, unabhängig von der angewandten empirischen Untersuchungsmethode, stets eine Regelhaftigkeit aufweist, weil sie fortwährend einen Beziehungsaspekt offenlegt und durch symbolhafte Zeichen (z. B. die Spritze zur Impfung) eine kommunikative und richtunggebende Funktion offenbart. Bilder bieten eine emotionale Orientierung an und liefern bestimmte Konstruktionen einer visuell erfahrbaren Welt. Bezogen auf die vorliegende Untersuchung bedeutet das: Die kollektiv, neutralen Bilder erzeugen und repräsentieren auch eine gemeinsame Emotion. Davon zeugen – wie zuvor beschrieben – tradierte gesellschaftliche Symbole (z. B. das leere Café als Symbol des Lockdowns). Der neutralisierende Effekt der Nachrichtenberichterstattung wurde darüber hinaus maßgeblich durch die hier mehrheitlich eingebrachten wissenschaftlichen Visualisierungen und Infografiken verstärkt. Vor allem im Journalismus hat sich das Visualisieren von Daten und abstrakten Informationen als kommunikative Praktik etabliert (vgl. Rogers et al. 2017). Geise spricht in diesem Kontext von einer „Technisierung und Automatisierung der Bildproduktion" (2019, S. 324). Infografiken können neben Fotos, Illustrationen, Piktogrammen und Texten auch Datenvisualisierungen enthalten (z. B. Linien oder Balkendiagramme) Wissenschaftliche Visualisierungen wie die hier eruierten Infografiken werden häufig als „visuelle Beweise" von Nachrichtenproduzent*innen genutzt und von Rezipient*innen wahrgenommen (vgl. Geise 2019, S. 318).

> Infografiken und Visualisierungen haben, wie Bilder generell, Evidenzcharakter. Sie zeigen Strukturen und Zusammenhänge, machen Relationen, Proportionen und Prozesse sichtbar. Erst

das Sichtbarmachen ermöglicht einen Zugang zu den Daten, macht sie lesbar und kann so zu Erkenntnisgewinn und Wissensgenerierung beitragen. Daher eignen sich Infografiken und Datenvisualisierungen als Explorations- und Analysetool, als epistemisches Werkzeug im Denkprozess als visuelle Argumente oder als Anschauungs- und Erklärungsmodell (Weber 2019, S. 336)

Die größte Stärke der Infografiken ist, dass sie Evidenz schaffen. Wie in der *Tagesschau* ersichtlich, stellen sie sachlogische Zusammenhänge mit Blick auf das Virus dar, die in sprachlicher Form nur bedingt übermittelt werden können und die dank der Infografik-Visualisierung plötzlich anschaulich und intuitiv einsehbar werden (vgl. Sachs-Hombach und Schirra 2011, S. 32). Wissenschaftliche Grafiken suggerieren durch ihren technischen Charakter allerdings auch, dass hierbei gültige Aussagen über die Wirklichkeit gezeigt würden (vgl. Geise 2019, S. 322–324). In der vorliegenden Untersuchung tragen sie erheblich dazu bei, dass die Corona-Berichterstattung eher sachlich, objektiv, informativ statt dramatisierend, emotional erfolgt.

2.3 Fazit

Es bleibt abschließend zu sagen, dass die *Tagesschau*, als prominentestes Nachrichtensendungs-Format der Öffentlich-Rechtlichen, im Beobachtungszeitraum mehrheitlich informative, sachliche Bildinhalte vermittelt hat. Erkennbar war auch, dass in den ersten sechs Wochen der Pandemie (Mitte März bis Ende April) eine gewisse inhaltliche Übereinstimmung zwischen politischer und medialer Landschaft stattfand. Dies bestätigte der Chefredakteur des ZDFs, Peter Frey in einem Interview mit dem Fachmagazin *JournalistIn* (vgl. Schröder 2020, S. 56). Spätere Nachrichtensendungen ab dem 1. April 2020 bis zum 31. Mai 2020 belegen diese Hypothese ebenfalls. Dadurch fand mitunter auch nur eine geringfügig dramatisierende Darstellung des Virus in den Medien statt. Emotionalität gelingt durch die Einblendungen der O-Töne betroffener, deutscher Bürger*innen und Auslandsdarstellungen, die stark mit den mehrheitlich verwendeten, sachlichen Infografiken kontrastieren. Die gewählten Formate zeigten ein starkes Bestreben der Sendungsproduzenten und Journalisten, das bildhaft Vermittelte nicht vom Inhalt der Botschaft abweichen zu lassen und Virusdarstellungen allenfalls im Kontext des Alltagsgeschehens als Nachricht im Film etwas emotionaler zu vermitteln. Bei komplexen Zusammenhängen wurde zwecks Verständlichkeit die Infografik eingesetzt (vgl. Buchholz und Schult 2009, S. 135). Dramaturgisch wurde hier kontinuierlich auf dieselbe Abfolge der Formate gesetzt: Aufmacher, Nachricht im Film bei Politikertreffen, verdeutlichende Infografik und darauffolgende bebilderte Nachricht aus dem Alltag. Es wurden darüber hinaus auch konstant dieselben, kollektiv schnell einzuordnenden Motive zum Corona-Virus eingebracht. Diese Kanonisierung des Formats und der gezeigten Bilder verhinderte bei den Beiträgen aus Deutschland ebenfalls eine visuelle Dramatisierung des Corona-Virus.

Die beschriebene ruhige, bisweilen starre Formatdramaturgie und Virus-Übermittlung hat auch zum Image der *Tagesschau* als seriöses, glaubwürdiges Format im Kontext der

Pandemie und als Gegenentwurf zu Fakenews beigetragen. Das Virus wird hier nicht in Form dramatisierender Reporterstücke, sondern in Form einordnender Infografiken, plastischer Virus-Darstellungen sowie mehrheitlich sachlicher Appelle und Ansprachen deutscher Politiker*innen und Gesundheitsexpert*innen, übermittelt. Trotz der erkennbaren Stärke der Infografiken und deren Potenzial, komplexe Sachverhalte wie das hier analysierte Corona-Virus vereinfacht zu vermitteln, muss verinnerlicht werden, dass auch die objektiv wirkenden technischen Wissenschaftsbilder faktisch niemals reine Ab-Bilder der Realität darstellen, sondern stets das Ergebnis einer kontextabhängigen, komplexen sozialen Konstruktion sind (vgl. Mersch 2006, S. 95–116). Gerade bei computergestützten Bildern kann nicht klar nachvollzogen werden, wo das Bild noch bearbeitet, optimiert bzw. subjektiv interpretiert wurde. Wenn wissenschaftliche Visualisierungen primär als spezifischer Ausdruck des sozialen Handelns und Form der sozialen Praxis die Alltagspraktiken einer mediatisierten Gesellschaft prägen, muss dies als wichtige Basis der weiterführenden Forschung gewertet werden (vgl. Lobinger und Geise 2015). Für die Zukunft spannend zu erforschen wäre also, was die kontinuierliche Betrachtung und Präsentation gesellschaftlicher Zusammenhänge durch (wissenschaftliche) Visualisierungen bei uns Rezipient*innen bewirkt.

Literatur

Bozdag, C./Kannengießer, S. (2019): Visual Storytelling in der Kommunikationsforschung. In: Lobinger, K. (Hg): *Handbuch Visuelle Kommunikationsforschung*, Wiesbaden: Springer Fachmedien, S. 362–374.

Bock, A./Isermann, H./Knieper, T. (2011): Ikonologische Kontextanalyse, In: Petersen, T./Schwender, C.: *Die Entschlüsselung der Bilder. Methoden zur Erforschung visueller Kommunikation. Ein Handbuch.* Köln: Herbert von Halem Verlag, S. 56–70.

Bucher, H.J. (2011): Multimodales Verstehen oder Rezeption als Interaktion. Theoretische und empirische Grundlagen einer systematischen Analyse der Multimodalität. In: Dieckmannshenke, H./ Klemm, M./ Stöckl, H. (Hg.) *Bildlinguistik. Theorien – Methoden – Fallbeispiele*, Berlin: Erich Schmidt Verlag, S. 123–156.

Buchholz, A./Schult, G. (2009): *Fernsehjournalismus,* 9. Auflage, Wiesbaden: Springer VS, S. 122–148.

Dussel, Konrad (2019): Fotografische Allgegenwart? Hitler Bilder in der Presse des NS Staats, In: *Publizistik 19,* S. 447–477.

Döveling, Katrin (2019): Bilder von Emotionen – Emotionen durch Bilder. Eine interdisziplinäre Perspektive. In: Lobinger, K. (Hrsg.) *Handbuch Visuelle Kommunikationsforschung*, Wiesbaden: Springer Fachmedien, S. 63–82.

Fechter, A./Wilke, J. (1998): Produktion von Nachrichtenbildern. Eine Untersuchung der Bilderdienste der Nachrichtenagenturen, in: Wilke, J. (Hrsg.): *Nachrichteproduktion im Mediensystem. Von den Sport- und Bilderdiensten bis zum Internet,* Köln: Böhlau, S. 55–119.

Frosh, P. (2003): *The image factory. Consumer Culture, photography and the visual content industry,* Oxford: Berg.

Geise, S. (2019): Wissenschaftliche Bilder und die Visualisierung komplexer Daten. In: Lobinger, K. (Hrsg.) *Handbuch Visuelle Kommunikationsforschung,* Wiesbaden: Springer Fachmedien, S. 313–334.

Grittmann, E. (2019): Fotojournalismus und journalistische Bildkommunikation in der digitalen Ära. In: Lobinger, K. (Hrsg.) *Handbuch Visuelle Kommunikationsforschung*, Wiesbaden: Springer Fachmedien, S. 125–144.

Lobinger, K. (2012): *Visuelle Kommunikationsforschung. Medienbilder als Herausforderung für die Kommunikations- und Medienwissenschaft*, Wiesbaden: VS Verlag für Sozialwissenschaften, Springer Fachmedien Wiesbaden.

Lobinger, K./Geise, S. (2015): *Visualisierung- Mediatisierung. Bildliche Kommunikation und bildliches Handeln in mediatisierten Gesellschaften.* Köln: Herbert von Halem.

Lobinger, K./ Mengis, J. (2019): Visuelle Methoden, In: Lobinger, K. (Hg) *Handbuch Visuelle Kommunikationsforschung,* Wiesbaden: Springer Fachmedien, S. 597–620.

Mersch, D. (2006): Visuelle Argumente, Zur Rolle der Bilder in den Naturwissenschaften. In: Maasen, S. Mayerhauser, T., Renggli, C. (Hrsg.): *Bilder als Diskurse- Bilddiskurse,* Weilerswist: Velbrück, S. 95–116.

Müller M.G./ Kappas, A. (2011): Visual emotions- emotional visuals: Emotions, pathos formulae and their relevance for communication research. In: Döveling, K., von Scheve, C. Konjin, A. (Hrsg.): *The Routledge handbook of emotions and mass media,* New York: Routledge, S. 310–331.

Müller, M.G. (1997): *Politische Bildstrategien im amerikanischen Präsidentschaftswahlkampf 1828–1996,* Berlin: Akademie.

Panofsky, E. (1975): *Sinn und Deutung in der bildenden Kunst,* Köln: Dumont Verlag, S. 38–42.

Perlmutter, D.D. (2005): Photojournalism and foreign affairs, In: *Orbis* 49 (19), S. 109–122.

Petersen, T./Schwender, C. (2011): *Die Entschlüsselung der Bilder. Methoden zur Erforschung visueller Kommunikation. Ein Handbuch.* Köln: Herbert von Halem Verlag, S. 17–30; S. 264–266.

Rogers, S./Schwabish, J./ Bowers, D. (2017): Data Journalism in 2017 – The current State and challenges facing the fields today, Good news lab, https://issuu.com/saladeprensa/docs/data_journalism_in_2017_45e68ba08293b9, [letzter Zugriff: 9.2.2021].

Runge, E. (2016): Ökonomie der Fotografie. Beobachtungen zum globalen Markt der Bilder, In: *Medienwissenschaft 3,* S. 274–296.

Sachs-Hombach, K/Schirra J.R. (2011): Prädikative und modale Bildtheorie. In: Diekmannshenke, H. M. Klemm, H. Stöckl (Hrsg.): *Bildlinguistik,* Berlin: Erich Schmid, S. 97–119.

Scholz, O. (2011): Bildspiele. In: Heinrich, R. et al. (Hrsg.): *Image and imaging in philosophy, science and the arts,* Frankfurt a.M.: Ontos Verlag, S. 370–374.

Schröder, C. (2020): In demokratischen Verhältnissen sollte das die Ausnahme sein, In: *JournalistIn* 12, S. 52–58.

Szameit, J. (2020): Tagesschau ist der große Quoten-Gewinner. In: *Teleschau – der Mediendienst* (https://www.prisma.de/news/Corona-Krise-Tagesschau-ist-der-grosse-Gewinner-bei-den-Einschaltquoten,25985400) [letzter Zugriff: 8.7.2020].

Ullrich, W.(2008): Bilder zum Vergessen. Die globalisierte Industrie der Stock Photography. In: Grittmann, E., Neverla, I, Ammann, I. (Hrsg.) *Global, lokal, digital. Fotojournalismus heute.* Köln: Herbert von Halem, S. 51–61.

Weber, W. (2019): Multidisziplinäre Forschungsperspektiven auf Infografiken und Datenvisualisierungen. In: Lobinger, K. (Hrsg.) *Handbuch Visuelle Kommunikationsforschung,* Wiesbaden: Springer Fachmedien, S. 335–359.

WHO/JohnHopkinsUniversity, (https://de.statista.com/statistik/daten/studie/1100739/umfrage/entwicklung-der-taeglichen-fallzahl-des-coronavirus-in-deutschland/#professional) [Letzter Zugriff: 08.12.2020].

Wilke, J. (2008): Nachrichtenberichterstattung im internationalen Vergleich. In: Melischek G., Seethaler J., Wilke J. (Hrsg.) *Medien & Kommunikations-forschung im Vergleich.* Wiesbaden: VS Verlag für Sozialwissenschaften, S. 75–85.

„Die Mutanten werden uns überrennen": Krisenberichterstattung zur Corona-Pandemie zwischen Information, Panikmache und Disziplinierung

Peter Zimmermann

Zusammenfassung

Krisenberichterstattung entwirft das Bild einer bedrohlichen Weltlage, die uns nicht besonders beunruhigt, solange uns die jeweilige Krise nicht direkt betrifft. Das änderte sich mit der Corona-Pandemie. Durch ihre Konzentration auf die Brennpunkte des Geschehens jagten die Medien der Bevölkerung Angst und Schrecken ein. Damit schlug die ‚Stunde der Exekutive'. Im Namen der Gesundheitsfürsorge wurden mit einem ‚Lockdown' grundlegende Freiheitsrechte vorübergehend außer Kraft gesetzt, was von den meisten Medien und damit auch vom größten Teil der Bevölkerung als notwendig akzeptiert wurde. Statt Ihre Rolle als vierte Gewalt und Hüter demokratischer Rechte angemessen wahrzunehmen, breitete sich in Presse, Radio und Fernsehen ein Verlautbarungs-Journalismus aus, der ein patriarchalisches Narrativ vom ‚Vater Staat' und seinen unmündigen Kindern etablierte. Die Stimmung schlug in den Medien und der Öffentlichkeit um, als zu Beginn des Jahres 2021 neue Impfstoffe zugelassen wurden und die Europäische Union im Impf-Ranking der Industriestaaten plötzlich das Schlusslicht bildete. Der bislang favorisierte ‚starke Staat' erschien nunmehr als zögerlich, bürokratisch und ineffektiv. Mit Beginn der dritten Welle der Pandemie im Frühjahr 2021 schlug das Pendel neuerlich um. Seither begleitet der Wechsel von Restriktionen und Lockerungen den Verlauf der Pandemie.

P. Zimmermann (✉)
Bergische Universität Wuppertal, Deutschland

© Der/die Autor(en), exklusiv lizenziert durch Springer Fachmedien Wiesbaden GmbH, ein Teil von Springer Nature 2022
A. Krewani, P. Zimmermann (Hrsg.), *Das Virus im Netz medialer Diskurse*, ars digitalis, https://doi.org/10.1007/978-3-658-36312-3_3

Schlüsselwörter

Krisenberichterstattung · Corona-Pandemie · Regiment der Pest · Ausnahmezustand · Stunde der Exekutive · Lockdown · Einschränkung der Grundrechte · Verlautbarungs-Journalismus · Patriarchalisches Narrativ

3.1 Krisen-, Kriegs- und Katastrophenberichterstattung

Bad news are good news! Diese journalistische Faustregel gilt insbesondere für die Krisen-, Kriegs- und Katastrophenberichterstattung der Medien. Es ist ein Selektionskriterium, das die medial vermittelten Weltbilder maßgeblich prägt. Das gilt vor allem für das Agenda Setting der Auslandsberichterstattung, die die weltweiten Konfliktlagen aus euro- und ethnozentrischer Sicht beobachtet. In den Jahrzehnten des ‚Kalten Krieges' war es der von kommunistischen Parteidiktaturen beherrschte und von der Sowjetunion dominierte ‚Ostblock', der im Zeichen des Ost-West-Konflikts mit seinem Atomwaffenarsenal als größte Bedrohung des ‚freien Westens' dargestellt wurde. Nach dem Zusammenbruch des ‚sozialistischen Lagers' rückte das kommunistische China als potenzieller Gegner und wirtschaftlicher Konkurrent in den Vordergrund. Als permanente Krisenregion erscheint der Nahe Osten vom Palästina-Konflikt über die Suez-Krise und die Golfkriege bis zum ‚arabischen Frühling', der Invasion westlicher Streitkräfte in Irak und Afghanistan und dem islamistischen Terrorismus. Die Aufmerksamkeit westlicher Industriestaaten verdankt er in erster Linie seinen gewaltigen Ölreserven. Als Kontinent des Elends, des Hungers, der Seuchen, der Präsidialdiktaturen, der Korruption und der Misswirtschaft wird in deutschen Medien seit dem Ende der Kolonialherrschaft Afrika mitleidig abgestempelt, das zuvor eher als letztes Reservat für wilde Tiere galt. Hinzu kam die Flüchtlingsproblematik, die mit mehr als einer Million Flüchtlingen aus Kriegs- und Krisengebieten Afrikas und des Nahen Ostens im Jahre 2015 in der Europäischen Union eine der brisantesten politischen Krisen auslöste und auf Abschottung drängende nationalistische Tendenzen in allen europäischen Ländern zur Folge hatte. In den Medien wurde und wird diese Thematik kontrovers diskutiert.

Angesichts der zunehmenden Globalisierung der Finanzmärkte widmete sich ein großer Teil der Berichterstattung auch den in diesem Prozess auftretenden Wirtschaftskrisen: vom Zusammenbruch der Internet-Firmen der New Economy im Jahre 2000 über die 2007/2008 durch faule Hypothekenkredite internationaler Großbanken ausgelöste Finanz- und Bankenkrise und die 2010 durch die Schuldenkrise südeuropäischer Staaten und insbesondere Griechenlands ausgelöste Euro-Krise bis hin zu den staatlichen Rettungsmaßnahmen der Europäischen Union und der Europäischen Zentralbank. Zum Skandal wurden auch die von Julian Assange mitbegründete Enthüllungsplattform Wikileaks mit den dort publizierten geheimen Dokumenten verschiedener Regierungen und die durch Edward Snowden aufgedeckten weltweiten Überwachungspraktiken der USA und ihrer Verbündeten. Ein Dauerthema der Krisenberichterstattung ist spätestens seit den 1990er-Jahren die Klimakrise, die vor allem durch die Verschmutzung und Erwärmung der Erdatmosphäre vorangetrieben wird und das menschliche Leben im Verlauf weniger Generationen ernsthaft zu gefährden oder auch zu vernichten droht. Damit kündigt sich eine Katastrophe an, die seit dem Jahre 2018 zu einer neuen weltweiten Protestbewegung von Jugendlichen geführt hat, die von der schwedischen Schülerin Greta Thunberg initiiert worden ist und seither unter dem Slogan ‚Fridays for Future' alle Schüler und Schülerinnen zu Schulstreiks für eine radikale Wende in der Klimapolitik der Staaten aufruft. Im Jahre 2019 gelang es der Protestbewegung, dieser Thematik einen prominenten Platz auf der Krisenagenda der Medien und damit auch in der öffentlichen Wahrnehmung zu verschaffen.

Zumindest die seriösen Medien bemühen sich bei der Krisenberichterstattung um gründlich recherchierte und möglichst tatsachengetreu wiedergegebene Darstellungen relevanter aktueller Ereignisse. Der Gestus, in dem sie den Rezipienten präsentiert werden, ist der einer realistischen Darstellung des Weltgeschehens. Dennoch handelt es sich um mediale Konstrukte, die schon durch die auf Kriege, Krisen und Katastrophen ausgerichteten Selektionsmechanismen der Berichterstattung ein verzerrtes Gesamtbild des Weltgeschehens vermitteln. So zutreffend die einzelnen Berichte sein mögen, so einseitig ist das Panorama, das sie entwerfen. Sie erweisen sich, wie der Soziologe Niklas Luhmann in seinem Buch *Die Realität der Massenmedien* (2009) ausführt, als weitgehend resistent gegenüber medienkritischen Reflexionen:

> „Was wir über die Gesellschaft, ja über die Welt, in der wir leben, wissen, wissen wir durch die Massenmedien. (…) Andererseits wissen wir so viel über die Massenmedien, dass wir diesen Quellen nicht trauen können. Wir wehren uns mit einem Manipulationsverdacht, der aber nicht zu nennenswerten Konsequenzen führt, da das den Massenmedien entnommene Wissen, sich wie von selbst zu einem selbstverstärkenden Gefüge zusammenschließt." (ebd., S. 9)

Da die jeweils aktuellen Krisen die vorhergehenden aus der Berichterstattung und der öffentlichen Wahrnehmung verdrängen, könnten die Rezipient*innen an dem permanenten Krisenszenario verzweifeln, wenn sie sich nicht längst daran gewöhnt hätten. Da die meisten Krisen sie nicht direkt betreffen und sie auch nichts daran ändern können, konstatieren Medienwissenschaftler*innen ein Rezeptionsverhalten, das von Verunsicherung über Abstumpfung und Amnesie bis zum Katastrophenkonsum als Medium der Unterhaltung reicht.

3.2 Die Corona-Pandemie und die ‚Stunde der Exekutive'

Mit der Corona-Pandemie tauchte Anfang 2020 eine Seuche auf, die die drohende Klimakatastrophe sofort aus den Schlagzeilen verdrängte und ein distanziertes Rezeptionsverhalten nicht mehr möglich machte. Nachdem die Kommunistische Partei Chinas zunächst vergeblich versucht hatte, den Ausbruch der Seuche zu vertuschen und zu ignorieren, reagierte sie mit äußerster Härte. Millionenstädte wurden abgeriegelt, Bewohner durften ihre Wohnungen nur mit Genehmigung der Behörden verlassen und wurden durch Apps auf ihren Smartphones auf Schritt und Tritt kontrolliert. Der chinesische Staat nutzte die Seuche, um die bereits weit fortgeschrittene Überwachung der Bevölkerung zu perfektionieren. Westliche Auslandskorrespondenten lieferten Berichte an ihre Redaktionen, die George Orwells Dystopie 1984 (1948/1949) in Hinblick auf den Grad der Überwachung mühelos übertrafen. Hatte sich die Berichterstattung seit der Jahrhundertwende auf die Liberalisierungsmaßnahmen, den wirtschaftlichen Aufschwung und die Verbesserung der Handelsbeziehungen konzentriert, so erschien das kommunistische China nun wieder ähnlich wie zur Zeit des ‚Kalten Krieges' als totalitäre Diktatur, die nicht nur die Uiguren, sondern die ganze Bevölkerung einsperrt. Das alte Image asiatischer Despotien, in denen individuelle Rechte keine Rolle spielten, wurde reaktiviert. Das war eine Beschränkung der Freiheits- und Menschenrechte, die in den demokratischen Staaten Europas und Amerikas undenkbar schien.

Das änderte sich schlagartig, als sich das Virus mit rasender Geschwindigkeit weltweit verbreitete. Ihren üblichen Selektionsmechanismen folgend, fokussierten die Medien ihre Berichterstattung sogleich auf die Brennpunkte des Geschehens: Überfüllte Krankenhäuser in Norditalien, Spanien, Frankreich, Großbritannien und den USA, die dem Ansturm der Kranken nicht mehr gewachsen waren, schwer Erkrankte an Beatmungsschläuchen auf den überlasteten Intensivstationen, das Sterben in Altersheimen, Abtransport von Leichen in Lastwagen, Ausheben von Massengräbern, verzweifelte Menschen auf der Flucht vor dem Virus. Diese Schockbilder, die insbesondere die Fernsehberichterstattung vermittelte, dürften dazu beigetragen haben, dass sich die meisten Regierungen auch der westlichen Länder zu schnellem Handeln gezwungen sahen und bereits im Frühjahr weite Teile des gesellschaftlichen Lebens lahmlegten (vgl. Abb. 3.1).

Damit schlug die ‚Stunde der Exekutive' und ihrer Berater*innen, der Virolog*innen. Verfassungsrechtliche Bedenken wurden zurückgestellt und der Bundestag sowie die Landesparlamente kaum noch in die Entscheidungsfindung einbezogen. In Deutschland übernahm die Bundesregierung gemeinsam mit der Runde der Ministerpräsident*innen der Bundesländer das Kommando. Zur Legitimation dieser Vorgehensweise diente nicht die für den Kriegsfall vorgesehene Notstandsgesetzgebung, deren Einführung zur Zeit der Studentenbewegung zu heftigen Protesten geführt hatte, sondern ein bislang kaum genutztes Infektionsschutzgesetz, das für die Corona-Pandemie von der Bundesregierung aktualisiert wurde. Der Bundestag segnete es im März ab und verzichtete damit weitgehend auf die Mitgestaltung der von der Regierung für notwendig erachteten Maßnahmen zur Bekämpfung der Pandemie. Stattdessen wurden den Landesregierungen und dem Bundesministerium für Gesundheit unter Leitung von Jens Spahn weitgehende Befugnisse zum Erlass von Maßnahmen zur Bekämpfung der Pandemie auf dem Verordnungswege erteilt. Die Rechtmäßigkeit dieser Vorgehensweise wurde im September 2020 in der Juristen Zeitung von einer Gruppe prominenter Jura-Professoren in ihrem Beitrag *Why Constitution Matters-Verfassungsrechtswissenschaft in Zeiten der Corona-Krise* in Zweifel gezogen:

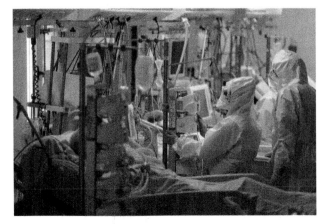

Abb. 3.1 Besonders erschreckend waren Schockbilder von Patienten an Beatmungsgeräten auf Intensivstationen. (Der Spiegel vom 24.04.2021, S. 106)

„Vor den Augen der Weltöffentlichkeit baute sich die Bedrohung durch das Virus seit den letzten Tagen des Februars 2020 auf, ohne dass man zu irgendeinem Zeitpunkt den Eindruck gehabt hätte, eine Maßnahme hätte aufgrund gebotener Eile nicht durch ein parlamentarisches Verfahren laufen können. Ganz im Gegenteil waren die Entscheidungen in der Bundesrepublik Produkt eines informellen, aber deswegen nicht besonders zügigen Abstimmungsverfahrens zwischen den Regierungschefs von Bund und Ländern. Dass die parlamentarische Debatte durch exekutiv-föderale Aushandlungsprozesse so vollständig ersetzt werden konnte, sagt einiges über die Struktur des politischen Systems der Bundesrepublik, viel weniger über die Notwendigkeit schneller Lösungen in extremen Krisen. (…) Über die materiell-rechtlichen Grundlagen der Eingriffe wurde im Bundestag kein einziges Mal debattiert. (…) Die zur Pandemiebekämpfung beschlossenen Einschränkungen stellen sich damit als praktisch begründungslose Massenverwaltungsakte mit immenser Eingriffswirkung dar (…)" (Heinig et al. 2020, S. 870 f.)

Beraten wird die Bundesregierung vom kleinen und großen Corona-Kabinett zu deren Sitzungen außer den Repräsentant*innen einzelner Ministerien auch wissenschaftliche Expert*innen hinzugezogen werden. Anfangs waren es vorzugsweise Virolog*innen des Robert Koch-Instituts (RKI), verschiedener Kliniken und wissenschaftlicher Institutionen, die die politischen Entscheidungen maßgeblich beeinflussten. Die umstrittene Schließung der Schulen wurde im Frühjahr 2020 auf deren Rat hin von den Kultusministern der Länder angeordnet. Kritikern galt das als einer der fragwürdigsten Entscheidungen des frühen Krisen-Managements, das von vielen auch als ‚Virolokratie' oder ‚Coronakratie' bezeichnet wurde (vgl. Florack et al. 2021). Die seit dem Einsetzen der zweiten Welle im Herbst des Jahres 2020 als wirksamster Schutz gegen Infektionen verordnete Maskenpflicht, war noch im Frühjahr vom Direktor des Robert Koch-Instituts (RKI), Lothar H. Wieler, als kaum wirksam, möglicherweise sogar riskant eingestuft worden. Dass mag auch daran gelegen haben, so wurde in der Presse gemutmaßt, dass das für die Beschaffung zuständige Gesundheitsministerium, dem das RKI unterstellt ist, zu diesem Zeitpunkt gar nicht über genügend Masken verfügte. Wie später in der Anfang 2021 einsetzenden Impfkampagne, liefen die Europäer Gefahr, zum Opfer ihrer eigenen eurozentrischen Vorurteile zu werden. Atemschutzmasken trugen zwar seit langem die Asiaten, aber Europäern waren sie im Frühjahr 2020 offenbar noch nicht zuzumuten. Wie der Schleier muslimischer Frauen galten sie anfangs eher als Symbole für die Unterdrückung von Individualität und Meinungsfreiheit. „Maske auf – Maul halten!", wurde bei Einführung der Maskenpflicht zu einem der beliebtesten Kalauer der Kabarettisten. Vorbehalte dieser Art mögen dazu beigetragen haben, dass sich das Gesundheitsministerium nicht rechtzeitig um die Beschaffung von Atemschutzmasken gekümmert hat. ‚Trial and Error' wurde zur Maxime staatlichen Handelns und den Medien von Bundeskanzlerin Angela Merkel und ihrem Pressesprecher als ‚Fahren auf Sicht' verkauft.

3.3 Das ‚Regiment der Pest': ‚Lockdown', Disziplinierung und Einschränkung der Freiheitsrechte

Die anfangs alles dominierende Katastrophenberichterstattung mit Schockbildern aus den Brennpunkten der Corona-Pandemie, täglich aktualisierten Grafiken steil ansteigender Fieberkurven der Infektionen und einer Rhetorik, die von der Fachsprache der Virologen über Inzidenzwerte und Sterblichkeitsraten bis zur Kriegsmetaphorik reichte, versetzten die Menschen weltweit in Angst und Schrecken. Sie trugen auch in den demokratischen Staaten Europas dazu bei, dass sich die meisten Menschen den drakonischen Einschränkungen ihrer verfassungsrechtlich garantierten Freiheitsrechte durch Organe der staatlichen Exekutive bereitwillig fügten. Diese versuchten, die Ausbreitung des Virus mit einem ‚Lockdown' einzudämmen: Großveranstaltungen aller Art und Kulturveranstaltungen wurden verboten, Schulen, Geschäfte, Hotels, gastronomische Betriebe geschlossen und auch das private und öffentliche Leben mit Kontakt- und Versammlungsverboten drastisch eingeschränkt. In Italien Spanien und Frankreich wurden angesichts rasant steigender Infektionszahlen und überforderter Krankenhäuser zudem radikale Ausgangssperren verhängt, die in Deutschland ein ambivalentes Medienecho auslösten. Angesichts niedrigerer Infektionszahlen und vergleichsweise moderater Restriktionen dienten sie dazu, das deutsche Krisenmanagement als besonders effektiv darzustellen und damit zugleich eine Drohung zu verbinden: Den Deutschen wurde vor Augen geführt, was ihnen blühte, wenn sie den Regeln des staatlich verordneten ‚Lockdowns' nicht folgten. Im Zuge der zweiten Corona-Welle baute die Bild-Zeitung im Herbst 2020 die bereits in der deutschen Kriegspropaganda zweier Weltkriege erprobte Drohkulisse eines von Feinden umzingelten deutschen Reiches auf: „Die Europa-Karte, ein Meer von Corona-Risikogebieten. Und mittendrin: die deutsche Insel! (…) Deutschland ist umgeben von Corona-Krisenherden. Erneut stellt sich die bange Frage: Müssen wir unsere Grenzen wieder dicht machen?" (Bild v. 19.10.2020, S. 2) Als höchstes Ziel der Seuchenbekämpfung galt offiziell der Schutz des

Lebens und insbesondere das der ‚vulnerablen' alten und schwer erkrankten Menschen. Damit waren nicht die in europäischen Flüchtlingslagern dahinvegetierenden Menschen gemeint, sondern nur die eigenen Alten und Kranken, deren besonderer Schutz in Altersheimen und Krankenhäusern, aber auch lange auf sich warten ließ.

Die Maßnahmen der Exekutive zur Eindämmung der Pandemie fanden den Meinungsumfragen diverser Forschungsinstitute zufolge in der Bevölkerung eine überwältigende Zustimmung. Das dürfte dazu beigetragen haben, dass viele Journalisten insbesondere der öffentlich-rechtlichen Medien in Talk-Shows, Interviews und Lageberichten von den Politikern noch strengere Maßnahmen einforderten. Das wiederum übte einen erheblichen Druck auf die Politik aus. Zum Star der Mahner wurde insbesondere in den Talk-Shows des Fernsehens der SPD-Gesundheitsexperte Karl Lauterbach, der mit seiner Ausstrahlung eines asketischen Musterschülers zwar den Spott der Kabarettisten erregte, mit seinen Warnungen vor einer vorzeitigen Lockerung des ‚Lockdowns' und einer zweiten und dritten Welle der Pandemie allerdings Recht behalten sollte. Gesundheitsminister Jens Spahn und Hardliner des ‚Lockdowns' wie der bayerische Ministerpräsident Markus Söder stiegen auf den Beliebtheits-Skalen der Medien zu den erfolgreichsten deutschen Politikern auf und machten selbst der Kanzlerin ihren Spitzenplatz streitig. Als ‚Heldinnen und Helden' des Pandemie-Alltags wurden im Frühjahr 2020 in Fernsehen, Radio und Presse alle Berufsgruppen geehrt, die die notwendige Versorgung der Bevölkerung aufrechterhielten und sich dabei einem hohen Risiko für die eigene Gesundheit aussetzten: Das betraf insbesondere die Ärzt*innen, Kranken- und Altenpfleger*innen sowie die Kassierer*innen in den Supermärkten der Lebensmittelindustrie. Ein Ende fand die mediale Ehrung, als sich die ‚Heldinnen und Helden' erdreisteten, für ihre schlecht bezahlten Jobs mit Unterstützung der Gewerkschaften höhere Löhne zu fordern.

Proteste gegen den ‚Lockdown' kamen vor allem von Kulturschaffenden, kleinen Gewerbetreibenden, vom Home-Office und Schulschließungen gestressten Eltern, Esoteriker*innen, Verschwörungstheoretiker*innen, Corona-Leugner*innen und Rechtsradikalen, die sich zum Teil zu Demonstrationen der ‚Querdenker-Bewegung' zusammenschlossen. Die rechtsradikale und tendenziell antidemokratischen Partei Alternative für Deutschland (AfD) nutzte diese Protestbewegung gegen den ‚Lockdown', um sich als Verteidigerin der grundgesetzlich garantierten Freiheitsrechte gegen eine vermeintliche ‚Corona-Diktatur' aufzuspielen. Nach kurzer Schockstarre ging die Justiz dazu über, allzu drakonische staatliche Maßnahmen wie Reise- und Beherbergungsverbote innerhalb Deutschlands zu untersagen, weil ihnen die gesetzliche Grundlage fehlte. Das blieb allerdings eine Episode. Im Oktober 2020 wurden sie durch die Erweiterung und Verschärfung des Infektionsschutzgesetzes gleich wieder legitimiert.

Innerhalb der Europäischen Union schlossen viele Länder ihre Grenzen und hoben die bislang garantierte Freizügigkeit meist ohne Abstimmung mit den Nachbarstaaten auf. Auch innerhalb Deutschlands riegelten sich einzelne Bundesländer ab. Zeitweilig sah es so aus, als werde die deutsche Kleinstaaterei wieder eingeführt: Schleswig-Holstein und

Mecklenburg-Vorpommern, in denen nur wenige Infektionen verzeichnet wurden, schlossen im Frühjahr 2020 die Landesgrenzen um sich vor Besuchern aus stärker ‚durchseuchten' Bundesländern zu schützen. Binnen kürzester Zeit trat ein, was in Europa kaum jemand für möglich gehalten hatte und was der französische Soziologe und Philosoph Michel Foucault in seinem Buch *Überwachen und Strafen. Die Geburt des Gefängnisses* (EA 1975) als das ‚Regiment der Pest' beschrieben hat:

> „Die Verbannung der Lepra und die Bannung der Pest – das sind nicht dieselben politischen Träume. Einmal ist es der Traum von einer reinen Gemeinschaft, das andere Mal der Traum von einer disziplinierten Gesellschaft. Es handelt sich um zwei Methoden, Macht über die Menschen auszuüben, ihre Beziehungen zu kontrollieren und ihre gefährlichen Vermischungen zu entflechten. Die verpestete Stadt, die von Hierarchie und Überwachung, von Blick und Schrift ganz durchdrungen ist, die Stadt, die im allgemeinen Funktionieren einer besonderen Macht über alle individuellen Körper erstarrt – diese Stadt ist die Utopie der vollkommen regierten Stadt/Gesellschaft. Die Pest (jedenfalls die zu erwartende) ist die Probe auf die ideale Ausübung der Disziplinierungsmacht." (Foucault 1994, S. 255)

Während Leprakranke aufgrund des langwierigen Verlaufs der Krankheit erkannt und isoliert werden könnten, sei im Falle der weitaus ansteckenderen Pest zunächst nicht erkennbar, wer den Krankheitserreger in sich trage. Jeder sei verdächtig und müsse im Namen der Gesundheit von den anderen isoliert, registriert und überwacht werden. Darin sieht Foucault einen wichtigen Impuls für die Perfektionierung der bürokratischen Registrierung, Überwachung und Disziplinierung moderner Gesellschaften. Nicht eine autoritäre Regierung, sondern die Krankheit selbst scheint diese Maßnahmen zu erzwingen, die die Entwicklung zum autoritären Staat und seinen Institutionen der Überwachung und Bestrafung dann wiederum begünstigen.

3.4 Zur Rolle der Medien als vierte Gewalt und Hüter demokratischer Rechte

Um solche oder ähnliche Maßnahmen durchzusetzen ist anders als in Diktaturen in demokratischen Staaten ein Entscheidungsprozess erforderlich, der von den Medien in der Öffentlichkeit diskutiert, von den Parlamenten entschieden, von der Regierung umgesetzt und von der Justiz überprüft werden sollte. Dies soll den Schutz der demokratischen Rechte der Bürger gerade auch in Krisenzeiten gewährleisten (vgl. Florack et al. 2021, S. 11 ff.). Inwieweit sind die Medien dieser Aufgabe in der Corona-Pandemie gerecht geworden? Der Schweizer Medienwissenschaftler Stephan Russ-Mohl äußert in der Einführung *Streitlust und Diskurskultur vor und nach Corona* des von ihm herausgegebenen Sammelbandes *Streitlust und Streitkunst* (2020) den Verdacht, dass es anfangs „eher der Journalismus und die Medien als die Regierungen waren, die den Lockdown ausgelöst haben – und zwar mit ihrem Übersoll an Berichterstattung, das die Regierenden in Demokratien stark in Zugzwang gebracht hat". (ebd. S. 18) „Ist somit der unabweisbare

Handlungsbedarf für die Politik womöglich vor allem deshalb entstanden, weil die Medien – ähnlich wie bereits zuvor bei Rinderwahn, SARS und Ebola – Unsicherheit nicht als Unsicherheit kommuniziert haben, sondern stattdessen mit ihrer Angstmache die tatsächlichen Ansteckungsrisiken zumindest für den Großteil der Bevölkerung, der nicht den Risikogruppen zuzurechnen ist, maßlos übertrieben haben?" (ebd. S. 20) „Um möglichst viel Aufmerksamkeit zu erzielen, müssen Journalisten in der Konkurrenz mit Wettbewerbern zuspitzen und übertreiben und mitunter auch Angst, Schrecken und Panik verbreiten, indem sie zum Beispiel die Aussichten dramatisieren, selbst Opfer von Terror oder eben auch von Covid-19-Ansteckung zu werden, statt die Risiken realistisch darzustellen." (ebd. S. 22) „Genauso toxisch wie das Virus selbst war im Blick auf Angsterzeugung die exzessive Berichterstattung darüber." (ebd. S. 25) Diese habe zudem dazu beigetragen, andere relevante Nachrichten zu verdrängen oder ganz wegzulassen und somit eher der Desinformation gedient.

Auch das Fernsehen hat sich wie die meisten tagesaktuellen Medien so stark auf die Berichterstattung über die Corona-Pandemie konzentriert, dass daneben alle anderen Probleme verblassten. Die Medienwissenschaftler Dennis Gräf und Martin Hennig von der Universität Passau stellten 2020 in ihrer Studie *Die Verengung der Welt über Sondersendungen zur Corona-Berichterstattung von ARD und ZDF* von Mitte März bis Mitte Mai 2020 fest, dass das Virus auch die Fernseh-Rhetorik befallen hatte. Sie attestierten den beiden Sendern einen ‚Tunnelblick', der ein permanentes Krisen- und Bedrohungsszenario konstruiere, für strengere staatliche Restriktionen zur Bekämpfung der Pandemie plädiere, der Bevölkerung Angst mache und gelegentlich an apokalyptische Dystopien in Literatur und Film erinnere. In narrativer Hinsicht zeichne sich die Berichterstattung durch eine hyperbolische Krisenrhetorik aus:

> „Was die Sondersendungen demnach vorführen, ist eine Art serielles Erzählen, dessen Strukturmodell einer Vorabend-Soap gleicht. Es wird eine Reihe überschaubarer Handlungsstränge mit einem überschaubaren Figureninventar (bzw. einem überschaubaren Inventar an Akteurskonstellationen: Politik, Wirtschaft, Virologie, BürgerInnen) im immergleichen Weltmodell vorgeführt, wobei das Vorführen von Krisen im Zentrum steht. Dabei können die Problemlösungsstrategien zwar die jeweils aktuelle Krise lösen, generieren in der Sendungsrhetorik aber stets neue Krisen: Maßnahmen gegen die medizinische Krise generieren Wirtschaftsprobleme, Maßnahmen gegen die Wirtschaftsprobleme generieren Staatsverschuldungen, die in neue ökonomische Krisen führen usw. Stets läuft die Rhetorik der Sendungen darauf hinaus, dass der defizitäre Charakter des Weltmodells insgesamt vorgeführt wird, was dann wieder funktional überhaupt erst die inhaltliche Grundlage der Sondersendungen hervorbringt." ((https://www.researchgate.net/publication/343736403) S. 17)

Der Spiegel-Kolumnist Alexander Neubacher fand die Wirkung einer solchen Krisen- und Katastrophenberichterstattung gerade gut. In einem Beitrag unter dem Titel *Heilsamer Horror* (Der Spiegel v. 04.04.2020, S. 23) schrieb er:

> „Fachleute im Innenministerium haben einen 17 Seiten langen Leitfaden entwickelt, Überschrift: „Wie wir Covid 19 unter Kontrolle bekommen". An erster Stelle nennen sie das

Thema Kommunikation. Die Experten raten zu brutaler Offenheit. Sie schlagen vor, die Bürger mit dem schlimmstmöglichen Szenario zu konfrontieren, um eine Schockwirkung zu erzielen. Einige Textpassagen lesen sich wie das Drehbuch aus einem Horrorfilm: (…) Bundesinnenminister Horst Seehofer hat das Papier sicherheitshalber mit dem Stempel „VS – Nur für den Dienstgebrauch" versehen lassen. Ich halte das für einen Fehler. Es wäre klug, das Papier zu veröffentlichen."

Neubauer hofft in seinem Artikel auf eine heilsame Wirkung der vom Innenministerium geplanten Horror-Propaganda. Der ostdeutsche Schriftsteller Thomas Brussig forderte lapidar: „Mehr Diktatur wagen, wäre das Gebot der Stunde." (Süddeutsche Zeitung vom 09.02.2021, S. 6) Der Journalist Heribert Prantl warnte hingegen in der Süddeutschen Zeitung vom 25./26.04.2020 in einem Kommentar über *Das Virus als Gesetzgeber* vor den Gefahren einer solchen Panikmache und staatlicher Eingriffe:

„Was bei den bisherigen Sicherheitsgesetzen der Terrorismus war, ist bei den Gesundheitssicherungsgesetzen das Virus. Das Virus wird zum Gesetzgeber. Das Argument ‚Schutz der Gesundheit' ist freilich viel eingängiger und viel bestechender, als das Argument „Schutz vor dem Terror" es je war. Das könnte dazu führen, dass die allgemeine Angst vor dem Virus, die sorgfältige Prüfung der Grundrechtseingriffe ersetzt. Das könnte auch dazu führen, dass scharfe Maßnahmen aufrechterhalten bleiben, wenn die Gefahr gebannt ist – nun zur Vorbeugung. Dann hätte das Virus den Rechtsstaat befallen." (ebd. S. 6)

Seither warnt Prantl in seinen Kolumnen in der Süddeutschen Zeitung vor dem Abbau demokratischer Rechte in der Corona-Krise und veröffentlichte im März 2021 das Buch *Not und Gebot. Grundrechte in Quarantäne*, in dem er aus der Chronik der Ereignisse die an Foucault gemahnende Einsicht gewinnt:

„Noch nie in der Geschichte ist das Leben der Menschen außerhalb von Gefängnissen so strikt reguliert worden wie in der Corona-Zeit. Jede einzelne der vielen Verbots- und Kontrollregeln hätte in anderen Zeiten zu Aufständen geführt. In der Corona-Zeit wurden sie überwiegend akzeptiert, begrüßt, ja es wurden sogar noch Verschärfungen gefordert, weil man sich davon Sicherheit und Gesundheit versprach." (ebd., S. 8)

Angesichts dieser breiten Zustimmung zu den von der Exekutive erlassenen Notstandsregeln stellte der Literaturwissenschaftler Sepp Gumbrecht die bange Frage: „Könnte der so überaus heftig begrüßte Notstands-Staat zum Staat unserer Zukunft werden?" (Gumbrecht 2021, S. 352) *Notstandsstaat als Staat der Zukunft?*, so lautet denn auch der Titel seines Beitrages in dem von Markus Heidingsfelder und Maren Lehmann herausgegebenen Reader *Corona. Weltgesellschaft im Ausnahmezustand* (2021).

Der ehemalige Präsident des Bundesverfassungsgerichtes, Hans-Jürgen Papier hatte bereits im April 2020 auf die Gefahr einer Erosion des Rechtsstaats im Falle einer langfristigen Einschränkung der Grundrechte durch die Exekutive hingewiesen: „Das Grundgesetz kennt eine Notstandsregelung – für den Verteidigungsfall, nicht für eine Pandemie. Aber selbst in Kriegszeiten werden die Grundrechte nicht angetastet, ebenso wenig das Bundesverfassungsgericht. Das muss in der jetzigen Notlage erst recht gelten."

(Süddeutsche Zeitung v. 02.04.2020, S. 2) Ähnlich argumentierte die Landesverfassungsrichterin und Schriftstellerin Juli Zeh, die in Ihrem Roman *Corpus Delicti* (2009) die Dystopie einer Gesundheitsdiktatur entworfen hatte: „Im Grunde schüchtert man die Bevölkerung ein, in der Hoffnung, sie auf diese Weise zum Einhalten der Notstandsregeln zu bringen. Die Ansage lautet sinngemäß: Wenn ihr nicht tut, was wir von euch verlangen, seid ihr schuld an einer weiteren Ausbreitung des Virus und an vielen Toten in den Risikogruppen!" (Süddeutsche Zeitung v. 04./05.04.2020, S. 17)

Warnungen vor einer langfristigen Einschränkung der Grundrechte wurden in den Medien seltener, als sich die rechtsradikale Alternative für Deutschland (AfD) und konservative Gegner*innen des ‚Lockdowns' aus dem Umkreis der ‚Querdenker'-Bewegung scheinheilig als Verteidiger der Grundrechte aufspielten. In Presse, Radio und Fernsehen bekamen sie meist ein negatives Echo. Ihre Plattform wurde das Internet, in dem sie eine hemmungslose Propaganda gegen ‚Hygiene-Maßnahmen' zur Eindämmung der Pandemie und eine vermeintliche „Corona-Diktatur" entfalteten. Diese Strategie war erfolgreich. Wer sich in diesem aufgeheizten Klima für die Wahrung der Grundrechte einsetzte, geriet leicht in Verdacht, den ‚Corona-Leugnern' oder Rechtsradikalen nahezustehen. Hier wirkte die Fernsehberichterstattung als Korrektiv, das die im Internet und den ‚sozialen Medien' massenhaft kursierenden Falschmeldungen und Verschwörungstheorien zu widerlegen versuchte. Während des ‚Lockdowns' im Frühjahr 2020, der Diskussion um die Lockerungsmaßnahmen im Sommer und der um neuerlichen Restriktionen im Zuge der im Herbst anrollenden ‚zweiten Welle' der Pandemie galt das öffentlich-rechtliche Fernsehen daher in der Bevölkerung als vertrauenswürdiger als das kommerzielle Fernsehen und das von ‚Fake News' und Verschwörungstheorien durchsetzte Internet. Trotz oder vielleicht auch wegen der Zuspitzung ihrer Berichterstattung auf die Corona-Pandemie haben ARD und ZDF im Verlauf der Krise viele Zuschauer gewonnen, die sich aus zuverlässigen journalistischen Quellen über den Stand der Entwicklung und die staatlichen Maßnahmen informieren wollten.

3.5 Der Verlautbarungs-Journalismus und das ‚Patriarchalische Narrativ'

Die Dominanz der Pandemie-Berichterstattung führte allerdings dazu, dass sich in Fernsehen, Radio und Presse mehr und mehr ein Verlautbarungs-Journalismus breit machte, der der verunsicherten Bevölkerung die jeweils neuesten Beschlüsse der Bundesregierung und der Landesregierungen bekanntgab und ihr mitteilte, was ihr gerade erlaubt oder verboten wurde. „Souverän ist, wer über den Ausnahmezustand entscheidet", hatte der konservative Staatsrechtler Carl Schmitt in seiner Schrift *Politische Theologie* (1922, S. 14) in der Nachkriegskrise der Weimarer Republik einst konstatiert. Dieses Diktum schien sich beim Zusammenbruch der Republik und der Etablierung einer nationalsozialistischen Diktatur zu bewahrheiten. Um keinerlei Verdacht aufkommen zu lassen, in der Pandemie könnte sich in Deutschland ein ähnlicher Prozess der Entdemokratisierung vollziehen, wurden

Begriffe wie ‚Ausnahmezustand' oder ‚Notstandsmaßnahmen' von den meisten Politiker*innen und den seriösen Medien möglichst vermieden (vgl. Schwanholz 2021, S. 61 ff.). Stattdessen war von einer ‚neuen Normalität' die Rede, in der ‚Kontaktverbote mit haushaltsfremden Personen', ‚AHA-Regeln', Ausgangssperren, Besuchs-, Reise- und Beherbergungsverbote, und die Information über die täglichen Reproduktions- und Inzidenzwerte und die Zahl der Toten zum staatlich und medial reglementierten Alltag gehörten. Begrüßungsrituale wie der gegenseitige Ellenbogen- oder Fußkick sollten den infektiösen Handschlag ersetzen. Die anfangs diskreditierte Maskenpflicht wurde zur wirksamsten Schutzmaßnahme erklärt und die Kanzlerin ermahnte die Bevölkerung im Geiste der ‚AHA-Regeln' die Atemschutzmaske zu tragen, sich gründlich die Hände zu waschen und Abstand zu halten.

Etabliert wurde auf diese Weise im Zusammenspiel von Regierenden und Medien ein neues patriarchalisches Narrativ vom strengen ‚Vater Staat' mit der fürsorglichen ‚Mutter Merkel' an der Spitze und deren Kindern, denen je nach Wohlverhalten größere Freiheiten gewährt oder wieder entzogen werden konnten. In der Wochenzeitung Die Zeit vom 23.12.2020 kommentierte der Journalist Jan Ross dieses Narrativ kurz vor Weihnachten unter Verweis auf die Landesvater-Attitüde Markus Söders in einem Artikel mit der Schlagzeile *Freiheit? Sicherheit!* wie folgt:

„Dass im Deutschland des Jahres 2020 das kaiserwilhelmhafte Bild vom „Vater Staat" noch einmal entstaubt wurde in seiner vollen patriarchalischen und paternalistischen Schönheit, war eine irritierende Erfahrung. Die Bürger als Kinder, Vertrauen in die Weisheit der Regierenden als wichtigste Funktionsbedingung des Gemeinwesens – einer liberalen, freiheitlichen Vorstellungswelt entstammen solche Ideen jedenfalls nicht." (ebd., S. 4) In dem von Martin Florack u. a. herausgegebenen Sammelband *Coronakratie. Demokratisches Regieren in Ausnahmezeiten* (2021) konstatiert der Politikwissenschaftler Karl-Rudolf Korte: „Historisch zeigt sich: Der Grad an Staatszentriertheit und Staatsvertrauen nimmt in Deutschland zu, wenn Krisenszenarien die öffentliche Meinung dominieren. (…) Sicherheitskonservativismus ist eine politisch-kulturelle Konstante in Deutschland." (ebd., S. 35)

Diese Verhaltensweisen, die das längst überwunden geglaubte autoritäre Syndrom von Obrigkeitsstaat und Untertanengeist reanimierten, wurden seit dem Frühjahr 2020 im Wechsel von Lockerungsmaßnahmen im Sommer und neuerlichen Restriktionen angesichts der zweiten Infektionswelle im Herbst und Winter 2020 eingeübt. Statt den vielfach erhobenen Forderungen nach größerer Beteiligung der Parlamente stattzugeben, wurde das Infektionsschutzgesetz im Oktober mit den Stimmen von CDU, SPD und Grünen durch Regelungen ergänzt, die die bereits per Verordnung praktizierten Einschränkungen der Freiheitsrechte mit der Neufassung von § 28a (IfSG) auf eine gesetzliche Grundlage stellten und am 18.11.2020 im Bundesgesetzblatt veröffentlicht wurden. Der Bundestag verzichtete damit wie schon im Frühjahr abermals auf seine Mitgestaltungsrechte zugunsten der Regierung. „Regieren ohne Parlamentsdebatte kommt gut an. Politiker, die nicht lange fackeln, sind beliebt. Es gibt in Deutschland eine sehnende Zuneigung zu staatlicher Autorität, wie man sie schon lang nicht mehr erlebt hat. Corona hat selbst überzeugte

Linke und Liberale zu Anhängern von mehr Kontrolle und mehr Sicherheit gemacht." (Süddeutsche Zeitung v. 02./03.01.2021, S. 5) So kommentierte Heribert Prantl unter der Schlagzeile *Kontrolle, hurra!* die Stimmungslage der Deutschen im Herbst und Winter 2020. Die Bundesregierung und die Landesregierungen stellten den Bürger*innen für das Weihnachtsfest Lockerungen in Aussicht, wenn sie sich bis dahin an die strengen Regeln des ‚Lockdowns' hielten und die wöchentlich ermittelten Inzidenzwerte sanken. Da rechtzeitig zur Weihnachtszeit auch noch die ersten Impfstoffe entwickelt und erprobt wurden, schien der angekündigten Belohnung nichts mehr im Wege zu stehen. Die Infantilisierung der politischen Rhetorik, die von dem bei seinen ‚Landeskindern' gerade wegen seiner Strenge überaus beliebten bayerischen ‚Landesvater' Markus Söder beispielhaft bedient wurde, erreichte damit zum Weihnachtsfest einen peinlichen Höhepunkt.

3.6 Umschlag der Stimmungslage und Tendenzwende der Berichterstattung

Dann machte das Virus diesen Plänen einen Strich durch die Rechnung. In Großbritannien breitete sich die Delta-Variante aus, die weit ansteckender war als das in Europa und weltweit grassierende Corona-Virus SARS-CoV- 2. Sofort machten die Medien mobil. In der Presse überschlugen sich die alarmistischen Schlagzeilen.

Das Nachrichtenmagazin Der Spiegel hatte die Pandemie schon im Jahre 2020 zum Hauptthema gemacht und in einer Vielzahl von Titelgeschichten sachliche Informationen mit dramatisch aufgemachten Covern zu einem Stakkato der Katastrophenberichterstattung verdichtet. Anfang Februar befragte Der Spiegel die Virologin Melanie Brinkmann vom Braunschweiger Helmholtz-Zentrum, eine enge Beraterin der Kanzlerin Angela Merkel und der Bundesregierung, zum Ernst der Lage. Ihre Antwort fiel, wie erwartet, erschreckend aus: „Die Mutante aus Großbritannien und andere werden uns überrennen, dass Virus hat einen Raketenantrieb bekommen." (Der Spiegel v. 06.02.2021, S. 95) Der apokalyptische Katastrophenjargon hatte nicht nur die Sprache der Medien, sondern auch die vieler Wissenschaftler*innen infiziert. Während in Großbritannien und den Niederlanden eher von Varianten die Rede ist, bevorzugen die deutschen Medien die ‚Mutanten', die an die Horrorszenarien aus Science-Fiction-Filmen von einer Invasion der Aliens aus den Tiefen des Weltalls erinnern, zumal dann, wenn sie einen Raketenantrieb verpasst bekommen. Diese Wortwahl war kein Zufall, denn der Virologin ging es vor allem darum, ihren Warnungen Nachdruck zu verleihen. Als Befürworterin der ‚No Covid-Initiative', dem deutschen Ableger der internationalen ‚Contain Covid 19'-Kampagne, drängte sie die Bundesregierung und die Runde der Ministerpräsident*innen dazu, Lockerungen erst dann zuzulassen, wenn der wöchentliche Inzidenzwert unter 10 Neuerkrankungen pro 100.000 Einwohnern gesunken war. Sollten die Politiker vorher zu viel lockern, sei in Deutschland binnen eines Jahres mit bis zu einer Million Toten zu rechnen. Da der Inzidenzwert zu diesem Zeitpunkt noch über 50 lag, konnte das noch Monate dauern. Da sich angesichts des verlängerten Lockdowns in der Bevölkerung erheblicher Unmut aufgestaut und inzwischen die Impfkampagne eingesetzt hatte, folgten die Politiker diesen Forderungen nicht, sondern beschlossen stattdessen Anfang März einen Stufenplan, der schrittweise Lockerungen vorsah. Der Spiegel symbolisierte den sich abzeichnenden Stimmungsumschwung Ende Februar auf seinem Cover mit dem Bild eines lädierten und gerupften Bundesadlers, der sich die Maske vom Schnabel reißt und nach Luft schnappt (vgl. Abb. 3.2).

Alle Hoffnungen richteten sich nun auf die bereits im Spätherbst des Jahres 2020 entwickelten, aber in Deutschland und den Staaten der Europäischen Union erst zur Jahreswende zugelassenen Impfstoffe von Biontec/Pfizer, AstraZeneca und Moderna Biotech. Da sie in Großbritannien schon Anfang und in den USA Mitte Dezember eingesetzt

Abb. 3.2 Der lädierte Bundesadler/Spiegel-Cover vom 27.02.2021 (Bildredaktion Der Spiegel)

worden waren, wuchs in den europäischen Staaten die Ungeduld und damit auch der Druck auf die Regierungen und ihre Gesundheitsbehörden. Populisten wie Donald Trump und Boris Johnson verbuchten das als persönliche Erfolge. Angesichts der durch den Brexit ausgelösten wirtschaftlichen Schwierigkeiten war dies ein Vorsprung bei Beschaffung und Einsatz der Impfstoffe, der den Austritt aus der EU mit ihren komplizierten Abstimmungsprozessen zwischen den Mitgliedstaaten und ihrer schwerfälligen Bürokratie noch einmal zu rechtfertigen schien. Russland hatte schon im August 2020 mit der Impfung des in der EU misstrauisch ignorierten Impfstoff Sputnik V begonnen, der sich mittlerweile so gut bewährt hatte, dass auch die Europäische Arzneimittelagentur (EMA) und die Ständige Impfkommission am Robert Koch-Institut (STIKO) im März darüber nachzudenken begannen, ob er nicht auch in der EU zugelassen werden könnte. Die chinesischen Impfstoffe wurden von diesen Gesundheitsbehörden gar nicht erst in Betracht gezogen. Die alten politischen Vorurteile und Feindbilder des ‚freien Westens' verhinderten eine rechtzeitige unvoreingenommene Prüfung dieser Impfstoffe und damit auch eine schnellere Impfung der eigenen Bevölkerung. China hatte mit Impfungen schon Mitte 2020 begonnen und Indien konnte im Januar mit der weltweit größten Impfaktion starten, da es die Lizenz zur eigenen Produktion des Impfstoffs AstraZeneca erworben hatte. In Deutschland wurde er im März ausgerechnet zu Beginn der dritten Infektionswelle auf Anraten des dem Gesundheitsministerium unterstellten Paul-Ehrlich Instituts kurzfristig wegen angeblicher Risiken für kurze Zeit verboten. Das Impf-Ranking europäischer Staaten führten im März 2021 Großbritannien und Russland und dank des Einsatzes des russischen Impfstoffs Sputnik V auch Serbien an. Im weltweiten Ranking lag Israel, das sich rechtzeitig mit dem in Deutschland entwickelten Impfstoff von Biontec/Pfizer versorgt hatte, an der Spitze. Die EU war mit ihrer ebenso gewissenhaften wie bürokratischen Beschaffungs- und Impfstrategie ins Hintertreffen geraten und bildete im Ranking der Industrieländer das Schlusslicht.

Wie vorauszusehen war, wurden – wie die World Health Organisation (WHO) beklagte – trotz menschenfreundlicher Bekundungen der Industriestaaten die meisten Entwicklungsländer insbesondere Afrikas bis dahin kaum mit Impfstoffen versorgt. Die von vielen Entwicklungsländern und der WHO geforderte Freigabe der Impfstoff-Lizenzen stieß in den reichen Ländern auf taube Ohren oder offene Ablehnung. Die Sicherung der Profite der Pharmaindustrie war auch der deutschen Regierung wichtiger als die Rettung von Menschenleben, die angeblich das höchste Ziel aller ihrer Lockdown-Maßnahmen war. Eine Freigabe der Lizenzen hat lediglich AstraZeneca in Aussicht gestellt und im Falle Indiens auch praktiziert. Die in deutschen Medien anfangs geradezu als Heilsbringer glorifizierten deutschen Wissenschaftler*innen die den Impfstoff von Biontech/Pfizer entwickelt hatten, verloren ihren Glorienschein, als sich herausstellte, dass die beiden Firmen versucht hatten, die Verhandlungspartner der EU mit maßlos überzogenen Preisen über den Tisch zu ziehen und erst nach langen Verhandlungen eingelenkt hatten. Nach Recherchen der Süddeutschen Zeitung, NDR und WDR forderten die Firmen zu Anfang der Verhandlungen das Drei- bis Vierfache des schließlich vereinbarten Preises. Damit erklärten auch Repräsentanten der EU unter dem Druck der Öffentlichkeit die späte und unzureichende Bestellung dieses Impfstoffs. (Vgl. https://www.sueddeutsche.de/politik/biontech-pfizer-impfstoff-preis-eu-1.5210652)

Das alles löste in Presse, Radio und Fernsehen eine Welle des Unverständnisses und der Kritik aus, die die bislang vorwiegend affirmative und regierungsfreundliche Berichterstattung ins Gegenteil umschlagen ließ. Warum die und nicht wir? Was ist bei uns schief gelaufen? So lautete seit Januar der neue Tenor der Berichterstattung. Jetzt wurden alle Versäumnisse und Pannen aufgelistet: von der verspäteten und unzureichenden Beschaffung und Zulassung der Impfstoffe und der Schnell- und Selbsttests sowie der Verzögerung bei den Impfungen über die unzulängliche Corona-App und Versäumnisse bei der Digitalisierung der vielfach nur mit Faxgeräten statt mit Computern ausgerüsteten Ämter und Schulen bis zur mangelhaften und uneinheitlichen Planung und Durchführung der ‚Lockdown'- und Lockerungsmaßnahmen in den Bundesländern. ‚Impfdesaster' und ‚Planungschaos' wurden zu gängigen Vorwürfen gegenüber Politiker*innen, deren Handlungsweise zuvor nicht immer gebilligt, aber angesichts der Pandemie als notwendig akzeptiert worden war. Als im März bekannt wurde, dass sich Politiker der CDU und der CSU an Geschäften mit Masken und Schutzausrüstungen bereichert und Schmiergelder kassiert hatten, während Arbeitern und Angestellten der Verlust ihrer Arbeitsplätze drohte und viele Selbstständige vor dem Ruin standen, löste das in den Medien und damit auch in der Öffentlichkeit eine Welle der Empörung aus. In den Landtagswahlen in Rheinland-Pfalz und Baden-Württemberg verlor die CDU im März so viele Stimmen, dass in Hinblick auf die Bundestagswahlen im Herbst in den Medien schon vom mutmaßlichen Ende der CDU-Ära die Rede war. *€DU €SU Schwarzer Filz – Maskenaffäre, Käuflichkeit, Krisenversagen: Der tiefe Fall der Union* verkündete Der Spiegel in fetten Lettern auf dem Cover vom 13. März 2021. Die Krisenberichterstattung, die die Regierungspolitik im Jahr zuvor unterstützt und anfangs sogar vor sich hergetrieben hatte, schlug angesichts des ‚Impf-Desasters' und anderer Versäumnisse in umso heftigere Kritik um.

Zum Prügelknaben wurde insbesondere der Gesundheitsminister Jens Spahn, der nicht zuletzt aufgrund seiner konsequenten Befürwortung eines strengen ‚Lockdowns' im Jahr zuvor ähnlich wie Markus Söder als potenzieller Kanzlerkandidat und Nachfolger von Angela Merkel gehandelt worden war. Jetzt erschienen er und mit ihm die Corona-Kabinette der Kanzlerin in Hinblick auf die Bewältigung der Pandemie als zu zögerlich und in ihrem Vertrauen vor allem auf den von den Virolog*innen geforderten strengen Lockdown als zu einfallslos und ineffektiv. Zunehmend wurde in Zweifel gezogen, dass nach der Impfung der ältesten Risikogruppe der neuerdings sogenannten ‚Hochbetagten' das von einigen Virolog*innen für den Fall vorzeitiger Lockerungen prognostizierte Horrorszenario eines sprunghaften Anstiegs der Todesfälle eintreten würde. Als neue Richtwerte galten den Ministerpräsidenten der Länder Inzidenzwerte von 35, 50 und 100 Neuerkrankten pro 100.000 Einwohnern. Schließlich hatte man auf den Höhepunkten der Infektionskurven der ersten und zweiten Welle die Erfahrung gemacht, dass selbst Inzidenzwerte von 200 in Deutschland von den Krankenhäusern zu bewältigen sind. Angesichts der gravierenden sozialen, psychologischen, kulturellen und wirtschaftlichen Folgeschäden schien ein zu strenger Lockdown aus politischer Sicht insbesondere in Hinblick auf weitere Landtagswahlen und die Bundestagswahl daher nicht mehr angebracht zu sein. Angesichts eines raschen Anstiegs der Infektionszahlen in der im März 2021 beginnenden dritten Welle, wurden die Lockerungsmaßnahmen allerdings wieder zurückgenommen. Einen Wechsel von Lockdown und Lockerung wird die Politik vermutlich notgedrungen solange praktizieren, bis durch eine Impfung der Mehrheit der Bevölkerung die heiß ersehnte ‚Herdenimmunität' erreicht wird.

3.7 Nach der Krise ist vor der Katastrophe

Die von vielen Menschen erhoffte schnelle Rückkehr zur Normalität wird es wohl schon deshalb nicht geben, weil die Coronaviren kaum vollständig auszurotten sind und die Menschen lernen müssen, mit dieser Infektionsgefahr zu leben wie mit allen anderen Krankheiten auch. Dass die Menschheit aus dieser Pandemie Lehren zieht, die ihr bei der Bewältigung der größten ihr drohenden Katastrophe helfen können – der weiteren Verseuchung der Umwelt und damit auch der Zerstörung der eigenen Lebensgrundlagen – bleibt zu hoffen. Immerhin hat die Pandemie gezeigt, wie schnell und radikal Staaten mit unterschiedlichster Kultur und Gesellschaftsordnung reagieren können, wenn eine Notlage es erfordert. Aktivist*innen, die vielfach aus ökologischen Gruppierungen wie der ‚Fridays for Future'-Bewegung stammen, haben mit der Forderung nach ‚Zero Covid' eine Initiative ins Leben gerufen, die mit der Bekämpfung der Krankheit zugleich die Beendigung der Umweltzerstörung und das Ende einer am rücksichtslosen Profitstreben orientierten kapitalistischen Wirtschaftsweise fordert. Einige ihrer Ziele sind in dem von Verena Kreilinger u. a. herausgegebenen Buch *Corona, Krise, Kapital: Plädoyer für eine solidarische Alternative in den Zeiten der Pandemie* (2020) dargelegt worden: „Es geht darum, zu einer Gesellschaft zu kommen, die weniger und bedürfnisgerecht produziert, ihren Stoffwechsel mit der Natur vernünftig organisiert, gerecht teilt, die soziale Reproduktion kollektiv organisiert und in der alle Menschen gemeinsam entscheiden. Das ist eine ökosozialistische Gesellschaft." (ebd., S. 268) So lautet das Fazit des Buches. Die Forderung nach 'Zero Covid' wäre, wie das chinesische Beispiel zeigt, allerdings vermutlich nur in einer ökosozialistischen Diktatur realisierbar.

Eine ökosozialistische Demokratie hatte die mittlerweile gebrechlich gewordene und in Rente gegangene ‚Neue Linke', die aus den Protest- und Alternativbewegungen der 1968er-Bewegung hervorgegangen ist, auch schon mal im Sinn, bevor sie ihren ‚langen Marsch durch die Institutionen' angetreten und sich mit der Gründung der Partei Die Grünen parlamentarisch etabliert hat. Von ihr ist in Zeiten der Corona-Pandemie nur noch wenig Kritisches zum Abbau demokratischer Rechte zu hören und zu lesen, obwohl das einst im Kampf gegen die Notstandsgesetze und staatliche Überwachungsmaßnahmen eines ihrer Lieblingsthemen war. Eine Ausnahme bildet die aus der ‚Neuen Linken' hervorgegangene Zeitschrift Konkret, in der sich der Publizist Thomas Ebermann in der Ausgabe vom März 2021 in einem Artikel über *Die Konstruktiven* kritisch mit der jungen Zero Covid-Initiative auseinandersetzte. Diese erscheint ihm in ihrer Kapitalismuskritik bei weitem nicht radikal genug, weil sie den von ihr geforderten totalen wirtschaftlichen ‚Lockdown' mit einer Covid-Solidaritätsabgabe auf hohe Vermögen, Unternehmensgewinne und Finanztransaktionen finanzieren will, statt sich die Abschaffung des Kapitalismus zum Ziel zu setzen. Ähnlich argumentiert der Publizist Georg Seeßlen, der in seinem Buch *Coronakontrolle, oder: Nach der Krise ist vor der Katastrophe* (2020) eine düstere Zukunftsprognose entwirft. Seiner Ansicht nach befinden sich die weltweit vom Kapitalismus geprägten Gesellschaften in einem permanenten Krisenmodus, in dem eine Krise die nächste auslöst und verschärft und der schließlich in der Katastrophe zu enden droht:

> „Jede Krise ist nun „Menschen gemacht", und jede Krise wird zugleich zur Systemkrise. Eine Pandemiekrise oder eine Klimakrise kann immer nur zugleich mit einer Krise des Kapitals gesehen werden, was letztlich beide Krisen, die Krise der Umwelt und die Krise der Innenwelt als unlösbar erscheinen lassen muss. Die Lösung der einen Krise kann die jeweils andere nur verschärfen, und das gilt immer auch genau umgekehrt. Mit jeder Krise, die das Kapital überwindet, wird die Umweltkrise schrecklicher; jede Umweltkrise, der mit Vernunft und Hoffnung begegnet wird, verschärft eine Krise des Kapitals und damit eine Krise der Gesellschaft. Die konsequente Begegnung der Klimakrise zum Beispiel würde dann bedeuten, einen Bürgerkrieg zu provozieren (…)." (ebd., S. 177)

Die möglichen Konsequenzen einer solchen ökologisch und antikapitalistisch motivierten Revolution führt Seeßlen nicht aus. Sie könnte auf die Utopie einer sozial gerechten und ökologisch geprägten Gesellschaftsform zielen, wie sie die Zero Covid-Bewegung anstrebt. Sie könnte aber auch dazu führen, dass der starke Staat in Kooperation mit dem Kapital das Kommando übernimmt, um der Krise Herr zu werden. Mit letzterem würde in Seeßlens Krisenszenario, das er am Ende seines Buches noch einmal rekapituliert, die Kette der Krisen perpetuiert bis sie in der ultimativen Katastrophe endet.

Vor diesem Hintergrund wirkt das derzeit auch in demokratischen Staaten exerzierte Krisenmanagement, in der die Exekutive im Namen der Seuchenbekämpfung und Gesundheitsfürsorge mit dem ‚Lockdown' zumindest temporär wesentliche Freiheitsrechte drastisch einschränkt, wie eine Generalprobe für den finalen Katastrophenfall. Die breite Zustimmung, die diese Vorgehensweise in der Bevölkerung, den Parlamenten und dem größten Teil zumindest der traditionellen Medien wie Presse, Radio und Fernsehen gefunden hat, zeigt, wie schnell sich demokratische Rechte ohne großen Widerstand aufheben lassen, wenn den Menschen nur genug Angst eingejagt wird und der Staat sich ihnen dann als Retter in der Not präsentiert. Obwohl die europäischen Demokratien dadurch bislang nicht ernsthaft in Gefahr geraten sind, ist es doch Besorgnis erregend, wie autoritäre Lenkungs- und Überwachungsmaßnahmen ausgebaut und rechtsradikale Regierungen zum Beispiel in Ungarn und Polen die Pandemie zum umfassenden und langfristigen Abbau demokratischer Rechte nutzen. Diese Tendenz zeigt sich, wie Erhebungen von Menschenrechtsorganisationen wie Human Rights Watch zeigen, zur Zeit weltweit. Dazu haben auch die Medien demokratischer Länder, die als vierte Gewalt nicht nur der Information der Bevölkerung, sondern auch der Kontrolle staatlicher Macht dienen sollen, mit ihrer exzessiven Krisen- und Katastrophenberichterstattung über die Corona-Pandemie einiges beigetragen.

Literatur

Ebermann, Thomas: Die Konstruktiven. In: *Konkret* 3 / 2021, S. 10–13.
Florack, Martin / Karl-Rudolf Korte / Julia Schwanholz (Hg.) (2021): *Coronakratie. Demokratisches Regieren in Ausnahmezeiten*. Frankfurt / New York: Campus-Verlag.
Foucault, Michel (1994): *Überwachen und Strafen. Die Geburt des Gefängnisses*. Frankfurt am Main: Suhrkamp Verlag (EA 1976).
Gräf, Dennis, Martin Hennig (2020): *Die Verengung der Welt. Zur medialen Konstruktion Deutschlands unter Covid 19 anhand der Formate ARD Extra-Die Coronalage und ZDF-Spezial*. https://www.researchgate.net/publication/343736403, S. 14–22.
Gumbrecht, Hans-Ulrich: Notstandsstaat als Staat der Zukunft? In: Heidingsfelder, Markus / Maren Lehmann (2021): *Corona. Weltgesellschaft im Ausnahmezustand*. Weilerswist: Velbrück Wissenschaft, S. 351–354.
Heidingsfelder, Markus / Maren Lehmann (2021): *Corona. Weltgesellschaft im Ausnahmezustand*. Weilerswist: Velbrück Wissenschaft.
Heinig, Hans Michael / Thorsten Kingreen / Oliver Lepsius / Christoph Möllers / Uwe Volkmann / Hinnerk Wißmann (2020): Why Constitution Matters. Verfassungsrechtswissenschaft in Zeiten der Corona-Krise. In: *Juristen Zeitung* vom 18.9.2020, S. 861–872.
Kreilinger, Verena / Winfried Wolf / Christian Zeller (Hg.) (2020): *Corona, Krise, Kapital: Plädoyer für eine solidarische Alternative in den Zeiten der Pandemie*. Köln: PapyRossa Verlag.
Luhmann, Niklas (2009): *Die Realität der Massenmedien*. Wiesbaden: Springer VS.
Müssen wir unsere Grenzen wieder dicht machen? In: Bild vom 19.10.2020, S. 2.
Neubacher, Alexander: Heilsamer Horror. In: Der Spiegel vom 4.4.2020, S. 23.
Papier, Hans-Jürgen (2020): Erosion des Rechtsstaats. In: Süddeutsche Zeitung vom 2.4.2020, S. 2.
Prantl, Heribert: Das Virus als Gesetzgeber. In: Süddeutsche Zeitung vom 25./26.4.2020, S. 6.
Prantl, Heribert: Kontrolle hurra! In: Süddeutsche Zeitung vom 2./3.1.2021, S. 5.
Prantl, Heribert (2021): *Not und Gebot. Grundrechte in Quarantäne*. München: Verlag C. H. Beck.
Ross, Jan: Freiheit? Sicherheit! In: Die Zeit vom 23.12.2020, S. 4.
Russ-Mohl, Stephan (2020): *Streitlust und Streitkunst. Diskurs als Essenz der Demokratie*. Köln: Halem Verlag.
Schmitt, Carl (1922): *Politische Theologie*. Berlin: Duncker & Humblot
Schwanholz, Julia: Die Corona-Pandemie 2020. Befindet sich Deutschland im Ausnahmezustand? In: Florack, Martin / Karl-Rudolf Korte / Julia Schwanholz (Hg.) (2021): *Coronakratie. Demokratisches Regieren in Ausnahmezeiten*. Frankfurt / New York: Campus-Verlag, S. 61–69.
Seeßlen, Georg (2020): *Coronakontrolle, oder: Nach der Krise ist vor der Katastrophe. Die Post-Corona-Gesellschaft und was sie uns über die Zukunft erzählt*. Wien: bahoe books.
Spiegel-Gespräch mit Melanie Brinkmann: „Der Wettlauf ist längst verloren. Es wird kommen wie in England". In: Der Spiegel v. 6.2.2021, S. 94–97.
Zeh, Juli: Es gibt immer eine Alternative. In Süddeutsche Zeitung vom 4./5.4.2020, S. 17.

Teil II

Pandemie und Fernsehunterhaltung: zwischen Ablenkung und Therapie

Fun, Facts und Viren

Corona in der Fernsehunterhaltung

Joan Kristin Bleicher

4

Zusammenfassung

Der Beitrag analysiert neben Veränderungen der Programmplanung und der Produktion, ausgewählte Fernsehformate, die während der Corona Pandemie seit 2020 im deutschen Fernsehen kurzfristig konzipiert und ausgestrahlt wurden. Einen Kernbereich bildet die Thematisierung von Corona im Programmschwerpunkt Fiktion und etablierten non-fiktionalen Unterhaltungsangeboten. Dazu zählen vor allem neben Talk- und Kochformaten, Comedy Reihen oder Übertragungen von Karneval-Veranstaltungen. Themenschwerpunkte und Dramaturgien umfassen verschiedene Funktionspotenziale. Dazu zählen u. a. die Bereiche Komplexitätsreduktion, kritisch ironische Reflexion und Eskapismus.

Schlüsselwörter

Programmschwerpunkte · Fernsehunterhaltung · Serie · Talkshows · Comedy · Publikum · Reality TV · Kochsendungen · Corona · Eskapismus

4.1 Einleitung

Die Erzählmaschinen Kino und Fernsehen (vgl. Bleicher 1999) fungieren als mediale Unterhaltungslieferanten, die vielfältige gesellschaftliche und psychologische Wirkungspotenziale umfassen. Das traditionelle Versprechen des Fernsehens als Fenster zur Welt zu

J. K. Bleicher (✉)
Joan Kristin Bleicher Professorin für Medienwissenschaft am Institut für Medien und Kommunikation der Universität Hamburg, Hamburg, Deutschland
E-Mail: joan.bleicher@uni-hamburg.de

fungieren, entspricht auf besondere Weise den Sehnsüchten der Zuschauer*innen in ihrer Lockdown-bedingten Isolation. Dieses Gratifikationsangebot (vgl. Krämer et al. 2016) gilt umso stärker, wenn die Programmverantwortlichen der Sendeanstalten mit ihren Angebotskonzepten spezifische Rezeptionsformen adressieren.

Durch die Nutzung spezieller medialen Unterhaltungsangebote lässt sich aus medienpsychologischer Perspektive eine gezielte positive Emotionalisierung (Mood Management) und Erlebnissteigerung erreichen (vgl. Zillmann 1988). Dabei fungieren Genrebezeichnungen als implizite Vereinbarung zwischen Produzent*innen und Rezipient*innen über den jeweiligen Erlebniswert eines Angebots. Genretypische Handlungsabläufe, wie etwa der plötzliche Ausbruch von Krankheiten im Melodram, bilden Bausteine der dramaturgischen Emotionssteigerung. Doch impliziert die so banal erscheinende Definition „Unterhaltung ist, was unterhält" (vgl. Foltin 1999), dass es durchaus Differenzen zwischen Konzeption, Produktion, Angeboten und Rezeption medialer Unterhaltungsangebote geben kann. Aus medienwissenschaftlicher Forschungsperspektive liegt ein Fokus dieses Beitrags daher auf den Veränderungen der Programmplanung, der Produktion und der Analyse der Themenschwerpunkte und Dramaturgien ausgewählter Fernsehformate, die während der Corona Pandemie seit 2020 im deutschen Fernsehen konzipiert und ausgestrahlt wurden. Ein weiterer Schwerpunkt ist die Thematisierung von Corona im Programmschwerpunkt Fiktion und etablierten non-fiktionalen Unterhaltungsangeboten, wie etwa Comedy Reihen oder Übertragungen von Karneval-Veranstaltungen. Zur Medienrezeption während der Pandemie liegen bereits erste kommunikationswissenschaftliche Erhebungen vor, die die parallele Nutzung von Informations- und Unterhaltungsangeboten betonen (vgl. N.N. 2020). Günther Jauch bewertet diese Ergebnisse auch hinsichtlich der Programmplanung: „Die einen wollten ausschließlich harte Facts zu dem Thema haben. Das hat zu den Wahnsinns-Einschaltquoten bei den Öffentlich-Rechtlichen geführt. Und die anderen wollten weg von dieser Krise und wollten einhundert Prozent unterhalten werden" (N.N. 2019/20). Dieser Beitrag befasst sich aus medienwissenschaftlicher Perspektive mit dem Bereich der Angebotsentwicklung und berücksichtigt dabei neben den Formatanalysen auch Konzepte, Produktion, Rezeption und Kritik. Grundlage sind kontinuierliche Programmbeobachtungen deutscher Fernsehsendeanstalten seit März 2020.

4.2 Das Angebotsspektrum der Fernsehunterhaltung

Das komplexe Angebotsspektrum der Fernsehunterhaltung lässt folgende Schwerpunkte erkennen. Zum Bereich der fiktionalen Unterhaltung zählen u. a. Serien, Spielfilme und Stand Up Comedy Formate. Der Bereich der non-fiktionalen ludischen Unterhaltung umfasst u. a. Gameshows, Quizsendungen und Sportwettkämpfe. (vgl. Bleicher 1999) Die Produktionsbezeichnung faktenbasierte Unterhaltung kennzeichnet Reality TV Formate, Pseudodokumentationen und vielfältige Alltagsinszenierungen (vgl. Bleicher 2017). Diese Schwerpunkte verdeutlichen, dass der Programmschwerpunkt Unterhaltung sowohl fiktionale als auch non-fiktionale Angebote umfasst. In Programmankündigungen fungiert die Bezeichnung Unterhaltung dabei als paratextuelle Verpackung von Inhalten, mit dem Ziel der Rezeptionssteuerung. Begriffskombinationen wie Infotainment oder Edutainment signalisieren, dass Unterhaltung den Transfer und die Rezeption auch von unpopulären Themen wie etwa Informations- und Bildungsangeboten erleichtert.

4.3   Formen und Funktionen der fiktionalen Unterhaltung

Insbesondere populäre Mainstream Filme und Serien besitzen basierend auf ihrer Komplexitätsreduktion eine große gesellschaftliche Breitenwirkung. Kausalstrukturen und Personalisierung sichern den Rezipient*innen Orientierung durch einfache Erklärungen für chaotisch empfundene Ereignisse. So betonte Hans Jürgen Kleinsteuber: „Menschen bewältigen ihre Umwelt meist nicht in abstrakten Beschreibungen und Modellen – so wichtig und wahr sie auch sein mögen – sie erschließen sich vor allem in Erzählungen, in Bildern, in Metaphern, die ihnen freilich erst dadurch interessant erscheinen, dass sie über einen realen Kern verfügen" (Kleinsteuber 2002, S. 218). Giovanni Boccaccios Novellensammlung *Das Decameron* 1348–1353 (1470) veranschaulicht: In der Kulturgeschichte half die Unterhaltung durch das Geschichtenerzählen bei der selbst gewählten Isolation von Menschen, die sich vor der Verbreitung von Pandemien wie der Pest schützen wollten.

Doch sind Krankheiten selbst ein etabliertes Thema literarischer und medialer Erzählungen. Als spezifische Erscheinungsform von Grenzgängen zwischen Fakten und Fiktion gibt es zahlreiche fiktionale Präfigurationen der Corona Pandemie und ihrer Auswirkungen in Kinospielfilmen und Fernsehfilmen (vgl. u. a. Robnik 2020). Als Co-Produktion mit dem ZDF entstand beispielsweise 1979 *Die Hamburger Krankheit* (Regie: Peter Fleischmann). Hier geht es nicht nur um den plötzlichen Ausbruch einer hochansteckenden Krankheit unbekannter Herkunft, sondern vor allem um die Versuche der Menschen, sich den staatlich verordneten und gewaltsam durchgesetzten Isolierungsmaßnahmen und Impfungen durch Flucht zu entziehen.

Aktuelle Realität und filmische Diegese zeigen im Genre der Pandemiefilme und -serien Überschneidungen in einigen zentralen Bereichen der Corona Krise wie etwa der Herkunft des Virus aus Asien (*Contagion* 2011), plötzliches Auftreten (*The Walking Dead* 2010), unkontrollierbare Verbreitung (*Twelve Monkeys* 1995), Isolierung als Abwehrmaßnahme (*Retreat* 2011, *Die Hamburger Krankheit* 1979), politische Dysfunktionalität und staatliche Kontrollmaßnahmen (*Contagion* 2011) (vgl. Newiak 2020). Auch die stereotypen Figurenkonstellationen sind in Fiktion und Realität gleichbleibend: Warner und ihre Gegner, Skrupellose Politiker*innen und Unternehmer*innen, Fake News Verbreiter*innen und Prophet*innen, Retter*innen, Opfer und Gerettete. Als provokante Variante alternativer Fakten lässt sich der Verdacht äußern, dass die derzeitige Corona Pandemie als globales Augmented Reality Game bisheriger Film- und Fernsehproduktionen fungiert.

4.4 Zum Einfluss von Corona auf das serielle Erzählen im Fernsehen

Serien besitzen als Erzählform des Fernsehens durch ihre additive Wiederholungsstruktur eine besondere Wirkung im Rahmen der fiktionalen Unterhaltung. So lässt sich die Eskapismusfunktion durch die ständige Präsenz der seriellen Diegese im Vergleich zum Kinospielfilm ausweiten. Die durch eine aus fernsehhistorischer Perspektive langfristige Ausdifferenzierung entstandene Angebotskomplexität zeugt von der konstant bleibenden Bedeutung des seriellen Erzählens im traditionellen Fernsehen, die sich in den Videostream Plattformen fortsetzt (vgl. Sudmann 2017).

Die Wirkung von Corona setzt in diesem Bereich der fiktionalen Unterhaltung nicht erst in der Diegese, sondern bereits in der Programmplanung und Produktion ein. Bei der Serienplanung und -produktion deutscher Fernsehsendeanstalten kam es durch den Lockdown und weitere Sicherheitsbestimmungen zu zeitlichen Verzögerungen. Einige Langzeitserien-Produktionen wie *Gute Zeiten Schlechte Zeiten* (1992, RTL) oder *Rote Rosen* (2006, ARD) wurden im April 2020 zunächst ausgesetzt, haben die Dreharbeiten aber bereits im weiteren Verlauf des Jahres wieder aufgenommen. Auch die Dreharbeiten zum *Tatort* (1970, ARD) wurden fortgesetzt und den Pandemie Regelungen angepasst. Dabei stellte vor allem der Sicherheitsabstand eine besondere Herausforderung dar. Corona Ballett ist ein Begriff, den der Produzent Niels Reinhardt in einem Making Off Video für den Dreh zu dem *Tatort* „Hetzjagd" (SWR) verwendet (vgl. N.N. SWR 01.07.2020). Wie in einem Ballett choreografierte der Regisseur den Sicherheitsabstand zwischen den Schauspieler*innen und der Kamera in Proben.

ZDF-Programmplaner Florian Kumb beschreibt die Problematik der Produktionsausfälle und die gewählten Lösungen aus der Perspektive öffentlich-rechtlicher Sendeanstalten: „Das ZDF hat – trotz Verschiebung von Fußball-Europameisterschaft und Olympischen Spielen – in diesem Sommer ein attraktives Programm mit einer Mischung aus neuen Dokumentationen, Unterhaltungsformaten, Filmpremieren und einer Auswahl an Wiederholungen." (dpa Meldung vom 30.07.2020) Wie bereits in der zweiten Jahreshälfte 2020 zu beobachten, werden im künftigen Programm durch Drehunterbrechungen entstandene Lücken im Bereich der Serienproduktion wahrscheinlich durch Wiederholungen geschlossen.

Wiederholungen, etwa von Fernsehfilmen oder Serien, ersetzten nicht nur Produktionsausfälle, sie sorgten auch für Nostalgieeffekte. Mit jedem neuen Sehen des alten Films oder der alten Serie lassen sich potenziell die gleichen Gefühle wie bei der Erstbetrachtung wiederentdecken. Zuschauer*innen besuchen ihre Serien-Familie in der vertrauten Diegese. Gleichzeitig werden Erinnerungen an das eigene Leben zu der Zeit der ursprünglichen Rezeption wach. Diese mediale Nostalgie lässt sich bei Zuschauer*innen auch mit Sehnsucht nach dem alten, normalen Leben verknüpfen.

Wie häufig in Krisenzeiten gibt es auch in den Bereichen der Konzeption und Produktion von Serien kreative Lösungen trotz vorhandener Einschränkungen. Aktuelle Serienproduktionen sind vorzugsweise im Internet zu sehen, da hier keine langen Planungsphasen wie bei den Sendeanstalten notwendig sind. Zu den während des ersten Lockdowns gedrehten Serien zählt neben *Drinnen im Internet sind alle gleich* (2020, ZDF) auch *Ausgebremst* (2020, ARD, TNT) mit Maria Furtwängler, die in den Innenräumen einer Fahrschule spielt. *Soko Corona* (2020) fungiert als Comedy Alternative zu den namensähnlichen ZDF Serien Klassikern. Die ungewöhnlichen Inhalte, wie etwa Telefonberatung und Handlungsorte dieser Webserien, zeugen von kreativen Potenzialen des seriellen Erzählens auch unter veränderten Lebens- und Produktionsbedingungen.

4.5 *Sloborn* (2020) als serielle Vision der Pandemie

Fast dokumentarisch wirkte für viele Zuschauer*innen die Serie *Sloborn* (2020, ZDF Neo), die bereits zwei Jahre vor dem Ausbruch der Corona Pandemie konzipiert und 2019 gedreht wurde. Ausgangspunkt waren Erfahrungen des Drehbuchautors und Regisseurs Christian Alvart mit dem Ausbruch der Vogelgrippe in den USA. „Die Wirklichkeit spielt unser Drehbuch nach" bemerkt Christian Alvart (Antikörper, Abgeschnitten u. a.) ironisch in einem Interview (Deutschlandfunk Kultur 18.07.2020).

Auf Basis ihrer großen Referentialität bezüglich der aktuellen Ereignisse erzielte die Serie bei Ihrer Ausstrahlung im Juli 2020 eine hohe Aufmerksamkeit bei Journalist*innen und Zuschauer*innen. Der Onlinefachdienst Quotenmeter betont die erzielte öffentliche Aufmerksamkeit trotz des schwierigen Sendeplatzes. „Denn die Filmemacher, die sich bereits vor zwei Jahren mit der Konzeption des Seuchenthrillers auseinandersetzten, konnten sich einer Art von Werbekampagne zunutze machen, die sich so vorab niemals einplanen ließ: die Corona-Krise." (Wessels 2020)

Die Serie erzähle am Puls der Zeit, indem sie aktuelle Fragen, gesellschaftliche Probleme und Konflikte thematisiere. Dazu zähle „Das sukzessive Misstrauen in die Medien, die immer größer werdende Schere innerhalb gesellschaftlicher Schichten und die leichte Verführbarkeit durch redegewandte Anführer und simple „Wahrheiten" aufgrund der mangelhaften Auseinandersetzung mit komplizierten Sachverhalten". (ebd.) *Sløborn*, so der Beitrag weiter, folge „den Konventionen des Seuchenthrillers; nur eben im „Slow Burn"-Tempo. Und genau ab diesem Punkt erreicht die Serie ihre besonderen Stärken, aber auch ihre im Anbetracht der aktuellen Zustände so starke, zeitgeistige Relevanz. Sløborn ist aufgrund der Corona-Situation gleichzeitig hochaktuell wie zeitlos, da sich Alvart und Kolmerer unter ihrem Chaos darauf stützen, zu zeigen, was ein solcher Ausnahmezustand mit den festgefahrenen Strukturen einer Gesellschaft anstellt." (ebd.) Die Fragen der Serie waren auch Gegenstand öffentlicher Diskurse: „Wie bringt eine Seuche die alltäglichen, gesellschaftlichen Abläufe zum Stillstand? Was bleibt wie lange aufrechterhalten, was stürzt sofort in sich zusammen? Und wie unterschiedlich gehen all die davon betroffenen Menschen mit so einer Situation um?" (ebd.)

Den Genrekonventionen von Pandemiefilmen entsprechend, bildet die Dorfgemeinschaft den Nucleus der Handlung. „Mit Sløborn sezieren die Macher den Mikrokosmos einer Insel stellvertretend für die Gesellschaft an sich." (ebd.) Die Lokalisierung verdichtet globale Entwicklungen „Unter Zuhilfenahme noch einiger weiterer Nebenhandlungsstränge und Figurenkonstellationen bildet Sløborn einen zwar dramaturgisch zweckdienlichen aber letztlich doch bodenständigen Querschnitt durch eine Kleinstadt- respektive Dorfgesellschaft, in der jeder jeden kennt und sich Probleme rasch rumsprechen." (ebd.)

Der Realismus des medialen Erzählens ist eine wichtige Grundlage dieser besonderen Wirkungspotenziale. „Bleiben die Fiktionen von Film und Fernsehen dabei noch „realistisch" genug (sind sie also unserer eigenen Lebenswirklichkeit hinreichend ähnlich), sodass sich eine Gesellschaft in ihr wiedererkennen kann, erlauben sie die Auseinandersetzung mit komplexen Gegenwartsfragen, die im politischen, zivilgesellschaftlichen und wissenschaftlichen Diskurs aufgrund von Tabus, Befangenheiten oder schlich kognitiver Überforderung nicht hinreichend bearbeitet werden können." (Newiak 2020, S. 24)

Diese Thematisierung von Gegenwartsfragen zählt zu den Charakteristika der seit 1970 ausgestrahlten *Tatort* Reihe in der ARD (vgl. Hickethier 2010). In der Episode *Heile Welt* (21.02.2021 ARD) ist erstmals Corona in Bildern und Dialogen präsent. So hielten sich nicht nur die Figuren an die Pandemie Regeln, trugen etwa während Demonstrationen Masken (ob zum Virenschutz oder zur Vermummung blieb dabei unklar). Auch Dialoge thematisierten die Auswirkungen der Pandemie. So konstatiert ein Obdachloser „Ich hatte einen Laden bis Corona." Letztlich ist der Virus Ausgangspunkt seiner Straftat:

> Tatsächlich war der Mörder der jungen Frau Slomka nämlich ein ehemaliger Ladenbesitzer, der durch die Corona-Pandemie die Grundlage seiner Existenz verloren hatte. Seinen Fachhandel musste Thomas Janowski (gespielt von Jürg Plüss) wegen der Krise schließen. In seiner finanziellen Not hauste er deswegen in seinem geschlossenen Laden, ohne Dusche. Von seinen Mitmenschen wurde er fortan als „Penner" bezeichnet. Als er von der jungen Frau Slomka zurückgewiesen wurde, tötete er sie und verursachte einen Brand (N.N. 22.02.2021).

Pandemiebedingt zeigen sich aus produktionstechnischer Perspektive Einschränkungen, die auch die Programmplanung beeinflussen. Der Produzent Nico Hoffmann (Ufa Fiction) verwies in einer Diskussion auf die langfristige Filmplanung, so dass mit fiktionalen Corona-Filmen erst in ca. drei Jahren zu rechnen sei.

4.6 Corona in der non-fiktionalen Fernsehunterhaltung: Eskapismusfunktion in Krisenzeiten

Traditionell betonen Medien- und Kommunikationswissenschaftler*innen die Eskapismus-Funktion der medialen Unterhaltung in Krisenzeiten (vgl. u. a. Katz, Foulkes 1962). Gleichbleibende Formatstrukturen in langjährig ausgestrahlten Shows wie *Wer wird Millionär?* (1999, RTL) sorgten für eine ritualbasierte emotionale Stabilisierung bei den Herausforderungen schneller Veränderungen der Pandemie-Entwicklung und den wechselnden Schutzmaßnahmen.

Rituelle Wirkung erreichen auch aktuelle Showproduktionen durch die Integration von Wiederholungen. So bestand die *Dschungelshow* (15.01.2021–29.01.2021, RTL) zu ca.

einem Drittel aus Zusammenschnitten des Bildmaterials der bisherigen Staffeln von *Ich bin ein Star, holt mich hier raus* (2004). Diese Erinnerungspartikel sollten die rituelle Erlebnisdimension des veränderten Formats sichern. Bedingt durch das in Australien geltende Einreiseverbot konnte die Staffel 2021 nicht am üblichen Drehort Nahe Brisbane produziert werden und wurde mit der *Dschungelshow* durch ein Kandidat*innen Casting für die Staffel 2022 ersetzt.

4.7 Anpassungen der Produktion von Unterhaltungsformaten an die Pandemiebedingungen

Die Krise führte zu grundlegenden Veränderungen von Programmplanung und -produktion. „Aufgrund der anhaltenden Verbreitung des Coronavirus hat sich das ZDF entschieden, auf die Aufzeichnung von drei geplanten Ausgaben von Fernsehgarten on tour zu verzichten. Eigentlich sollte die Sendung mit Moderatorin Andrea Kiewel in Fuerteventura aufgezeichnet und zwischen dem 24. und 26. März ausgestrahlt werden. Doch daraus wird nun nichts." (N.N. 12.03.2020). Auch andere Sender und Formate reagierten auf die Pandemie mit dem Verzicht auf Aufzeichnungen vor Publikum. Dies betraf beim NDR Talkshows und Quizformate wie *Anne Will* (2007) die *NDR Talkshow* (1979), *extra 3* (1976) und *Gefragt, Gejagt* (2015). Auch RTL verzichtete bei seinen Showformaten *Let's Dance* (2006) und *Deutschland sucht den Superstar* (2002) auf das Publikum. Aufgrund einer Erkrankung im Produktionsteam und zweier Erkrankungen bei Teilnehmer*innen, musste die Showreihe *The Masked Singer* (2019, Pro Sieben) 2020 unterbrochen werden. Auch die Geburtstagsshow des ZDF für Thomas Gottschalk am 17.05.2020 war durch fehlende Zuschauer und Abstandsregeln eingeschränkt.

Etablierte Figurenkonstellationen und Produktionsräume von Reality TV Formaten passen sich den aktuellen Bedingungen und Regulierungen an. Die Bewohner*innen des *Big Brother* (2000, SAT.1) Containers wurden erst sehr spät über die Pandemie informiert und beendeten teilweise die Dreharbeiten (etwa Melowin Fröhlich). Internationale Produktionsorte wurden durch deutsche Alternativen ersetzt. Drehort für *das Das Sommerhaus der Stars* (2016) war 2020 nicht wie bislang in Portugal, sondern die deutsche Provinz. Das jährlich Dschungelcamp von *Ich bin ein Star, holt mich hier raus* (2004, RTL) in Australien konnte aufgrund der dortigen Einreisebeschränkungen nicht gedreht werden. Anstelle des Camps mussten die Teilnehmer*innen in den RTL Studios in Köln Hürth in einem Tiny House übernachten, das in einer künstlichen Dschungelkulisse angesiedelt war.

Good bye Deutschland (2006, VOX) thematisiert ca. seit März 2020 die Situation der Auswander*innen in Corona-Zeiten. Den Formatkonventionen entsprechend werden berufliche und private Konflikte vor allem am Standort Mallorca thematisiert. Corona ist hier nur der aktuelle Anlass für die formatspezifische Dramaturgie von Konflikten und der tragischen Differenz zwischen Erfolgskonzept und Wirklichkeit (vgl. Bleicher 2017).

Die Produktion des täglich ausgestrahlten Formats *Shopping Queen* (2012, VOX) musste im März 2020 wegen des beginnenden Corona-Lockdowns mitten in der Woche unterbrochen werden. Nach einer monatelangen Unterbrechung der Dreharbeiten bedingt durch die Schließung der Geschäfte konnte die erste nach dem Lockdown gedrehte Episode am 30.07.2020 ausgestrahlt werden. Als visueller Corona-Bezug trugen die Kandidatinnen eine Schutzmaske mit Sendungslogo. Zeitliche Verzögerungen entstehen durch die regulierte Begrenzung der Kund*innenzahlen in den Geschäften. In der Woche ab dem 03.08.2020 war das Sommer Outfit rund um den stylischen Mundschutz die Aufgabe in Berlin.

Formatproduzent*innen passten die gleichbleibende Handlungsstruktur des Formats den Bedingungen der Pandemiebekämpfung an, was zu Veränderungen der Wirkung beitrug. Statt zu Hause bei der jeweiligen Kandidatin, hielten sich die anderen Kandidat*innen in einem Fernsehstudio auf. Die Sitzplätze wiesen einen den Regelungen angepassten Sicherheitsabstand auf. Die Shopping Begleitung musste vor den Läden warten und durfte nicht, wie eigentlich im konventionellen Sendungsablauf üblich, den Bus nutzen. Somit entfielen auch die für die spezifische Sendungsatmosphäre wichtigen Handlungselemente wie das gemeinsame Sekttrinken und die Gespräche im Bus. Den für lokale Betriebe werbewirksamen Friseurbesuch ersetzten das eigene Styling und Frisieren im Studio oder im Bus. Als fast unsichtbare Sicherheitsmaßnahme gab es im Studio Plexiglastrennungen zwischen dem Laufsteg und den Kandidat*innen. Die Aufgaben verkündete Guido Maria Kretschmer aus seinem Home-Office. In seinem Hamburger Studio fand unter Wahrung des vorgeschriebenen Sicherheitsabstands die Preisvergabe statt. Diese nur leicht veränderten standardisierten Abläufe sicherten die Möglichkeit der rituellen Formatnutzung und somit die Kontinuität fernsehbasierter Emotionalisierung in Corona-Zeiten.

4.8 Kochen, Reden, Unterhalten

Bei der Analyse der insbesondere von den Programmplaner*innen kommerzieller Sendeanstalten während der Corona Krise schnell entwickelten Formatkonzepte ist eine Orientierung nicht nur an den vermuteten Nutzer*inneninteressen, sondern auch an der durch Maßnahmen der Pandemiebekämpfung ausgelösten besonderen Lebenssituation erkennbar. Unterhaltungsdiegese und Lebenswelt verschmelzen. Nach der Devise „Zeige mir dein Leben", bilden Einblicke in die Privatheit den zentralen Inhalt vieler Formate. An die Alltagsgestaltung während der Ausgangsbeschränkung seit März 2020 angepasst, boten Kochformate einfache Rezepte in Zeiten des Home-Office und des Lockdowns der Gastronomie, kombiniert mit Gesprächen als Form verbaler Unterhaltung. Gleichzeitig zeigten sich in der non-fiktionalen Unterhaltung auch ästhetische Strukturanalogien zum digitalisierten Alltagsleben in der Pandemie. Talkshowformate beispielsweise entsprachen in ihrer formalen Gestaltung den Zoom Sitzungen im Home-Office. Doch steigerte die Unterhaltungsorientierung dieser Fernsehformate potenziell den Erlebniswert „normaler" digitaler Gesprächssituationen.

Kabel 1 und andere Sendeanstalten sendeten während des ersten Lockdowns 2020 im Tages- oder Vorabendprogramm Kochformate, um die Zuschauer*innen mit Ratschlägen für die besonderen Herausforderungen der Alltagsbewältigung zu unterstützen. Ratgeberfunktion und Unterhaltung wurden verknüpft. Fernsehköche wie Frank Rosin, Sebastian Lege, Björn Freitag oder Mario Kotaska kochten in *Wir kochen zusammen. Zuhause beim Spitzenkoch* (30.03. bis 03.04.2020, Kabel 1) in ihrer privaten Küche einfache Rezepte. Frank Rosin erläuterte das Formatkonzept wie folgt: „In diesen schwierigen Zeiten, in denen wir alle mit unseren Familien zuhause bleiben, ist gesundes, leckeres Kochen ein Thema für alle. Deswegen sorgen meine Kollegen und ich ab jetzt dafür, dass auch während der Krise bei jedem etwas Gutes und frisch Gekochtes auf den Tisch kommt. Denn gutes Essen macht gute Laune – und die ist jetzt noch wichtiger als jemals zuvor" (N.N. 26.03.2020).

Private Lebenswelt und Fernsehstudio fusionieren zu einer Einheit, die sich der Lebenswelt der Zuschauer*innen angleicht. Die Köche nehmen ihre Zubereitung und den Kochvorgang selbst mit einer Webcam/gopro auf. Auch die Beleuchtung ist selbst installiert. Die Moderatorin ist auf einem Bildschirm neben dem Herd zu sehen; sie stellt vorzugsweise Fragen zu den Kochvorgängen, aber auch zum Privatleben des Fernsehkochs. Auf diese Weise entsteht eine Symbiose aus Ratgebersendung, Alltagskommunikation und Talkshow. Der Medienfachdienst DWDL kritisierte das Formatkonzept und verwies auf das fehlende Zuschauer*inneninteresse. Dabei sei doch die Bevölkerung bedingt durch Restaurantschließungen auf das eigene Kochen angewiesen, was eine gute Voraussetzung für aktuelle Kochsendungen bilde:

> Das dachte man sich auch bei Kabel Eins und schickte ab Ende März *Wir kochen zusammen* (2020) auf Sendung, wo sich die TV-bekannten Köche Frank Rosin, Mike Süsser, Sebastian Lege, Alexander Herrmann, Mario Kotaska und Björn Freitag vom heimischen Herd meldeten. Entgegennehmen wollten die Tipps aber nur wenige, der Markanteil pendelte nur um die 3-Prozent-Marke. Nach nur einer Woche zog der Sender daher schon Konsequenzen und schob die übrigens Folgen aufs Sonntagmittags-Programm ab, wo sie auch nicht besser liefen. (Krei 26.03.2020).

Im Vergleich deutlich vielfältiger hingegen erschien das Formatkonzept von *Live aus der Forster Straße* (2020, VOX Moderation Mark Forster). Es kombinierte Musikshow, Talk-, Ratgeber (u. a. Was tun, wenn der Hund sich langweilt) mit Kochelementen. VOX betonte in seiner Sendungsankündigung das Eskapismus-Potenzial des Formats zu dem auch die Präsenz von Stars beitrage:

> Mark Forsters Ziel: den Zuschauern von „Live aus der Forster Straße" zwei Stunden Ablenkung von ihrem aktuell außergewöhnlichen Alltag zu verschaffen. Dazu hat er nicht nur prominente Musikerinnen und Musiker in sein Berliner Tonstudio in der Forster Straße eingeladen. Neben deutschen Künstlerkollegen wie Sido und Max Giesinger werden auch Weltstars wie Rita Ora und Chris Martin zu Gast sein. Darüber hinaus werden auch Steffen Henssler, Martin Rütter und Matthias Schweighöfer virtuell mit von der Partie sein. Gemeinsam mit den Zuschauern daheim wollen sie vor allem eines – eine gute Zeit haben, obwohl alle zuhause sind. Mehr dazu bei www.vox.de.

Doch betont DWDL.de auch hier die fehlende Vorbereitung und das geringe Zuschauer*inneninteresse: „Wie fast alle anderen dieser Formate stieß aber auch Forster damit nur auf ein ziemlich überschaubares Interesse beim Publikum. Die erste Folge sahen wenig mehr als eine halbe Million Zuschauer. Eine Woche später waren zwar dann immerhin gut 700.000 dabei, doch auch hier lag der Marktanteil mit 3,7 Prozent bei den 14- bis 49-Jährigen meilenweit unter dem Senderschnitt" (N.N. 2019/20). Trotz des erfolgsbewährten Faktors Starbindung war das Konzept somit nicht erfolgreich, da das Erlebnisversprechen der guten Zeit nicht eingelöst wurde.

4.9 Reden über die Krise in Talkshow- und Late Night Showformaten

Fernsehsendeanstalten bilden in ihrer Programmplanung mit Talkshowformaten nach der Devise „Ablenkung durch Unterhaltung" einen Gegenpol zu den zahllosen Sondersendungen, die aktuelle Informationen zur Entwicklung der Pandemie vermittelten. So wurde die *Quarantäne-WG – Willkommen zu Hause* (2020) mit Oliver Pocher, Thomas Gottschalk, Günter Jauch und täglich wechselnden Talkgästen wie Michelle Hunziger kurzfristig in das RTL Prime Time Programm genommen. „Spontan und ohne erkennbaren Plan ging die Quarantäne-WG am gestrigen Montag um 20.15 Uhr auf Sendung, um das Land in Corona-Zeiten an die eigenen Sofas zu fesseln. Ungewollter Nebeneffekt: Die Runde simulierte schon einmal durch, wie das Fernsehen einer postapokalyptischen Welt aussehen könnte" (Gerhardt 24.03.2020).

Die Talkshow wurde via Skype aus den Wohnungen oder Büros der Mitwirkenden wie Günter Jauch, Thomas Gottschalk und Oliver Pocher mit wechselnden Talkgästen (u. a. Michelle Hunziker) übertragen. Witzige Gesprächselemente bezogen sich mit einer besonderen Perspektive auf Corona, da Pocher selbst zu den Erkrankten gehörte und eigene Erfahrungen ironisch thematisierte. Wie bei Skype- oder Zoom-Konferenzen üblich, waren die Mitwirkenden auf mehreren Bildkacheln gleichzeitig im Fernsehbild sichtbar. Ihr direkter Blick in die Webcam fungierte als Teil der parasozialen Interaktion. Durch die visuelle Vermittlung der Bildkacheln wird als Umkehrung etablierter Remediation Prozesses (vgl. Bolter und Grusin 1999) das Online Design in die Fernsehästhetik integriert.

Der Online Fachdienst DWDL betonte das Innovationspotenzial: „(…) im TV-Programm war plötzlich vieles denkbar, was man zuvor für völlig abwegig gehalten hätte. Zum Beispiel, dass Thomas Gottschalk, Günther Jauch und Oliver Pocher jeden Abend um 20:15 Uhr live auf Sendung gehen könnten. Doch weil die ja wie alle anderen ohnehin zuhause saßen, stimmten sie zu und bildeten Die Quarantäne-WG" (N.N. 2019/20). Auch hier führten das fehlende Konzept und die mangelnde Vorbereitung nach Einschätzung von DWDL zu einem Desinteresse beim Publikum. „Von den 3,3 Millionen Zuschauer der Ausgabe am Montag waren am Mittwoch jedenfalls nur noch 1,4 Millionen übrig. Der Marktanteil bei den 14- bis 49-Jährigen lag da bei weniger als 7 Prozent. Nach drei Tagen beschlossen Sender und Moderatoren daher, dass es genug ist" (N.N. 2019/20). Das Format wurde somit auch sehr kurzfristig wieder abgesetzt und konnte keine rituelle Wirkung entfalten.

Homies (2020) auf ZDF Neo beinhaltete ein digitales Gespräch zwischen zwei Teilnehmern (Moritz Neumeier und Till Reiners) und einem Gast (jeweils aus ihrem privaten Lebensumfeld), was Live von ausgewählten Zuschauer*innen via Instagram verfolgt wurde. Sie waren ähnlich wie das traditionelle Saalpublikum auf Bildkacheln sichtbar. Im Fokus der Gespräche stand eine kabarettistische Auseinandersetzung mit Corona und den Auswirkungen der Ausgangsbeschränkungen. Das Format vermittelte aber auch Ratgeberelemente. (N.N. ZDF 2020).

Bei *Luke allein zu Haus* (2020, SAT.1) passte sich der Drehort in der Wohnung des Moderators Luke Mockridge den aktuellen Lebensbedingungen der Zuschauer*innen in der Zwangsisolierung an. Erneut adaptierte die Ästhetik der Zoomkacheln die Arbeitsbedingungen des Home-Office. Die Strategie der Starbindung scheiterte an den fehlenden Inhalten:

> Sat.1 versuchte es mit Luke Mockridge, der montags bis freitags um 18 Uhr live auf Sendung ging. Eine Stunde lang. Und wie lange so eine Stunde ist, wurde Luke Mockridge und den Zuschauern womöglich erst so richtig bewusst, als man mit ansehen konnte, wie schwer dieser sich doch angesichts minimaler Vorbereitung tat, sie zu füllen. Während RTL seiner Quarantäne-WG schon nach drei Folgen den Stecker zog, hielt Luke Mockridge immerhin zwei Wochen durch. Er schaffte es während dieser Zeit, das ohnehin schon sehr schwache Quotenniveau am Vorabend noch weiter zu senken. Zumindest wissen die Sender nun: ‚Allzweckwaffen' sind die Moderatoren offensichtlich nicht (N.N. 2019/20).

Trotz dieser negativen Reaktion setzte SAT.1 seine Starstrategie fort. Luke Mockridge erhielt mit der aus der leeren Kölner Lanxess Arena ausgestrahlten Sendung *#Alarmstufe Rot* (22.01.2021), Sendezeit für seine Forderung nach Unterstützung für durch Corona in Notlage geratene Künstler*innen und Veranstaltungsmitarbeiter*innen. Nach dem dramaturgischen Planungsprinzip des Wechsels folgte im Anschluss als konventionelles Unterhaltungsangebot seine Liveshow *Luke Mockridge Live – Lucky Man* (2018).

Late Night Showformate kombinieren tagesaktuelle Information mit Unterhaltungselementen. Klaas Heufer-Umlauf integrierte das aufgrund von Schutzmaßnahmen fehlende Saalpublikum in die pointenorientierte Anmoderation seiner *Late Night Berlin Show*: „Wir haben kein Publikum. Sat.1 ist da mit *Big Brother* schon weiter: Die haben noch nicht mal mehr Zuschauer" (Vock 17.03.2020). Die Reaktionen des Saalpublikums wurden durch Zitate aus akustischen Konserven ausgetauscht: „Statt des Gelächters aus dem Studio kamen im Standup-Teil die Lacher vom Band. Und jedes Mal, wenn die Lacher kamen, wurde eingeblendet, woher": „Dieser Lacher stammt aus ‚Seinfeld' Staffel 6 Folge 20" oder „Dieser Lacher stammt von ‚Eine schrecklich nette Familie' Staffel 11 Folge 8." (ebd.)

Weitere Unterhaltungselemente des Formats lehnten sich an die Lebenswirklichkeit, den Alltag und die Gespräche der Zuschauer*innen während des Lockdowns an.

„Und so geht es weiter an einem Abend, von dem Heufer-Umlauf, wie er selbst sagt, gar nicht so genau weiß, wie er wohl werden wird. Also sitzt er mit Olli Schulz in den leeren Zuschauerrängen und isst frisch gegrillte Bratwurst. Später erstellen die beiden eine Liste, was man so in der Quarantäne machen könnte: Domino-Day zu Hause bauen, neue Mode ausprobieren, Cosplay-Anzüge kaufen oder alte Pornofestplatten anschauen, waren solche Vorschläge." (ebd.)

Klaas Heufer-Umlauf betonte die Eskapismusfunktion seines Formats: „Gegen Langeweile und Sorgen – dafür gibt es ‚Late Night Berlin' so lange es noch geht." (ebd.) Christian Vock bilanzierte: „Es war ein Versuch, ein bisschen Normalität in eine Situation zu bringen, in der gerade wenig normal ist. Und es war ein guter Versuch."(ebd.) Diese Wertung zielte wahrscheinlich auf die Verknüpfung bestehender Sendungsrituale mit aktuellen Themen.

Auch etablierte Talkshowreihen der öffentlich-rechtlichen Sendeanstalten wie etwa die *NDR Talkshow* (03.07.2020, NDR) griffen das Thema des Lockdown Alltags auf. Prominente Talkgäste wie Janine Kunze, Moderatorin Bettina Tietjen, Jörg Pilawa und Matthias Horx diskutieren die Vorteile von Corona wie Familienleben, freie Zeit, Kontemplation, Entschleunigung und Einblicke in das Leben der Anderen in Zoom-Konferenzen. Die Vorbildfunktion von Prominenten wurde in diesen Talkshowreihen für die Vermittlung positiver Lebensmodelle und Emotionen instrumentalisiert.

Lokale TV Anbieter konzipierten gezielt auf die aktuelle Situation und die Einschränkungen abgestimmte Formate. Dazu zählten beispielsweise die Übertragung von Gottesdiensten, Dankaktionen, Gruß- und Wunschsendungen, Disko für die heimische Küche und kulturelle Angebote (TLM Studie Mai 2020). Die regionale Ausrichtung schafft enge Bezüge zur Lebenswelt des Publikums.

4.10　Comedy und Corona

Programmplaner*innen instrumentalisierten auch Komik als etabliertes Verfahren der Krisenbewältigung, das den psychologischen Bedrohungscharakter katastrophaler Ereignisse reduziert. „Je weniger es zu lachen gibt, desto mehr muss man es tun", konstatierte folgerichtig ein Plakat des Berliner Quatsch Comedy Clubs und Zeit-Autor Daniel Gerhardt betonte „Gute Comedy nimmt fast immer Bezug auf eine ernste Lage, hart erkämpfter Humor ist meistens auch der befreiendste" (Gerhardt 14.05.2020). Das Thema Corona wurde als Teil standardisierter Sendungsabläufe in etablierten Comedy- und Kabarettformaten humorvoll aufbereitet. Das Ritual der gleichbleibenden Sendungsstruktur und -nutzung bildete einen potenziellen Gegenpol zur chaotischen, da nicht prognostizierbaren, Pandemieentwicklung.

Humoristische Onlinevideos aus dem Bereich der Amateurkultur besitzen eine besondere Nähe zur Lebenswelt der Zuschauer*innen. Während der Quarantäne gedrehte YouTube Clips waren das Material des Rankings in dem Showformat *111 verrückte Quarantäne Knaller* (2020, Pro Sieben). Doch fehlte die Transparenz für die Kriterien der Anordnung. Schnell wechselnde Videos von Alltagsaktivitäten, -problemen, Sehnsüchten und Sportaktivitäten bildeten die Grundlage für kurzweiligen Humor. Die Addition kurzer

Videos zur Sendedauer des Formats verlängerte die positive Wirkung kleinteiliger Einblicke in das Leben der Anderen.

4.11 Für Euch da – SWR Comedy gegen Corona

Im regionalen Unterhaltungsangebot des SWR beschäftigten sich einige Comedy-Formate und -ausgaben explizit mit Corona. *Corona und das Grundgesetz – Satire* (05.06.2020, SWR) als Ausgabe der *Mathias Richling Show* thematisierte aktuelle Entwicklungen, Pro und Contra Positionen von Prominenten und in der Bevölkerung. Richling trat in diesem Kontext beispielsweise verkleidet als Wolfgang Schäuble auf und äußerte sich kritisch zu den Anti Corona Maßnahmen der Regierung. Studio-Deko ist ein Friedhof, da ja, kommentierte Richling, alle Kranken sowieso gestorben wären.

Als Variation von Galaformaten wurde *Für Euch da Comedy gegen Corona* (01.05.2020, SWR) der Reihe SWR Spätschicht moderiert von Lisa Fitz mit Kabarettist*innen und Comedians aus der Region ausgestrahlt. Der Sendungsschwerpunkt folgte dem Motto Zusammenhalten für die Kultur, um Einkünfte von Künstler*innen der Region zu sichern. Auch alte Videos mit Klassikern der Comedy etwa von Heinz Erhardt wurden als eine Rubrik in die Sendung integriert, um nostalgische Erlebnisdimensionen im Rahmen der Fernsehkomik zu sichern.

4.12 Vom Saal ins Studio: Corona Fernsehkarneval

Karnevalsendungen bewegten sich 2021 zwischen den Polen der rituellen Wiederholung und den notwendigen Anpassungen an geltende Pandemiebestimmungen. Diese führten zum Verlust zentraler Bestandteile des Fernsehrituals wie etwa größeren Chören, Tanzgruppen und vor allem dem großen Saalpublikum. Liveübertragungen von Karnevalsveranstaltungen mussten aufgrund pandemiebedingter Absagen durch Studio-Aufzeichnungen ersetzt werden. WDR-Unterhaltungschefin Karin Kuhn reagierte auf Absagen von beliebten Fernsehsitzungen durch Karnevalsvereine mit einem geänderten Sendungskonzept: „Wir werden mit sorgsam zusammengestellten Archiv-Highlights der letzten Jahre ein karnevalistisches Ausrufezeichen im Programm bieten" (N.N. 2020). In vergleichbarer Weise wurden die Live Übertragungen der Rosenmontagumzüge am 15.02.2021 durch, mit dem werbewirksamen Best Off versehene, Zusammenschnitte von Archivmaterial ersetzt.

Andere Sendeanstalten verlagerten die in diesem Jahr abgesagten üblichen Veranstaltungen ins Fernsehstudio. Doch reduzierte sich die spezifische Atmosphäre der Live-Aufzeichnungen. Im Studio sitzende Narrenpuppen erinnerten auf skurrile Weise an das übliche Saalpublikum. Das ZDF strahlte die *Mädchenfastnacht aus Köln* am 11.02.2021 vom ZDF aus dem leeren Sitzungssaal aus. In Anlehnung an etablierte Abläufe der Veranstaltung spielte eine Kapelle den Tusch live ein, das Gelächter kommt jedoch vom Band.

Die Fernsehsendung beendete ein monologischer Hoffnungsappell auf Normalität in besseren Zeiten.

Mainz bleibt Mainz wie es singt und lacht (15.02.2021, ARD) kombinierte die Studiositzung mit kurzen Videos des Saalpublikums vergangener Jahre. In den meisten Büttenreden spielte die aktuelle Corona Thematik eine zentrale Rolle, musikalisch setzte man eher auf traditionelle Karnevalsklassiker wie „Heile, Heile Gänschen". Der neue Text der Schlussstrophe war jedoch an die Corona Krise angepasst. Das Saalpublikum im Studio bestand aus Mitwirkenden und von ihnen nur schwer zu unterscheidenden kostümierten Puppen. Als Stimmungsersatz wurden Reaktionen des Saalpublikums aus früheren Fernsehübertragungen eingeblendet.

Die Fernseh-Sitzung *Rosa Wölkchen 2021 – Gay is schee* (HR 31.01.2021) des queeren Karnevals in Hessen wurde in einem Kasseler Fernsehstudio aufgezeichnet. Standup Comedy mit vielfältigen Bezügen zu Corona ersetzte die Büttenreden, die Gesangsdarbietungen einzelner Künstler*innen das Saalorchester. Eine vergleichbare Reduktion kennzeichnete die Tanzeinlagen. Scheinbar dauerenthusiasmierte Studiogäste, allesamt Mitwirkende der Sitzung, fungierten als Saalpublikumsersatz. Neben der üblichen Saaldekoration und den rosa Kostümen fehlte die Stellvertreterfunktion des Saalpublikums für die Zuschauer*innen an den Bildschirmen. Als Ersatz wurden mehrere ausgewählte, kostümierte, Zuschauer*innengruppen immer wieder während des Sitzungsverlaufes eingeblendet. Auch hier ließ sich eine eher zwanghaft wirkende positive Stimmung beobachten, die in ihrer fehlenden Authentizität den Erlebniswert des Formats reduzierte.

Die *Konstanzer Fastnacht aus dem Konzil* (02.02.2021 SWR) ersetzte den traditionellen Live Charakter der Übertragung durch eine Verschränkung von Fernsehdiegese und Lebenswelt der Zuschauer*innen. Die nach dem Vorspann sichtbare erste Bühne des Fernsehstudios war wie ein Wohnzimmer aufgebaut. Der die Zuschauer*innen begrüßende Sprecher trat zunächst mit Schutzmaske auf und thematisiert die besondere Corona Zeit. Als Fernsehen im Fernsehen wurde nun die Konstanzer Fastnachts-Veranstaltung auf dem Fernsehbildschirm der Wohnzimmerwand eingespielt. Im zweiten Studio des Konzils saß das zahlenmäßig deutlich reduzierte Saalpublikum, das sich nur aus Mitwirkenden der Sendung zusammensetzte, mit Sicherheitsabstand an kleinen Saaltischen. Der Begriff Maskenball, so die Begrüßung des Moderators, erhalte hier eine ganz neue Bedeutung. Die Büttenreden wichen nur vereinzelt von den traditionellen Themen und Pointen ab, was dem traditionellen Erlebniswert des Fernsehkarnevals entspricht und so einen Nostalgieeffekt beinhaltete. Als Partizipationsangebot konnten Zuschauer*innen Fotos von sich in ihren Wohnzimmern einsenden und so eine visuelle Präsenz in der Sendung erreichen.

4.13 Fazit

Die Programmbeobachtung der Fernsehentwicklung in der Corona Pandemie seit 2020 zeigte anhand einer Vielzahl unterschiedlicher Sendungsbeispiele dramaturgische Konzepte, die sich zwischen den Polen der Abwechslung und des Rituals bewegten. Aus der

Perspektive des Uses and Gratification Approachs bietet die Pandemieflucht der fiktionalen und non-fiktionalen Unterhaltung eine Grundlage des Mood Managements durch mediale Konstruktionen positiver Emotionen, wie Glücksgefühle. Unterhaltungsorientierte Ratgeber- und Talkformate adressierten die Nutzungsinteressen der Zuschauer*innen. Komik übernahm in diesem Kontext die therapeutische Funktion der Reduktion von Bedrohung.

Zu den Gratifikationen fiktionaler Angebote zählt idyllische Handlungsorte, Empathie-Potenziale des Figurenensembles, stabile Diegese, Kausalstruktur von Ereignissen als Reduktion des Unbekannten. Nostalgisierungseffekte erzielten Wiederholungen und Anpassungen der Corona Thematik an die Stabilität etablierter Formate. Bekannte Erlebniswelten der Fernsehdiegese entsprechen der allgemeinen gesellschaftlichen Wunschkonstellation einer Rückkehr zur Normalität.

In den Konzepten der in diesem Beitrag analysierten, während des Lockdowns produzierten, Showformate wurde die Strategie der Verschmelzung von Fernsehdiegese und Lebenswelt der Zuschauer*innen erkennbar. Das Handlungselement des Kochens folgte der Intention einer Medialisierung von Alltagsaktivitäten. Talkelemente versuchten eine parasoziale Interaktion zu erzielen. Trotz der genannten Probleme bei der Realisierung dieser Konzepte besitzt das in der Lebenswelt der Zuschauer*innen angesiedelte Fernsehdispositiv besondere Potenziale der Krisenbewältigung.

Literatur

Alvart, Christian Interview mit Deutschlandfunk Kultur 18.07.2020.

Bleicher, Joan Kristin (2017): *Reality TV in Deutschland. Geschichte Themen Formate.* Hamburg: Avinus Verlag.

Bleicher, Joan Kristin (1999): *Fernsehen als Mythos. Poetik eines narrativen Erkenntnissystems.* Westdeutscher Verlag: Opladen.

Bolter, David/ Grusin, Richard (1999): *Remediation. Understanding New Media.* Cambridge, Mass.: The MIT Press.

Foltin, Hans-Friedrich (1999): Fernsehen als Unterhaltung. In: Joachim Felix Leonhard, Hans Werner Ludwig (Hg.): *Medienwissenschaft. Ein Handbuch zur Entwicklung der Medien und Kommunikationsformen.* Teil 3. Berlin: De Gruyter. S. 2406–2414.

Gerhardt, Daniel (14.05.2020): Humor in Corona-Zeiten: Einfach mal die Luft rauslassen. In: *Zeit Online* (https://www.zeit.de/kultur/2020-05/humor-corona-zeiten-krise-publikum-helge-schneider/komplettansicht) [letzter Zugriff: 16.06.2021].

Gerhardt, Daniel (24.03.2020): „Die Quarantäne-WG" – Die Kuh im Fahrradkeller. In: *Zeit Online* (https://www.zeit.de/kultur/film/2020-03/die-quarantaene-wg-rtl-guenther-jauch-thomas-gottschalk-oliver-pocher) [letzter Zugriff: 16.06.2021].

Hickethier, Knut (2010): „Tatort" und „Lindenstraße" als Spiegel der Gesellschaft. In: https://www.bpb.de/apuz/32757/tatort-und-lindenstrasse-als-spiegel-der-gesellschaft.

Katz, Elihu/ Foulkes, David (1962): On the Use of Mass Media as "Escape": Clarification of a Concept. In: *The Public Opinion Quarterly.* Vol. 26, Nr. 3. O.S.

Kleinsteuber, Hans J. (2002): Journalisten im Medienthriller. Fakten und Fiktionen in einem neuen literarischen Genre. In: Baum, Achim/Schmidt, Siegfried J. (Hrsg.): Fakten und Fiktionen. Über den Umgang mit Medienwirklichkeiten. Konstanz: UVK, S. 217–232.

Krämer, Nicole; Schwan/Stephan; Unz, Dagmar/ Suckfüll, Monika (2016): *Medienpsychologie. Schlüsselbegriffe und Konzepte.* Stuttgart: Kohlhammer.

Krei, Alexander (26.03.2020): „Wir kochen zuhause!" – Kabel Eins startet tägliche Kochshow mit Rosin & Co. In: DWDL (https://www.dwdl.de/nachrichten/76923/kabel_eins_startet_taegliche_kochshow_mit_rosin__co/?utm_source=&utm_medium=&utm_campaign=&utm_term=) [letzter Zugriff: 16.06.2021].

Newiak, Dennis (2020): *Alles schon mal dagewesen. Was wir aus Pandemiefilmen für die Corona Krise lernen können.* Marburg: Schüren Verlag.

N.N. (12.03.2020): Pandemie: „DSDS" und „Let's Dance" ohne Zuschauer – so reagieren die TV-Sender auf Corona. In: Stern.de (https://www.stern.de/kultur/tv/corona%2D%2Dso-reagieren-die-tv-sender-auf-die-pandemie-9179190.html) [letzter Zugriff: 16.06.2021].

N.N. (2019/20): TV-Flops der Saison 2019/20. (https://www.dwdl.de/features/fotostrecke/683_tvflops_der_saison_201920/image_21.html) [letzter Zugriff: 16.06.2021].

N.N. (2020): Fasching und Karneval im TV. In: *TVButler* (https://www.tvbutler.at/tv-specials/fasching-und-karneval-im-tv/) [letzter Zugriff: 16.06.2021].

N.N. (2020): Mediennutzung in Zeiten von COVID-19: Konsumenten setzen verstärkt auf Qualität und digitale Formate. (https://www2.deloitte.com/de/de/pages/technology-media-and-telecommunications/articles/mediennutzung-covid-19.html) [letzter Zugriff: 16.06.2021].

N.N. (22.02.2021): Zuschauer ratlos – Diese Frage ließ der Dortmunder Tatort unbeantwortet. In: *t-online* (https://www.t-online.de/unterhaltung/tv/id_89519800/corona-tatort-in-dortmund-diese-frage-blieb-bis-zum-ende-unbeantwortet.html) [letzter Zugriff: 16.06.2021].

N.N. (26.03.2020): Kabel Eins: Abendessen mit Frank Rosin & Co: In „Wir kochen zusammen!" laden Spitzenköche zur Kochstunde in ihren Privatküchen ein – ab Montag, 30- März 2020 bei Kabel Eins. In: *Presseportal* (https://www.presseportal.de/pm/7841/4557466) [letzter Zugriff: 16.06.2021].

N.N. SWR (01.07.2020): „Corona-Ballett" beim Tatort-Dreh. In: SWR Online (https://www.swr.de/unternehmen/nils-reinhardt-ueber-tatort-hetzjagd-und-corona-100.html) [letzter Zugriff: 16.06.2021].

N.N. ZDF (2020): Alleine, aber doch zusammen. In: zdf.de (https://www.zdf.de/comedy/homies) [letzter Zugriff: 16.06.2021]. 25 Vock, Christian (17.03.2020): „Late Night Berlin": Fernsehen in Zeiten des Coronavirus'. In: gq-magazin (https://www.gq-magazin.de/entertainment/artikel/late-night-berlin-unterhaltung-in-zeiten-von-corona) [letzter Zugriff: 16.06.2021].26 Wessels, Antje (26.08.2020): „Sløborn" – Nicht einfach nur eine Pandemie-Serie. In: Quotenmeter.de (http://www.quotenmeter.de/n/120902/sl-born-nicht-einfach-nur-eine-pandemie-serie) [letzter Zugriff: 16.06.2021].

Robnik, Drehli (2020): *Ansteckkino*. Berlin: Neofelis Verlag.

Sudmann, Andreas (2017): *Serielle Überbietung: Zur televisuellen Ästhetik und Philosophie exponierter Steigerungen.* Stuttgart: J. B. Metzler.

Zillmann, Dolf (1988): Mood management. Using entertainment to full advantage. In: *Communication, social cognition and affect.* Ed. by L. Donohew, H.E. Sypher & E.T. Higgins. Hillsdale: Erlbaum, S. 147–171

Quarantäne als Therapie: Corona-Miniserien

Gabriele Dietze

Zusammenfassung

Der Text beschäftigt sich mit Reaktionen auf die Corona-Pandemie in narrativen Fernschformaten in Deutschland und den USA. Mainstream Formate des Unterhaltungsfernsehens meiden das Thema Covid 19 und verlautbaren offen, dass sie Eskapismus ermöglichen und Wiederholbarkeit gewährleisten wollen. In dieser Lücke sind Nischenprodukte, Corona Mini-Serien wie *Drinnen, Ausgebremst* oder *Social Distance*, entstanden. Der Artikel entwickelt, wie über meist traumatisierte weibliche Hauptfiguren Quarantäne als Erzählung über Krisen bewältigende ‚Therapie' entwickelt wird.

Schlüsselwörter

Gender · Fernsehserien · Eskapismus · Dramedy · Trauma · Therapie · Quarantäne · Genre-Studies · Populärkultur.

5.1 Eine signifikante Leerstelle

Il Decamerone ist der Titel eines um 1350 abgefassten Novellenkranzes des Renaissancedichters Giovanni Boccaccio über junge Adlige, die gemeinsam vor der Pest von Florenz aufs Land geflohen sind (vgl. Boccaccio 2008). Gegen die Angst vor dem Seuchentod erzählen sich die Exilant*innen heitere und derbe Geschichten über das Leben, die Moral-

G. Dietze (✉)
Humboldt Universität Institut für Europäische Ethnologie Unter den Linden 6D,
Berlin, Deutschland
E-Mail: gabriele.dietze@rz.hu-berlin.de

© Der/die Autor(en), exklusiv lizenziert durch Springer Fachmedien Wiesbaden
GmbH, ein Teil von Springer Nature 2022
A. Krewani, P. Zimmermann (Hrsg.), *Das Virus im Netz medialer Diskurse*, ars
digitalis, https://doi.org/10.1007/978-3-658-36312-3_5

vorstellungen herausfordern und damit die Quarantäne zu einem Ort des normsprengenden Exzesses machen. Diese Erzähloffensive gegen eine Seuche dient/e den Zielen unmittelbarer Bewältigung und kathartischer Normverschiebung. Ein Kritiker prägte dazu den schönen Begriff „narrative prophylaxis", erzählerische Vorsorge (vgl. Marafioti 2005). Die pestflüchtigen Erzähler*innen Boccaccios folgen damit den Empfehlungen zeitgenössischer Mediziner*innen, man solle sich mit heiteren Künsten umgeben, um sich nicht durch die Angst vor der Pandemie schwächen zu lassen.

In der Spätmoderne stehen für dieses Bedürfnis nach erzählerischer Heilung die verschiedensten Medien zur Verfügung, neben dem langsamen Buch das ubiquitäre und ultraschnelle Internet, ja, und immer noch das Fernsehen. Das Lagerfeuer brennt wieder, überschreibt die Augsburger Allgemeine Zeitung eine story mit dem Untertitel *Corona-Zeit ist Film- und Fernsehzeit* (Wirsching 2020). Das gilt aber nicht für die gesamte Sendezeit. Es wird unterschiedlicher Gebrauch von einzelnen Formaten gemacht. In den Nachrichten- und Magazinsendungen ist der Pandemie nicht zu entgehen – sie okkupiert mit ihren täglichen Meldungen über Statistiken, Inzidenzen, R-Werte, Impfstofflieferungen, Schnelltest-Verfügbarkeiten, Belegungszahlen von Intensivbetten und Ministerpräsident*innen-Konferenzen einen Großteil der Sendezeit. In anderen Sendeformaten dagegen herrscht ein seltsames Schweigen über Covid-19.

Das fällt besonders im Feld der fiktiven Genres auf, also beispielsweise Telenovelas, Arzt- und Krimiserien. Obwohl nach ersten pandemiebedingten Unterbrechungen die (Neu-)Produktion von Fernsehserien schon seit Mitte letzten Jahres wieder aufgenommen wurde und auch schon längst neue Drehbücher geschrieben werden, findet die Pandemie dort im Großen und Ganzen nicht statt. Sie bleibt bei Restaurantbesuchen ohne Maske, bei Hochzeiten und bei Liebesszenen unerwähnt und unsichtbar.[1] „Das zentrale Konsumentenbedürfnis, das viele Fiction-Serien adressieren, ist das des Eskapismus: Die zuschauen [sic] wollen, flüchten aus ihrer realen Welt mit allen nervigen Details und Beschränkungen", so Thorsten Hennig-Thurau, Professor für Marketing und Medien an der Westfälischen Wilhelms-Universität in Münster (zitiert nach Schultejans 2020).

Es sind aber nicht nur die Herz-Schmerz-Serien, die Corona vermeiden. Auch das sogenannte „Qualitätsfernsehen" pflegt eine Abstinenz von der Pandemie, mit teilweise kuriosen Ausweichbewegungen: Der Spielfilm *Für immer Eltern*, erstmals ausgestrahlt am 19. März auf arte und mit ausgewiesenem Produktionsdatum 2021, schildert ein Elternpaar, dessen Sohn wegen Lebenskrisen wieder zu Hause einzieht, was erwartbare familiäre Konflikte produziert, ohne die Pandemie zu erwähnen. Das ist – fast – exakt eine Alltagssituation gegenwärtiger Familien, da viele Student*innen, ohnehin nur digital mit der Universität verbunden, wieder zu Hause einziehen, um Geld für die Unterkunft in Unistädten zu sparen und die Lockdowns weniger einsam zu verbringen. Halb erwachsene

---

[1] Eine Ausnahme bildet die Dortmunder *Tatort*-Folge *Heile Welt* (WDR, Erstausstrahlung am 21.02.2021), wobei die „Ersterwähnung der Coronavirus-Pandemie im ARD-Sonntagabendkrimi" allerdings beim Kritiker der *ZEIT* nur bedingten Gefallen fand (vgl. Dell 2021).

Menschen fallen in kindliche Muster zurück, Ehepaare, an kinderlose Freiheit gewöhnt, werden wieder zu Hauptzeit-Eltern. Komödiantisches Chaos ist vorprogrammiert.

5.2 Ein Nischenformat: Die Corona-Miniserie

Für die „narrative Prophylaxe" im Sinne des Decamerone leistet das Mainstream-Erzählfernsehen also keinen Beitrag. Da aber eine vollständige Leugnung der zur Zeit des Redaktionsschluß über ein Jahr währenden Pandemie langsam kurios wird, hat sich ein Nischenformat entwickelt: die Corona-Miniserie. Eigentlich schon längst als „altmodisch" und „schwerfällig" verschrien, nutzten die öffentlich-rechtlichen Fernsehanstalten dabei die Gelegenheit, neue (Internet/Mediathek/Streaming) und alte Medien (Echtzeit-Programm-TV) für User*innen von Netz- und Standgeräten zu verschmelzen, um sich einen schnelleren, modernen Touch zu geben.

An das Format Miniserie mit Kurzepisoden ist das junge YouTube-Publikum, das Opas und Omas Fernsehen lange den Rücken gekehrt hat, gewöhnt. In den angloamerikanischen Ländern haben Streamingdienste außerdem vielfach das Network-TV ersetzt. Trotz des normalerweise zeitaufwendigen Verfahrens, ein Skript bis zur Serienreife zu bringen, waren ZDF und ARD diesmal sehr schnell. Am 22. März 2020 wurde, nachdem es eine Woche zuvor schon vielfach zu Schul- und Kitaschließungen gekommen war, der bundesweite Lockdown samt Kontaktbeschränkungen beschlossen. *Drinnen – Im Internet sind alle gleich* (ZDFneo, 15 Folgen à ca. 8 bis 12 Minuten) startete einschließlich der Werbung „Kein menschliches Wesen musste für diese Serie sein Haus verlassen!" schon am 5. April, *Liebe. Jetzt!* (ZDFneo, 6 Folgen à ca. 25 Minuten, Start 05.05.2020), *Ausgebremst* (TNT Comedy/NDR, an die ARD-Mediathek ausgeliehen, 5 Folgen à ca. 15 Minuten, Start 08.06.)[2] und *Lehrerin auf Entzug* (ZDFneo, 5 Folgen à ca. 8 bis 9 Minuten, Start 10.07.) folgten bald nach. Die Amerikaner*innen waren sogar etwas später dran: Disneys *Love in the Time of Corona* (4 Folgen à ca. 25 Minuten) startete am 22. August, *Social Distance* von Netflix (8 Folgen à ca. 19 bis 24 Minuten) am 15. Oktober. All diese Miniserien sind 2020 während eines Lockdowns und unter verschiedenen Corona-Sicherheitsregimen entstanden. Sie sind unter den Vorgaben des social distancing und mit limitierter Anzahl von Kontaktpersonen mit Remote Technologies teils abenteuerlich gedreht worden – oft handmade von den Schauspieler*innen selbst oder von winzigen Crews zusammengebastelt.

---

[2] Inzwischen kann man die komplette Serie auf YouTube sehen, zur Verfügung gestellt von TNT im Rahmen der *#Kunstnothilfe*, für die zu spenden die Zuschauer*innen aufgefordert werden (vgl. TNT Comedy 2020).

5.3 Erzählformate

Auf die Bedeutung des Erzählens in großen gesellschaftlichen Krisen ist bereits hingewiesen worden. Das gilt auch für das Fernsehen als narratives Medium. Jenji Kohan, die Produzentin einer der bekanntesten US-Corona-Miniserien, *Social Distance*, sagt zur Notwendigkeit des Geschichtenerzählens in ihrem Genre:

> Our job as storytellers is to reflect reality, and in this new, bizarre, bewildering reality we are all experiencing we feel passionate about finding connection as we all remain at a distance. [...] We've been inspired to create an anthology series that tells stories about the current moment we are living through – the unique, personal, deeply human stories that illustrate how we are living apart, together. (Kohan, zitiert nach Goldberg 2020)

Corona-Miniserien sind, so gesehen, fiktive ‚Erstreaktionen' – in der Notfallmedizin nennt man das „first response". Die unterschiedlichen Erzählungen darüber, wie sich die Pandemie auf Menschen auswirkt, sind einerseits Bewältigungsangebote – die agierenden Figuren kommen auf verschiedene ‚Lösungen' für Stress- und Angstsituationen –, andererseits aber auch Prozesse einer Agenda-Setzung. Aus der unendlichen Auswahl von Reaktionsformen kristallisieren sich in den Fiktionen bestimmte Themen heraus.

Durch das Charakteristikum des „wiederholt variierenden Erzählens" ist das Serienformat besonders einprägsam (Kelleter 2014, S. 13). Wie aus Theorien zur Performativität der Sprache bekannt (vgl. Butler 1997), schaffen immer wieder ähnliche Benennungen (und Situationen) Wirklichkeit. Träger*innen von „heilenden Erzählungen"[3] sind Serien auch wegen ihrer materiellen Standardisierung, narrativen Schematisierung und Massenadressierung, die ständig „lebensweltliche Anschlüsse" produzieren (ebd., S. 16). Im Folgenden wird der Schwerpunkt auf zwei Bereiche gelegt, die in den TV-Fiktionen eine zentrale Rolle spielen: erstens die Quarantäne als Liebesprobe und zweitens die Quarantäne als Therapie.

Fernsehserien werden in und für verschiedene Genres produziert. Vorwiegend in dramatischem Ernst sind Polizeiserien, Telenovelas oder Krankenhausserien angelegt. Die hier diskutierten Miniserien dagegen sind allgemein dem Genre der Sitcom, Abkürzung für Situation Comedy, zuzuordnen. „Ein Kennzeichen der Sitcom ist [...] die ständige, schnelle Abfolge von Gags, Pointen und komischen Momenten, allerdings im Rahmen einer dramatischen Handlung, womit sich die sitcom von comedyshows unterscheidet, bei denen Sketche lediglich aneinandergereiht werden" (Wikipedia o. J.: Sitcom). Zunächst ist also festzuhalten, dass die seriellen TV-Corona-Bearbeitungen allesamt – jedenfalls in

---

[3] In der *Queer Theory* spricht man auch von „reparative reading" (Sedgwick 1997), zu übersetzen etwa mit „versöhnende Lesart/en". Allerdings meint die Queer-Theoretikerin Eve Kosofsky Sedgwick damit eher eine subversiv versöhnende Lesestrategie, die sie homophob diskriminierten Menschen anempfiehlt. Ich dagegen verstehe hier unter „heilender Erzählung" eine Neuformation von Machtdiskursen, die über eine erzählende Sinnstiftung ein tröstendes Neuarrangement durch eine große Krise gegangener Machtverhältnisse anbieten.

weiten Teilen – im komischen Modus inszeniert werden. Lacher sind erwünscht. Unterschiedlich in den einzelnen Miniserien sind allerdings die Frequenz der komischen Situationen und das Gefälle zwischen Komik und Ernst. Manche Serien pflegen eine alberne Grundstimmung und motivieren zu häufigem Kichern, andere sind gedämpfter und erzeugen eher überraschtes oder irritiertes Lachen.

Die Bevorzugung eines komischen Modus für einen ‚tragischen' Gegenstand, hier die Pandemie, hängt mit der rhetorischen Figur des comic relief zusammen (zu übersetzen mit „komische Entlastung" bzw. „befreiende Komik"). Dies ist ein literarisches und filmisches Stilmittel, das die Einbeziehung von humorvollen Figuren, Szenen oder Dialogen in ansonsten ernsthafte oder spannende Werke bezeichnet. „Comic Relief wird genutzt, um kurzfristig Spannung abzubauen" (Wikipedia o. J.: Comic Relief; vgl. auch Morreall 2009). Die Corona-Miniserie übernimmt hier also eine sozusagen gesellschaftspolitische Funktion. Über die Gelegenheit zum Lachen tröstet sie über eine universale Furcht hinweg.

Nun ist eine Pandemie ja eine globale Katastrophe, die mit einer realen Todesdrohung gegen jeden einzelnen Menschen verbunden ist. Eine ‚reine' sitcom fühlt sich angesichts dieser Drohung möglicherweise zu ‚leicht' an. Deshalb wird meistens in einem Subgenre der Sitcom, der dramedy, gearbeitet: Das Kompositum setzt sich aus den Wörtern „Drama" und „comedy" zusammen, wobei „in vielen Szenen schlagartig ein komischer Kontrast" aufgebaut wird und die Zuschauer*innen deshalb „auf abrupte Art und Weise emotional zwischen Mitleiden und Verlachen hin- und her[geworfen]" werden (vgl. Eschke und Bohne 2018, S. 101). Eine Dramedy-Serie ist durch einen ‚universellen Grundkonflikt' gekennzeichnet, hier: die Todesdrohung der Pandemie, wobei ein Liebes- oder Selbstverwirklichungskonflikt als weiterer oder sekundärer Konflikt oft noch dazukommt.[4]

Die Entscheidung der Serienschöpfer*innen, Drehbuchautor*innen, Sendeanstalten und Streamingdienste, alle Corona betreffenden Fiktionen im (Sub-)Genre der dramedy zu produzieren, hat Auswirkungen auf Erzählform und -inhalt. Formal bedeutet das etwa ein gewisses Timing, um die Witze, Lacher oder Gags in die Erzähldynamik einzupassen. Und es muss, was den Erzählinhalt betrifft, Platz für tragische Elemente organisiert werden. Die besondere Kombination dieser Elemente in der Corona-Miniserie legt nahe, dass hier die Entwicklung einer neuen Grand Narrative zu beobachten ist. Nach Lyotard ist das menschliche Geschichtsbewusstsein analog zu historisch spezifischen ‚Meistererzählungen' geordnet. Wenn ein Epochenbruch erfolgt, was bei der Corona-Pandemie hochwahrscheinlich der Fall ist, würde sich demnach eine neue Große Erzählung (Grand Narrative) bilden (vgl. Lyotard 1994).

Von einer solchen neuen ‚Großen Erzählung' sind bisher jedoch nur vage Elemente erkennbar, darunter etwa, dass in der Zeit nach dem Notstand zunächst ein entschleunigtes,

---

[4]Zum Beispiel ist die Fernsehserie *M*A*S*H*, erstmals ausgestrahlt zwischen 1972 und 1983, die die Grausamkeit und Sinnlosigkeit des Koreakriegs aus der Perspektive von verzweifelt komischen Chirurgen eines Feldlazaretts behandelt, eine Dramedy. Der Absurdität eines Stellungskriegs gegen den ‚Kommunismus' im Nirgendwo mit zwangsverpflichteten zivilen Ärzten, die nichts mehr wollen, als nach Hause zu fliegen, schien nicht anders beizukommen zu sein.

mehr konviviales und achtsames Sozial- und Arbeitsleben angestrebt werden sollte. Im Register der Foucault'schen Diskursanalyse gedacht, beginnt nach einem Epochenbruch die Bildung von neuen Dispositiven. Dispositive sind Anordnungen und Netze von Gesagtem und Ungesagtem, in denen sich Gesellschaften Interpretationen von Wahrheiten, Wirklichkeiten und Sinn strukturieren. Neue Dispositive sind demnach strategische Antworten auf historisch definierbare gesellschaftliche Notlagen (vgl. Foucault 1978, S. 120). Auf die Quarantäne-Serie übertragen, findet hier eine Umarbeitung unlösbarer Konflikte via erträgliche Sinnstiftung statt; damit wären die Serienerzählungen also ‚strategische' Antworten auf die gesellschaftliche Notlage Pandemie.

5.4 Ach ja, die Liebe

Zeitdiagnostiker*innen wie Ulrich Beck und Elisabeth Beck-Gernsheim haben in zivilisationskritischer Absicht Trennungen als die Maximalkatastrophe beschrieben, die weißen Mittelständler*innen um die Jahrtausendwende passieren könne. In einer Gesellschaft der Singularitäten (Reckwitz 2017) werde die Liebe zu einer „Nachreligion" (Beck und Beck-Gernsheim 1990, S. 224), die als angeblich universell ‚Wahres' „die passgerechte Gegenideologie der Vereinzelung" (ebd., S. 239) bilde. Insofern ist das Herzstück der dargestellten narrativen Entertainmentformate sowohl im Nachmittags- und Vorabendprogramm als auch zur Hauptsendezeit die Liebe oder, nehmen wir den generischen Terminus: Romance (vgl. Radway 2009). Darauf verweisen schon die Titel von Mainstream-Telenovelas wie *Sturm der Liebe* oder auch die zum Beispiel *Herzkino* genannten Filmreihen im Abendprogramm. Das ZDF schreibt dazu auf der entsprechenden Homepage sprachlich etwas holprig: „In 90 Minuten geht es hier um das, worauf es ankommt im Leben. Um Familie und Freundschaft, und die Frage, wann man loslassen darf und muss. […] Und über die Liebe, und die eine ewige Frage ‚Ist er der Richtige?'" (ZDF o. J.) Laut der Kultursoziologin Eva Illouz nimmt die romantische Liebe im Gegenwartsdiskurs die Funktion ein, als letzte Domäne von ‚Authentizität' und ‚Wärme' zu dienen, die uns in unserem technikaffinen und regulierten Zeitalter geblieben sei. Sie sei zu einem Teil des demokratischen Wohlstandsideals geworden, zu einer kollektiven Utopie, die soziale Unterschiede überschreite und transzendiere (vgl. Illouz 2003, S. 1 f.).

Interessanterweise entwerfen nun die meisten Corona-Miniserien Geschichten, in denen Trennungsbeschlüsse gefasst oder überdacht oder nicht mehr abwendbare Trennungen verarbeitet werden. Die Aussicht, unabhängig und/oder allein zu sein, wird also in einer Situation imaginiert, in der Einsamkeit und der Mangel an Berührungen durch die äußeren Umstände verstärkt werden. „Was ist, wenn Corona unsere letzte Scheißchance ist?", fragt einer der zur Trennung vorgesehenen Gefährten in der finalen Folge *Ain't no sunshine* von *Liebe. Jetzt*. Als die scheidungswillige Heldin der Episode endlich mit dem Koffer in der Hand nach draußen geht, zögert sie auf der Schwelle. Das offene Ende suggeriert eine Rückkehr. In der letzten Folge von *Drinnen* gibt die Werbekauffrau Charlotte Thielemann ihren Trennungsplan zwischenzeitlich auf, um der alten Liebe eine neue

Chance zu geben. Nachdem sie vierzehn Folgen lang hektisch alle denkbaren digitalen verbalen, schriftlichen und visuellen Kommunikationskanäle bearbeitet hat, schneidet sie sich außerdem vom Digitalen Nihilismus (Lovink 2019) ab und geht offline und nach Draußen (so heißt die Folge denn auch). Sie setzt – ein interessantes Paradoxon von Freiheit – die Maske auf und spaziert zum Soundtrack „Wenn Du eine Sonne siehst, lauf ihr entgegen" durch Berlin.

Eine ähnliche Paradoxie von Freiheit und Bindung schildert die Folge The Human-Animal Trap aus der Serie *Social Distance* auf Netflix. Eine pensionierte Ärztin wird während des Pandemie-Notstands vom Krankenhaus zurückgerufen. Ihr Ehemann verbannt die potenziell ansteckende Gefährtin daraufhin in den Wohnwagen vor dem Haus. Bei der vorsichtigen Wiederannäherung wird klar, dass der Gatte das Engagement der Gattin missbilligt und lieber einen geruhsamen und genussreichen Lebensabend mit ihr verbringen will. Unterdessen lässt er von einem Schädlingsbeseitigungsdienst einen Waschbären einfangen, der den gepflegten Garten umgewühlt hat. Die Gattin erkennt, dass sie kein stillgestelltes Alter will, packt nachts ihre Sachen und nimmt den Waschbärkäfig mit, offensichtlich, um das Tier und sich in die Freiheit zu entlassen. Bereits getrennt, und das unfreiwillig, ist die Heldin der deutschen Serie *Ausgebremst* (gespielt von Maria Furtwängler). Die Fahrlehrerin, im Lockdown ohne Schüler*innen, sitzt vor einem Fahrsimulator, den ihr der Verflossene geschenkt hat, und gerät am Bildschirm in ein Telefonseelsorgenetz. Dort beginnt sie, selbst noch völlig aufgelöst, zerbrochene Leben zu reparieren, etwa eine Selbstmordwillige von einem Sprung von der Brücke abzuhalten.

Alle Trennungsgeschichten mit weiblichen Protagonistinnen in den Corona-Dramedys arbeiten mit einer ironischen Grundhaltung. Schaut man sich im Vergleich dazu männliche Hauptfiguren in Corona-Erstbewältigungsnarrationen im Film an, der sich gegenüber dem Fernsehen ja gern als das ‚anspruchsvollere' Format geriert, ist man eher in der Tragödie unterwegs. Im Episodenfilm *Homemade* (auch eine Netflix-Produktion, veröffentlicht im Juni 2020 unter Beteiligung von siebzehn unterschiedlichen Regisseur*innen aus elf Ländern) sieht man bierernste, tragische Helden, zum Beispiel in der Episode Penelope, in der Maggie Gyllenhaal Peter Sarsgaard als trauernden Gatten und heroischen Überlebenskünstler in der Einöde von Vermont inszeniert; Antonio Campos lässt in Annex eine lesbische Familie am Strand einen rätselhaften und ohnmächtigen nackten Mann finden, der traurig und stumm in ihrem Anwesen hockt und am Morgen in ihren Pool springt und darin auf- und abschwimmt. Die ultimativ tragischen Helden gibt Sebastian Schipper, mehrfach preisgekrönt für *Victoria*, mit sich selbst als Hauptdarsteller im achtminütigen Kurzfilm *Casino*. Er filmt sich mit Graufilter bei täglichen Verrichtungen (Zähneputzen, Kochen, Videospielen …). Seinen Seelenzustand vermittelt er mit einem Song, zu dem er sich an der Gitarre begleitet: There's something wrong with me.[5] Bald sitzt ihm ein alter ego mit zunehmend kurzen Haaren gegenüber und singt mit ihm im Duett. Zuletzt sieht man ihn barfuß im Badezimmer mit E-Gitarre, wo er – intim beleuchtet von Dutzenden

---

[5] Es handelt sich um eine Coverversion von *Casino* der Band The Notwist (veröffentlicht auf dem 2014-er Album *Close To the Glass*, City Slang).

Teelichtern – à la Jimmy Hendrix lärmig seinen Song zersägt. Man(n) nimmt sich bitterernst. In diesen frühen filmischen Corona-Verarbeitungen setzt sich die Legende vom lonesome rider, dem einsamen Helden, fort. Generisch ist die Figur eigentlich dazu konzipiert, Feinde zu vernichten. Da der Feind zwar vorhanden, aber nicht sichtbar ist, implodiert der Held in den Wahnsinn, weil ihm Weltsinn abhandengekommen ist.

Die weiblichen Protagonistinnen in den Quarantäne-TV-Serien dagegen sind ‚sinnlose' Reproduktions- und care-Arbeit auch von vor Corona gewohnt. Mit komischer Verzweiflung versuchen sie, digital alle ‚Pflichten' zu meistern und Anforderungen aller Art zu entsprechen, die sie sonst von Angesicht zu Angesicht erledigt hätten. Männer gibt es in diesem deutschen (Medien-)Kosmos nur selten live. Sie haben die Protagonistin entweder verlassen (*Ausgebremst*), erweisen sich für (nicht allein) pandemiebedingt notwendige Care-Arbeiten als ungeeignet und werden, einmal als Belastung erkannt, weggeschickt (*Drinnen*) oder agieren als autoritäre und inkompetente Störelemente (*Lehrerin auf Entzug*). Allerdings sind die Protagonistinnen von Bildern ihrer ehemals glücklichen Familien umstellt: In *Ausgebremst* stehen sie nur auf dem Regal, in *Drinnen* dagegen sind sie, nomen est omen, der Bildschirmschoner. Was auch immer die Protagonistin tut, um sich der Familienbande zu entledigen – zum Beispiel Tinder-Dates planen –, die glückliche Familie bildet ganz oder in Ausschnitten (häufig ein Babyhändchen am Rand) über den Screensaver den Hintergrund. Diese Bilder sind Reminiszenzen an Narrationen, die auch sonst weiblichen Hauptfiguren vorbehalten sind. Das Lebensziel bzw. der Lebenszweck der ‚normalen' Serienheldin in dramedies wäre es, final in den Hafen der Ehe einzulaufen und eine glückliche Familie zu gründen oder via patchwork zu komplettieren. Das Familienbild als Zitat eines herausgerissenen Erzählkerns verdeutlicht damit die Tragödie der Pandemie.

5.5 Quarantäne als Therapie

Ein Lockdown versetzt mehr oder weniger eine ganze Gesellschaft in Quarantäne. Er ist einerseits dazu da, die Gesunden davor zu schützen, sich bei anonymen und nichtanonymen Begegnungen anzustecken. Zum anderen sollen angesteckte Individuen durch die Quarantäne daran gehindert werden, andere zu infizieren. Unter Normalbedingungen ist die Quarantäne ein Schutzverfahren und keine kurative Intervention. Von dieser Generalregel gibt es aber auch Ausnahmen, zum Beispiel werden Menschen mit psychiatrischen ‚Auffälligkeiten' dann eingesperrt, wenn sie eine Gefahr für ihr eigenes Leben oder das Leben anderer darstellen. Die Einsperrung dient des Weiteren manchmal dazu, die Patient*innen mit Medikamenten zu versorgen, die sie nicht freiwillig nähmen, die ihnen aber vielleicht guttun.

Im Verlauf der Corona-Pandemie hat sich zumindest virtuell noch eine neue Dimension von Quarantäne aufgetan: die im Lockdown aufgezwungene Einschließung selbst als (psycho-)therapeutische Situation zu nutzen, in der alte Konflikte und Traumata durch die künstliche Isolierung auftauchen, bewusst gemacht und – manchmal jedenfalls – einer Lösung zugeführt werden können.[6]

In den hier diskutierten medialen Verarbeitungen der Pandemie kommt diese besondere Form von Quarantäne als Therapie in zwei Variationen vor: Typ 1 ist das Isolationsmodell: Ein einzelner Mensch wird von der Begegnung mit allen anderen ‚wirklichen' Menschen abgeschnitten und entwickelt via Entschleunigung und Reizarmut eine neue Perspektive auf sich selbst. Typ 2 ist die Beziehungskiste: Ein ‚Paar', das sich unter normalen Bedingungen aus dem Weg gehen könnte, ist aufeinander geworfen und sieht und erkennt sich und seine Beziehung in einer krisenhaften Konfrontation neu. Dieses Modell ist auf Familien- und Care-Communities erweiterbar und, mit Variationen, auf Liebhaber*innen, Freund*innen, Verwandte übertragbar, die sonst woanders wohnen, aber vorübergehend in eine gemeinsame Wohnung ziehen, um der Einsamkeit zu entgehen und die Versorgung zu erleichtern. Diese Zwangsverbindungen führen dann ebenfalls zu neuen Erkenntnissen über sich selbst, können darüber hinaus außerdem aber eine neue Sozialisation aus dem bisherigen Monadentum in eine neue Form von Verbindlichkeit einleiten.

Das Story-Vehikel der Quarantäne als Therapie ist in den Corona-thematischen TV-Miniserien ein häufiger Kunstgriff der Plotbildung. Hier wird eine Parallele zwischen Krankheit und Tragödie genutzt: die Krise oder Katharsis. Die Überschneidung beider Sphären rechtfertigt sich durch die Herkunft des Wortes „Katharsis" (κάθαρσις), das „kultische Reinigung" bedeutet und in Zusammenhang mit der griechischen Tragödie die „Reinigung der Leidenschaften" und damit auch „Heilung" bezeichnet.[7] Nach Aristoteles geschieht diese Reinigung durch das Erleben bzw. Durch-Leiden von Rührung und Schrecken bzw. Furcht (éleos/ἔλεος und phóbos/Φόβος), wodurch es letztendlich zu einer „Läuterung der Seele" komme (vgl. Aristoteles 1997, Kap. 6, 1449b26).

Nun soll nicht behauptet werden, dass die Drehbuchautor*innen der besprochenen Miniserien sich in die aristotelische Tragödientheorie vertieft hätten.[8] Sie orientieren sich aber an einer bestimmten Logik von Erzählkonstruktionen, die wiederum einer Struktur folgt, in die die Artefakte der populären Kultur – wie zum Beispiel das Genre der TV-Dramedy – eingebunden sind: nämlich zu erzählerischen ‚Lösungen' kommen zu müssen, die im weitesten Sinn Wunscherfüllungen sind, zumindest aber einen gewissen Frieden bringen:

---

[6] In der sogenannten „Wirklichkeit" passiert das eher nicht, wie die gehäuften Nachrichten über das Anwachsen psychischer Probleme während des Lockdowns aufzeigen. Erste umfassende Ergebnisse zur psychischen Belastung während des (ersten) Corona-Lockdowns in Deutschland findet man in der *NAKO-Gesundheitsstudie 2020* (vgl. Peters et al. 2020).

[7] Im *Fremdwörterbuch* des Duden findet man beide Bedeutungen nebeneinander: „1. Literaturwissenschaft: Läuterung der Seele von Leidenschaften als Wirkung des [antiken] Trauerspiels [;] 2. Psychologie: das Sichbefreien von psychischen Konflikten und inneren Spannungen durch eine emotionale Abreaktion" (Duden 2000, S. 697).

[8] Ausgebildete Drehbuchautor*innen aus den Film- und Fernsehakademien sind natürlich mit diversen Erzähltheorien vertraut.

> Der Akt des Lesens [Anschauens, GD] von Genre-Fiction ist eine soziale Praxis, die sich mit Genuss oder Angstlust Wünsche erfüllt, Furcht zulässt, sie kontrolliert und schließlich heroische Selbstbilder entwirft. Die fixierte […] Konvention einzelner Formeln ‚garantiert', daß die im Text aufgebaute Spannung glücklich ‚gelöst' wird. (Dietze 1997, S. 256 f.)

Zweifellos verursacht die Pandemie Schrecken und Furcht bezüglich vieler Faktoren, darunter das Sterberisiko, wirtschaftliche Unsicherheit, Ungewissheit über ihr Ende, soziale Isolation und Überforderung in Arrangements wie dem homeoffice oder dem homeschooling. Die Umdeutung der Quarantäne in eine Bühne für therapeutische Prozesse ist eine Möglichkeit, eine Katharsis anzubieten, also die psychische Krise mit einer Lösung (in jeder Bedeutung des Wortes) zu verknüpfen, die mit dem läuternden Durch-Arbeiten bestimmter Affekte heilende Selbsterkenntnis und damit die Eliminierung einer unglücklich machenden Struktur verspricht. Die Pandemie selbst ist damit nicht beseitigt, aber es ist paradoxerweise durch sie oder aus ihr selbst Trost und Perspektive geboten worden.

5.5.1 Typus 1 – Das Isolationsmodell

Die ZDF-Serie *Drinnen – Im Internet sind alle gleich* hat einen therapeutischen Grundton. Über elf der fünfzehn Folgen sehen wir lediglich die Hauptfigur Charlotte Thiedemann (Lavinia Wilson) als ‚wirkliche' Person agieren. Sie befürchtet, dass sie Corona hat, und geht freiwillig in ihrer Wohnung in Quarantäne, wobei sie ihren Mann und die beiden Kinder in einem Ferienhaus im Brandenburgischen exiliert. Ihre Kommunikationspartner*innen erscheinen in der Folge lediglich in diversen digitalen Formaten wie Zoom, Face-Time, Tinder und Skype. Es erschließt sich erst langsam, dass Charlotte ein schweres psychisches Trauma hat: Sie hat es vor Jahren abgelehnt, ihre betrunkene Schwester nachts aus einer Diskothek abzuholen, weil sie gerade mit ihrem Mann Hochzeitstag feierte. Auf dem Nachhauseweg verunglückte die Schwester tödlich; Charlotte gibt sich daran die Schuld. Sie bearbeitet dieses Trauma vergeblich mit einem – per Skype zugeschalteten – deutlich unfähigen Therapeuten. Vor immer demselben bunt gestreiften Wandteppich sitzend schreibt sie stattdessen Textmessages ans Handy der toten Schwester.

Überraschenderweise antwortet eines Tages jemand, weil die Eltern den Handyvertrag der Schwester gekündigt haben und inzwischen jemand anderes ‚ihre' Nummer hat. Auf dem Telefon-Videobildschirm erscheint ein britischer Bühnenzauberer, der Charlotte anbietet, mit ihm nach Las Vegas durchzubrennen. Dieser kathartische Moment schockt die Protagonistin gewissermaßen aus dem Zwang, virtuell mit ihrer Schwester zu kommunizieren, um deren Tod verleugnen zu können. Die Eltern informieren sie schließlich, nachdem sie gestanden hat, ihrer toten Schwester geschrieben zu haben, darüber, dass auch sie selbst in der Unfallnacht angerufen worden seien, den Anruf aber verschlafen hätten. Damit wird das allen verschwiegene Trauma der alleinigen Schuld zum Verschwinden gebracht. Die Isolation der Hauptfigur wirkt wie ein medizinisch induziertes Fieber, das, um im Pandemievokabular zu bleiben, nach und nach eine Immunreaktion erzeugt. Die Corona-dramedy erfüllt damit ihren Genreauftrag, im Chaos eine wenigstens temporäre (Auf-)Lösung zu erzeugen. Damit stiftet sie Trost zweiter Ordnung. Die Todesgefahr durch die Pandemie ist zwar auch dadurch nicht abwendbar, aber die ‚kranke' Leugnung des Todes der Schwester kann aufgegeben werden.

5.5.2 Typus 2 – Beziehungskiste

Prekäre Liebe und weiblicher Trennungswille allerdings bleiben auch im folgenden Beispiel eine bestimmende Größe. Die erste Folge, Plötzlich ein Paar, der Miniserie *Liebe. Jetzt* zeigt zwei im Lockdown zusammengeworfene Personen, die erst seit kurzem ein Paar sind, sie aber schon schwanger. Er war drei Mal verheiratet, sie noch nie. Er hat schon etliche Kinder, sie keine. Er liegt den ganzen Tag auf der Couch und schaut Bundesliga in der Wiederholung, sie ist mehr im Haushalt engagiert. Natürlich kracht es. Sie möchte ihn am liebsten rausschmeißen. Er schlägt eine Paartherapie vor. Über Zoom konferieren sie mit einer Schwarzen Therapeutin (Dela Dabulamanzi), die sich vor einer Urwaldtapete platziert hat.[9] Auch hier beginnt die Geschichte mit einem Trennungswunsch, der allerdings wegtherapiert wird. Damit sind wir zum zweiten durchgängigen Motiv der Corona-Miniserien gekommen, das hier behandelt werden soll: die Quarantäne als Paartherapie.

Dabei handelt es sich um einen subplot. Zusammengesperrte Menschen testen aneinander ihre Duldungskapazität und ihr Aggressionspotenzial aus, bis sie unter dem Druck der Verhältnisse erkennen, dass kompromisslose Selbstbehauptung ins Verderben führt. In einem anderen TV-Genre, das mit Quarantänemustern arbeitet – dem Big Brother-Format – wird bekanntlich die aggressive Variante angestachelt, meist manipuliert durch off-screen-Anweisungen. Zeigt sich eine*r der Kandidat*innen dann entsprechend unsozial, wird er*sie bestraft, indem er*sie von den Zuschauer*innen ab- bzw. herausgewählt wird (vgl. USA Today 2000). Keine der Corona-Miniserien, keine europäische und keine US-amerikanische, schlachtet aber das Gewaltpotenzial der Einsperrung aus, sondern sie präsentieren sich im Gegenteil als Agent*innen kathartischer Heilungsprozesse. Die (Mit-)Produzentin und (Mit-)Erfinderin von *Social Distance*, Hilary Weisman Graham, sagt in einem Making-of-Video zur Serie: „We really want a show to give people hope, it's also a vehicle to give us permission to feel our feelings […]. Everyone on the planet is living an intense time. That's why we lean on stories" (zitiert nach Netflix 2020). Mit der Aussage, dass sie es als Aufgabe der Serie sehe, Menschen zu erlauben, ihre Gefühle zuzulassen, zeigt sie, dass sie das Unternehmen auch als ein therapeutisches wahrnimmt.

---

[9] Diese seltsame – auch rassistisch interpretierbare – Bildinszenierung kombiniert Heilung mit ‚Wildnis' und verweist Beziehungsprobleme damit in den Bereich der ‚Zivilisationsschäden'. Zur umgekehrten Bedeutung von „heilen" als „die Wildheit nehmen" bzw. „zahm und brauchbar machen" im Kontext rassistischer Machtverhältnisse vgl. Lorey (2007) und Stein (2005).

5.6 You can't quarantine Love

Während in den bisher besprochenen Corona-Miniserien Quarantäne-Beziehungskisten, wenn sie nicht zur Trennung führen, dann doch Beziehungen neu austarieren, geht der neue Streamingdienst von Disney – Disney+ – mit der Serie *Love in the Time of Corona* mit der alten Formel von der Liebe als universeller Sinnstiftung auf die Pandemie los. Das Branchenblatt Variety bezeichnete die Produktion zu Recht als eine „Romance Series" (Thorne 2020). Und das ist in gewisser Weise genau das Problem: Es scheint schwierig bis unmöglich zu sein, mit dem romance-plot der sich erfüllenden Liebe neue lebensbedrohliche Probleme, wie sie eine Pandemie stellt, zu bearbeiten. Die Serie stellt vier verwandtschaftlich und professionell miteinander verbundene Paare vor, die im Lockdown vor Liebeskrisen gestellt werden. Ein junges, gut situiertes heterosexuelles Schwarzes Paar will den Lockdown nutzen, um ein zweites Kind zu zeugen; ein hetero-genderqueeres Freundin-Freund-Paar versucht, die wechselseitige Zuneigung in eine körperliche Liebesbeziehung zu verwandeln; getrennte Eltern spielen ihrer heimgekehrten Tochter das Fortbestehen ihrer Ehe vor; ein betagtes Ehepaar – sie allein zu Hause, er halb dement im Altenheim – plant seine Goldene Hochzeit trotz Covid-19.

Allen Geschichten wurde – wie sehr auf Teufel komm raus das auch geschieht – ein happy end ins Skript geschrieben. Der im Angesicht zunehmender Polizeigewalt gegen Schwarze Jungen und Männer aufgegebene Kinderwunsch wird wieder aufgenommen. Das genderqueere bzw. heteroorientierte Paar besinnt sich auf die jeweils ‚ursprüngliche' sexuelle Ausrichtung, wendet sich in Freundschaft wieder voneinander ab und vereint sich in sexuell ‚korrekten' Liebesbeziehungen mit anderen Personen. Das getrennte Elternpaar findet wieder zusammen, und die Goldene Hochzeit, die aus Quarantänegründen nicht herkömmlich gefeiert werden kann, wird stattdessen mit einem Autokorso zelebriert. Über die simultan gegeneinander geschnittenen happy end wird ein Flugzeugbanner mit der Aufschrift „You can't quarantine Love" gezogen.

In der Kritik schnitt die überzuckerte Disney-Serie nicht gut ab. Der TV-Rezensent des Guardian, Adrian Horton, merkte an:

> [Beyond] a knee-jerk reaction to the show, it seems worth noting how itchy, uncomfortable and deeply unsatisfying it was to watch a series strain for realist entertainment in a period whose strangeness, discomfort, and bizarre proximity course much deeper than a four-part, half-hour limited series riffing on domestic complications would allow. (Horton 2020)[10]

Anders gesagt: Corona-Stoffe sind nicht eben happy-end-tauglich, und deshalb misslingt auch die übliche ‚optimistische' Auflösung von Romance-Narrativen, die Protagonist*innen mit einer*m Liebespartner*in zusammenzuführen (vgl. zum „grausamen Optimismus", der im Neoliberalismus auch diesem Konzept innewohnt, Berlant 2011).

---

[10] Die Rezensions-Plattform *Rotten Tomatoes* (2020) bewertete die Serie mit 58 % Zustimmung recht niedrig.

Dieses Scheitern hat dabei auch etwas mit dem Erzählmodus zu tun. *Love in Time of Corona* ist als ernste Dramaserie konzipiert. Anders als die Dramedy hat sie weder die Abgründe der Tragödie zu bieten, den Zustand des ‚Unschuldig-schuldig-Seins', noch den comic relief der Sitcom, die ja nicht vorgibt, Weltprobleme zu lösen, aber im Angesicht unvermeidbarer Katastrophen der verzweiflungsvollen Absurdität ein Lachen abgewinnt.

Happy ends in heteronormativen romance-Narrationen verteilen die Spieler*innen immer in hierarchisierten Geschlechterpositionen (vgl. Benjamin 1993). Die junge Frau des ersten Paares hatte den Wunsch ihres Mannes nach einem zusätzlichen Kind erst zurückgewiesen, weil sie wieder zu ihrer eigenen Arbeit kommen wollte. Im romance-plot allerdings ist sie ‚glücklich', weil der Ehemann dann, nach den beschriebenen Zweifeln, doch wieder Kinder will. Das experimentierfreudige genderqueere/straighte Paar erkennt die ‚Unnatürlichkeit' seiner Verbindung und wendet sich der ‚normalen' Homo- bzw. Heterosexualität zu. Und die alte Dame holt ihren dementen Gatten wieder aus dem Heim und nimmt mithilfe des heimgekehrten ‚verlorenen Sohnes' die häusliche Pflege (wieder) auf: romance-happy-ends schaffen jenen Frieden, den Sara Ahmed so trefflich als repressive Einbindung in den Konformismus des ‚Normalen' beschrieben hat (vgl. Ahmed 2010).

5.7 Schlussbemerkung

Der Ausbruch der Corona-Pandemie und die Belastungen des Lockdowns haben prekäre, zuvor notdürftig ausbalancierte vergeschlechtlichte und vergeschlechtlichende Machtverhältnisse zu unerwarteter Sichtbarkeit gebracht.[11] Die Corona-Miniserien greifen dieses Thema auf, indem sie vor allem die überbeanspruchte Frau zur Hauptperson machen: Praktisch alle Fernseh-Erstreaktion auf Covid-19 stellen weibliche Heldinnen im Survival-Modus ins Zentrum. Es ist dabei in der Erzähltradition der Literatur und Kunst nicht neu, dass Frauenfiguren Epochenbrüche verkörpern. Eva verantwortet die Vertreibung aus dem Paradies, Medea scheitert mit ihrer ‚barbarischen' Rache am neuen Griechentum, und Effie Briest geht am autoritären Eheverständnis ihrer Zeit zugrunde. Weiblichkeitsfigurationen werden gern als Allegorien der Krise eingesetzt. Wie man allerdings aus der feministischen Forschung zu Allegorien weiß, stellen diese zwar große und ruhmreiche Bewegungen dar, man denke an *Die Freiheit führt das Volk*, das Bildnis der Pariser Julirevolution im Jahr 1830 von Eugène Delacroix, aber ihre Protagonistinnen selbst, die Heldinnen, profitieren nicht davon (vgl. Warner 1985). Insofern sollte man auch nicht erwarten, dass die angebotenen ‚heilenden' Erzählungen der Corona-Miniserien im Dienst einer neuen Geschlechtergerechtigkeit stehen.

---

[11] Prominent war bzw. ist die frühe Warnung von Jutta Allmendinger, Präsidentin des Wissenschaftszentrums Berlin für Sozialforschung, Anfang Mai 2020: „Frauen werden [eine] entsetzliche Redtraditionalisierung erfahren" (zitiert nach Anne Will 2020). vgl. dazu aber etwa auch Kohlrausch/Zucco (2020); Etheridge/Spanting (2020); Möhring et al. (2020).

Es ist bekannt, dass Mediatisierungsprozesse in keinem bloßen Abbildungsverhältnis zu den behandelten Wirklichkeiten stehen, sondern diese umarbeiten, sowohl auf der Produzent*innen- als auch auf der Rezipient*innenseite. Der Kulturanthropologe Walter Bausinger schreibt, dass

> das Fernsehen und andere Medien nicht etwa ein Stück Wirklichkeit vermitteln, indem sie es ausschnittweise, wenn auch medial gebrochen, wiedergeben, daß sich vielmehr die Wirklichkeit aus medial Vermitteltem und anderem zusammensetzt und daß diese Wirklichkeit jeweils neu konstruiert wird. (Bausinger 1984, S. 68)

Bricht man diese Aussage auf die Bewegungen von Geschlechter-Machtverhältnissen in den Zeiten von Corona und Quarantäne herunter, wie sie sich in den Corona-Miniserien darstellen, so fällt eine unentmischte Dynamik von Revolte und Fügsamkeit auf. Die Heldinnen sind durchweg frustriert von fehlender männlicher Kooperation und Arbeitsteilung. Viele wollen die Quarantäne zum Anlass nehmen, sich von unachtsamen männlichen Partnern zu trennen und ein souveränes Leben zu beginnen, lenken oft aber im letzten Moment um und ein.

Allerdings wird ihnen ausreichend Gelegenheit gegeben, Klage zu führen. Betrachtet man die TV-Quarantäne-Serien aus dieser Perspektive, dann sind sie die reinsten Jeremiaden. Die Protagonistinnen schimpfen über ‚die Verhältnisse', den Mann, den Chef (die Chefin), die Mühsal des Corona-Managements, die Einsamkeit, die Langeweile, das Fehlen von Berührungen. Auf eine verdrehte Weise wird damit das erreicht, was die hierarchisierte romantische Liebe nicht mehr bieten kann, weshalb sie auch zwischenzeitlich verzichtbar erscheint, nämlich: Anerkennung. Die weiblichen Hauptfiguren machen sich unüberhörbar, sie zetern und jammern und heulen notfalls, ungebremst von männlicher Kontrolle. Die Soziologinnen Christine Wimbauer und Mona Motakef (2020) weisen neben anderen auf die Zentralität von Anerkennung in den Geschlechterverhältnissen und das Problem der Nicht-Anerkennung von bzw. für überlebensnotwendige, aber unbezahlte Reproduktionsarbeit hin. Vor Corona konnte nur bezahlte aushäusige Erwerbsarbeit einen Prestigevorteil für Mittelklassefrauen erwirtschaften, jetzt aber verschwimmt das, da die Erwerbsarbeitssphäre außer Haus zum Teil lebensgefährlich geworden ist. Damit gibt es endlich eine Plattform für diese Frauen, sich im Kontrast zum Versagen und der Unfähigkeit des (männlichen) Anderen eine Bedeutung zu konstruieren.

Von der Diskursmaschine Fernsehen ist dabei, wie angedeutet, nicht zu erwarten, dass sie scharfe Munition für einen Nach-Corona-Geschlechterkampf liefert. Aber wie alle Institutionen, die sich mit der Verfertigung kultureller Hegemonie[12] beschäftigen, ist

---

[12] Ich beziehe mich hier auf Antonio Gramscis Begriff der „kulturellen Hegemonie", der viel zu selten Eingang in Gendertheorien gefunden hat. Hier ein Vorschlag der Politologin Brigitte Rauschenbach: „Gramsci verstand unter kultureller Hegemonie einen Modus der Macht, bei der Gewalt *und* Konsens, Zwang *und* Überzeugung, Recht *und* Freiheit, Staat *und* Kirche, Politik *und* Moral ineinandergreifen. […] Auf kein anderes Phänomen passt diese These so gut wie auf die Geschlechterordnung. Die Platzanweisung der Geschlechter muss im Denken, Fühlen und Alltags-

insbesondere das Fernsehen flexibel und bietet Geschichten an, die durch Aktualität und Nähe zum wirklichen Geschehen bei vielen Subalternen Zustimmung finden, sie eingemeinden. Und wie auch immer Einverständnis organisiert wird, es entsteht dabei ein „performativer Überschuss" (Brandstetter 2013, S. 64). Diese schöne Kategorie, von der Tanztheoretikerin Gabriele Brandstetter in die Visual Cultural Studies eingebracht, besagt, dass ein Exzess an Bewegung, zum Beispiel im breakdance, eine Surplus-Dimension gegenüber jeder Form von Aufführungsrahmung einbringe. So ergeht es in gewisser Weise auch der Corona-Miniserien-Heldin. Trotz ihrer hektischen Bemühungen, digital die alte Ordnung aufrechtzuerhalten, sind es ihr rührendes Scheitern und die exzessive Klage, die immer wieder den Horizont für eine neue Post-Corona-Geschlechterordnung öffnen.

Literatur

Ahmed, S. (2010): *The Promise of Happiness*. Durham: Duke University Press.
Anne Will (2020): Raus aus dem Corona-Stillstand: Hat die Regierung den richtigen Plan? (https://www.youtube.com/watch?v=ueViP-O5BTA) [letzter Zugriff: 28.03.2021].
Aristoteles (1997): *Poetik*. Griechisch/Deutsch. Stuttgart: Philipp Reclam jun.
Bausinger, H. (1984): Alltag, Technik, Medien. In: *Sprache im technischen Zeitalter* 89, S. 60–70.
Beck, U./Beck-Gernsheim, E. (1990): *Das ganz normale Chaos der Liebe*. Frankfurt am Main: Suhrkamp Verlag.
Benjamin, J. (1993): *Die Fesseln der Liebe. Psychoanalyse, Feminismus und das Problem der Macht*. Frankfurt am Main: Fischer Taschenbuch Verlag.
Berlant, L. (2011): *Cruel Optimism*. Durham: Duke University Press.
Boccaccio, Giovanni (2008): *Das Dekameron*. Frankfurt am Main: S. Fischer Verlag.
Brandstetter, G. (2013): „On research". Forschung in Kunst und Wissenschaft – Herausforderungen an Diskurse und Systeme des Wissens. In: Peters, S. (Hg.): *Das Forschen aller. Artistic Research als Wissensproduktion zwischen Kunst, Wissenschaft und Gesellschaft*. Bielefeld: transcript-Verlag, S. 63–72.
Butler, J. (1997): *Excitable Speech: A Politics of the Performative*. Abingdon/New York: Routledge.
Dell, M. (2021): Aus der Serie Der Obduktionsbericht: „Tatort"-Dortmund: Das Opfer hat von Hartz IV gelebt. In: *Zeit Online* (https://www.zeit.de/kultur/film/2021-02/tatort-dortmund-heile-welt-obduktionsbericht/komplettansicht) [letzter Zugriff: 28.03.2021].
Dietze, G. (1997): *Hardboiled Woman. Geschlechterkrieg im amerikanischen Kriminalroman*. Hamburg: eva – Europäische Verlagsanstalt.
Dietze, G. (2020): Quarantine Culture: Corona-Fenseh-Serien. In: *Zeitschrift für Medienwissenschaft – ZfM Gender-Blog* (https://zfmedienwissenschaft.de/online/blog/quarantine-culture) [letzter Zugriff: 28.03.2021].

---

handeln instinktiv funktionieren und eingeschrieben sein. Paradoxerweise fühlen sich Menschen umso mehr zu Hause und frei, je unauflöslicher die zivilen, schon längst nicht mehr spürbaren Gängelbande sind, die ihnen seit ihrer Kindheit angelegt wurden. Es ist das Werk der Kulturen, diese paradoxe Freiheit zuwege zu bringen. Kultur ist so gesehen ein Zwang, der zwanglos, wie aus eigenem Impuls als persönliches Einvernehmen im kollektiven Konsens wirkt. Kultur wirkt als Natur" (Rauschenbach 2005, S. 4, Hervorhebungen im Original). Rauschenbach bezieht sich hierbei auf Gramsci (1992, Heft 6, § 87).

Dietze, G. (2021/i. E.): Corona-TV. In: *APuZ – Aus Politik und Zeitgeschichte* 3–4/2021, S. 284–287.
Duden (2000): *Das große Fremdwörterbuch. Herkunft und Bedeutung der Fremdwörter*. Mannheim: Dudenverlag.
Eschke, G./Bohne, R. (2018): *Bleiben Sie dran! Dramaturgie von TV-Serien*. Köln: Herbert von Halem Verlag.
Etheridge, B./Spanting, L. (2020): The Gender Gap in Mental Well-Being During the Covid-19 Outbreak: Evidence from the UK(https://www.iser.essex.ac.uk/research/publications/working-papers/iser/2020-08.pdf) [letzter Zugriff: 28.03.2021].
Foucault, M. (1978): Ein Spiel um die Psychoanalyse. Gespräch mit Angehörigen des Département de Psychoanalyse der Universität Paris/Vincennes. In: ders.: *Dispositive der Macht. Über Sexualität, Wissen und Wahrheit*. Berlin: Merve Verlag, S. 118–175.
Goldberg, Lesley (2020): Jenji Kohan Sets Social Distance Anthology Series at Netflix. In: *The Hollywood Reporter* (https://www.hollywoodreporter.com/live-feed/jenji-kohan-sets-social-distance-anthology-series-at-netflix-1292270) [letzter Zugriff: 28.03.2021].
Gramsci, A. (1992): *Gefängnishefte. Kritische Gesamtausgabe*. Band 4 (Hefte 6–7). Hg. von K. Bochmann u. W. F. Haug unter Mitwirkung von P. Jehle. Hamburg: Argument Verlag.
Horton, A. (2020): Love in the Time of Corona: the pandemic TV drama none of us wanted. In: *The Guardian – International edition* (https://www.theguardian.com/tv-and-radio/2020/aug/20/love-in-the-time-of-corona-tv-series-review-freeform) [letzter Zugriff: 28.03.2021].
Illouz, E. (2003): *Der Konsum der Romantik. Liebe und die kulturellen Widersprüche des Kapitalismus*. Frankfurt am Main/New York: Campus.
Kelleter, F. (Hg.) (2014): *Populäre Serialität: Narration – Evolution – Distinktion. Zum seriellen Erzählen seit dem 19. Jahrhundert*. Bielefeld: transcript-Verlag.
Kohlrausch, B./Zucco, A. (2020): Weniger Erwerbseinkommen und mehr Sorgearbeit: Die Corona-Krise trifft Frauen doppelt (= WSI Policy Brief 40) (https://www.wsi.de/de/faust-detail.htm?sync_id=HBS-007676) [letzter Zugriff: 28.03.2021].
Lorey, I. (2007): Weißsein und Immunisierung. Zur Unterscheidung zwischen Norm und Normalisierung. In: translate: beyond postcolonialism: the production of the global common (https://translate.eipcp.net/strands/03/lorey-strands01de.html) [letzter Zugriff: 07.12.2019].
Lovink, G. (2019): *Digitaler Nihilismus. Thesen zur dunklen Seite der Plattformen*. Bielefeld: transcript-Verlag.
Lyotard, J.-F. (1994): *Das postmoderne Wissen*. Ein Bericht. Wien: Passagen Verlag.
Marafioti, M. (2005): Post-Decameron Plague Treatises and the Boccaccian Innovation of Narrative Prophylaxis. In: *Annali d'Italianistica* 23, S. 69–87.
Möhring, K. et al. (2020): Die Mannheimer Corona-Studie: Schwerpunktbericht zu Erwerbstätigkeit und Kinderbetreuung (https://www.uni-mannheim.de/media/Einrichtungen/gip/Corona_Studie/2020-04-05_Schwerpunktbericht_Erwerbstaetigkeit_und_Kinderbetreuung.pdf) [letzter Zugriff: 28.03.2021].
Morreall, J. (2009): *Comic Relief: A Comprehensive Philosophy of Humor*. Hoboken/Malden/Oxford: Wiley-Blackwell.
Netflix (2020): Behind The Scenes: Social Distance | The Making of Netflix's Newest Anthology Series (https://www.youtube.com/watch?v=kOVrcJUjn60) [letzter Zugriff: 28.03.2021].
Peters, A. et al. (2020): COVID-19-Pandemie verändert die subjektive Gesundheit. Erste Ergebnisse der NAKO-Gesundheitsstudie. In: *Deutsches Ärzteblatt* (https://www.aerzteblatt.de/pdf.asp?id=216950) [letzter Zugriff: 28.03.2021].
Radway, J. A. (2009): *Reading the Romance: Women, Patriarchy, and Popular Literature*. Chapel Hill: University of North Carolina Press.
Rauschenbach, B. (2005): Kulturelle Hegemonie und Geschlecht als Herausforderung im europäischen Einigungsprozess. In: gender…politik…online (https://www.fu-berlin.de/sites/gpo/tagun-

gen/Kulturelle_Hegemonie_und_Geschlecht_als_Herausforderung/Brigitte_Rauschenbach___Kulturelle_Hegemonie_und_Geschlecht_als__Herausforderung_im_europ__ischen_Einigungsprozess_____eine_Einf__hrung/brigitte_rauschenbach.pdf) [letzter Zugriff: 28.03.2021].

Reckwitz, A. (2017): *Die Gesellschaft der Singularitäten. Zum Strukturwandel der Moderne*. Berlin: Suhrkamp Verlag.

Rotten Tomatoes (2020): Love in the Time of Corona (2020–2020) (https://www.rottentomatoes.com/tv/love_in_the_time_of_corona) [letzter Zugriff: 28.03.2021].

Schultejans, B. (2020): TV-Analyse: Kein Platz für Corona in deutschen Serien. In: Nordwest Zeitung Online (https://www.nwzonline.de/film-fernsehen/muenchen-tv-analyse-kein-platz-fuer-corona-in-deutschen-serien_a_50,8,4176292129.html) [letzter Zugriff: 28.03.2021].

Sedgwick, E. K. (1997): Paranoid Reading and Reparative Reading; or, You're so Paranoid, You Probably Think This Introduction is About You. In: dies. (Hg.): *Novel Gazing: Queer Readings in Fiction*. Durham: Duke University Press, S. 1–37.

Stein, R. M. B. (2005): Schwarze Frauen im Kontext kolonialer Pflegetraditionen oder von der Alltäglichkeit der Vergangenheit. In: Auma [Eggers], M. M. et al. (Hg.) *Mythen, Masken und Subjekte. Kritische Weißseinsforschung in Deutschland*. Münster: Unrast Verlag, S. 189–202.

Thorne, W. (2020): Quarantine Romance Series Love in the Times of Corona Ordered at Freeform. In: *Variety* (https://variety.com/2020/tv/news/love-in-the-time-of-corona-freeform-limited-series-good-trouble-producers-1234600872/) [letzter Zugriff: 27.03.2021].

TNT Comedy (2020): #Kunstnothilfe: Ausgebremst | Die komplette Serie (https://www.youtube.com/watch?v=t9Ffcu4yYX4) [letzter Zugriff: 29.03.2021].

USA Today (2000): Transcript of the live chat with Mark Burnett (Survivor) (https://usatoday30.usatoday.com/community/chat/0719burnett.htm) [letzter Zugriff: 28.03.2021].

Warner, M. (1985): *Monuments and Maidens: The Allegory of the Female Form*. New York: Atheneum Books.

Wikipedia – Die freie Enzyklopädie (o.J.): Comic Relief (Stilmittel) (https://de.wikipedia.org/wiki/Comic_Relief_(Stilmittel)) [letzter Zugriff: 28.03.2021].

Wikipedia – Die freie Enzyklopädie (o.J.): Sitcom (https://de.wikipedia.org/wiki/Sitcom) [letzter Zugriff: 28.03.2021].

Wimbauer, C./Motakef, M. (2020): *Prekäre Arbeit, prekäre Liebe. Über Anerkennung und unsichere Lebensverhältnisse*. Frankfurt am Main/New York: Campus.

Wirsching, D. (2020): Das Lagerfeuer brennt wieder. Corona-Zeit ist Fernsehzeit. In: Augsburger Allgemeine Zeitung (https://www.augsburger-allgemeine.de/panorama/Das-Lagerfeuer-brennt-wieder-Corona-Zeit-ist-Film-und-Fernsehzeit-id57094086.html) [letzter Zugriff: 19.03.2020].

ZDF (o.J.): Herzkino – unsere Alternative zum Krimi (https://www.zdf.de/filme/herzkino) [letzter Zugriff: 28.03.2021]

Televisuelle Geisterspiele

Das abwesende Studiopublikum und die Transformation massenmedialer Kommunikation

Anne Ulrich

Zusammenfassung

Gähnende Leere in den Städten, gespenstische Ruhe im Fußballstadion – in der Zeit der Kontaktbeschränkungen wurde die COVID-19-Pandemie durch gespenstische Abwesenheiten greifbar. Auch Fernsehproduktionen mit Studiopublikum mussten im März 2020 von heute auf morgen auf die Anwesenheit, den Applaus und das Gelächter eines Publikums verzichten. Der Beitrag untersucht, wie politische Late-Night-Shows in Deutschland und den USA das Studiopublikum und seine zentrale Funktion ersetzen – dient es doch als hochgradig inszenierter Stellvertreter des Fernsehpublikums. Die Manipulation des Publikums lässt sich bis zur ‚Claque' des Pariser Opernbetriebs im 19. Jahrhundert zurückverfolgen. Wenn diese im Fernsehstudio nun fehlt, fehlt auch eine Atmosphäre der ‚Geselligkeit' und die Vorstellung einer Rezeptionsgemeinschaft. Es entstehen andere Adressierungsformen und Strategien der emotionalen Berührung unter Abwesenden, die sich nicht mehr auf die Vorstellung der ‚Masse' beziehen.

Schlüsselwörter

Fernsehen · Massenmedium · Studiopublikum · Claque · COVID-19-Pandemie · Late-Night-Shows · Sozialität

---

A. Ulrich (✉)
Institut für Medienwissenschaft, Eberhard Karls Universität, Tübingen, Deutschland
E-Mail: anne.ulrich@uni-tuebingen.de

© Der/die Autor(en), exklusiv lizenziert durch Springer Fachmedien Wiesbaden GmbH, ein Teil von Springer Nature 2022
A. Krewani, P. Zimmermann (Hrsg.), *Das Virus im Netz medialer Diskurse*, ars digitalis, https://doi.org/10.1007/978-3-658-36312-3_6

6.1 „This is weird, isn't it?" – Geisterspiele im Fernsehstudio

„Hello there", begrüßt ein etwas aufgekratzt wirkender John Oliver in der am 15. März 2020 ausgestrahlten Folge seiner Late-Night-Show *Last Week Tonight* (HBO) die Zuschauer*innen an den Bildschirmen und winkt demonstrativ in die Kamera (vgl. Abb. 6.1). Er sitzt an einem Glastisch in einer Kulisse, der jede Distinktheit und räumliche Perspektive fehlt: Zu sehen ist einzig eine homogen ausgeleuchtete weiße Fläche, die keinerlei Rückschlüsse auf den Ort oder die Zeit der Aufnahme zulässt – und sich deutlich von der üblichen nächtlichen Großstadtfiktion der Show absetzt (vgl Abb. 6.2). Oliver startet daher sogleich mit den Worten: „This is weird, isn't it? This is definitely weird" (*Last Week Tonight*, 16.03.2020, 00:32–00:34).[1] Es ist in der Tat eine Merkwürdigkeit, die sich hier ereignet, eine, die nicht nur den pandemiebedingten Ausnahmezustand widerspiegelt. Diese Merkwürdigkeit führt im Sinne der Störungstheorie auch die Existenz und die Vermittlungsweisen des Medialen selbst vor Augen. Für John Oliver und seine Zuschauer*innen ist es komisch, dass der Talkshow-Host von einem neuen Ort aus ‚sendet' und dass er dies offensichtlich ganz ohne die Unterstützung eines Studiopublikums tut. Der leere weiße

Abb. 6.1 Winken aus dem ‚white void': Late-Night-Host John Oliver verzichtet nicht nur aufs Publikum, sondern auch auf eine distinkte Kulisse. (Screenshot Last Week Tonight: *Coronavirus II: Last Week Tonight with John Oliver (HBO)*, 16.03.2020, 00:26. YouTube, https://www.youtube.com/watch?v=_066dEkycr4 [letzter Zugriff: 25.03.2021].)

---

[1] Die Show wurde am Sonntag, 15. März 2020 auf HBO zur üblichen Sendezeit um 23 Uhr (Eastern Time) ausgestrahlt. Da sie erst nach Ausstrahlung auf YouTube hochgeladen wurde, trägt sie dort den Datumsstempel vom 16. März 2020. Diese Diskrepanz findet sich auch bei einigen anderen Shows, die – wie der Name ja schon sagt – ihren Sendeplatz spät in der Nacht haben.

6 Televisuelle Geisterspiele 97

Abb. 6.2 Vor dieser nächtlichen Großstadtfiktion präsentierte sich John Oliver vor der Pandemie. (Screenshot Last Week Tonight: *Coronavirus: Last Week Tonight with John Oliver (HBO)*, 02.03.2020, 00:08. YouTube, https://www.youtube.com/watch?v=c09m5f7Gnic [letzter Zugriff: 25.03.2021].)

Raum, aus dem heraus Oliver seine Sendungen seither moderiert, verdeutlicht die unheimliche Veränderung von Fernsehsendungen während der COVID-19-Pandemie, die im Mittelpunkt dieses Beitrags steht: Es geht um die Frage, wie Fernsehperformer*innen mit der Abwesenheit ihres Studiopublikums umgehen und wie diese neuen Umgangsformen unsere Vorstellung von Fernsehen, Massenkommunikation, Sozialität und Publikum verändern. John Olivers ‚white void', wie er ihn selbst zu nennen pflegt, sticht hier heraus, weil Oliver das Fehlen des Studiopublikums gar nicht erst zu kompensieren sucht, sondern konsequent ausstellt und damit als ‚gespenstische' Leere sicht- und hörbar macht. Dafür spricht auch die erste – von vielen weiteren – Charakterisierungen dieser weißen Leere durch Oliver als „the place movie characters go when they've just died" (*Last Week Tonight*, 16.03.2020, 01:15), mit welcher der Host seinem neuen Studio die unheimliche Anmutungsqualität des (freilich als Kinofiktion gekennzeichneten) Zwischenreichs verlieh, an dem sich die Seelen der zwar schon Verstorbenen, aber noch nicht in der Ewigkeit Angekommenen tummeln.

Diese Assoziation ist keineswegs zufällig. Auch im Sport werden Spiele, die aus Sanktionierungsmaßnahmen gegen einen Club oder aufgrund der COVID-19-Pandemie ohne Publikum stattfinden müssen, als ‚Geisterspiele' bezeichnet. Diese Metapher lenkt das Augenmerk auf die gähnende Leere der Zuschauer*innenränge, wo die Abwesenheit der Fans quasi mit Händen zu greifen ist, ebenso wie auf die Totenstille (zumindest seitens des Publikums), die dem Spiel seine Lebendigkeit zu nehmen droht. Während sich Geister oder Gespenster in alltagsreligiösen Vorstellungen durch körperlose und trugbildhafte

Erscheinungsweisen, weiße Totenhemden oder auch Klopfen und Kettengerassel bemerkbar machen (vgl. Wilpert 1994, S 13–17), wird der unheimliche Effekt des Geisterspiels offensichtlich gerade durch Abwesenheit und Stille ausgelöst, und zwar nicht nur für die Spieler*innen, Trainer*innen, Schiedsrichter*innen und Offizielle vor Ort, sondern auch für das #Wirbleibenzuhause-Fernsehpublikum. Bekanntlich hat der deutsche Profisport versucht, die Leere auf den Zuschauer*innenrängen zumindest visuell zu füllen. Den Borussia-Park in Mönchengladbach bevölkerten von März bis August 2020 über 20.000 Pappfiguren, welche die Fans von sich anfertigen und im Stadion installieren ließen und die zuweilen sogar von den Spieler*innen beim Warmlaufen, nach einem Tor oder für ein Selfie interaktiv eingebunden wurden (vgl. Kellermann 2020).[2] Die fehlende Geräuschkulisse wollten zwei findige App-Entwickler von den Fans zu Hause erzeugen und auf die Stadionlautsprecher übertragen lassen – dies widersprach jedoch den Richtlinien der Deutschen Fußball-Liga, die eine akustische Simulation von Stadionatmosphäre während des Spiels untersagen (vgl. Humpa 2020). Anders war die Lage bei der Fernsehübertragung der Spiele. So bot der Sportsender Sky ab Mai 2020 für seine Liveübertragungen eine Audio-Option an, auf der Fangesänge und Publikumsreaktionen passend zum Spiel zusätzlich eingespielt wurden (vgl. Sky Sport 2020). Damit übernahm der Sender zumindest die Option auf das altbewährte televisuelle Inszenierungsmittel des Beifalls vom Band, der in Sitcoms und anderen Unterhaltungssendungen die Reaktionen eines Studiopublikums simuliert oder zumindest verstärkt. Zuschauer*innen konnten das Spiel jedoch auch ohne künstlichen Publikumsersatz rezipieren und neu entdecken, mit einem stärkeren „Fokus auf den Rufen von Spielern und Trainern sowie den Geräuschen der Ballaktionen" (ebd.).

Die Zuschauer*innen von Late-Night-Shows im deutschen und US-amerikanischen Fernsehen konnten nicht zwischen zwei Audiokanälen wählen. Dennoch umspannen die beiden Optionen die Bandbreite der Möglichkeiten, wie die Macher*innen dieser Shows mit dem Fehlen des Studiopublikums umgehen konnten: Sie reicht vom ‚white void' auf der einen Seite zwar nicht bis zu stummen Pappkamerad*innen auf der anderen, aber doch bis zum Beifall vom Band im weitgehend leeren Studio. Auf unterschiedliche Weise wurden die Geister wahlweise zu beschwören oder zu vertreiben versucht, die das Publikum beim Verlassen der Studios hinterließ. Diese Umgangsformen führen indes nicht nur vor Augen, wie verzweifelt das Studiopublikum in manchen Sendungen vermisst wurde, sie entpuppen auch den eigentümlichen Status, den das Studiopublikum bis dato hatte: als Publikum, das – mit den Worten Hans Jürgen Wulffs (1988, S. 4) – „für ein anderes Publikum ‚Publikum' spielt". So erscheint, könnte man schließen, gar nicht die *Ab*wesenheit von Studiopublikum gespenstisch, sondern seine *An*wesenheit, was jedoch erst durch sein Fehlen ins Bewusstsein tritt. Es wird somit zu

---

[2] Pappfiguren ersetzen auch im deutschen Fernsehen das Studiopublikum. So greift etwa die ARD-Quizshow *Wer weiß denn sowas?* auf ein solches „Papplikum" (Kreisl 2021) und auf Beifall vom Band zurück.

einer „Reflexionsfigur der Medialität" (Baßler et al. 2005, S. 11) selbst, weil es als „Mittler zwischen zwei Welten" (ebd., S. 12) fungiert.

Es war Günther Anders (1956, S. 131), der bereits in den 1950er-Jahren von der „ontologischen Zweideutigkeit" der Fernsehübertragung sprach und die „Eigentümlichkeit der durch die Übertragung geschaffenen Situation" als spektral bezeichnete, „weil die gesendeten Ereignisse zugleich gegenwärtig *und* abwesend, zugleich wirklich *und* scheinbar, zugleich da *und* nicht da, kurz: weil sie *Phantome* sind." Dies ist bemerkenswert, weil hier schon zentrale Elemente des Gespensterverständnisses Jacques Derridas enthalten sind, mit dem dieser in den 1990er-Jahren die Medialität von Sprache sowie Fotografie, Film und Fernsehen beleuchtet. So sagt Derrida (Derrida und Stiegler 2006, S. 133): „Das Gespenst ist sichtbar und unsichtbar, phänomenal und nichtphänomenal zugleich, eine Spur, die von vornherein die Gegenwart ihrer Abwesenheit markiert." In diesem Sinne stellt das Studiopublikum (aber natürlich auch Performer*innen und Gäste im Studio) eine Spur dar, die für die Fernsehzuschauer*innen markiert, dass sie selbst gerade *nicht* im Studio anwesend sind. Dies fällt Fernsehzuschauer*innen üblicherweise jedoch nicht auf, geschweige denn wird es als unheimlich oder gespenstisch empfunden. Sobald mit dem Studiopublikum nun aber ein Element aus dieser massenmedialen Vermittlungskonstellation herausgenommen wird, hinterlässt diese Lücke plötzlich eine neue Spur, die uns zur Medialität selbst führt.

Dieser Beitrag nimmt die pandemiebedingte Ausnahmesituation für Studioproduktionen, plötzlich ohne Publikum weitermachen zu müssen, zum Anlass, die spektrale Medialität von Fernsehkommunikation überhaupt in den Blick zu nehmen. Dabei soll herausgearbeitet werden, wie Late-Night-Shows in Deutschland und den USA auf diese Ausnahmesituation reagierten und wie dies von den Performer*innen, Zuschauer*innen und der Fernsehkritik beobachtet wurde. Die unterschiedlichen Arten und Weisen, das Gespenst des Studiopublikums weiter zu beschwören oder ihm – wie bei *Last Week Tonight* – zugunsten des ‚eigentlichen' Fernsehpublikums kaum eine Träne nachzuweinen, geben Aufschluss darüber, wie heutzutage etwas betrieben wird, das vormals unter dem Namen ‚Massenkommunikation' bekannt war. Damit wird wie unter einem Brennglas auch die Transformation des Mediums Fernsehen und seine Konvergenz mit audiovisuellen Angeboten in sozialen Netzwerken wie YouTube beobachtbar.

Um das Fehlende überhaupt beschreiben zu können, rekapituliert der Beitrag zunächst die wichtigsten fernsehtheoretischen Befunde zum Studiopublikum und bringt diese mit Überlegungen zur Adressierung von Masse(n) in Verbindung. Dabei werden insbesondere auch die mit dem Studiopublikum verbundenen Inszenierungstechniken beleuchtet, die sich bis zur ‚Claque' des Pariser Opernbetriebs im 19. Jahrhundert zurückverfolgen lassen. Erst dann wird deutlich, worauf die Studiosendungen sehr plötzlich und ohne große Vorbereitungszeit im März 2020 verzichten müssen und welche Konsequenzen die jeweiligen, zum Teil vorübergehenden, zum Teil immer noch andauernden kreativen Lösungen mit sich bringen. Die Auswertung berücksichtigt eine deutsche und sechs US-amerikanische Late-Night-Shows, die täglich oder wöchentlich das Nachrichtengeschehen satirisch kommentieren. Für Deutschland wurde die *Heute Show* (ZDF, seit 2009) herangezogen, für die USA (in alphabetischer Reihenfolge) *Full Frontal with Samantha Bee* (TBS, seit 2016), *Last Week Tonight with John Oliver* (HBO, seit 2014), *Late Night with Seth Meyers* (NBC, seit 2014), *The Daily Show with Trevor Noah* (Comedy Central, seit 2015), *The Late Late Show with James Corden* (CBS, seit 2015) und *The Late Show with Stephen Colbert* (CBS, seit 2015). Da die Mediatheken der US-Sender mit einer deutschen IP-Adresse nicht zugänglich sind, berücksichtigt die Analyse meist nur die auf YouTube veröffentlichten Segmente der jeweiligen Shows. Während die *Heute Show* weiterhin aus dem Kölner Studio senden konnte, waren die US-amerikanischen Hosts gezwungen, ihre Sendungen ab Mitte März 2020 von zu Hause aus zu produzieren. Somit fehlte dort nicht nur das Publikum, sondern auch das zugehörige Studio. Bis auf die *Daily Show* sind jedoch alle seit Sommer 2020 wieder in ihre (zum Teil veränderten) Studios zurückgekehrt. Für die Analyse sind vor allem die Sendungen interessant, die einem solchen Orts- und somit auch Moduswechsel unmittelbar vorausgehen, folgen oder diesen explizit reflektieren. Da das Studiopublikum zum Zeitpunkt des Schreibens nicht vollständig zurückgekehrt ist, kann dieser Beitrag freilich nur einen Zwischenstand widerspiegeln und muss die Frage offenlassen, welche dieser temporären Lösungen sich womöglich als dauerhafte Veränderung erweisen.

6.2 „Das Elixier der Geselligkeit": Zur kommunikativen Rolle des Studiopublikums

„Im Grunde könnten die elektronischen Medien auf die Simultaneität von Bühne und Zuschauerraum verzichten", schreibt der Fernsehpragmatiker Hans Jürgen Wulff (1988, S. 1) treffend in seinem Aufsatz zur fernsehspezifischen Funktionsrolle des Studiopublikums, denn eigentlich sei gar „kein Präsenzpublikum nötig – das Publikum am Bildschirm ist ja der Adressat dessen, was da präsentiert wird." Fernsehen erlaubt als Massenkommunikationsform bekanntlich keine Interaktivität und Dialogizität, weil es nur einen Sender für viele Empfänger gibt, die räumlich und meist auch zeitlich vom Sender entfernt sind. „Und doch – obwohl das Medium es eigentlich nicht erforderlich macht, Publikum zu zeigen, obwohl das Publikum oft genug nur stört, und obwohl es vom Showmaster eine ständige Doppeladressierung dessen, was er tut, fordert: es ist von dauernder Präsenz" (ebd.). Das Studiopublikum hat demnach einen eigentümlichen Status, weil es – so die gängigen Deutungen – eben gerade nicht *als Publikum*, sondern als sichtbarer Stellvertreter für das eigentliche, aber unsichtbare Publikum zu Hause dient. Es ist, um die von Gerhard Maletzke (1963, S. 28) geprägten Begriffe zu verwenden, weder ein *Präsenzpublikum*, worunter er „eine an einem bestimmten Ort zu einer bestimmten Zeit versammelte Anzahl von Menschen" versteht, die etwa ein Theaterstück, Konzert oder Fußballspiel verfolgen, noch das *disperse Publikum* des Fernsehens.[3] Letzteres formiert sich als „soziales Gebilde" dadurch,

---

[3] Das disperse Publikum des Fernsehens wird – in Abgrenzung zum Studiopublikum – im Folgenden als ‚Fernsehpublikum' bezeichnet (in dem die YouTube-Nutzer*innen selbstverständlich inbegriffen sind). Wird der Begriff ‚Publikum' verwendet, ist sowohl Studio- als auch Fernsehpublikum gemeint.

dass sich alle seine Mitglieder denselben „Aussagen der Massenmedien zuwenden", ohne sich gegenseitig zu kennen, wohl aber in dem Bewusstsein, „dass außer ihnen noch zahlreiche andere Menschen dieselbe Aussage aufnehmen" (ebd., S. 29). Das Studiopublikum bildet also ein ‚Dazwischen', das zwischen Präsenz- und dispersem Publikum vermittelt.

Es verdankt seine Existenz, um mit Donald Horton und R. Richard Wohl (2001) zu sprechen, den Medien selbst – ganz wie die Performer*innen, die sie in ihrem kanonischen Aufsatz *Massenkommunikation und parasoziale Interaktion* (engl. Original 1956) in den Mittelpunkt stellen. Sie fragen, wie Performer*innen im Fernsehen die Grenze zu „beseitigen oder wenigstens zu verwischen" suchen (Horton und Wohl 2001, S. 80), welche das Massenmedium für die Kommunikation zwischen Performer*innen und Publikum darstellt, und wie es ihnen auf diese Weise gelingen kann, „die inhärente Unpersönlichkeit der Medien wettzumachen" (ebd., S. 85). Mit Bezug auf den symbolischen Interaktionismus legen sie dar, wie Fernsehperformer*innen das „Simulakrum eines wechselseitigen Gesprächs" erzeugen (ebd., S. 75). Sie interessieren sich dabei nur für Sendungen, die – wie Robert C. Allen (1987, S. 91) sagen würde – nicht im narrativen Modus eines Films, sondern im „rhetorischen Modus" verfasst sind, d. h. sich direkt über die Kamera an die Fernsehzuschauer*innen wenden. Die sogenannten ‚Personality'-Sendungen erzeugten nach Horton und Wohl keine ästhetische Illusion, in der die Zuschauer*innen so aufgehen, dass sie sich selbst vergessen. Im Gegenteil: „Die einzige Illusion, die aufrechterhalten wird, ist die der Direktheit und Unmittelbarkeit der Teilnahme", bei der die Persona „mit dem Zuschauer allein zu sein scheint" (Horton und Wohl 2001, S. 82). Mit der Simulation von Unmittelbarkeit, die ein Gefühl des Dabeiseins und der Anwesenheit unter Abwesenden erzeugt, benennen sie ein Medienspezifikum des Fernsehens, das im Diskurs der 1950er und 1960er-Jahre geprägt wurde (vgl. Elsner und Müller 1995; Bartz 2007, S. 120–129) und bis heute gerade in ‚Personality'-Sendungen wie Late-Night-Shows fortbesteht.

Die Illusion kommt nach Horton und Wohl nur zustande, wenn Fernsehpersona und Fernsehpublikum wechselseitige Reaktions- und Verhaltenserwartungen so erfüllen, als stünden sie miteinander in einer Face-to-face-Kommunikation. Das Studiopublikum hilft bei der gegenseitigen Rollenübernahme insofern, als es die an sich nur imaginierten Erwartungen konkret ausagiert – und zwar in beide Richtungen, an die Fernsehpersona gewandt wie auch an das Fernsehpublikum. Auf diese Weise werde insbesondere dem Fernsehpublikum die angemessene und korrekte Reaktionsweise ‚antrainiert', um es für diese Form der massenmedialen Kommunikation gewissermaßen zu sozialisieren. So heißt es bei Horton und Wohl (2001, S. 84) wörtlich: „Das typische Format benötigt ein Studiopublikum, das für die Persona eine Situation der Face-to-face-Interaktion bereitstellt und dem Publikum zu Hause als Beispiel für die enthusiastische und ‚richtige' Reaktion dient." Auf diese doppelte „Stellvertreter-Funktion" wird später auch Knut Hickethier (1979, S. 67) hinweisen, offensichtlich aber in Unkenntnis des parasozialen Interaktionskonzepts, obwohl dieses im selben Band in einem Aufsatz von Will Teichert (1979) vorgestellt wurde. Horton und Wohl schließen nicht aus, dass die parasozialen Interaktionsangebote der Fernsehpersona vom Fernsehpublikum abgelehnt werden, die

Illusion des wechselseitigen Gesprächs also auch scheitern kann. Je regelmäßiger eine Sendung jedoch konsumiert werde, desto affirmativer, loyaler und „gläubiger" werde das Publikum (Horton und Wohl 2001, S. 83 f.). Im Grunde solle das Publikum „die Rolle des Geliebten gegenüber einer liebenden, den bewundernden Abhängigen gegenüber der väterlichen Persona spielen" (ebd., S. 83), das werde auch von der PR der Fernsehanstalten in Bezug auf ihre Stars unterstützt (ebd., S. 85). In ihrer Betrachtung überlagern sich also zwei Aspekte: Zum einen wird auf die mediale Funktion des Studiopublikums aufmerksam gemacht, die dazu dient, die unüberwindbaren Grenzen des Mediums scheinbar doch zu überwinden und eine „phatische Gemeinschaft" (Wulff 1993) herzustellen. Zum anderen wird dem Studiopublikum offensichtlich eine ganz bestimmte kommunikative Rolle zugeschrieben, die viel darüber aussagt, wie das Publikum des Massenmediums Fernsehen in den 1950er-Jahren verstanden wurde: als eine homogene Menge vorwiegend passiver Empfänger*innen, die allenfalls affirmative Signale in die ‚Interaktion' einspeisen.

Im Studio wird eine Publikumsvorstellung inszeniert, die sich noch an der Versammlungsmasse, also einem „raumzeitlichen Präsenzphänomen" orientiert, das „auf der Resonanz, der Synchronizität, dem Gemeinsam-Schwingen" beruht (Heibach 2014, S. 40) – während das Fernsehpublikum eine weitgehend „individualisierte Masse" darstellt, die sich nicht als zusammenhängend und handlungsfähig erfährt (vgl. ebd., S. 43 und 45). Horton und Wohl (2001, S. 91) heben unter den Fernsehzuschauer*innen die besondere Gruppe der „sozial und psychologisch Isolierten" hervor, denen die parasoziale Interaktion „die Chance gibt, das Elixier der Geselligkeit [elixir of sociability] zu genießen". Dies wird in Zeiten des pandemiebedingten Lockdowns und Social Distancing natürlich umso wichtiger, was die Frage aufwirft, welche phatische Gemeinschaft eine Fernsehsendung ohne das geselligkeitsgenerierende Elixier des Studiopublikums überhaupt evozieren kann. Hier ließe sich auch eine Parallele zu Günther Anders' (1956, S. 102) Vorstellung ziehen, das Fernsehen verwandle alle seine Betrachter*innen in „Massen-Eremiten", wie es in der *Antiquiertheit des Menschen* heißt: „in Millionen von Exemplaren sitzen sie nun, jeder vom anderen abgeschnitten, dennoch jeder dem anderen gleich, einsiedlerisch im Gehäus" (ebd., S. 102). Ein „echtes Gemeinschaftserlebnis", das Anders selbst schon für so illusorisch hält, dass er es von Anfang an in Anführungszeichen setzt, komme über diese Art des Massenkonsums ohnehin nicht zustande, allenfalls „die Summe vieler Individualerlebnisse" (ebd., S. 101). Dennoch tun Fernsehproduktionen mit Studiopublikum alles dafür, die Illusion eines solchen von Ungezwungenheit, Intimität, Spontaneität, Freundschaft und Sympathie geprägten geselligen Gemeinschaftserlebnisses zu inszenieren (vgl. Horton und Wohl 2001, S. 81 und 83). Dazu bedarf es nicht nur spezifischer performativer Qualitäten der Fernsehpersona, sondern auch des Studiopublikums, die dem Fernsehpublikum als solche jedoch in der Regel verborgen bleiben. Was dieses zu sehen und zu hören bekommt, ist in aller Regel also das Ergebnis eines zuvor einstudierten Verhaltens.

6.3 Das Studiopublikum als Claque

Für das (wie Horton und Wohl sagen würden) Verhaltenstraining des Studiopublikums sind sogenannte Anheizer*innen oder Warm-upper*innen zuständig, die dieses schon vor dem Auftritt des Hosts in Stimmung bringen und oft auch während der Live-Übertragung oder Aufzeichnung weiter dirigieren. Sie stehen in der Tradition der Claqueur*innen, die von sogenannten ‚Applausagenturen' in der Kunst des Beifallgebens unterrichtet wurden – und es lohnt sich, dieser Spur etwas ausführlicher nachzugehen. Die erste Agentur dieser Art, die Assurance des succès dramatiques, wurde 1820 von den Operngängern und Geschäftsmännern Porcher und Sauton gegründet. Sie besorgten Eintrittskarten für Einzelpersonen oder Gruppen, die der jeweiligen Oper durch Anklatschen und andere geschickte Manöver den Erfolg garantieren sollten (vgl. Kirchner 2012, Sp. 114; Fehr und Mandel 2015, S. 419 f.). Häufig deutet man ihnen „schon in den Proben diejenigen Stellen an, wo sie zuerst klatschen und dadurch das Publikum zu Applaus animiren sollten", weiß das Allgemeine Theater-Lexikon (L.S. 1846, S. 165). Die „Claque" als Gesamtheit der bezahlten Claqueur*innen teilt sich weiter in verschiedene „Unterabtheilungen" auf:

> [...] *le tapageur*, der bei dem kleinsten Anlass auf das heftigste applaudirt; *le connaisseur*, der gewöhnlich auf den teuren Plätzen sitzt, beifällig murmelt, Verse auswendig weiß, die Nahesitzenden auf Schönheit der Dichtung oder des Spiels aufmerksam macht [...]; *le rieur*, der über den plattesten Spaß so herzlich lachen kann, dass er unwillkührlich seinen Nachbar ansteckt; *le pleureur*, der dasselbe durch Rührung bewirkt; *le chatouilleur*, der [...] durch Schnupftabak, Bonbons, Theaterzettel die Nachbarn freundlich stimmt und sie, durch lustige Unterhaltung in frohe Laune versetzt; *le chauffeur*, der bei Tage vor allen Theaterzetteln stehen bleibt, und wenn sich mehrere versammeln, entzückt ruft: ‚Ah, heute ist das Stück – da muß ich hin, es wird wieder übervoll [...]'[...]; endlich aber *le bisseur*, der unermüdliche Da Capo-Rufer (ebd., S. 166).

Neben der Würdigung des Werkes steht bei der Claque also die raffinierte Anregung oder Verstärkung einer guten Stimmung sowie von emotionalen Reaktionen im Zentrum. Der sogenannte Chef de Claque darf, wie wiederum einem Bericht in der *Gartenlaube* zu entnehmen ist, bei keiner Probe fehlen und braucht ein gutes Gespür für die Launen und Vorurteile des Opernpublikums. Am Abend der Auffführung habe er

> die Augen überall und erforscht die Stimmung des Publicums. Sobald dieses eine Neigung zum Applaus verräth, giebt er mit seinem Stock ein Zeichen und über hundert Hände setzen sich in Bewegung. Zeigt sich im Gegentheil das Publicum unzufrieden, so hütet sich der Chef de Claque gar sehr, durch ein voreiliges Applaudiren den Widerspruch des Hauses hervorzurufen [...]. Er läßt in solchen Fällen seine geschickt vertheilten Claqueurs die Sache des Autors nur durch einzelne abgebrochene Phrasen vertheidigen. Der Eine murmelt: ‚Das ist doch gar nicht so übel!' Ein Zweiter brummt: ‚Recht wacker! Sehr gut!' Ein Dritter behauptet, es sei eine Intrigue im Spiel und schreit: ‚*à la porte les siffleurs*!' (hinaus mit den Zischern!) (Kalisch 1867, S. 783).

Hier wird deutlich, wie sich diese Manipulation, die sich bis Anfang des 20. Jahrhundert gehalten hat, konkret gestaltet: Die Neigungen und Stimmungen des Opernpublikums werden von einem ausgewiesenen Kenner der Institution quasi seismografisch erfasst und gezielt verstärkt oder abgeschwächt, je nachdem, ob sie dem aufgeführten Werk gewogen sind oder nicht. Ein Misserfolg ist damit freilich nicht vollkommen abzuwenden. Die Reaktionen des Opernpublikums lassen sich jedoch von der instruierten und im richtigen Augenblick vom Chef aktivierten Claque immer wieder in die gewünschte Richtung lenken. Obwohl die Claque, der Schilderung Ludwig Kalischs (1867, S. 784) zufolge, durchaus „allgemein verhaßt" gewesen und von manchen Opernhäusern immer wieder abgeschafft worden sei, werde sie von den Künstler*innen durchaus gewünscht: „Sie behaupten, das Publicum sei zu gleichgültig, zu kalt, zu träge, um seinen Beifall mit den Händen zu bekunden; nichts sei aber für einen Künstler fürchterlicher, als das Schweigen des Hauses."

Diese Furcht teilen Late-Night-Hosts des 21. Jahrhunderts mit den Opern-Komponisten und Sänger*innen des 19. Jahrhunderts. Daher lassen auch sie ihr Publikum in den meist aus technischen Gründen stark gekühlten Fernsehstudios von modernen Chefs de Claque, die wie die Hosts oft auch aus der Stand-up-Comedy kommen, aufwärmen und bei Laune halten. Damit bereiten sie das Studiopublikum auf seinen eigenen Auftritt *als Publikum* vor und instruieren es somit auch *als Claque* für das Fernsehpublikum. Die Zuschauer*innen im Studio werden etwa ermutigt, so der Comedy-Autor Robert Orben (1977, S. 43), „to relax and enjoy themselves, to laugh when the spirit moves them, and applaud when the flashing electric sign tells them to do so." Dafür können auch „hochgehaltene Applausschilder" herhalten (Kirchner 2012, Sp. 114) oder gezielte Signale der Warm-upper*innen – offensichtlich aber nicht mit ganz so differenziert erdachten Rollen wie an der Pariser Oper und etwas stärker an einem Authentizitätsversprechen orientiert. Wenn das Publikum schließlich in einer beschwingten Stimmung ist, stellen sich die Hosts vor ihrem eigentlichen Auftritt kurz persönlich vor, um das Studiopublikum weiter anzuheizen. So kommt es, dass Late-Night-Shows in einer fulminanten Atmosphäre eröffnet und aufgezeichnet werden, deren Energie sich auf das Fernsehpublikum zu Hause übertragen soll (vgl. Ahearn 2009). Das Studiopublikum kann dieses Anheizen durchaus als künstlich erleben, auch wenn es sich der Inszenierung selten entzieht.[4] Dies kann sogar so weit gehen, dass es sich selbst seiner

---

[4] Die Touristik-Plattform *Tripadvisor* ist eine interessante Quelle für Kurzberichte solcher Studio-Aufzeichnungen, da diese auch beliebte touristische Reiseziele darstellen. Über die Aufzeichnungen der *Late Show with Stephen Colbert* in New York ist dort etwa zu lesen: „Actually found the show a little ‚tiring', as they constantly pump you up & want you to clap your brains out for virtually the entire show. It's hard clapping like crazy for an hour!" (thompworking4younow 2018) Oder: „They do expect the crowd to jump up and cheer on command, but the whole audience seemed to love Stephen so much that it didn't feel fake or forced. Remember – they're free tickets, so you have to be willing to put up with the discomfort of standing around quite a bit and clapping until your hands hurt." (megelizah 2018) Dies ruft wiederum die Pariser Claque in Erinnerung, über die Kalisch (1867, S. 783 f.) schreibt: „Die Claque besteht aus Theaterfreunden, die ihrem Kunstsinn keine

Stellvertreterrolle bewusst wird, wie an diesem enttäuschten Bericht eines Fans über eine Aufzeichnung von *Last Week Tonight with John Oliver* deutlich wird:

> John Oliver didn't as much as glance at us, after his pre-show greeting. He sat at his desk and stared straight into a camera lens while reading from a teleprompter, delivering gag after gag as I disappointedly realized that we, the sad sacks in his tiny, tiered amphitheater, were serving as nothing more than a fleshy laugh track. Oliver was squarely focused on his *real* audience, by which I mean the TV/internet audience *out there*, instead of on the weirdo shmoes who'd been ushered in to fill up the seats (Stevenson 2015).

Eine ähnliche Enttäuschung schildert Garaventa (1993, S. 111), wenn er bei einer Samstagabend-Show beobachtet, dass sich die Hosts übereilt von ihrem Saalpublikum verabschieden: „Hier hätten die Fernsehmacher durchaus Gelegenheit, noch ein paar Minuten auf das Publikum einzugehen. Weil aber ein solcher Kontakt im Gegensatz zum Anwärmen für die Fernsehmacher keinen Nutzen mehr bringt, verzichtet man darauf." Auf diese Weise könnte deutlich gemacht werden, „dass man sie ernst nimmt und nicht bloss als Kulisse in der Sendung benützt" (ebd.). Der Eindruck, dass das Studiopublikum nur als Claque für das *wirkliche* Publikum dient und nicht als adressierte Interaktionsinstanz, wird auch dadurch unterstrichen, dass Late-Night-Shows zuweilen die Technik des sogenannten Sweetenings einsetzen, das heißt die ‚authentisch' angeheizten Reaktionen des Studiopublikums noch mit Hilfe von Applaus oder Gelächter vom Band künstlich verstärken (vgl. Orben 1977, S. 44). Dies ist freilich aus der reinen Betrachtung der Sendungen nicht zu erschließen und wird in der Regel auch geheim gehalten, um die Glaubwürdigkeit der Shows nicht zu untergraben.

6.4 Abschied vom Studiopublikum: „Right now, I'm imagining your laughter."

Donnerstag, der 12. März 2020, ist der Tag, an dem die meisten Late-Night-Hosts in New York realisieren, dass sie ihre Shows nicht wie üblich fortsetzen werden. Trevor Noah, seit 2015 Host der erfolgreichen *Daily Show* auf Comedy Central, ist bewusst, dass er seine Show zum letzten Mal mit Studiopublikum aufzeichnen wird. Er ist dafür bekannt, in den Werbepausen eine intensive Beziehung zu seinem Studiopublikum zu pflegen und diese in der Emmy-nominierten Online-Videoreihe *Between the Scenes* auch als solche glaubwürdig zu inszenieren (vgl. Ordoña 2020). Folgerichtig stimmt Trevor Noah

---

schweren Opfer bringen können, aus Schreibern, Notariatsgehülfen, Ladendienern, welche ihren Platz unter dem Preise bezahlen, dafür aber die Verpflichtung übernehmen, den Befehlen der Chefs zu gehorchen und die Hände tüchtig anzustrengen. Diese Individuen bilden freilich den edlern Theil der Claque; im übrigen Theil befinden sich allerdings gar manche nichtsnutzige Lungerer, stämmige Burschen mit breiten schwieligen Händen, die einen Theaterabend hindurch darauf lospauken können, ohne sich sonderlich zu ermüden."

an diesem Tag einen Abschiedssong auf das Studiopublikum an mit der Vorbemerkung: „I'm not gonna lie. It's gonna be tough without an audience. You know, you guys are the heart and soul of the show" (The Daily Show, 13.03.2020, 00:17–00:18). Während auf den Bildschirmen hinter seinem Rücken Szenen von applaudierenden und lachenden Zuschauer*innen in Slow Motion zu sehen sind, besingt Noah halb ironisch, halb nostalgisch all die wohlwollenden und herausfordernden Verhaltensweisen des Publikums, die er vermissen wird (vgl. Abb. 6.3). Der Katalog liest sich fast wie eine negativ instruierte Claque: die Nie-Lachenden, die Winkenden, diejenigen, die die Pointe immer zu spät kapieren, die vergessen, ihr Mobiltelefon auszuschalten und die jeden Witz meinen erklären zu müssen. Allen zollt er Tribut und stellt die im Zusammenhang dieses Beitrags natürlich hoch interessante Frage: „Is it still a joke if no one laughs at it? Am I still a host if I'm just standing in an empty room?" (ebd., 01:05–01:09).

Andere Hosts werden von den Ereignissen überrollt. Bereits am Vortag hat Samantha Bee ihre Late-Night-Show ziemlich spontan in einem leeren Studio durchgezogen, nachdem zwei Personen im Gebäude bzw. Studio positiv auf SARS-CoV-2 getestet worden sind (vgl. Rosen 2020). Das Studiopublikum besteht in ihrer letzten Studiosendung nur noch aus den eigenen Mitarbeiter*innen. „Tonight we are going on a weird, wild journey together", kündigt Bee gleich zu Beginn an und verbündet sich damit sogleich mit ihrem Fernsehpublikum (Full Frontal, 12.03.2020, 00:00–00:05). Um die Stille im Studio zu überbrücken, drehen die Autor*innen der Show einfach den Spieß um und machen Bee zum Resonanzraum: Sie muss Witze vorlesen, die sie nicht kennt, und spontan darauf reagieren (vgl. ebd., 00:35–00:38). Schon bei diesen ersten Umgangsformen mit dem Exodus des Publikums deutet sich eine bedeutende Veränderung an: Wenn Performer*innen

Abb. 6.3 Ein Ständchen für das Studiopublikum: So verabschiedet sich Trevor Noah. (Screenshot The Daily Show: *Trevor Sings a Tribute to the Studio Audience|The Daily Show*, 13.03.2020, 01:25. YouTube, https://www.youtube.com/watch?v=Lgmr9zVUD2A [letzter Zugriff: 25.03.2021].)

ein raumzeitliches Gegenüber in Form einer Versammlungsmasse fehlt, können sie sich von diesem nicht mehr so leicht abheben. Diese Spur gilt es im Weiteren zu verfolgen. Auch Stephen Colbert findet sich überraschend in einem leeren Studio wieder. „As you may have noticed, none of you are here right now", begrüßte der hörbar kurzatmig-nervöse Host das Fernsehpublikum in seiner Show vom 12. März 2020 (The Late Show, 13.03.2020, 00:08–00:11). Im berühmten Ed-Sullivan-Theater in New York, das auf zwei Rängen 400 Sitzplätze umfasst, sitzen nun nur noch wenige Mitarbeiter*innen verstreut herum, die Colbert zu Beginn der Sendung in die Kamera winken lässt (vgl. Abb. 6.4). Dieses im Fernsehen an sich verpönte Winken, das wir schon bei John Oliver beobachten konnten und das ebenfalls von Samantha Bee in einem kurzen Ankündigungsclip für ihre Sendung ohne Publikum eingesetzt wird (vgl. Abb. 6.5), stellt in meinen Augen den Versuch dar, die massenmediale Kommunikations-Simulation neu zu initiieren, nachdem sie durch das Fehlen des kommunikativen Gegenübers im Studio irritiert wurde. Es signalisiert die Wiederaufnahme, gewissermaßen den ‚Reboot' von Kommunikation über Distanz – und korrespondiert mit der sich in dieser Zeit breit etablierenden Praxis, bei Video-Konferenzen in die Kamera zu winken.

Doch zurück zu Colbert, der eine andere Strategie als Samantha Bee wählt, um die fehlende Resonanz zu überwinden. Er entschließt sich allem Anschein nach während der Probe, diese zur eigentlichen Show zu machen, und kreiert somit in der Improvisation auch wieder eine Art Liveauftrittsatmosphäre – wenn auch nur mit den eigenen Mitarbeiter*innen als Resonanzraum. Als diese auf seine ironische Bemerkung „I think this is go-

Abb. 6.4 Notdürftig werden die Ränge mit den Mitarbeiter*innen der *Late Show* gefüllt. (Screenshot The Late Show: *When Rehearsal Becomes The Show: Stephen Colbert's First-Ever No-Audience Late Show Monologue*, 13.03.2020, 00:19. YouTube, https://www.youtube.com/watch?v=aKhPbVN_Rbw [letzter Zugriff: 25.03.2021].)

Abb. 6.5 Zurück auf Null: Winken etabliert die neue Kommunikations-Simulation. (Screenshot Full Frontal: *Full Frontal with Samantha Bee And Only Samantha Bee|Full Frontal on TBS*, 12.03.2020, 00:01. YouTube, https://www.youtube.com/watch?v=IDQFVkZsMbQ [letzter Zugriff: 25.03.2021].)

ing pretty well" mit verhaltenem Gekicher reagieren, das er mit den Worten „Aren't you guys thinking this is going pretty well?!" zu anhaltendem Jubel und Applaus steigert, unterbricht er nach wenigen Sekunden mit Blick in die Kamera: „That's enough! I want you to forget the fact that I pay all these people" (*The Late Show*, 13.03.2020, 04:55–05:13). Colbert flüchtet sich also wie viele andere Hosts in die Metakommunikation, thematisiert die veränderte Kommunikationsatmosphäre, macht den Charakter zumindest seiner Mitarbeiter*innen als Claque transparent – ohne allerdings auf den Resonanzraum zu verzichten. Das Elixier der Geselligkeit soll sich dennoch entfalten, auch wenn es ganz offen als inszeniertes Element ausgestellt wird. Auch die Grundlagen der parasozialen Performanz werden, wenn man so will, gleich in dieser Sendung ‚offen' angesprochen: „In my mind, all my jokes are perfect. The only person that ever disagrees with me is the audience. Can't disagree with me now, can you? [Gelächter; AU] Ha, look, I just got a laugh!" (ebd., 01:46–01:59) An anderer Stelle verweist Colbert nach einem kurzen Einspielfilm an der Stelle, an der normalerweise Publikumsresonanz folgen würde, auf seine eigene Vorstellungskraft: „Right now, I'm imagining your laughter" (ebd., 03:12–03:15). Die Inszenierungstechnik der parasozialen Interaktion, sich die Reaktion des Publikums vorzustellen und sich dann an diese anzupassen (vgl. Horton und Wohl 2001, S. 75), wird hier gewissermaßen ausbuchstabiert und macht gleichzeitig deutlich, wie sehr sich die antizipierten Reaktionen des Studiopublikums normalerweise in Auftreten, Artikulation und Sprechtempo der Hosts einschreiben. Allein an diesen drei Beispielen wird deutlich, wie sehr die Rolle und Funktion des Studiopublikums angesichts seiner befürchteten oder plötzlich erfahrenen Absenz in den Shows selbst diskursiv verhandelt wird. Das leere Studio scheint diese Thematisierung in besonderem Maße herauszufordern, weswegen es deutlich häufiger ins Bild gerückt wird als davor die vollen Ränge, die oft nur in den Begrüßungs- oder Verabschiedungssequenzen zu sehen waren.

Auch die *Heute Show* vom 13. März 2020 lenkt den Blick erst einmal ins leere Studio, aus dem die Studiofeuerwehr und der Hausmeister in die Kamera winken dürfen, unbegeisterte Autor*innen gezeigt werden wie auch ein einsamer Anheizer, der klatschend und juchzend das weitgehend leere Auditorium anfeuern muss (vgl. Abb. 6.6). Gastgeber Oliver Welke winkt ab: „Lass gut sein, Thomas, man muss die Stille auch mal aushalten" (*Heute Show*, 13.03.2020, 00:27–00:30). Dies ist freilich leichter gesagt als getan.

Um nicht vollkommen auf Applaus zu verzichten, setzt die *Heute Show* seit ihrer Sendung vom 20. März 2020 auf einen dezidierten Verfremdungseffekt und blendet etwa nach Segmenten mit den Außenreporter*innen scherzhaft Applaus-Szenen aus dem Fernseharchiv ein. Dazu gehören unter anderem Saalpublika aus Fernsehsendungen der 1970er-Jahre (vgl. Abb. 6.7), applaudierende Besucher*innen eines Rockfestivals (vgl. Abb. 6.8), akklamierende nordkoreanische Funktionäre, knöchelklopfende Studierende in einem Hörsaal – und ein dressierter klatschender Seelöwe aus dem *Wunschkonzert der Volksmusik* (vgl. Abb. 6.9) (vgl. dpa 2020). In jeder Sendung finden sich ein oder zwei jeweils neue Applausszenen, welche zusammengenommen eine Art unkommentierten Bilderatlas des Beifallspendens ergeben. Dies dient nicht in erster Linie dazu, das Fernsehpublikum zum ‚innerlichen' Applaudieren zu animieren, als vielmehr, es auf spielerische Weise mit den

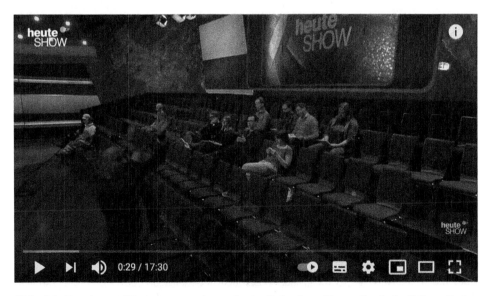

Abb. 6.6 Begeisterter Warm-upper und unenthusiastische Autor*innen: Ironische Selbstreflexion in der *Heute Show*. (Screenshot Heute Show: *Coronavirus: Deutschland und die Welt im Ausnahmezustand|heute-show vom 13.03.2020*, 13.03.2020, 00:29. YouTube, https://www.youtube.com/watch?v=bE5Ub2un_0I [letzter Zugriff: 25.03.2021].)

Abb. 6.7 Bilderatlas des Beifallspendens aus dem Fernseharchiv des ZDF zum Ersten. (Screenshot Heute Show: *Coronavirus: Ernsthaft, bleibt alle zu Hause!|heute-show vom 20.03.2020*, 20.03.2020, 13:26. YouTube, https://www.youtube.com/watch?v=FNlOehnp99w&t=1444s [letzter Zugriff: 25.03.2021].)

Abb. 6.8 Bilderatlas des Beifallspendens aus dem Fernseharchiv des ZDF zum Zweiten. (Screenshot Heute Show: Corona: *Bedrohung für die Pressefreiheit weltweit|heute-show vom 01.05.2020*, 01.05.2020, 10:19. YouTube, https://www.youtube.com/watch?v=mGAbrGT6mmw [letzter Zugriff: 25.03.2021])

Abb. 6.9 Bilderatlas des Beifallspendens aus dem Fernseharchiv des ZDF zum Dritten. (Screenshot Heute Show: *Milliarden für die Autobranche! Und was wird aus allen anderen?|heute-show vom 08.05.2020*, 08.05.2020, 11:33. YouTube, https://www.youtube.com/watch?v=k2RvNgppYls [letzter Zugriff: 25.03.2021].)

unterschiedlichsten Formen und damit auch: dem Konzept des Beifallgebens selbst zu konfrontieren. Dies wird dadurch unterstützt, dass die Szenen klar als Formzitate anderer Fernsehformate erkennbar sind. Gleichzeitig glätten sie als ‚Szenenapplaus' auch den Übergang zwischen manchen Segmenten der Sendung. Eine weitere Interpretationsmöglichkeit wäre im Übrigen, die Nähe dieser Applausszenen zu Applaus-GIFs herauszustellen, die in Social-Media-Kommunikation als Ausdrucksformen für emotionale Reaktionen verwendet werden und sich ebenso wie das ZDF aus den unterschiedlichsten populärkulturellen Kontexten bedienen.

Eine andere Form des einigermaßen transparenten Umgangs mit der Einspielung von Applaus wählt James Corden, nachdem er mit seiner *Late Late Show* am 10. August 2020 wieder in ein nach Hygienemaßgaben leicht umgestaltetes Studio in Los Angeles zurückkehren konnte. Seither findet sich auf seinem Schreibtisch ein Mischpult mit vier farbigen Knöpfen, über die er bei Bedarf verschiedene Beifalls- und Gelächtervarianten vom Band einspielen kann (vgl. Abb. 6.10). Diese probiert er in Reaktionen auf recht triviale Aussagen der Bandmitglieder mit großem Vergnügen ein erstes Mal aus. Die akustische Palette reicht von begeistertem Applaus über ‚reguläres' und ‚höfliches' Gelächter bis hin zu vernehmbarem Raunen für gewagtere Pointen (vgl. *The Late Late Show*, 11.08.2020, 02:58–03:56). Seither setzt Corden diese abgespeckte Miniaturversion der berühmten ‚laugh track machine' des Radioingenieurs Charley Douglass spontan und nach Belieben ein, um seine eigenen Pointen zu unterstreichen oder ironisch zu untermalen. So wird die Illusion von phatischer ‚Lachgemeinschaft' zwar erzeugt, als solche aber auch offen aus-

Abb. 6.10 Vier Register für Resonanz: Offene Inszenierung einer phatischen Lachgemeinschaft durch James Corden. (Screenshot The Late Late Show: *Is Everyone Excited for Mt. Trumpmore??*, 11.08.2020, 2:58. YouTube, https://www.youtube.com/watch?v=iUtQ4GAsxRM [letzter Zugriff: 25.03.2021].)

gestellt. *The Late Late Show* ist die einzige der untersuchten Shows, die ein solches akustisches Surrogat des Studiopublikums einsetzt, gleichzeitig aber auch – wie die meisten anderen Shows – nach weniger künstlichen Formen von Resonanz sucht.

6.5 Late Night at Home: Die Hosts als sendende Massen-Eremit*innen

Auf ganz andere Art macht sich das Fehlen des Studiopublikums bemerkbar, wenn auch die Hosts selbst das Studio verlassen müssen. Wie bereits erwähnt, begeben sich die US-amerikanischen Hosts, ihre Mitarbeiter*innen (wie die meisten US-amerikanischen Bürger*innen auch) Mitte März 2020 in die häusliche Selbstisolation und produzieren ihre Shows bis in den August hinein von zu Hause. Damit verändert sich das gesamte Setting, da sie sich nun nicht mehr in einer – wenn auch weitgehend leeren – Bühnensituation präsentieren können, sondern in ihrem Zuhause eine geeignete Kulisse finden müssen. Viele der ersten Videos werden mit einfachen technischen Mitteln improvisiert und fallen gegen die ansonsten funkelnde Show-Ästhetik deutlich ab. Dieser Kontrast wird in manchen Fällen auch durch veränderte Titel markiert, etwa bei Trevor Noah (*The Daily Social Distancing Show*) oder Stephen Colbert, der nicht mehr *The*, sondern *A Late Show* präsentiert. Es ist auch Colbert, der in seinem ersten Video von zu Hause den vielleicht radikalsten Kontrast zum glitzernden Studiosetting wählt, indem er seinen Monolog, vollständig

Abb. 6.11 Zuhause verschmilzt der Host mit der Menge – oder nimmt er gar ein Bad in ihr? (Screenshot The Late Show: *The Big Story Tonight is YOU – A Special „Social Distancing" Edition Of The Late Show*, 17.03.2020, 06:50. YouTube, https://www.youtube.com/watch?v=BvJ1BuEtZEo [letzter Zugriff: 25.03.2021].)

im Anzug (bathing suit) bekleidet, aus der Badewanne heraus einspricht (*The Late Show*, 17.03.2020, 00:39; vgl. Abb. 6.11). Nach Stationen auf Balkon und Terrasse landet er schließlich in einem Gästezimmer, das die Show fortan beheimatet. Neben einer weiß getäfelten Wand und dem für Videokonferenzen quasi obligatorischen Bücherregal ist ein Schreibtisch eingeblendet sowie das Logo der Show auf einem Bildschirm an der Wand, das – wie der Anzug – noch ein wenig an die Late-Night-Optik erinnert (vgl. Abb. 6.12). Das Setting bleibt bis August 2020 dasselbe, die Garderobe lockert sich jedoch nach und nach, bis hin zu offenen Hemdsknöpfen und aufgekrempelten Ärmeln.

Auch Seth Meyers und Trevor Noah probieren verschiedene Standorte aus, bevor sie sich in ähnlichen heimischen Settings wiederfinden, die mit Bücherregalen und Bildschirm (vgl. Abb. 6.13) oder auch mit Kamin und dem Porträt eines Kapitäns ausgestattet sind, der von Meyers im Haus seiner Schwiegereltern als Sidekick in die Show eingebunden wird (vgl. Abb. 6.14, vgl. White 2020). James Corden richtet sich ein etwas opulenter ausgestattetes Set in seiner eigenen Garage ein (vgl. Abb. 6.15), während sich Samantha Bee immer draußen in der Umgebung ihres Hauses in Upstate New York zeigt (vgl. Abb. 6.16, vgl. Aurthur 2020). Zur Erinnerung: Auch John Oliver produziert seine Sendung von zu Hause aus, bleibt dem ‚white void' allerdings treu und lässt keinerlei Einblick in sein Privatleben zu. In der Sendung vom 29. März 2020 sagt er dazu scherzhaft: „My home is, and this is true, a blank white void full of sad facts. Where else did you think I lived?" (*Last Week Tonight*, 30.03.2020, 00:18–00:23).

Abb. 6.12 Die Familie als Claque: links im Bild die Geisterhand von Stephen Colberts Sohn Peter. (Screenshot The Late Show: *Stephen Colbert Returns With A Message: America, You Got This*, 31.03.2020, 01:05. YouTube, https://www.youtube.com/watch?v=r8sW-B-YKUw [letzter Zugriff: 25.03.2021].)

Abb. 6.13 ‚Einer von uns' im Hoodie vor dem Bücherregal: Trevor Noah. (The Daily Show: *How Is COVID-19 Affecting Relationships?|The Daily Social Distancing Show*, 10.04.2020, 00:06. YouTube, https://www.youtube.com/watch?v=X2pfT-B0kqA [letzter Zugriff: 25.03.2021].)

Abb. 6.14 Seth Meyers im Haus seiner Schwiegereltern – und im Dialog mit einem Gemälde. (Late Night: *Trump's Plan to Sabotage the Post Office Before the Election: A Closer Look*, 12.08.2020, 00:23. YouTube, https://www.youtube.com/watch?v=vPK72LN2OCY [letzter Zugriff: 25.03.2021].)

Abb. 6.15 Paraphernalia des Show Business dekorieren James Cordens Garage. (The Late Late Show: *James Corden: It's Time for Change in the US*, 02.06.2020, 00:33. YouTube, https://www.youtube.com/watch?v=qUZIzYwmEDE [letzter Zugriff: 25.03.2021].)

Abb. 6.16 Die Natur als Kulisse nutzt Samantha Bee in Upstate New York. (Full Frontal: *CO-VID-19 Is the World's Worst Coworker|Full Frontal on TBS*, 26.03.2020, 00:31. YouTube, https://www.youtube.com/watch?v=lcqKuK8KvVA[letzter Zugriff: 25.03.2021].)

In journalistischen Porträts und Interviews, welche die Herausforderungen beleuchten, eine professionelle Fernsehshow plötzlich mit einfachsten Mitteln aus dem Homeoffice produzieren zu müssen, wird der Topos betont, dies bringe die Late-Night-Hosts näher an ihr Publikum heran, ja, mache sie zu „one of us" (Hagan 2020, vgl. ironisch dazu auch Oliver Welke in der *Heute Show* vom 03.04.2020, 00:02–00:15). Dies unterstreicht die bereits angedeutete These, dass sich die Hosts durch das Fehlen eines hör- oder sichtbaren Studiopublikums, eines kollektiven Gegenübers für ihre Pseudo-Interaktion nicht mehr von diesem abheben, ob sie wollen oder nicht. Manchen ist das sofort klar. Trevor Noah etwa zeigt sich von Anfang an im egalitären Kapuzenpullover anstatt im geschniegelten Show-Anzug und fährt damit das Bühnenhafte seines Auftritts stark zurück. In der häuslichen Umgebung nähern sich die Hosts den Vertreter*innen des Fernsehpublikums also an und werden – wie diese – sichtbar als Massen-Eremit*innen, die von anderen abgeschnitten in ihren jeweiligen Gehäusen sitzen. Sie sind allein mit der technischen Apparatur, selbst wenn sie Gäste per Videokonferenz interviewen, die ebenfalls in ihren Wohnungen isolierten Musiker*innen der Bands zeigen oder sogar eine Reihe von Fernsehzuschauer*innen per Videokonferenz-Dispositiv in die Show einzubinden versuchen (vgl. *The Late Late Show*, 25.06.2020).

Viele beschreiben es als große Herausforderung, ihr von Publikumsresonanz und Live-Atmosphäre zehrendes Auftreten an die neuen Verhältnisse anzupassen, in denen sie sich „alone in front of an unsmiling camera" (Hagan 2020) wiederfinden.[5] Angesichts der

---

[5] Dieser Umstand wurde in den ersten Wochen des Lockdowns häufiger thematisiert – etwa bei Gesprächen zwischen verschiedenen Hosts, die sich gegenseitig in ihre Shows einluden. So verneinte John Oliver als Gast in Stephen Colberts *Late Show* recht ungerührt die Frage, ob er sein Studiopublikum vermisse. Er habe in Großbritannien schon vor so vielen feindlichen Publika gestanden, dass

ohrenbetäubenden Stille muss sich ihr Sprechen in Lautstärke, Geschwindigkeit und Rhythmus umstellen, um eine neue Form von Geselligkeit ohne das Vehikel des Studiopublikums zu simulieren. Als besonders problematisch wird von den Hosts der fehlende Teleprompter bzw. die fehlenden Kartenhalter*innen empfunden. Seth Meyers etwa berichtet in einem Interview mit Late-Night-Host Jimmy Fallon von seinen Schwierigkeiten, die Geschwindigkeit seines auf einem Tablet installierten Teleprompter-Programms zu justieren. Zudem habe er realisiert, dass er das Lachen seines Publikums nicht mehr abzuwarten brauche, wie er das im Studio für gewöhnlich tue, damit alle den nächsten Satz auch wirklich hören könnten: „I think we've all figured out you just got to move ahead a lot faster" (The Tonight Show Starring Jimmy Fallon, 14.08.2020, 02:50–03:00, vgl. auch Dessem 2020).

Der Adressierungsmodus, der sich hier durchsetzt, wird von Paddy Scannell (2000) am Beispiel der Fernsehnachrichten mit dem schwer zu übersetzenden Begriff der „For-anyone-as-someone"-Struktur gefasst. Das Studiopublikum lässt sich in seine Überlegungen integrieren, spielt aber keine dezidierte Rolle – daher eignet sich sein Modell besonders gut für die Analyse der *Abwesenheit* des Studiopublikums. „For-anyone"-Strukturen bezeichnen die Uniformität und Serialität der Massenkultur, die sich nicht an Individuen, sondern an die machtlose und passive Masse – oder eben das Studiopublikum als ihren Stellvertreter – richtet (Scannell 2000, S. 6 f.). Die „For-someone"-Struktur hingegen adressiere nur das einzelne Individuum (etwa in einem persönlichen Brief oder Urlaubs-Schnappschuss) – oder den einzelnen Studiogast. Das Fernsehen verbinde beide Strukturen zu einem komplexen Doppeladressierungsmodus der „For-anyone-as-someone"-Struktur, die sich an alle (anyone) wendet, als wären sie keine Masse (someone): „it is always, at one and the same time, for me *and* for anyone" (ebd., S. 9). Während die Hosts in einer Studiosituation mit anwesendem Publikum gewissermaßen zwischen „For-anyone"- und „For-someone"-Strukturen ständig hin- und herwechseln, können sie die paradoxale Doppeladressierung in einer Situation ohne Studiopublikum viel müheloser umsetzen als zuvor. Sie müssen ja ‚nur noch' in die Kamera blicken. Von Massen-Eremit*in zu Massen-Eremit*in ergibt sich dann eine neue, virtuelle „we-ness" (ebd., S. 9), die auf das Simulakrum von Geselligkeit im Studio verzichtet.

Es ist vielleicht kein Zufall, dass Scannell sein Konzept an der Gattung der Fernsehnachrichten erklärt und dass sich bei Late-Night-Shows, wenn sie die „For-anyone-as-someone"-Struktur übernehmen, nicht nur die Sprechgeschwindigkeit ändert, sondern auch der Ton ernsthafter wird. Dies mag sicherlich auch an der bedrohlichen Situation der weltweiten Pandemie liegen, in der Late-Night-Shows (die als Nachrichtenquellen ohnehin an Bedeutung gewinnen) einen wichtigen Beitrag zur Information ihrer Zuschauer*innen

---

die Stille ihm überhaupt nichts ausmache (The Late Show, 31.03.2020, 07:10-07:46). Seth Meyers wählte hingegen eine optimistischere Variante als Gast bei Jimmy Fallon: „That's the great thing about no audience – everything plays the same." (The Tonight Show Starring Jimmy Fallon, 14.08.2020, 03:44-03:49) Wenn niemand reagiere, fühlten sich die guten Witze genauso an wie die schlechten.

leisten und ihnen gleichzeitig Wege bieten, der Krise auch mit Humor zu begegnen. Die Hosts sehen in dieser neuen Ernsthaftigkeit, die sich aus dem egalitären ‚Tête-à-tête' mit dem*der Zuschauer*in ergibt, jedenfalls eine echte Chance. So ist im Branchenblatt *Variety* über Trevor Noah zu lesen:

> The current ‚Daily Show' – with its host unshaven, sitting on the couch, wearing his hoodie, talking to his phone – is less performative than any previous version. […] ‚There is something wonderful about putting on a suit,' Noah says. ‚There's a magic to it, a show-business thing to it. At the same time, sometimes I think maybe the show-business thing can negatively impact your ability to say what needs to be said and do what needs to be done' (Holloway 2020).[6]

In der Diskussion um Polizeigewalt in den USA angesichts des Mordes an George Floyd erwarb sich Trevor Noah mit diesem ernsthafteren Ton eine neue Reputation und Glaubwürdigkeit, die er als unterhaltender Performer vor Studiopublikum so womöglich gar nicht hätte etablieren können (vgl. Holloway 2020). Es verwundert daher auch nicht, dass Noah der einzige Host ist, der bisher (d. h. bis Fertigstellung dieses Manuskripts) nicht ins Fernsehstudio zurückgekehrt ist, obwohl dies prinzipiell wieder möglich wäre. Er selbst erklärt dies mit den Worten: „‚If Trevor Noah has an audience, Trevor Noah will always be a performer,' he says. ‚If Trevor Noah doesn't have an audience, then Trevor Noah is only focused on being a human being. […] This iteration of the show […] has forced me to be more honest with not just the audience, but with myself'" (Holloway 2020). Das neue Kommunikationsdispositiv macht aus dem ‚Performer' Noah also den ‚Menschen' Noah, der sein Authentizitätsversprechen nicht mehr auf ein besonders inniges Verhältnis zu seinem Studiopublikum gründet, sondern auf seine Egalität mit den Menschen ‚da draußen', den einzelnen ‚someones' des Fernsehpublikums.

Dies ist freilich nur dann überzeugend, wenn konsequent auf die Claque verzichtet wird. Trevor Noah und John Oliver sind in dieser Hinsicht sehr entschieden. Die meisten anderen Hosts suchen sich auch im improvisierten Studio daheim claque-ähnliche Resonanzräume: Ehepartner*innen, Kinder, Tiere oder gar Gegenstände (das animierte Kapitänsporträt bei Seth Meyers). Familienangehörige werden nicht nur aus Not in die Produktion der Sendung eingebunden, sondern auch als parasozial anschlussfähige Interaktionspartner*innen, welche die Rolle des liebenden und bewundernden, des ‚gläubigen' Publikums gut zu verkörpern vermögen. In der Online-Videoreihe *Beeing at home with Samantha Bee* etwa ist Bees Ehemann, der als Kameramann fungiert, häufig aus dem Off zu hören, wie er den Auftritt seiner Frau ‚skeptisch' kommentiert. In der *Late Show* ersetzt hauptsächlich Colberts Ehefrau Evie McGee das Studiopublikum,

---

[6] Ganz ähnlich äußert sich Oliver Welke in einem Interview mit dem Wochenmagazin *Der Spiegel*: „Das fehlende Studiopublikum verändert den Ton. Am Anfang fand ich das schwierig, weil keine Interaktion mehr da war, keine Resonanz. Aber es ist auch befreiend, wenn man beim Schreiben weiß, es muss nicht in jeder Moderation eine klassische Pointe vorkommen, es darf auch längere Passagen geben, die einfach nur informativ sind. Passagen, bei denen mich das Studiopublikum anschweigen würde – was für einen Moderator schwer auszuhalten ist. Ich habe jetzt also viel weniger Druck, wenn wir trockenere, aber wichtige Themen behandeln […]." (zit. n. Mantel 2020).

indem sie aus dem Off über seine Witze kichert – oder auch nicht (vgl. Hagan 2020). Auch wenn diese ironisch widerspenstigen Miniatur-Claques nicht oder nur flüchtig ins Bild gerückt werden, sind sie akustisch präsent und durch die wechselnde Blickrichtung der Hosts an der Kamera vorbei auch zu lokalisieren. Die inszenierte Geselligkeit zu Hause hüllt sich also notgedrungen ins Gewand der Kernfamilie, mit der sich die ‚Fernsehfamilie' an den Bildschirmen vertraut fühlen darf – von Masse keine Spur mehr. Diese Atmosphäre wird von Stephen Colbert sogar nach seiner Rückkehr nach New York beibehalten. Er sendet zwar wieder aus dem CBS-Gebäude in New York, lässt sich aber ein Büro zum Studio umbauen, das mit holzvertäfelten Wänden, Möbelstücken und Büchern an das heimische Setting erinnert. Solange er kein Studiopublikum habe, meide er auch das Ed-Sullivan-Theater. „The stage is only there to present a show to a live audience", zitiert ihn die *Vanity Fair*: „That's the only purpose of the stage. And it's some weird lie to be onstage without the audience. I actually did a [promo; AU] shoot onstage last week […]. And I went, ‚Get me out of here. It's weird. It's like a ghost house'" (Hagan 2020). Das leere Traditionsstudio fungiert somit als Verweis auf eine Vergangenheit (und Zukunft?), in der das Fernsehen ein Publikum versammeln konnte und somit auch als Generator von sozialer Geselligkeit fungierte. Dass dies dem Fernsehen abhandengekommen ist, soll in der Show selbst nicht sichtbar werden.

Eine andere Strategie als Colberts Anti-Studiosetting wählen Hosts, die ins reguläre Studiosetting zurückkehren und dort zumindest einige ihrer Mitarbeiter*innen wieder um sich versammeln. Dann bilden diese die Claque, zum Teil mit recht elaborierten Rollen. Dies lässt sich bei James Corden besonders gut beobachten, der nicht nur Autor Ian Karmel und Executive Producer Rob Crabbe als Sidekicks auf Nebenbühnen holt, sondern auch die gesamte Band mit Mikrofonen ausstattet, um sie jederzeit adressieren und von ihnen Resonanz bekommen zu können. Selbst die Kameraleute werden als Individuen hör- und sichtbar in die Show eingebunden. In manchen Momenten entwickelt sich zwischen allen Beteiligten eine improvisiert scheinende, amüsant-unterhaltende Liveatmosphäre, die vom Fernsehpublikum, glaubt man den YouTube-Kommentaren, als authentischer empfunden wird als die vorherige Show-Atmosphäre (vgl. The Late Late Show, 17.03.2021). So ist YouTube-User Wielson Factolerin beileibe nicht der*die Einzige mit der Forderung: „Don't ever let the audience back." Und Tiffany Michaels schreibt: „Watching the show feels like just hanging out with some friends" (ebd.). Das Elixier der Geselligkeit scheint sich also auch dann entfalten zu können, wenn man das Studiopublikum durch das Simulakrum eines Freundeskreises ersetzt, der dem Host in individualisierten Rollen Resonanz zu geben vermag. Insofern ist die Claque aber schon längst als Clique ins Studio zurückgekehrt.

6.6 Schluss: Klick, Clique und Claque

Die Pandemie hat dem Fernsehen das Gespenst des Studiopublikums weitgehend ausgetrieben – in dem Sinne, dass deutlich wurde: Das Studiopublikum war schon immer ein Gespenst, das nur eine vermittelnde Funktion zwischen dem Fernsehen und seinem Publikum einnahm. Von den Hosts im Studio wurde es als stellvertretendes Publikum wahrgenommen, während es den Zuschauer*innen zu Hause ihre eigene Abwesenheit vermittelte. Dennoch war seine Funktion keineswegs trivial: es sollte sicherstellen, dass sich über die mediale Grenze hinweg das Simulakrum eines wechselseitigen Gesprächs etablierte und den verstreuten, voneinander isolierten und einander unbekannten Empfänger*innen eine Vorstellung von sich selbst ‚als Publikum' geliefert wurde. Diese Vorstellung griff auf die Idee der Masse, insbesondere der Versammlungsmasse zurück, die sich durch Verhaltenstraining rhythmisch, stimmlich und durch gleichartige Bewegung als solche formiert. Dies mag schon vor der Pandemie nur noch eine blasse Erinnerung an die längst schwindende Macht des einstigen Leitmediums gewesen sein, ein an sich unsichtbares und schwer greifbares ‚Massenpublikum' kommunikativ und emotional zu manipulieren und es dadurch überhaupt erst in Existenz zu bringen. Die Wirksamkeit dieser Macht fand eine ihrer wichtigsten Ausdrucksformen im Fernsehbild der empfänglichen Versammlungsmasse im Studio. Dass das tatsächliche Fernsehpublikum, das etwa nur eine Teilöffentlichkeit oder sogar eine spezifische Nische repräsentierte, mit diesem Bild bevormundet oder gar entmündigt, in jedem Fall aber keineswegs adäquat repräsentiert wurde, ist stets kritisiert worden. Dies änderte jedoch nichts daran, dass gerade Studioproduktionen wie Late-Night-Shows (und viele andere Unterhaltungsshows) weiterhin auf das Trugbild dieser kollektiven, homogenen Empfängergemeinschaft setzten – „the very notion of an audience", wie bei John Durham Peters (2010, S. 275) zu lesen ist, „a group that hears without speaking".

Insofern ist es vielleicht tatsächlich ehrlich und zeitgemäß, dem Fernseh- (sowie Mediatheken- und YouTube-)Publikum kein konkretes Bild mehr von sich vorzusetzen, das sich an einer so ohnehin nicht mehr existierenden Form des Massenpublikums orientiert. Damit geben Hosts im Fernsehen allein durch Studiosetting und Adressierungsmodalitäten gewissermaßen zu, dass sie – wie etwa auch YouTuber*innen – mit „Gespür für das Ungefähre […] in eine kaum vorhersehbare Zukunft und in einen relativ stillen Raum hinein" (Trinks 2000, S. 57) produzieren und letztlich keine Ahnung haben, ob sie damit überhaupt Resonanz finden oder nicht. Natürlich sind Unterhaltungsprofis, die noch dazu mächtige Medieninstitutionen im Rücken haben, nicht ernsthaft mit den meisten YouTuber*innen zu vergleichen. Dennoch werden sie – in neuen Settings und ohne Studiopublikum – durchaus mit diesen in eine Reihe gestellt, nicht mehr als Performer*innen, sondern als ‚Menschen', die – wie wir alle – etwas zu sagen haben und dies aus viereckigen Videofenstern heraus tun.

In manchen dieser Videofenstern hat eine Art Claque (die Familie oder Freundes-Clique) durchaus noch einen Platz, und sei es in akustischer Form. Wenn sie aber, wie etwa in John Olivers ‚white void', dort keinen Platz mehr hat – wo ist das Publikum dann zu verorten? Letztlich existiert es losgelöst von den Körpern, ja, dem kollektiven Körper des Studiopublikums und wird zu „etwas Psychischem", wie man in Anlehnung an Jürgen Trinks (2000, S. 52) sagen könnte, der behauptet, die Masse sei im Fernsehen „an sich unsichtbar, wird nur an ihren Zeichen erkannt". Die Intensität des rhythmisch, raumzeitlich organisierten Gemeinschaftserlebnisses residiert dann offensichtlich in anderen Zeichen und findet unter anderem Ausdruck in den Klicks, Likes und Kommentaren der Mediatheken und YouTube-Kanäle. Auch diese Resonanz ist keine authentische, sondern wird über die Verstärkungs- und Feedbackschleifen der Algorithmen manipuliert. Die Gesamtheit der vielen Empfänger*innen *als* Publikum erfährt der*die Einzelne nicht mehr über den Seh- und Hörsinn, sondern über den Tastsinn, der die Berührung durch die Masse ersetzt. Die Medialität der Videos vermittelt Gemeinschaft nur über die vermeintliche Wechselseitigkeit des Sehens und Gesehen-Werdens, wobei die Hosts ohne Studiopublikum, wie man mit Uwe Heuner (2003, S. 96) sagen könnte, von einer Art panoptischen Blicks betroffen sind: vom „Gesehenwerden, ohne zu sehen".

Solange ein Ende der Pandemie nicht absehbar ist (und zum Zeitpunkt des Schreibens rückt dieses zunehmend in die Ferne), kann nicht beantwortet werden, ob und, wenn ja, wie sich unsere medial bedingten Publikumsvorstellungen tatsächlich verändern werden. Es mag sein, dass das Studiopublikum unverändert wieder in die Late-Night-Shows zurückkehrt, wie auch Sportfans wieder in Stadien und Kultur- und Musikbegeisterte in Theater-, Opern- und Konzertsäle zurückkehren werden. Aber es könnte auch sein, dass uns die Pandemie einen Vorgeschmack auf eine mediale Formation gegeben hat, in der phatische Gemeinschaft und kommunikatives Miteinander ganz anders beschworen werden als im massenmedialen Zeitalter.

Literatur

Ahearn, V. (2009): Crowd warmer, the unsung hero. In: *Toronto Star* (https://www.thestar.com/entertainment/2009/01/16/crowd_warmer_the_unsung_hero.html) [letzter Zugriff: 25.03.2021].

Allen, R. C. (1987): Reader-Oriented Criticism and Television. In: Allen, R. C. (Hg.): *Channels of Discourse. Television and Contemporary Criticism*. London: Methuen, S. 74–112.

Anders, G. (1956): *Die Antiquiertheit des Menschen. Über die Seele im Zeitalter der zweiten industriellen Revolution*. München: C.H. Beck.

Aurthur, K. (2020): Samantha Bee on Making 'Full Frontal' From the Woods and Swallowing a Bug. In: *Variety* (https://variety.com/2020/tv/news/samantha-bee-full-frontal-virtual-woods-1234695872/) [letzter Zugriff: 25.03.2021].

Bartz, C. (2007): *MassenMedium Fernsehen. Die Semantik der Masse in der Medienbeschreibung*. Bielefeld: transcript.

Baßler, M./Gruber, B./Wagner-Egelhaaf, M. (2005): Einleitung. In: Dies. (Hg.): *Gespenster. Erscheinungen – Medien – Theorien*. Würzburg: Königshausen & Neumann, S. 9–21.

Derrida, J./Stiegler, B. (2006): *Echographien. Fernsehgespräche*. Herausgegeben von Peter Engelmann. Übersetzt von Horst Brühmann. Wien: Passagen.

Dessem, M. (2020): How Late-Night TV Is Adapting to the Social-Distancing Era. In: *Slate.com* (https://slate.com/culture/2020/04/samantha-bee-full-frontal-late-night-tv-coronavirus.html) [letzter Zugriff: 25.03.2021].

dpa (2020): Wenn das Publikum fehlt: Applaus aus der Konserve. In: *Kölner Stadt-Anzeiger* (https://www.ksta.de/panorama/wenn-das-publikum-fehlt%2D%2Dapplaus-aus-der-konserve-36783692?cb=1616171002826) [letzter Zugriff: 25.03.2021].

Elsner, M./Müller, T. (1995): Der angewachsene Fernseher. In: Gumbrecht, H. U./Pfeiffer, K. L. (Hg.): *Materialität der Kommunikation*, 2. Aufl. Frankfurt am Main: Suhrkamp, S. 392–415.

Fehr, D./Mandel, H. (2015): Liken. In: Christians, H./ Bickenbach, M./Wegmann, N. (Hg.): *Historisches Wörterbuch des Mediengebrauchs*. Köln/Weimar/Wien: Böhlau, S. 412–428.

Garaventa, A. (1993): *Showmaster, Gäste und Publikum. Über das Dialogische in Unterhaltungsshows*. Bern/New York: P. Lang.

Hagan, J. (2020): ‚Look at what we love. It's on fire': Stephen Colbert on Trump Trauma, Leadership, and Loss". In: *Vanity Fair* (https://www.vanityfair.com/hollywood/2020/11/stephen-colbert-on-trump-trauma-leadership-and-loss) [letzter Zugriff: 25.03.2021].

Heibach, C. (2014): Von den Massen zu den Kollektiven: Dimensionen eines diskursiven Paradigmenwechsels. In: Baxmann, I./ Beyes, T./Pias, C. (Hg.): *Soziale Medien – Neue Massen*. Zürich: Diaphanes, S. 37–53.

Heuner, U. (2003): Verkehrt-panoptische und streifende Blicke. Subjekt- und Objektinszenierungen in Fernsehshows mit runden Zuschauerformationen. In: Röwekamp, B. et al. (Hg.): *Medien / Interferenzen*. Marburg: Schüren, S. 94–103.

Hickethier, K. (1979): Fernsehunterhaltung und Unterhaltungsformen anderer Medien. In: Rüden, P. von (Hg.): *Unterhaltungsmedium Fernsehen*. München: W. Fink, S. 40–72.

Holloway, D. (2020): How Trevor Noah brought ‚The Daily Show' into his Home – and the Future. In: *Variety* (https://variety.com/2020/tv/features/trevor-noah-daily-show-home-coronavirus-1234746711/) [letzter Zugriff: 25.03.2021].

Horton, D./Wohl, R. R. (1956): Mass Communication and Para-Social Interaction: Observations on Intimacy at a Distance. In: *Psychiatry* 19(3), S. 215–229. https://doi.org/10.1080/00332747.1956.11023049.

Horton, D./Wohl, R. R. (2001): Massenkommunikation und parasoziale Interaktion. Beobachtungen zur Intimität über Distanz. In: Adelmann, R. et al. (Hg.): *Grundlagentexte zur Fernsehwissenschaft. Theorie – Geschichte – Analyse*. Konstanz: UVK, S. 74–104.

Humpa, M. (2020): Apps, TV-Sonderkanal, Pappfiguren: Wie Fußball-Fans mit den Geisterspielen umgehen. In: *CHIP* (https://www.chip.de/news/Apps-TV-Sonderkanal-Pappfiguren-Wie-Fussball-Fans-mit-den-Geisterspielen-umgehen_182705819.html) [letzter Zugriff: 25.03.2021].

Kalisch, L. (1867): Pariser Bilder und Geschichten. Die Ritter vom Kronleuchter. In: *Die Gartenlaube* 49, S. 782–784.

Kellermann, K. (2020): Borussia-Park: Abpfiff für Pappkameraden. In: *Westdeutsche Zeitung* (https://www.wz.de/nrw/borussia-moenchengladbach-fans-koennen-die-ihre-papp-doppelgaenger-abholen_aid-52549103) [letzter Zugriff: 25.03.2021].

Kirchner, A. (2012): Beifall. In: Ueding, G. (Hg.): *Historisches Wörterbuch der Rhetorik, 10*. Berlin/Boston: De Gruyter, Sp. 108–116.

Kreisl, V. (2021): Ruhe jetzt!. In: *Süddeutsche Zeitung* (https://www.sueddeutsche.de/sport/nordische-ski-wm-oberstdorf-1.5219386) [letzter Zugriff: 25.03.2021].

L. S. (1846): Claque. In: Blum, R./Herloßsohn, K./Marggraff, H. (Hg.): *Allgemeines Theater-Lexikon oder Encyklopädie alles Wissenswerthen für Bühnenkünstler, Dilettanten und Theaterfreunde. Neue Ausgabe*. Altenburg/Leipzig: Pierer und Heymann, S. 165–167.

Maletzke, G. (1963): *Psychologie der Massenkommunikation. Theorie und Systematik*. Hamburg: Verlag Hans-Bredow-Institut.

Mantel, U. (2020): Welke: ‚Das fehlende Studiopublikum verändert den Ton'. In: *DWDL.de* (https://www.dwdl.de/nachrichten/78039/welke_das_fehlende_studiopublikum_veraendert_den_ton/?utm_source=&utm_medium=&utm_campaign=&utm_term=) [letzter Zugriff: 25.03.2021].

megelizah (2018): „great experience for colbert fans". In: *Tripadvisor* (https://www.tripadvisor.com/ShowUserReviews-g60763-d10358857-r628639687-The_Late_Show_with_Stephen_Colbert-New_York_City_New_York.html) [letzter Zugriff: 25.03.2021].

Orben, R. (1977): The Studio Audience. In: Fireman, J. (Hg.): *TV book: the ultimate television book*. New York: Workman Pub. Co., S. 43–45.

Ordoña, M. (2020): The 'unnatural evolution' of Trevor Noah and 'The Daily Show'. In: *LA Times* (https://www.latimes.com/entertainment-arts/tv/story/2020-08-27/daily-show-trevor-noah-emmys-2020) [letzter Zugriff: 25.03.2021].

Peters, J. D. (2010): Mass Media. In: Mitchell, W. J. T./Hansen, M. B. N. (Hg.): *Critical terms for media studies*. Chicago/London: The University of Chicago Press, S. 266–279.

Rosen, C. (2020): Samantha Bee Is First Late-Night Host to Go Without an Audience Amid Coronavirus Threat. In: *Vanity Fair* (https://www.vanityfair.com/hollywood/2020/03/samantha-bee-coronavirus-audience) [letzter Zugriff: 25.03.2021].

Scannell, P. (2000): For-Anyone-as-Someone Structures. In: *Media, Culture & Society* 22(1), S. 5–24. https://doi.org/10.1177/016344300022001001.

Sky Sport (2020): Welcome back Bundesliga! Neue Sky Features zum Wiederbeginn. In: *sky sport* (https://sport.sky.de/fussball/artikel/bundesliga-neue-uebertragungselemente-fuer-sky-kunden/11987736/34942) [letzter Zugriff: 25.03.2021].

Stevenson, S. (2015): YouTube Killed the Studio Audience. What I learned from going on tapings of every late-night show. In: *Slate.com* (http://www.slate.com/articles/arts/television/2015/05/late_night_s_live_tapings_what_it_s_like_to_be_in_the_studio_audience_for.html?via=gdpr-consent&via=gdpr-consent) [letzter Zugriff: 25.03.2021].

Teichert, W. (1979): Die Sehgewohnheiten der Zuschauer oder Was erwartet das Publikum von den Unterhaltungsangeboten des Fernsehens? In: Rüden, P. von (Hg.): *Unterhaltungsmedium Fernsehen*. München: W. Fink, S. 73–84.

thompworking4younow (2018): It's the Stephen Colbert Show. In: *Tripadvisor* (https://www.tripadvisor.com/ShowUserReviews-g60763-d10358857-r570878423-The_Late_Show_with_Stephen_Colbert-New_York_City_New_York.html) [letzter Zugriff: 25.03.2021].

Trinks, J. (2000): *Faszination Fernsehen: die Bedeutung des medialen Weltbezugs für den Menschen der Gegenwart*. Frankfurt am Main/New York: P. Lang.

White, A. (2020): Seth Meyers Details Technical Challenges of Filming at Home. In: *The Hollywood Reporter* (https://www.hollywoodreporter.com/news/seth-meyers-challenges-filming-late-night-at-home-a-pandemic-1307465) [letzter Zugriff: 25.03.2021].

Wilpert, G. von (1994): *Die deutsche Gespenstergeschichte: Motiv, Form, Entwicklung*. Stuttgart: A. Kröner.

Wulff, H. J. (1988): Saal- und Studiopublikum. Überlegungen zu einer fernsehspezifischen Funktionsrolle. In: *TheaterZeitSchrift* 26, S. 31–36.

Wulff, H. J. (1993): Phatische Gemeinschaft / Phatische Funktion. Leitkonzepte einer pragmatischen Theorie des Fernsehens. In: *montage AV* 21(1), S. 142–163.

Verzeichnis der Sendungen

Beeing at Home with Samantha Bee, 19.03. bis 24.06.2020, YouTube, https://www.youtube.com/playlist?list=PLur87nTwD0Btv001S3df5iWFKMQfQXWs4 [letzter Zugriff: 25.03.2021].

Full Frontal: *Coronavirus is Not an Excuse to Be Racist | Full Frontal on TBS*. YouTube, 12.03.2020, https://www.youtube.com/watch?v=Oq-06inhB3U [letzter Zugriff: 25.03.2021].

Heute Show: *Coronavirus: Braucht Deutschland eine Mundschutzpflicht? | heute-show vom 03.04.2020*, YouTube, 03.04.2020, https://www.youtube.com/watch?v=GSoxbJ2eBqw [letzter Zugriff: 25.03.2021].

Heute Show: *Coronavirus: Deutschland und die Welt im Ausnahmezustand | heute-show vom 13.03.2020*, YouTube, 13.03.2020, https://www.youtube.com/watch?v=bE5Ub2un_0I [letzter Zugriff: 25.03.2021].

Last Week Tonight: *Coronavirus II: Last Week Tonight with John Oliver (HBO)*. YouTube, 16.03.2020, https://www.youtube.com/watch?v=_066dEkycr4 [letzter Zugriff: 25.03.2021].

Last Week Tonight: *Coronavirus III: Last Week Tonight with John Oliver (HBO)*. YouTube, 30.03.2020, https://www.youtube.com/watch?v=ElIf2DBrWzU [letzter Zugriff: 25.03.2021].

The Daily Show: *Trevor Sings a Tribute to the Studio Audience | The Daily Show, 13.03.2020*, YouTube, 13.03.2020, https://www.youtube.com/watch?v=Lgmr9zVUD2A [letzter Zugriff: 25.03.2021].

The Late Late Show: *Is Everyone Excited for Mt. Trumpmore??* YouTube, 11.08.2020, https://www.youtube.com/watch?v=iUtQ4GAsxRM [letzter Zugriff: 25.03.2021].

The Late Late Show: *Somewhere In Here Is Our Monologue*. YouTube, 17.03.2021, https://www.youtube.com/watch?v=cgiDF-Twhbk&list=PLZ1f3amS4y1eG_JqM7TUD-fljRnktkw4A [letzter Zugriff: 25.03.2021].

The Late Late Show: *Can This Group Answer Trivia for a $4,800 Jackpot?* YouTube, 25.06.2020, https://www.youtube.com/watch?v=uVYoIg8cjQo [letzter Zugriff: 25.03.2021].

The Late Show: *When Rehearsal Becomes The Show: Stephen Colbert's First-Ever No-Audience Late Show Monologue*, YouTube, 13.03.2020, https://www.youtube.com/watch?v=aKhPbVN_Rbw [letzter Zugriff: 25.03.2021].

The Late Show: *The Big Story Tonight Is YOU – A Special „Social Distancing" Edition Of The Late Show*, YouTube, 17.03.2020, https://www.youtube.com/watch?v=BvJ1BuEtZEo [letzter Zugriff: 25.03.2021].

The Late Show: *John Oliver: How I'm Hosting „Last Week Tonight" In Isolation*, YouTube, 31.03.2020, https://www.youtube.com/watch?v=0vgOzy0Mfsw [letzter Zugriff: 25.03.2021].

The Tonight Show Starring Jimmy Fallon: *Seth Meyers Reveals the Hardest Part About Recording Late Night from Home*, YouTube, 14.08.2020, https://www.youtube.com/watch?v=dWbtRLaL-lAc&t=2s [letzter Zugriff: 25.03.2021].

Teil III

Die Pandemie im Internet und den Social Media: zwischen (Des)Information, Prävention und Überlebenshilfe

Wahrheit und Falschheit in Twitter

Zum Umgang der Plattform mit dem Coronavirus

Samuel Breidenbach und Peter Klimczak

Zusammenfassung

Im Zuge der globalen Coronapandemie erweiterte das Unternehmen Twitter die Gemeinschaftsstandards der Plattform um eine Richtlinie zu Informationen bezüglich des Virus' und führte eigens technische Funktionen ein, um die Sichtbarkeit verlässlicher Informationen zum Virus zu erhöhen. Diese Funktionen sowie die Richtlinie zum Coronavirus deuten implizit einen Wandel von Twitters Verständnis von Wahrheit auf der Plattform an. Twitters Maßnahmen sowie die Selbstdarstellungen des Unternehmens werden vor dem Hintergrund verschiedener Wahrheitskonzepte nachvollzogen, um auf dieser Grundlage ein eigenes wahrheitsbasiertes Verfahren zur Content-Moderation zu skizzieren.

Schlüsselwörter

Twitter · Content-Moderation · Wahrheit · Falschheit · Wahrheitstheorien · Wahrheitsmodelle

---

S. Breidenbach
Brandenburgische Technische Universität, Cottbus, Deutschland
E-Mail: samuel.breidenbach@b-tu.de

P. Klimczak (✉)
University of Wroclaw, Wroclaw, Poland

© Der/die Autor(en), exklusiv lizenziert durch Springer Fachmedien Wiesbaden GmbH, ein Teil von Springer Nature 2022
A. Krewani, P. Zimmermann (Hrsg.), *Das Virus im Netz medialer Diskurse*, ars digitalis, https://doi.org/10.1007/978-3-658-36312-3_7

7.1 Twitters Maßnahmen gegen das Virus

Etwa zweieinhalb Monate nach Beginn der ersten Meldungen über das neuartige Coronavirus, SARS-CoV-2, in den europäischen Medien reagierte Twitter erstmals öffentlich auf das Virus: Am 16. März veröffentlichten die beiden Twitter-Mitarbeiter*innen Gadde und Derella (2020) auf dem Weblog des Unternehmens einen Eintrag mit dem Titel „An update on our continuity strategy during COVID-19". In diesem Blogeintrag führen die beiden Autor*innen verschiedene Maßnahmen zur Reaktion auf die globale Ausbreitung des Coronavirus auf, welche von Twitter bereits in den Wochen zuvor ergriffen wurden oder damals für die zukünftige Umsetzung geplant waren. Zu diesem Zeitpunkt grassierte das Virus bereits etliche Wochen in Deutschland und Europa: Eine gute Woche nach Veröffentlichung von Twitters Blogeintrag traten in Deutschland bundesweit Ausgangs- und/oder Kontaktbeschränkungen in Kraft. Wie eine Recherche in unterschiedlichen öffentlich zugänglichen Archiven von Twitters Trending Topics ergab,[1] waren Stichworte oder Hashtags mit Bezug zum Coronavirus oder COVID-19 erstmals ab Ende Januar für einen signifikanten Zeitraum in Twitters deutschen Trend-Themen vertreten.[2] Dies bedeutet, dass das Virus zumindest im deutschsprachigen Twitter bereits ab diesem Zeitpunkt deutlich wahrnehmbar war.

In der Einleitung des Weblogeintrags bezeichnen Gadde und Derella (2020) die Coronapandemie als beispiellosen öffentlichen Gesundheitsnotstand („unprecedented public health emergency"), angesichts dessen das Unternehmen sich mit Herausforderungen konfrontiert sieht, um in der Debatte über das Virus bestimmte Diskursregeln zu wahren. Laut Darstellung der Twitter-Mitarbeiter*innen (ebd.) stellt die Initiative des Unternehmens eine Notfallmaßnahme dar, welche der öffentlichen Unterhaltung auf der Plattform unter den besonderen Bedingungen des Virus dienen soll („contingency measures we're putting in place to serve the public conversation at this critical time"). Darauf folgt eine Auflistung der verschiedenen Maßnahmen (vgl. ebd.).

Zunächst kündigt das Unternehmen an, während der Pandemie verstärkt auf automatisierte Verfahren zur Moderation von Inhalten zu setzen. Hierbei werden regelwidrige Inhalte erkannt, noch bevor Nutzer*innen der Plattform sie als regelwidrig melden (vgl. dazu Abschn. 7.2). Weiter unten erklärt Twitter, dass es in seinen Gemeinschaftsstandards als Reaktion auf die Virusausbreitung den Begriff des Schadens („harm") weiter fassen will: Demnach will das Unternehmen „[broaden his] definition of harm to address content that goes directly against guidance from authoritative sources of global and local public health information", wofür Twitter mit „trusted partners, including public health authorities

---

[1] Etwa twitter-trends.de/.
[2] Diese zwanzig Trend-Themen ermittelt Twitter automatisiert. Sie geben Aufschluss über aktuell in Twitter häufig verwendete Hashtags, Stichworte oder Phrasen. Eine Auswahl dieser Trends wird auf den meisten Seiten von Twitters Webinterface angezeigt. In Twitters Grundeinstellung sind die Trending Topics dem Land der jeweiligen Nutzer*in angepasst und können weiter regionalisiert und personalisiert werden.

and governments" zusammenarbeiten will (vgl. ebd.). Twitter erklärt also Information, welche den Standpunkten gesellschaftlicher Autoritäten widerspricht, zum Schaden für die Kommunikation auf der Plattform.

Als Verstöße gegen Twitters Inhaltsregeln zum Coronavirus nennt das Unternehmen neun Fälle, die jeweils durch beispielhafte Aussagen (welche demnach eindeutig den Gemeinschaftsstandards widersprechen) illustriert werden: Zunächst verbietet Twitter das Verbreiten von Information zur Virusausbreitung, welche den anerkannten wissenschaftlichen Fakten („established scientific facts") widerspricht. Zudem untersagt das Unternehmen das Verbreiten falscher Verfahren zur Virusdiagnose oder von Information „with the intent to influence people into acting against recommended guidance", etwa wonach das Social Distancing keine effektive Maßnahme darstellt. Ebenso verbietet Twitter Inhalte oder Aussagen, welche Personen zugunsten von Dritten manipulieren sollen („intends to manipulate people", vgl. ebd.). Auf dieser Grundlage etwa sperrte das Unternehmen Ende März zwei Tweets des brasilianischen Staatspräsidenten Bolsonaro: Dieser hatte entgegen den Empfehlungen seines Gesundheitsministeriums via Twitter dazu aufgerufen, die Wirtschaft am Laufen zu halten und Bilder verbreitet, auf denen er sich mit Unterstützer*innen traf (vgl. Der Spiegel 2020). Weiterhin untersagt Twitter Falschinformation zur öffentlichen Güterversorgung, welche „widespread panic, social unrest or large-scale disorder" verursachen könnte, sowie die Imitation und Parodie von Accounts offizieller Vertreter*innen der Regierung oder von Gesundheitsunternehmen (vgl. Gadde und Derella 2020). Als etwa Anfang November 2020 die Mainzer Firma BioNtech bekannt gab, einen effektiven Impfstoff gegen das Coronavirus entwickelt zu haben, wurden im Namen der Unternehmensgründer*innen Uğur Şahin und Özlem Türeci zwei Twitter-Profile angelegt. Diese setzten einige, in Deutschland sehr reichweitenstarke Tweets ab und wurden innerhalb kürzester Zeit von mehreren zehntausend Follower*innen abonniert. Erst aufgrund der Hinweise eines Journalisten verbreitete sich nach einiger Zeit die Erkenntnis, dass es sich bei diesen Accounts um Fakeprofile handelte, die dann auch innerhalb kurzer Zeit von Twitter gesperrt wurden (vgl. Muth 2020). Zuletzt verbietet Twitter in seinen Regeln zum Coronavirus Information, welche bestimmten ethnischen Bevölkerungsgruppen oder Anhänger*innen bestimmter Religionen Immunität vor dem Virus verspricht oder umgekehrt: bestimmten ethnischen Bevölkerungsgruppen ein höheres Erkrankungsrisiko unterstellt (vgl. Gadde und Derella 2020).

In einer Zusammenfassung dieser Regeln wird deutlich, dass sich Twitters Inhaltsregeln zum Coronavirus nicht ausschließlich direkt auf das Virus, dessen Verbreitung sowie dessen medizinische Therapie beziehen, sondern genauso auf Information von gesellschaftlicher Relevanz, zu politischen Maßnahmen, zu angemessenen Verhaltensweisen oder zur politischen Instrumentalisierung des Virus gegen (oder für) bestimmte Bevölkerungsgruppen.

Zudem führte Twitter im Zug der Coronapandemie eine markante Erweiterung seines Funktionsumfangs ein, um auf der Plattform die Sichtbarkeit von Nachrichten aus vertrauenswürdigen und im Besonderen wissenschaftlich bewährten Quellen zu erhöhen: Etwa einen guten Monat nach Twitters ersten öffentlichen Reaktionen zum Coronavirus wurde in jedem Twitter-Profil oberhalb des Newsfeeds (welcher die Beiträge der abonnierten Accounts enthält) eine großflächige Abbildung einer medizinischen Mundschutzmaske eingeblendet. Diese Anzeige enthält die Aufschrift „Covid 19 · Live Neuigkeiten zur Covid-19 Situation in Deutschland". Nach dem Anklicken dieser Anzeige erscheint eine Seite, in deren Kopf Twitter erläutert: „Diese Seite bietet aktuelle Neuigkeiten in Echtzeit zur Covid-19 Situation aus vertrauenswürdigen und offiziellen Quellen" (vgl. Twitter, Inc. 2021a). Darunter zeigt die Seite einen Newsfeed, der aktuelle Tweets zum Thema enthält. Die Auswahl der Urheber*innen dieser Tweets umfasst vor allem Bundes- und Landesbehörden (etwa das Bundesinnenministerium, die Bundeszentrale für gesundheitliche Aufklärung, der Regierungssprecher Steffen Seibert oder die Ministerien für Arbeit und Soziales Nordrhein-Westfalens und Hessens), Gesundheits- und medizinische Organisationen und Einrichtungen (etwa die Charité, das Robert Koch Institut, die Kassenärztliche Bundesvereinigung oder das Rote Kreuz) sowie journalistische Organisationen (etwa die *Frankfurter Rundschau*, die ARD-*Tagesschau*, *Der Spiegel* oder die Fact-Checking-Organisation Correctiv).

7.2 Content-Moderation in Twitter

Nicht erst seit dem Coronavirus sehen sich die Betreiber*innen großer Social Media-Plattformen mit dem Problem unliebsamer und teilweise rechtswidriger Inhalte auf ihren Websites konfrontiert. Inzwischen verfügen die meisten dieser Plattformen über teils umfangreiche Regelwerke betreffend der auf diesen Plattformen zulässigen Inhalte und Verhaltensweisen. Diese Regelwerke entwickelten sich teils aufgrund der Initiative der Plattform-Betreiber*innen, teils als Reaktion auf Anforderungen von Politik und Öffentlichkeit, wie sie sich in Deutschland beispielsweise in Form des 2018 in Kraft getretenen Netzwerkdurchsetzungsgesetzes (NetzDG) zeigen. Dieses verlangt von den Plattform-Betreiber*innen etwa, in Deutschland gesetzeswidrige Inhalte 24 Stunden nach Eingang einer Nutzer*innen-Meldung zu sperren (vgl. Eickelmann et al. 2017, S. 177). Solche Regeln sowie die mit ihrer Durchsetzung verbundenen Praktiken werden in der Forschung als Content-Moderation oder im weiteren Zusammenhang auch Governance bezeichnet (vgl. Katzenbach 2018, S. 14). Neben der Definition von regelwidrigen Inhalten umfasst der Begriff der Content-Moderation die Datenschutzrichtlinien der Plattformen, Richtlinien für Entwickler*innen von Drittanbietersoftware oder den Umgang der Plattformen mit bezahlter Werbung (vgl. Bloch-Wehba 2020, S. 3; West 2018, S. 4369).

Die meisten von Twitters Gemeinschaftsstandards betreffen relativ eindeutig erkennbare Inhalte, deren Sperrung in der Allgemeinheit weitestgehend unstritig ist, wie etwa das Verbreiten von Propagandamaterial terroristischer Organisationen oder von kinderpornografischen und gewaltverherrlichenden Inhalten (vgl. Twitter, Inc. 2020a). Solche Inhalte werden von Twitter auch relativ konsequent gesperrt. Andere Regeln, wie etwa, dass die Nutzer*innen „andere nicht gezielt belästigen oder andere Personen dazu aufrufen" dürfen oder dass es verboten ist, „Gewalt gegen andere Personen [zu] fördern" (vgl. ebd.), scheinen angesichts mancher Phänomene in den Social Media wie Hate Speech oder persönlicher Bedrohungen ebenfalls unstrittig. In der Praxis der Content-Moderation lassen sich die häufig polysemen und teilweise satirischen oder metaphorischen Inhalte in den Social Media durch diese Richtlinien allerdings nicht immer trennscharf erfassen und eindeutig bewerten. In solchen Zusammenhängen kann es viel eher vorkommen, dass Twitter die eigenen Regeln inkonsistent anwendet.

Verstöße gegen diese Regeln ahndet Twitter meist reaktiv, wenn Nutzer*innen der Auffassung sind, dass einzelne Tweets den Gemeinschaftsstandards widersprechen und diese Tweets an Twitter melden. Hierauf prüft Twitter diese Meldungen und sperrt gegebenenfalls die betreffenden Tweets.[3] Verstößt ein/e Accountinhaber*in wiederholt gegen die Gemeinschaftsstandards, kann Twitter zunächst die Möglichkeit zum Verfassen öffentlich sichtbarer Inhalte einschränken. In letzter Konsequenz kann das Unternehmen ein Twitter-Profil vollständig sperren, wodurch das Profil nicht weiter genutzt werden kann und die betreffenden Inhalte nicht weiter öffentlich sichtbar sind (vgl. Twitter, Inc. 2020b).

Neben diesem reaktiven und gemeinschaftsorientierten Ansatz zur Content-Moderation, bei dem Twitter regelwidrige Inhalte erst sperrt, wenn Plattform-Nutzer*innen diese melden, existieren automatisierte Verfahren zur proaktiven Erfassung von Inhalten, wie Gadde und Derella (2020) sie auch in ihrer Beschreibung von Twitters Maßnahmen zum Coronavirus ankündigen. Gorwa et al. (2020, S. 3) verwenden den Begriff „[a]lgorithmic content moderation" für solche automatisierten Verfahren, welche mittels statistischer und IT-basierter Verfahren „identify, match, predict, or classify some piece of content (e.g. text, audio, image or video) on the basis of its exact properties or general features". YouTube etwa ermittelt laut eigenen Angaben 98 Prozent aller regelwidrigen Inhalte aus dem Bereich des gewalttätigen Extremismus mittels automatisierter Moderationsverfahren (vgl. ebd., S. 2). Außerdem werden solche Verfahren zum Unterbinden von Urheberrechtsverstößen auf Musik- oder Videoplattformen eingesetzt. Solche sogenannten Upload-Filter werden in der öffentlichen Debatte vor allem deshalb kritisiert, weil sie legale Zitate von urheberrechtsgeschützten Inhalten, etwa in journalistischen Berichten oder künstlerischen Parodien, nur unzureichend erkennen können (vgl. Bloch-Wehba 2020, S. 28–31).

Für Twitter kündigte das Unternehmen mit seinem Qualitätsfilter erstmals im März 2018 ein vollkommen automatisiertes Verfahren zur Content-Moderation an (wobei sehr wahrscheinlich ist, dass solche Verfahren bereits vorher existierten, ihr Wirken auf der Plattform für die Nutzer*innen jedoch nicht explizit war). Twitters Qualitätsfilter bewertet Accounts und deren Verhalten nach bestimmten Merkmalen: etwa ob die zur Accounterstellung verwendete E-Mail-Adresse verifiziert wurde oder ob der Account mit anderen Accounts interagiert, welche bereits auffällig oft gegen Twitters Gemeinschaftsstandards verstoßen haben. Die Beiträge dieser algorithmisch ermittelten Accounts werden allerdings nicht von Twitter gesperrt, sondern ihre Sichtbarkeit wird lediglich in der Anzeige von Suchergebnissen oder in der Anzeige der Antworten unter einem Tweet eingeschränkt

---

[3] Diese Funktion kann selbst ohne Anmeldung mit einem Twitter-Account innerhalb jedes Tweets durch wenige Klicks aufgerufen werden.

(vgl. Harvey und Gasca 2018). Hinter diesem Verfahren zeigt sich die Absicht des Unternehmens, dass unliebsame Inhalte, welche allerdings nicht eindeutig den Gemeinschaftsstandards widersprechen, weniger Konfliktpotenzial besitzen, wenn sie lediglich seltener von anderen wahrgenommen werden.[4]

In Reaktion auf die Ausbreitung des Corona-Verschwörungsmythos, COVID-19-Symptome würden durch 5G-Strahlung verursacht, implementierte Twitter im Mai 2020 ein neues Verfahren zur automatisierten Content-Moderation: Für mehrere Wochen wurden Tweets, welche die Formulierung ‚5G Corona' enthielten, von Twitter mit einem auffälligen Warnhinweis versehen. Der Warnhinweis zeigt ein Ausrufungszeichen und die Aufschrift „Zu den Fakten über COVID-19". Nach Klick auf diese Anzeige zeigt Twitter eine Webseite, in deren Kopf der 5G-Verschwörungsmythos kurz entkräftigt wird. Darunter erscheint ein Newsfeed mit Tweets aus vertrauenswürdigen Quellen zum Thema, wobei Twitter immer wieder eigene kurze Aussagen mit einer Entkräftigung des Verschwörungsmythos in diesen Newsfeed einpflegt (vgl. Twitter, Inc. 2021b). Dieses Verfahren zur automatisierten Bewertung von Tweets auf Grundlage ihrer *konkreten Textinhalte* stellt ein absolutes Novum in Twitters öffentlich bekannten Maßnahmen gegen Falschinformation dar: Der oben beschriebene Qualitätsfilter hingegen bewertet Accounts vor allem auf Grundlage ihrer Netzwerkbeziehungen und ihres Verhaltens – nicht auf Grundlage der von ihnen veröffentlichten Inhalte. Wie ein Experiment des Social Media-Analysten Luca Hammer allerdings zeigt, erkennt Twitters automatisiertes Verfahren zwar Tweets mit dem Inhalt „5G Corona", nicht jedoch Tweets mit dem Inhalt „Corona 5G" oder „5G causes Corona" (vgl. Hammer 2020). Wahrscheinlich, weil die automatisierten Verfahren selbst solche basalen Differenzen nicht adäquat bewerten können, hat das Unternehmen diese Funktion inzwischen wieder eingestellt. Hierdurch erscheint es allerdings, als ob die Verschwörungsmythen über Corona für Twitter zum willkommenen Experimentierfeld würden, innerhalb dessen das Unternehmen seine Verfahren zur automatisierten Content-Moderation erprobt.

7.3 Twitters Ideale für die Kommunikation auf der Plattform

Innerhalb seiner Gemeinschaftsstandards formuliert Twitter verschiedene Ziele, mit denen das Unternehmen die Regeln sowie ihre Umsetzung begründet. An mehreren Stellen nennt Twitter die ‚Gesundheit der öffentlichen Unterhaltung' („health of the public conversation") als primäres Ziel des Unternehmens für die Kommunikation auf der Plattform (vgl. Harvey und Gasca 2018; Twitter Safety 2019). Auch in Twitter, Inc.s (2020b) Beschreibung der Maßnahmenpalette zum Sanktionieren von Accounts spricht das Unternehmen von „an otherwise healthy account", wenn Accounts nur ausnahmsweise gegen die Plattform-Regeln verstoßen. Neben der ‚Gesundheit' von Unterhaltungen nennt das

---

[4] Dieser ‚Qualitätsfilter' ist bei der Erstellung eines Twitter-Accounts zwar voreingestellt, kann allerdings in den Profileinstellungen dauerhaft deaktiviert werden.

Unternehmen an anderen Stellen das Ziel, „people's experience on Twitter" vor negativen Einflüssen schützen zu wollen (vgl. Harvey und Gasca 2018).

Mit dem ‚positiven Erlebnis' der Nutzer*innen sowie der ‚Gesundheit der öffentlichen Unterhaltung' nennt Twitter also Ziele, bei denen das erste vollkommen dem subjektiven Empfinden Einzelner unterliegt und das zweite lediglich eine metaphorische Umschreibung darstellt, welche ein scheinbar ‚natürliches Optimum' von Kommunikation suggeriert, das sich mittels medizinischer Eingriffe oder therapeutischer Maßnahmen ‚herstellen' lässt. Vor allem hinter dem ersten Ziel verbirgt sich ein Konzept, wonach ein Inhalt dann zulässig ist, wenn andere Plattform-Nutzer*innen ihn nicht als negativen Einfluss auf ihr ‚persönliches Erlebnis' wahrnehmen und ihn deshalb nicht melden.

In diesem Zusammenhang ist interessant, dass Twitter seine Gemeinschaftsstandards in der Vergangenheit bereits mehrfach ergänzt, überarbeitet und umformuliert hat: Während die Gemeinschaftsstandards heute mit der Eingangsformulierung eröffnet werden, dass Twitter „dazu da [ist], die öffentliche Unterhaltung zu fördern" (vgl. Twitter, Inc. 2020a), schrieb Twitter an dieser Stelle bis zum Sommer 2019: „Wir glauben, dass jeder die Möglichkeit haben sollte, seine Ideen und Informationen sofort und ohne Hindernisse zu teilen."[5] Dieser Umstand zeigt, dass Twitter sich früher explizit an der ungehinderten Verbreitung jedweder Information orientierte – sofern andere Nutzer*innen diese Inhalte nicht als Störung ihres ‚persönlichen Erlebnisses' empfanden. Wie die folgenden Überlegungen zeigen, existieren heute hingegen zwei auffällige Ausnahmen von diesem Prinzip, nämlich die eingangs beschriebene Richtlinie zum Coronavirus sowie Twitters Richtlinien zu politischen Wahlen.

Seit dem Sommer 2019 heißt es in Twitters Regeln zum Punkt „Integrität staatsbürgerlicher Prozesse", dass auf der Plattform keine Tweets veröffentlicht werden dürfen, welche „falsche Angaben zum Termin, Ort oder Ablauf" politischer Wahlen enthalten – Twitter selbst explizit also in dieser Richtlinie ein Konzept von Wahrheit bzw. Falschheit (vgl. Twitter, Inc. 2020a). Hinter dieser Richtlinie lässt sich ein Prinzip erkennen, das nach einer Übereinstimmung medialer Inhalte mit der Realität verlangt: Von den Inhalten auf der Plattform wird erwartet, dass sie Referenzereignisse oder Tatsachen in der Realität (möglichst) getreu wiedergeben. An dieser Stelle muss zwar angemerkt werden, dass sich, wie im Folgenden noch genauer erörtert wird, Referenzereignisse oder Tatsachen in der Realität ausschließlich durch Kommunikation erfassen lassen – mediale Inhalte korrespondieren niemals mit realen Referenzereignissen *an sich*, weil sie als Kommunikation per se niemals mit der Realität identisch sind, sondern diese nur selektiv wiedergeben. In einem stark vereinfachten Verständnis von ‚Wirklichkeit' lassen sich jedoch Fakten wie das Datum oder der Ort und der Ablauf einer Wahl wie empirische und gleichsam natürlich gegebene Sachverhalte betrachten, was es relativ einfach ermöglicht, abweichende Darstellungen zu identifizieren und diese berechtigterweise und nachvollziehbar als ‚falsch' zu attribuieren.

---

[5] https://web.archive.org/web/20190605214350/https://help.twitter.com/de/rules-and-policies/twitter-rules.

Auch Twitters Richtlinien zum Umgang mit dem Coronavirus bilden eine deutliche Ausnahme vom oben genannten Prinzip: Twitter verbietet seither das Veröffentlichen von Information, welche den anerkannten wissenschaftlichen Fakten zum Virus widerspricht. Auch in Bezug auf das Coronavirus zeigt sich also, dass Twitter sich nicht ausschließlich am ‚positiven Erlebnis' seiner Nutzer*innen orientiert, sondern in diesem Zusammenhang explizit die ‚Wahrheit' oder allgemeine Gültigkeit von Inhalten auf der Plattform verlangt. In ihrem Blogeintrag zu Twitters Maßnahmen verweisen Gadde und Derella (2020) auf „public health authorities, organizations, and governments", welche in diesem Fall ‚das Wahre' definieren. Mit der Formulierung „*established* scientific facts" in diesem Blogeintrag reflektieren die Autor*innen aber implizit, dass im Fall des Coronavirus die ‚Wahrheit' von Aussagen über das Virus nicht einfach gegeben ist – weshalb sich Abweichungen von dieser Wahrheit dann auch relativ leicht feststellen ließen. Hingegen lässt die Formulierung erkennen, dass im Fall des Coronavirus verlässliche Information im wissenschaftlichen Diskurs produziert wird und dabei durchaus einer Veränderung unterliegen kann. Ähnlich beschreibt Twitter (2021a) die Tweets mit ‚Neuigkeiten zu COVID 19' als ‚vertrauenswürdige' Nachrichten aus ‚offiziellen' Quellen, das Unternehmen lässt also erkennen, dass diese Nachrichten nicht wahr oder falsch sind, dafür aber mindestens vertrauenswürdig, also in gewissem Maße validiert.

Außer im Bereich von politischen Wahlen und der Kommunikation über das Coronavirus spielen solche Wahrheitskonzepte in Twitters Gemeinschaftsstandards nur eine untergeordnete Rolle. Dieser Umstand unterstreicht die Bedeutung, welche Twitter dem Virus zuschreibt. In den offiziellen Selbstdarstellungen orientiert sich das Unternehmen allerdings fast ausschließlich entweder am ‚persönlichen Erlebnis' der Nutzer*innen oder an der ‚Gesundheit öffentlicher Unterhaltungen'. Bei dem, was Twitter explizit als seine eigenen Ideale reflektiert, handelt es sich also im ersten Fall um einen Wert, der sich ausschließlich subjektiv feststellen lässt; im zweiten Fall spielt Twitter zwar mit der Konnotation öffentlicher Diskurse, charakterisiert diesen Wert aber im Weiteren mittels einer Metapher, die ein ‚natürliches Optimum' von Kommunikation suggeriert, anhand dessen Abweichungen eindeutig festgestellt werden können. Hingegen zeigt sich anhand von Twitters Richtlinien zum Coronavirus und zu politischen Wahlen, dass Twitter auch explizit mit Wahrheitskonzepten operiert. Die Richtlinie zu politischen Wahlen suggeriert dabei noch ein vereinfachtes Verständnis von Wahrheit, wonach sich Abweichungen zwischen medialen Aussagen und ‚der Wirklichkeit' auf einfache Weise feststellen lassen. In ihrem Blogeintrag zum Coronavirus hingegen reflektieren Gadde und Derella (2020) implizit, dass in diesem Fall die wissenschaftlichen Fakten nicht entweder wahr oder falsch sind, sondern nur anerkannt (bzw. nicht-anerkannt) sein können.

Allerdings muss an dieser Stelle beachtet werden, dass auch gute Gründe dafür existieren, dass Twitter nur in sehr begrenztem Umfang eine solche Form der ‚Wahrheit' von den Inhalten auf der Plattform verlangt: Twitter wird zum größten Teil von Personen mit ihrem individuellen Kommunikationsverhalten genutzt und spiegelt deren Perspektive auf die Realität wider. Zudem dient Twitter zwar häufig zum Verbreiten aktueller Nachrichten; genauso wird die Plattform jedoch in weiten Teilen zur Unterhaltung genutzt: etwa durch persönliche Anekdoten aber genauso durch satirische Kritik oder Parodie, durch fiktionale Inhalte oder durch eine Vermischung von Realität und Fiktion. Weil das Unternehmen Twitter von all diesen Inhalten keine wissenschaftliche Bewährtheit oder eine Korrespondenz mit realen Referenzereignissen erwarten kann, orientiert sich das Unternehmen in weiten Teilen am ‚persönlichen Erlebnis' der Nutzer*innen. Im Zusammenhang mit dem Coronavirus allerdings setzt Twitter durch seine Gemeinschaftsstandards den Inhalten auf der Plattform relativ strikte Grenzen.

7.4 Kurzer Rückblick in die Geschichte der Wahrheitstheorien: Russell, Hempel, Carnap

Vor dem Hintergrund der zahlreichen und vielseitigen Versuche von Twitter Falsches und Wahres zu operationalisieren und zu definieren, lohnt ein, wenn auch nicht systematischer, so doch zielorientierter Blick in die Geschichte der Wahrheitstheorien.[6] Bertram Russell stellte 1912 im Vorfeld seines Wahrheitstheorieentwurfes fest, dass Aussagen (bei ihm „Meinungen") eine Grundvoraussetzung für die Diskussion, ja die Existenz von Wahrheit und Falschheit darstellen (vgl. Russell 2016, S. 64). Erst durch die Differenzierung oder: die Existenz der Ebene der Aussagen, kann durch den Abgleich des in den Aussagen Ausgesagten mit den außerhalb und unabhängig von den Aussagen liegenden Tatsachen festgestellt werden, ob es sich um wahre oder falsche Aussagen handelt (vgl. ebd., S. 64 ff.). Ohne die Ebene der Aussagen und damit das Sprechen über Tatsachen gäbe es zwar Tatsachen, aber keine Wahrheit oder Falschheit (vgl. ebd., S. 64). Russell reduziert Aussagen also allein auf das in ihnen Ausgesagte, ihren propositionalen Gehalt, die sonstige ‚Qualität' von Aussagen spielt bei ihm keine Rolle, was er plakativ am folgenden Beispiel darstellt: „Wenn ich glaube, dass Karl I. im Bett starb, irre ich mich; ganz gleich, […] wieviel Sorgfalt ich darauf verwandt habe, um zu [dieser Überzeugung] zu gelangen; nichts dergleichen kann verhindern, dass sie falsch ist, und dies wiederum wegen eines längst vergangenen Ereignisses und nicht wegen irgendeiner [der Überzeugung inhärenten] Eigenschaft" (ebd., S. 64 f.). Russel vertrat damit offensichtlich die Auffassung, dass die Wahrheit von Aussagen von der Übereinstimmung, sprich Korrespondenz, zwischen Ausgesagtem und den entsprechenden Tatsachen abhängt. Das setzt – und das ist im Folgenden entscheidend – die Möglichkeit eines Vergleichs zwischen beiden Ebenen voraus, was präsupponiert, dass die Ebene der Tatsachen, die materielle Welt also, auch jenseits von Aussagen fassbar ist. Das ist, so viel sei vorweggenommen, nur in recht trivialen Fällen möglich, was im Falle von Twitters Richtlinien zu politischen Wahlen zu sehen ist, in welcher letztlich nur Fakten wie der Ort, Zeitpunkt oder Ablauf von Wahlen als empirisch exakt bestimmbare ‚Tatsachen' betrachtet werden. Davon abweichende Darstellungen lassen sich dann simpel feststellen und ebenso exakt als falsch deklarieren.

---

[6] Als Einstieg in das Thema Wahrheitstheorien kann auch der folgende Kurzüberblick dienen: Zoglauer (2016, S. 28–34).

Zwei Dekaden nach Russell vertrat Carl Hempel 1935 die dahingehend umgekehrte Auffassung, dass „Aussagen [...] niemals mit einer ‚Realität', mit ‚Tatsachen' verglichen" (Hempel 2016, S. 97) werden können, da „niemand von denen, die sich für eine Trennung zwischen Aussagen und Realität aussprechen, [...] präzise angeben [kann], wie sich ein Vergleich zwischen Aussagen und Tatsachen überhaupt soll durchführen lassen, und wie wir uns Gewissheit über die Struktur der Tatsachen verschaffen könnten" (ebd., S. 97 f.). Es überrascht demnach nicht, dass Hempel im Anschluss fragt, wie sich von einem solchen Standpunkt aus Wahrheit beschreiben ließe. Es bedarf offensichtlich, so Hempel, keiner *Korrespondenz*-, sondern einer *Kohärenz*theorie der Wahrheit. Den entscheidenden Schritt hierzu macht dann ein Jahr später (1936) aber Rudolf Carnap, wenn er feststellt, dass „der Unterschied zwischen den beiden Begriffen ‚wahr' und ‚bewährt' (‚bestätigt', ‚(wissenschaftlich) anerkannt') [...] oft nicht hinreichend beachtet" (Carnap 2016, S. 89) werde. Selbst „die Sätze der Wissenschaft sind so beschaffen, dass sie niemals endgültig anerkannt [...] werden können, sondern nur gradweise mehr oder weniger bewährt oder erschüttert werden" (ebd., S. 90). Seine Schlussfolgerung ist dann jene, dass auch „ein wissenschaftlicher Satz nicht einfach als wahr oder falsch bezeichnet werden kann" (ebd., S. 91).

Sowohl Hempel als auch Carnap nehmen mehr oder weniger explizit an, dass Tatsachen, die materielle Welt, nicht unmittelbar wahrgenommen werden können, sondern in Form von Aussagen beschrieben werden bzw. beschrieben werden müssen. Eine besondere Stellung nehmen dabei Sätze der Wissenschaft ein, also ein Teilbereich aller Aussagen über die Welt, die aufgrund ihrer *Qualität* (hierzu gleich) eine *Zwischenebene* zwischen den nicht-wissenschaftlichen Aussagen und der materiellen Welt einnehmen (dazu später). Doch selbst diese wissenschaftlichen Sätze lassen sich nicht bewahrheiten.

Anmerkung: Carnap hat, was vor dem Hintergrund des Wiener Kreises kaum überrascht, Sätze der empirischen bzw. induktiven Wissenschaften im Sinn. Diese haben als Gesetze – grob vereinfacht – einerseits die Form von Allsätzen, andererseits werden sie induktiv aus singulären Sätzen gewonnen und sind das Produkt von Beobachtung und Experiment. Der Schluss auf einen Allsatz von wie vielen singulären Sätzen auch immer ist jedoch unmöglich. Und auch im Nachhinein lässt sich ein Allsatz nicht bewahrheiten, sprich verifizieren (vgl. Carrier 2006, S. 98–132).

Interessanterweise stehen aber auch Wissenschaften, die sich ihrem Selbstverständnis nach nicht die Formulierung von Gesetzen, sondern die Beschreibung (und Interpretation) des Einzelfalles zum Ziel gesetzt haben, vor demselben Problem: Auch deren Sätze können nicht bewahrheitet werden. Sie können sich lediglich bewähren. Das lässt sich gerade an Russells Beispiel, entgegen aber seiner Intention, gut darlegen: Der Sachverhalt, dass Karl I. auf dem Schafott starb und nicht im Bett, ist nichts, was wir oder Historiker*innen beobachten könnten. Man kann lediglich Quellen heranziehen, die besagen, dass Karl I. auf dem Schafott starb. Kann man Quellen aber einfach so trauen? Natürlich nicht. Man muss sie kritisch prüfen, sie gegen andere, andersmeinende Quellen abwägen, ihre Kohärenz mit dem bis dahin rekonstruierten Wissen untersuchen etc. Um mit den Worten Russells zu sprechen (siehe oben) und diesem zugleich zu widersprechen, ist die Sorgfalt, die ich darauf verwandt habe, um zu einer Erkenntnis oder in Russells Sprachduktus: ‚Überzeugung' zu gelangen, doch entscheidend.

Eine Aussage, die sich auf ein Ereignis bezieht, das in der Vergangenheit liegt (und keinem Naturgesetz folgt oder definitorisch wahr ist), kann nicht bewahrheitet, sondern nur bewährt werden. Und das, obwohl dieses Ereignis notwendigerweise stattgefunden oder nicht stattgefunden hat. Obwohl es also eine materielle Welt der Tatsachen gibt, kann nicht einfach so eine Korrespondenz zwischen den Tatsachen dieser Welt und den Aussagen über diese Welt festgestellt werden.

7.5 Bestimmbarkeit des Wahren und Falschen

Heißt das nun, dass man sich im Kontext einer kohärenztheoretischen Wahrheitstheorie von Wahrheit und Falschheit verabschieden muss und demgemäß jede Aussage hinsichtlich ihres Wahrheitsgehalts als unbestimmt zu klassifizieren ist? Mitnichten: Es ist lediglich zu bedenken, dass Aussagen über die Welt nicht wahr sind, sondern lediglich als wahr angenommen werden, weil sie als hinlänglich bewährt gelten. Die Bewährung von Aussagen findet wiederum in Form von Quellen, Texten, (Bewegt-)Bildern, Tonaufzeichnungen etc. statt. Ob eine Aussage als hinlänglich bewährt gelten kann, hängt davon ab, ob deren Herleitung bestimmten Kriterien genügt. Als Kriterien wären zu nennen: Widerspruchslosigkeit, Beweisführung, Methode, Zitation, Recherchetiefe, Autorität etc.[7]

Wenn Twitter demnach Inhalte/Tweets auswählt, sie gesondert anzeigt und damit hervorhebt und diese nicht zuletzt als vertrauenswürdig und/oder als etablierte wissenschaftliche Fakten attribuiert (vgl. Twitter, Inc. 2021a), so liegt diesem System recht eindeutig eine kohärenztheoretische Wahrheitsannahme zugrunde. Den angezeigten Inhalten wird damit die Qualität von hinlänglich bewährten Aussagen zugesprochen/zugeschrieben. Ob diesen Aussagen begründet eine solche Qualität zukommt, ist zunächst mal eine andere Sache.[8] Zunächst ist festzuhalten, dass mit der expliziten Angabe von vertrauenswürdigen, also hinlänglich bewährten und damit als gewissermaßen wahr anzunehmenden Aussagen eine Bestimmung des Falschen in Relation zum Wahren bzw. hinlänglich Bewährtem möglich ist.

Wenn Twitter demnach im Kontext der Kommunikation über politische Wahlen sowie der Kommunikation über das Coronavirus (vgl. hierzu Abschn. 7.3) tatsächlich verlangt,

---

[7] Zu Wahrheitskriterien, insbesondere aber zur Differenzierung von Wahrheitskriterium und Wahrheitsdefinition siehe Zoglauer (2021).

[8] Das ließe sich aber hinsichtlich der oben erwähnten Kriterien untersuchen. Auch wenn der Vollständigkeit halber erwähnt werden muss, dass es sich dabei, auch wenn das Gegenteil unreflektiert angenommen werden könnte, um keine objektive, sondern subjektive oder maximal intersubjektive Untersuchung bzw. Verifizierung handeln würde. Dazu aber erst später.

dass sich die auf der Plattform berichteten Inhalte auf reale Tatsachen beziehen und diese möglichst getreu abzubilden seien, so ist zunächst einmal festzustellen, dass eine solche Bestimmung von Falschheit vor dem Hintergrund wahr klassifizierter Aussagen durchaus möglich ist. Demnach kann dann auch rein logisch betrachtet die Unterlassung von falschen Aussagen gefordert werden, da deren (exakte) Bestimmung vor diesem Hintergrund (allerdings auch nur vor diesem Hintergrund) als möglich angenommen wird und demzufolge auch deren Unterlassung.[9] Und indem Twitter durch die Auswahl bestimmter Inhalte/Tweets ein solches ‚Wahres' definiert, ist Twitters Attribuierung von bestimmten Inhalten als ‚falsch' im Prinzip berechtigt und nachvollziehbar – selbst wenn bzw. gerade dann, wenn es sich nicht um so triviale Sachverhalte handelt wie den Ort und das Datum einer Wahl, sondern um komplexe Informationen rund um eine globale Pandemie.[10]

7.6 Das Verhältnis von Aussagen und Ausgesagtem

Streng genommen kann nicht von wahren und falschen oder als wahr anzunehmenden und falsch anzunehmenden Aussagen gesprochen werden, sondern nur von hinlänglich bewährten Aussagen und nicht-hinlänglich bewährten Aussagen einerseits und wahrem und falschem (und wie zu sehen sein wird: weder wahren noch falschem) Ausgesagtem (vgl. hierzu, zumindest im Ansatz: Klimczak 2021): Während eine Aussage die gesamte Äußerung darstellt, stellt das Ausgesagte lediglich den propositionellen Gehalt einer Aussage dar, ist also nur eine Teilmenge der Aussage, kann aber gerade deshalb, weil es sich lediglich um den propositionellen Gehalt handelt als wahr (bzw. als wahr anzunehmend) oder falsch (bzw. falsch anzunehmend) klassifiziert werden.

Für das Verhältnis von Aussagen und Ausgesagtem gilt dabei grundsätzlich: Erfüllt die Aussage die oben angeführten Bewährtheitskriterien, so kann die Aussage als hinlänglich bewährt angesehen und deren Ausgesagtes demnach als wahr angenommen werden. Es gilt also eine einseitige Implikation zwischen hinlänglich bewährten Aussagen und wahrem Ausgesagten, wobei ersteres letzteres impliziert, aber nicht umgekehrt. Einseitig ist diese Implikation deshalb, weil auch eine Aussage, die nicht entsprechenden Bewährt-

---

[9] Umgekehrt wäre dies gerade nicht möglich bzw. sinnvoll, da etwas Unmögliches nur widersinnigerweise gefordert werden kann. Zumindest geht die Wahrheitstheorie und Logik davon aus, da etwas, was unmöglich ist, keineswegs gefordert werden kann: Das Geforderte wäre nämlich notwendigerweise nicht erfüllbar. Dieser Grundsatz findet sich auch im alten römischen Grundsatz „ultra posse nemo obligatur" wieder.

[10] Als nach den US-Präsidentschaftswahlen im November 2020 der damals noch amtierende Präsident Trump in mehreren Tweets das Ergebnis der Wahl anfocht, markierte Twitter diese Tweets – ähnlich wie die Tweets zum 5G-Corona-Verschwörungsmythos – mit einem auffälligen Warnhinweis, welcher die Inhalte dieser Tweets als „möglicherweise irreführend" bezeichnete. Zudem verlinkte Twitter in diesem Warnhinweis eine Gegendarstellung zu Trumps Behauptung vgl. etwa https://twitter.com/realDonaldTrump/status/1324613181466173440 (letzter Zugriff: 08.11.2020, der Tweet wurde inzwischen von Twitter gesperrt).

heitskriterien genügt, also nicht als hinlänglich bewährt gelten kann, einen wahren propositionellen Gehalt enthalten kann, deren Ausgesagtes wahr sein kann, weil es dem Ausgesagten von Aussagen entspricht, die die entsprechenden Bewährtheitskriterien erfüllen.

Ein einfaches Beispiel: Christian Drosten, der Chefvirologe der Berliner Charité, avancierte im Verlauf der Coronapandemie zu einer regelrechten Kultfigur in Twitter; sein Profil (@c_drosten) wurde gerade in den Anfangsmonaten der Virusausbreitung von mehreren hunderttausend Follower*innen abonniert. Seinen Tweets bzw. seinen Aussagen und Äußerungen kann dabei durchaus eine hinlängliche Bewährtheit attestiert werden, allein schon deshalb, weil Drosten als eine Autorität auf dem Gebiet der Virologie gilt. Entsprechend kann das von ihm Ausgesagte als wahr angesehen werden. In einem Tweet zu einer Studie über die Corona-Mutante B.1.1.7 etwa kommentierte Drosten: „Das sieht leider nicht gut aus" und schlussfolgerte aus seiner Lektüre der Studie: „Kontaktreduktion wirkt also auch gegen die Verbreitung der Mutante".[11] Dieser Tweet wurde mehr als dreitausendmal retweetet, wobei viele Nutzer*innen Drostens Formulierung in Kommentaren aufgriffen, à la: ‚Wenn Drosten sagt, dass es nicht gut aussieht, dann …' Andere Nutzer*innen forderten entsprechend Drostens Schlussfolgerung weitergehende Kontaktbeschränkungen. Allen bzw. fast allen Urheber*innen dieser Retweets und Kommentare kann nicht die gleiche fachliche Autorität und virologische Expertise wie Drosten unterstellt werden, womit deren Aussagen – in der hier benutzten Systematik – auch keine hinlängliche Bewährung zugesprochen werden kann. Das in diesen Retweets und Kommentaren Ausgesagte – die auf Drosten zurückgehende Einschätzung einer wissenschaftlichen Studie – gilt allerdings immer noch als wahr: Der Sachverhalt, dass die Urheber*innen dieser Kommentare (zumeist) keine virologische Qualifikation besitzen und ihren Aussagen keine hinlängliche (wissenschaftliche) Bewährung unterstellt werden kann, führt nicht dazu, dass die von ihnen wiedergegebene und mit persönlichen Perspektiven bekräftigte Einschätzung Drostens deshalb falsch wäre.

Während das Ausgesagte hinlänglich bewährter Aussagen also wahr ist bzw. als wahr anzunehmen ist, kann das Ausgesagte von nicht-hinlänglich bewährten Aussagen wahr sein (bzw. genauer als wahr angenommen werden) – muss es aber nicht. Es kann auch falsch sein oder aber unbestimmt. Zum ersten: Das Ausgesagte einer nicht-hinlänglich bewährten Aussage kann einem wahren bzw. (genauer) als wahr angenommenen Ausgesagten (da das Ergebnis einer hinlänglich bewährten Aussage darstellend) widersprechen. Demgemäß ist dieses Ausgesagte, rein relational, als falsch bzw. als falsch anzunehmen zu klassifizieren. Zum Zweiten: Das Ausgesagte einer nicht-hinlänglich bewährten Aussage kann dem wahren Ausgesagten einer hinlänglich bewährten Aussage weder widersprechen noch entsprechen. In diesem Fall ist das Ausgesagte hinsichtlich seines Wahrheitsgehalts als kontingent einzuordnen. Ein einfaches Beispiel sind (wissenschaftliche) Hypothesen, die sich (noch) nicht hinlänglich bewährt haben. Das gilt streng genommen auch für das obige Beispiel für eine hinreichend bewährte Aussage: Drostens knappe Einschätzung der Studie kann, genauso wie die Studie selbst, nur bedingt als hinlänglich bewährt gelten.

---

[11] https://twitter.com/c_drosten/status/1341155746575245313 [letzter Zugriff: 22.03.2020].

Und damit ist nicht der Sachverhalt gemeint, dass sich das Ausgesagte Drostens, seine Schlussfolgerung der Studie (sowie auch diese) und damit auch sämtliche Retweets und Kommentare dieser als falsch erweisen. In der aktuellen, sehr dynamischen Pandemiesituation, in der auch wissenschaftliche Studien oftmals als Preprint-Versionen ohne Peer Review-Verfahren und/oder ohne weitergehenden Diskussion in der jeweiligen Wissenschaftscommunity medial zitiert und Schlüsse daraus gezogen werden, können auch Aussagen wie jene von Drosten kaum als hinlänglich bewährt gelten. Dennoch wird, und daran zeigt sich das Dilemma, in einem Kontext, der keinen Raum für die etablierten Bewährtheitskriterien in der Wissenschaft lässt, so getan, als ob es sich um hinreichend bewährte Aussagen handelt – nicht zuletzt von gesellschaftlichen Autoritäten und Twitter selbst.

Zusammenfassend lässt sich also hinsichtlich des Verhältnisses von Aussagen und Ausgesagtem sagen, dass hinlänglich bewährte Aussagen ein wahres Ausgesagtes, nicht-hinlänglich bewährte Aussagen hingegen ein wahres oder falsches oder weder-wahres-noch-falsches Ausgesagte enthalten. Umgekehrt ist ein falsches oder weder-wahres-noch-falsches Ausgesagte stets Teil oder Ergebnis einer nicht-hinlänglich bewährten Aussage (Tab. 7.1):

Hintergrundinformationen
Anmerkung: Man könnte auch noch, was hier unterlassen wurde, weder hinlänglich noch nicht hinlänglich bewährten Aussagen, also das Unbestimmt-Sein bzw. den dritten Wert auch noch hinsichtlich der Aussagen (explizit) berücksichtigen. Das ist jedoch (im Gegensatz zum Unbestimmt-Sein auf Ebene des Ausgesagten) funktional gesehen nicht nötig, auch wenn es solche weder hinlänglich bewährten noch nicht hinlänglich bewährten Aussagen offensichtlich gibt. Aus solchen Aussagen kann aber nicht geschlussfolgert werden, dass deren Ausgesagtes wahr ist bzw. als wahr anzunehmen ist. Das Ausgesagte kann, falls es dem Ausgesagten einer hinlänglich bewährten Aussage entspricht, zwar als wahr angenommen werden, woraus jedoch gerade keine Schlussfolgerung hinsichtlich des Status als hinlänglich bewährte oder nicht-bewährte Aussage möglich ist. Entspricht und widerspricht das Ausgesagte hingegen nicht einem wahren Ausgesagten, so ist das Ausgesagte als weder wahr noch falsch einzuordnen.

Man könnte lediglich die Frage stellen, ob weder hinlänglich bewährte noch nicht hinlänglich bewährte Aussagen sich hinsichtlich des Beinhaltens von falschem Ausgesagten unterscheiden. Widerspricht das Ausgesagte einem wahren Ausgesagten, so wäre denkbar, dass die Aussage nicht mehr als weder hinlänglich bewährt noch nicht hinlänglich bewährt zu klassifizieren sei, da sie ja automatisch als nicht bewährt zu gelten habe. Dieser Meinung sind wir allerdings nicht, da sich eine Aussage, obwohl diese ein Ausgesagtes zum Ergebnis hat, das einem wahren Ausgesagtem widerspricht, und damit das Ausgesagte als

Tab. 7.1 Verhältnis von Aussage und Ausgesagtes

Aussage	hinlänglich bewährt	nicht hinlänglich bewährt	
Ausgesagtes	wahr	falsch	weder wahr noch falsch

falsch anzunehmen ist, noch gegen die aktuell als hinlänglich bewährte Aussage durchsetzen könnte (weil es sich ja um eine weder hinlänglich bewährte noch hinlänglich nicht bewährte Aussage und damit gerade nicht um eine nicht hinlänglich bewährte Aussage handelt). Demgemäß entsprechen aber (man ist geneigt zu sagen: ironischerweise) weder hinlänglich bewährte noch nicht hinlänglich bewährte Aussagen hinsichtlich der Kombinatorik der Ausprägungen von Aussagen und Ausgesagtem nicht hinlänglich bewährten Aussagen, obwohl erstere gerade keine nicht hinlänglich bewährten Aussagen sind.

7.7 Die Bestimmung des hinlänglich Bewährten

Problematisch ist, wie zu sehen gewesen sein sollte, nicht die Bestimmung des Falschen. Falsches ist rein relativ zum Wahren zu verstehen und hat man das Wahre bestimmt, so ist die Bestimmung des Falschen kein größeres Problem. Problematisch ist stets, ob das als wahr Gesetzte als wahr angenommen werden kann. Wie zuvor ausgeführt, ist dies nicht korrespondenztheoretisch bestimmbar, sondern nur über die Frage nach der hinreichenden Bewährung. Aber auch das stellt, wie bereits angedeutet, ein Problem dar. Da eine Aussage vor dem Hintergrund bestimmter Kriterien als hinlänglich bestimmt wird bzw. eine Anzahl von Kriterien erfüllen muss, um als hinlänglich bewährt zu gelten, ist die Auswahl der Kriterien entscheidend. Und wie jede Auswahl ist auch diese Auswahl grundsätzlich kontingent, auch wenn die oben angeführten Kriterien wie Widerspruchslosigkeit, Beweisführung, Methode, Zitation, Recherchetiefe, Autorität etc. bezogen auf den Wissensstand oder die normativen (wissenschaftstheoretischen) Vorstellungen unserer Zeit als begründbar und begründet erscheinen. Es gab und gibt aber Kulturkreise, in welchen Schriften bzw. Sprechakte von Göttinnen und Göttern bzw. deren Botinnen und Boten die Qualität einer absoluten Bewährtheit haben.[12] Für die Mitglieder solcher Glaubensgemeinschaften (worunter grundsätzlich auch Anhänger*innen von politischen Ideologien fallen, da sie sich dahingehend nicht merklich unterscheiden) gelten demnach ganz andere Kriterien als wesentlich.

Zudem: Gerade im Kontext von Alltagskommunikation und als solche kann und muss Twitter in seiner diskursiven Praxis angesehen werden, sehen viele Menschen insbesondere solche Aussagen als hinlänglich bewährt an, die mit den eigenen Ansichten wesentlich übereinstimmen. Dieses in der Psychologie (und der Kommunikationswissenschaft) als Selective Exposure bezeichnete Phänomen, ist nicht erst seit dem Aufkommen der Schlagworte Filterblase oder Filter Bubble virulent.[13] Allerdings hat das Phänomen des Selective Exposure im Zuge der Algorithmisierung von Kommunikation eine neue Popularität erfahren, wobei anzumerken ist, dass der durch Algorithmen erzeugten Filterblase zumeist wohl ein Risiko unterstellt wird, das nicht wirklich validierbar ist (vgl. Thies

---

[12] Zumeist werden solche als unumstößlich wahr festgelegte Inhalte als Dogmen bezeichnet. Vgl. für einen historischen wie systematischen Überblick: Wickert und Ratschow (1982).

[13] Vgl. zu den Theorien des Selective Exposure: Stroud (2017).

2017). Für die Content-Moderation auf Twitter, die vor allem auf den Meldungen der Nutzer*innen basiert, wird jedoch vor diesem Hintergrund die häufig subjektive Beliebigkeit der Meldungen sichtbar, sogar dann, wenn Nutzer*innen bemüht sind, vermeintlich objektiv zu handeln. Umgekehrt vermuten viele Nutzer*innen von Onlineplattformen, die von einer Profilsperrung betroffen waren, eine politische Voreingenommenheit der Plattformbetreiber oder dass andere Nutzer*innen sie gezielt denunziert hätten (vgl. West 2018, S. 4373; Suzor et al. 2019, S. 1534). Das alles mag, da es Twitter in diesen Fällen, um das individuelle Nutzer*innenerlebnis geht, hinnehmbar sein, zudem überprüft Twitter diese Meldungen immer und verlässt sich nicht ausschließlich auf das subjektive Empfinden der Nutzer*innen. Dabei bleibt allerdings problematisch, dass die Prüfer*innen dieser Meldungen selbst, solange Twitter nicht explizit bestimmte Aussagen als hinlänglich bewährt und damit deren Ausgesagtes als wahr klassifiziert, in ihrer Auslegung von Twitters Regeln relativ willkürlich, da subjektiv, handeln können.

Entscheidend ist im Kontext von Twitters Maßnahmen jedoch ein anderer Sachverhalt: nämlich, dass es selbst im Bereich der Wissenschaft Schulen und deren Anhänger*innen gibt, die Erkenntnisse anderer trotz besserer Argumente nicht akzeptieren und ihre eigenen Auffassungen durch vielfältige Mechanismen als bewährter zu verteidigen versuchen. Entsprechend gilt, da die Kriterien variieren, dass auch eine exakte Bestimmung des hinlänglich Bewährten und damit auch des Wahren nicht exakt möglich ist. Daraus folgt zum einen, dass das Ausgesagte einer Aussage, die als hinlänglich bewährt gilt, nicht notwendigerweise wahr und damit für immer und ewig wahr ist, zum anderen folgt daraus, dass widersprechendes Ausgesagtes subjektiv (und gar intersubjektiv bezüglich einer Gruppe) wahr sein kann, da die jeweiligen Subjekte der Gruppe nur ihre eigenen Aussagen als hinlänglich bewährt erachten.

7.8 Zurück zu Twitter

Vor dem Hintergrund der (relativen) Variabilität von Bewährtheitskriterien und einem pragmatischen Ansatz der Bestimmung des hinlänglich Bewährten, macht der Ansatz von Twitter, den Informationen bzw. Aussagen der Bundes- und Landesbehörden oder Einrichtungen der Gesundheitsfürsorge und medizinischen Organisationen und selbst – zumindest zum Teil – auch journalistischen Medien, die sich einem gewissen Wahrheitsethos verschrieben haben, den Status einer hinlänglichen Bewährtheit zuzusprechen und das von ihnen Ausgesagte als wahr anzunehmen, Sinn. Ebenso sinnvoll ist es, das Falsche vor diesem Hintergrund zu bestimmen, aber nur zurückhaltend Information explizit als falsch zu attribuieren: Da keine Aussage objektiv als hinlänglich bewährt gelten kann, ist auch kein Ausgesagtes notwendig und für immer wahr und dementsprechend auch dem Widersprechendes notwendig und damit für immer falsch.

Mag ein solches, an sich einen gewissen Grad an Reflexion präsupponierendes Vorgehen für Anhänger*innen korrespondenztheoretischer Wahrheitstheorien beliebig und damit unzufrieden erscheinen, so werden selbst diese zugeben müssen, dass es immer noch sinnvoller, ja befriedigender ist, das Falsche auf eine solche kohärenztheoretische Weise zu bestimmen als mittels Nutzer*innen-Meldungen und Netzwerkzugehörigkeiten (vgl. Abschn. 7.2). Wie gesehen, wird ein wahres Ausgesagtes nicht dadurch falsch, dass es in Aussagen getroffen wird, denen man keine hinlängliche Bewährtheit zuschreiben kann. Es wird nicht einmal dadurch falsch, dass derjenige, der die Aussage traf, selbst mehrheitlich Aussagen mit falschen Aussagegehalten trifft. Es kann sich bei einem solchen netzwerkorientierten Vorgehen maximal um Annäherungen, Heuristiken handeln, die darin begründet liegen, dass tatsächlich die Wahrscheinlichkeit für ein falsches Ausgesagtes in nicht hinlänglich bewährten Aussagen genauso wie in Aussagen, die ansonsten falsche Aussagegehalte transportieren, steigt. Begründet (aber nicht gerechtfertigt!) ist ein solches praktisches Vorgehen aber auch deshalb, weil statistische und damit auch quantitative Verfahren in der Informatik dominieren und sich – allerdings in Ermangelung qualitativer Verfahren – bewährt haben.

7.9 Fazit und Ausblick

Wie gesehen, erscheinen Twitters Gemeinschaftsstandards vor dem Hintergrund dieser wahrheitstheoretischen Reflexion durchaus nachvollziehbar: Während die Richtlinie zu politischen Wahlen noch ein stark vereinfachtes Verständnis von Wahrheit zum Ausdruck bringt, lässt sich die Richtlinie zum Coronavirus implizit als Ausdruck einer Kohärenztheorie von Wahrheit interpretieren. Deshalb erscheint es auch folgerichtig, wenn Twitter nur sehr zurückhaltend Inhalte auf der Plattform eindeutig und explizit als falsch attribuiert, sondern stattdessen gezielt die Sichtbarkeit von verlässlichen Inhalten erhöht. Einzig die Tweets zum 5G-Verschwörungsmythos werden von Twitter eindeutig und explizit als ‚falsch' markiert, wobei die Nicht-Existenz eines Zusammenhangs zwischen 5G-Strahlung und COVID-19-Symptomen relativ unstrittig sein dürfte und Twitter zudem in den Markierungen der Tweets Gegendarstellungen zum Verschwörungsmythos verlinkt – das Falsche wird also relational zum Wahren definiert.

In dem beschriebenen Paradigmenwechsel von Twitters eigenem Verständnis von Wahrheit auf der Plattform deutet sich ein qualitatives Verfahren an, das auf Grundlage von Erkenntnissen der Geisteswissenschaften entwickelt wurde – zumindest lässt es sich auf Grundlage geisteswissenschaftlicher und nicht (nur) IT-wissenschaftlicher Ideologeme plausibilisieren. Die Voraussetzung für die informationstechnische Implementierung solcher geisteswissenschaftlicher Verfahren ist jedoch, dass sie mathematisch modelliert werden, um von Maschinen ausgeführt zu werden.[14] Dass dies nicht unmöglich ist,

---

[14] Es sei denn, man möchte auf in der KI-Forschung aktuell dominierende Ansätze der Künstlichen Neuronalen Netze setzen, hinter denen sich aber einerseits statistische und damit quantitative und gerade nicht qualitative Verfahren verstecken und die andererseits durchaus, wenn auch von der geisteswissenschaftlichen Forschung weniger wahrgenommen, an ihre Grenzen stoßen und die folgerichtig in der aktuellen KI-Forschung, um nicht-statistische, symbolische KI-Modelle ergänzt werden.

zeigt hinsichtlich der Differenzierung von Wahrheit und Falschheit, beides vor dem Hintergrund hinlänglich bewährter Aussagen, ein vor Kurzem entwickeltes mathematisches, konkreter mengentheoretisch, beschriebenes Modell, das zudem auch Faktualität als dritte Kategorie neben Wahrem und Falschem zu unterscheiden und zu erkennen im Stande ist.[15] Damit ließen sich dann selbst fiktionale Äußerungen erfassen und somit ein nicht unwesentlicher Teil der kommunikativen Praxis auf Twitter.

Da Twitter mit seiner Funktion der vertrauenswürdigen ‚Neuigkeiten zu Covid 19' aus verlässlichen Quellen sogar einen Bereich des Wahren auf der Plattform definiert, verfügt das Unternehmen prinzipiell über die notwendigen Komponenten, um ein solches inhalts- und wahrheitsbasiertes, auf geisteswissenschaftlichen Erkenntnissen basierendes, Verfahren zur automatisierten Inhaltsmoderation zu implementieren. Im Vergleich zu bisherigen Maßnahmen zur Content-Moderation könnte dieses Verfahren eines der größten Defizite der aktuellen Verfahren kompensieren, nämlich die mangelnde Transparenz und Nachvollziehbarkeit von Entscheidungen des Unternehmens:[16] Wenn Informationen auf Grundlage eines solchen inhalts- und wahrheitsbasierten Verfahrens als ‚falsch' attribuiert werden, geschähe dies stets, weil die als falsch gesetzte Information im Widerspruch zu einer explizit als wahr angenommenen Information steht, welche dann zur Begründung und Transparenz der Entscheidungen des Unternehmens herangezogen werden könnte.[17] Ob die von Twitter als wahr angenommene oder als wahr gesetzte Information auch von den Personen als wahr angenommen wird, deren Tweets oder Profile Twitter auf dieser Grundlage sperrt, ist eine vollkommen andere Sache.

Literatur

Bloch-Wehba, H. (2020): *Automation in Moderation*. Rochester (NY): Social Science Research Network (SSRN Scholarly Paper No. ID 3521619). https://papers.ssrn.com/abstract=3521619

Carnap, R. (2016): Wahrheit und Bewährung (1936). In: Skirbekk, G. (Hg.): *Wahrheitstheorien. Eine Auswahl aus den Diskussionen über Wahrheit im 20. Jahrhundert*. Frankfurt am Main: Suhrkamp, S. 96–108.

Carrier, M. (2006): Wissenschaftstheorie zur Einführung. Hamburg: Junius, S. 98–132.

Common, M. F. (2020): Fear the Reaper: how content moderation rules are enforced on social media. In: *International Review of Law, Computers & Technology* 34 (2), S. 126–152. https://doi.org/10.1080/13600869.2020.1733762

Eickelmann, J./Grashöfer, K./Westermann, K. (2017): #NETZDG #MAASLOS. Eine Stellungnahme zum Netzwerkdurchsetzungsgesetz. In: *Zeitschrift für Medienwissenschaften* 9 (2), S. 176–185. https://doi.org/10.25969/mediarep/2311

---

[15] Vgl. hierzu die Modellierung in Klimczak (2021).

[16] Vgl. hierzu Common (2020, S. 13, 16) oder Suzor et al. (2019, S. 1539).

[17] Neben der wahrheitstheoretischen Fundierung dieser Verfahren bedarf es dann aber vor allem computerlinguistischer Verfahren zur automatisierten Inhaltsanalyse der Tweets, um die Semantik der Textinhalte adäquat erfassen zu können. Vgl. hierzu auch das Experiment von Luca Hammer in Abschn. 1.2.

Gadde, V./Derella, M. (2020): An update on our continuity strategy during COVID-19. In: blog.twitter.com (https://blog.twitter.com/en_us/topics/company/2020/An-update-on-our-continuity-strategy-during-COVID-19.html) [letzter Zugriff: 19.10.2020].

Gorwa, R./Binns, R./Katzenbach, C. (2020): Algorithmic content moderation. Technical and political challenges in the automation of platform governance. In: *Big Data & Society* 7 (1), S. 1–15. https://doi.org/10.1177%2F2053951719897945

Hammer, L. (25.05.2020) auf *twitter.com*. (https://twitter.com/luca/status/1264834072418942981) [letzter Zugriff: 04.01.2021].

Harvey, D./Gasca, D. (2018): Serving healthy conversation. In: blog.twitter.com (https://blog.twitter.com/en_us/topics/product/2018/Serving_Healthy_Conversation.html) [letzter Zugriff: 19.10.2020].

Hempel, C. (2016): Zur Wahrheitstheorie des logischen Positivismus (1935). In: Skirbekk, G. (Hg.): *Wahrheitstheorien. Eine Auswahl aus den Diskussionen über Wahrheit im 20. Jahrhundert.* Frankfurt am Main: Suhrkamp, S. 96–108.

Katzenbach, C. (2018): *Die Regeln digitaler Kommunikation. Governance zwischen Norm, Diskurs und Technik.* Wiesbaden: Springer VS (Medien-Kultur-Kommunikation). https://doi.org/10.1007/978-3-658-19337-9

Klimczak, P. (2021): Fiction, Fake and Fact. Eine mengentheoretische Modellierung nebst Diskussion dargestellter Welten. In: Klimczak, P./Zoglauer, Th. (Hg.): *Wahrheit und Fake im postfaktisch-digitalen Zeitalter. Distinktionen in den Geistes- und IT-Wissenschaften*, Wiesbaden: Springer Vieweg (im Erscheinen).

Muth, M. (2020): Betrüger wollen auf Biontech-Hype aufspringen. In: Süddeutsche.de (https://www.sueddeutsche.de/digital/biontech-impfstoff-betrueger-twitter-fakes-1.5117492) [letzter Zugriff: 04.01.2021].

Russell, B. (2016): Wahrheit und Falschheit (1912). In: Skirbekk, G. (Hg.): *Wahrheitstheorien. Eine Auswahl aus den Diskussionen über Wahrheit im 20. Jahrhundert.* Frankfurt am Main: Suhrkamp, S. 63–72.

Spiegel, Der (2020): Jair Bolsonaro. Twitter löscht zwei Nachrichten des brasilianischen Präsidenten. In: Spiegel.de (https://www.spiegel.de/netzwelt/netzpolitik/a-60fbb870-f6dc-4585-a671-1dc3ccb4364e) [letzter Zugriff: 19.10.2020].

Stroud, N. J. (2017): Selective Exposure Theories. In: Kenski, K./Jamieson, K. H. (Hg): *The Oxford Handbook of Political Communication.* Oxford: Oxford University Press, S. 531–548.

Suzor, N. P./West, S. M./Quodling, A./York, J. (2019): What Do We Mean When We Talk About Transparency? Toward Meaningful Transparency in Commercial Content Moderation. In: *International Journal of Communication* 13, 18 Seiten. (https://ijoc.org/index.php/ijoc/article/view/9736) [letzter Zugriff: 09.11.2020].

Thies, B. (2017): Mythos Filterblase. In: Kappes, C./Krone, J./Novy, L. (Hg.): *Medienwandel kompakt 2014–2016.* Wiesbaden: Springer, S. 101–104.

Twitter Safety (2019): Defining public interest on Twitter. In: blog.twitter.com (https://blog.twitter.com/en_us/topics/company/2019/publicinterest.html) [letzter Zugriff: 19.10.2020].

Twitter, Inc. (2020a): The Twitter Rules. In: help.twitter.com (https://help.twitter.com/de/rules-and-policies/twitter-rules) [letzter Zugriff: 19.10.2020].

Twitter, Inc. (2020b): Our range of enforcement options. In: help.twitter.com (https://help.twitter.com/en/rules-and-policies/enforcement-options) [letzter Zugriff: 09.11.2020].

Twitter, Inc. (2021a): Neuigkeiten zur Covid-19 Situation in Deutschland. In: twitter.com (https://twitter.com/i/events/1235661905152245761) [letzter Zugriff: 07.01.2021].

Twitter, Inc. (2021b): No, 5G isn't causing coronavirus. In: twitter.com (https://twitter.com/i/events/1246086575043178496) [letzter Zugriff: 04.01.2021].

West, S. M. (2018): Censored, suspended, shadowbanned. User interpretations of content moderation on social media platforms. In: *New Media & Society* 20 (11), S. 4366–4383. https://doi.org/10.1177/1461444818773059

Zoglauer, T. (2016): *Einführung in die Logik formale für Philosophen*. Göttingen: Vandenhoeck & Ruprecht.

Zoglauer, T. (2021): Wahrheitsrelativismus, Wissenschaftsskeptizismus und die politischen Folgen. In: Klimczak, P./Zoglauer, T. (Hg.): *Wahrheit und Fake im postfaktisch-digitalen Zeitalter. Distinktionen in den Geistes- und IT-Wissenschaften*. Wiesbaden: Springer Vieweg (im Erscheinen).

Halt in haltloser Zeit

8

Audio-Podcasts als mediale Leitbilder in der Corona-Krise am Beispiel von *Das Coronavirus-Update* mit Christian Drosten und *Fest & Flauschig Zuhause*

Désirée Kriesch

Zusammenfassung

Angesichts der ansteigenden deutschen Audio-Podcast-Nutzung im Jahr 2020 und der spärlich vorliegenden wissenschaftlichen Literatur zu der Motivation für den Podcast-Konsum oder zu den Interaktionsmöglichkeiten zwischen Podcast-Konsumenten und -Macher*innen werden auf der Grundlage der Uses-and-Gratification-Theorie konkrete Motive für die Rezeption des *Coronavirus-Update* mit Christian Drosten (26. Februar bis 23. Juni 2020) als Wissenschaftspodcast und der *Fest & Flauschig Zuhause*-Ausgaben (18. März bis 23. April 2020) als Unterhaltungspodcast aufgezeigt. Anhand von ausgewählten Sendungsinhalten und kommunikativen Strategien wird exemplarisch illustriert, welche kognitiven Hörer*innen-Bedürfnisse hauptsächlich *Das Coronavirus-Update* adressiert und worin die affektiven, integra-

D. Kriesch (✉)
Institut für Medien- und Kommunikationswissenschaft,
Alpen-Adria-Universität Klagenfurt, Klagenfurt, Österreich
E-Mail: desiree.kriesch@aau.at

tiv-habituellen und medial-interaktiven Motive für die *Fest & Flauschig*-Rezeption begründet sind. Beide Reihen dienen zwar primär der Information oder der Unterhaltung. Dennoch vermögen sie durch die fast tägliche Ausstrahlung im ersten deutschen Lockdown 2020, ihrer Hörerschaft Halt und Orientierung zu geben, und sie ermöglichen den Rezipient*innen, eine solidarische Haltung zur globalen Corona-Krise zu entwickeln.

Schlüsselwörter

Nutzungsmotive · Audio-Podcasts · Uses-and-Gratification-Ansatz · Wissenschaftspodcast · Unterhaltungspodcast · Eskapismus · Parasoziale Beziehung · Mediale Interaktion

8.1 Einleitung

Audio-Podcasts[1] erleben in Deutschland eine Blütezeit und erhalten vonseiten der Nutzer*innen und Medien, z. B. Streaming-Diensten, Verlagen, Podcast-Labels und Radiostationen, zunehmende Aufmerksamkeit. Während im Jahr 2018 drei Prozent der deutschen Gesamtbevölkerung mindestens einmal wöchentlich Audio-Podcasts oder Radiosendungen auf Abruf genutzt haben, hat sich diese Zahl im Jahr 2020 vervierfacht und liegt bei 12 Prozent (vgl. Beisch und Schäfer 2020, S. 471).[2]

Die Gründe für die wachsende Popularität des Medienformats Podcasts sind vielfältig. Vorrangig ist die gestiegene Smartphone-Verwendung in Verbindung mit den digital angebotenen Zugangs- und Distributionsmöglichkeiten wie Social Media, Mediatheken, Audio Streaming-Dienste für die prosperierenden Podcast-Nutzung verantwortlich, die zudem nicht ortsgebunden erfolgen kann (vgl. Kriesch 2019, S. 279). Hervorzuheben ist auch die aktive Gestaltung der Informationsaufnahme, die den Hörer*innen grundlegende Autonomie bei der Mediennutzung ermöglicht, denn die Audio-Inhalte können bedürfnisgerecht ausgewählt, während automatisierter Tätigkeiten und nicht-linear konsumiert werden. Die Rezipient*innen profitieren außerdem von dem weitestgehend kostenfreien Podcast-Angebot, von der Themen- und Perspektivenvielfalt der Podcast-Formate und von deren kulturübergreifender Reichweite.[3]

---

[1] Als eigenständiges Medienformat ist der Audio-Podcast grundlegend eine Wortbeitrag-Sendung, die etablierte Audio-Dateiformate (mp3), Dateiformate (RSS-Feed) und Ausdrucksformen (z. B. Blog) kombiniert und die digital angehört oder heruntergeladen werden kann (vgl. Kriesch 2019, S. 279).

[2] Die Studie des Digitalverbands Deutschland Bitkom aus dem Jahr 2019 stellt fest, dass jeder vierte Befragte (26 Prozent) in einer repräsentativen Umfrage angegeben hat, diese Formate zu hören, während es im Jahr 2018 noch 22 Prozent gewesen sind (vgl. Bitkom 2019, o. S.).

[3] Eine umfassende Übersicht zu den Ursachen für die Popularität von Audio-Podcasts bieten v. a. Spinelli und Dann (2019, S. 7 f.).

Infolge der wachsenden Bedeutung von Podcasting in der deutschen Medienlandschaft fokussieren kritische Auseinandersetzungen zwar vermehrt auf das Potenzial des Mediums als Marketing- (vgl. Domenichini 2018) oder Lerninstrument in der (Hochschul-) Pädagogik (vgl. Hebbel-Seeger 2020). Dennoch existieren neben statistischen Erhebungen zu den demografischen Charakteristika und dem Nutzungsverhalten von Podcast-User*innen (vgl. die jährlich erscheinende ARD/ZDF-Onlinestudie) relativ wenige Beiträge zu der Motivation für die Podcast-Nutzung (vgl. Wiethe et al. 2020) oder zu den Interaktionsmöglichkeiten zwischen Podcast-Hörer*innen und -Macher*innen (vgl. García-Marin und Aparici 2020). Die konkreten Motive für die Mediennutzung zu erkennen, ist insofern relevant als diese den Erfolg diverser Podcast-Reihen erklärbar machen.

Basierend auf dem Uses-and-Gratification-Ansatz (UGA) zur Klärung der Frage, welche Belohnung sich Nutzer*innen von dem Konsum eines Mediums versprechen,[4] intendiert dieser Beitrag aufzuzeigen, wie die Podcast-Reihen das *Coronavirus-Update* mit Christian Drosten als Wissenschaftspodcast und *Fest & Flauschig Zuhause* als Unterhaltungspodcast ihre Hörer*innen bedürfnisgerecht adressieren, um sie nicht nur zu informieren oder zu unterhalten, sondern ihnen während der ersten Lockdown-Phase Halt und Orientierung zu geben. Hierfür wird exemplarisch auf ausgewählte Sendungsinhalte und die kommunikativen Strategien der Podcasts eingegangen, um die kognitiven, affektiven, sozial-interaktiven und integrativ-habituellen Motive für ihre Rezeption zu illustrieren. Überdies wird aufgezeigt, mit welchen Optionen der Partizipation beide Podcasts operieren, um medienspezifisch Gemeinschaft herzustellen und den Zuhörer*innen zu ermöglichen, eine solidarische Haltung zur globalen Corona-Krise zu entwickeln. Aufgrund der bundesweiten Beschränkungen sozialer Kontakte im ersten Lockdown 2020 ist ferner davon auszugehen, dass die Podcast-Rezeption die divers ausgeprägten Nutzerbedürfnisse in einem größeren Maße abgedeckt hat als unter regulären Lebensbedingungen: Obgleich Wiethe et al. (2020, S. 6) das Informations- und das Unterhaltungsbedürfnis zu den zwei wichtigsten Beweggründen für die Podcast-Nutzung im deutschsprachigen Raum zählen, die von dem Verlangen nach „Interaktion und Owness" [sic] gefolgt werden,[5] während die Sehnsucht nach Eskapismus sowie nach ritualisierten, d. h. Stabilität schaffenden, Medieninhalten und nach parasozialen Beziehungen für die Rezeption eher zweitrangig sind, steht zu vermuten, dass sich diese Rangordnung 2020 bei einer Vielzahl von Hörer*innen verschoben hat.

---

[4] Der rezeptionsorientierte Uses-and-Gratification-Ansatz erachtet individuelle Mediennutzer als relativ autonom: Menschen wählen Medien und deren Inhalte zielgerichtet und aktiv aus, um ihre Bedürfnisse zu befriedigen (vgl. Perks und Turner 2018; o. S. und Wiethe et al. 2020, S. 3).

[5] Interaktion bezieht sich bei Wiethe et al. (2020, S. 5) vorrangig auf die aktive Möglichkeit, z. B. die Wiedergabengeschwindigkeit regulieren zu können oder Medieninhalte beliebig oft in Folge oder ausschließlich selektiv zu rezipieren. Dass gehörte, abonnierte oder in der Mediathek kompilierte Podcasts die eigene Persönlichkeit abbilden können, weil sie spezifische Interessen und Hörvorhaben erkennen lassen, subsumieren Wiethe et al. (2020, S. 5) unter dem englischen Begriff ownness, den sie als individuelle Eigenheit verstanden wissen wollen, der semantisch allerdings vielmehr die Eigenschaft oder den Zustand beschreibt, dass einem etwas gehört.

8.2 Das Coronavirus-Update mit Christian Drosten

Nachdem die Weltgesundheitsorganisation (WHO) am 11. März 2021 die Infektionskrankheit COVID-19 als Pandemie deklariert hatte, folgten Einschränkungen des öffentlichen Lebens, Absagen von Großveranstaltungen und persönliche Kontaktbeschränkungen. Durch den umfassenden Umgang mit den durch die Bundesregierung deklarierten Verboten und Regelungen, aber auch durch die medial vermittelten Verhaltensempfehlungen und die voranschreitende Ausbreitung von COVID-19-Fällen „änderten sich die Informationsbedürfnisse und das Nachrichtennutzungsverhalten der Bevölkerung in Deutschland erheblich" (Hölig und Hasebrink 2020, S. 5). Sämtliche Nachrichtenangebote verzeichneten einen großen Zulauf an Nutzer*innen, und die Medienanbieter reagierten auf die gestiegene Nachfrage mit zusätzlichen Angeboten wie Sondersendungen oder neuen Formaten, indem etwa spezielle Wissenschaftspodcasts mit Virologen oder Epidemiologen veröffentlicht worden sind (vgl. Hölig und Hasebrink 2020, S. 5). Auch eine Studie von Bitkom aus dem August 2020 zeigt, dass sich mit der Verbreitung des Coronavirus bei Podcast-Hörer*innen die Themen der konsumierten Inhalte verändert haben: Rund 83 Prozent der Hörer*innen geben an, Podcasts zum Coronavirus zu hören (Bitkom 2020, o. S.).[6]

Eine pragmatische Ursache dafür, dass im Jahr 2020 zahlreiche Deutsche überhaupt mit dem Medium Podcast in Berührung gekommen sind (vgl. Lauterbach 2020, o. S.), ist auf ihr Interesse an der seit dem 26. Februar 2020 ausgestrahlten und vom Norddeutschen Rundfunk produzierten Podcast-Reihe Das Coronavirus-Update mit Christian Drosten zurückzuführen. In der als Wissenschaftskommunikation (science to public) angelegten Sendung erörtert Drosten als Lehrstuhlinhaber und Institutsleiter der Virologie an der Berliner Charité, der auch für die Bundesregierung beratend fungiert, diverse Fragen und Forschungsergebnisse zu COVID-19. Wie er Pandemia (2020, o. S.) berichtet, hat Drosten das Medienformat Podcast vor allem aus praktischen Gründen gewählt, um mit seinem Wissen an die Öffentlichkeit zu gehen. Anstatt zeitaufwendige Interviews mit mehreren Tageszeitungen zu führen, versprach ihm die Reichweite des Podcasts, demokratisch viele Menschen informieren zu können (Rehrmann 2021, o. S.), und er wollte zudem sicherstellen, dass seine Ausführungen nicht, wie in Schlagzeilen oder Zeitungsberichten üblich, stark verkürzt oder politisch motiviert rezitiert werden, sondern direkt und unverfälscht zu rezipieren sind. Die Wissenschaftsredakteurinnen Korinna Hennig und Anja Martini, die den Podcast abwechselnd moderieren, führen das jeweilige Gespräch über eine Interview-App.

Dieser Beitrag beschäftigt sich ausschließlich mit den ersten 50 Folgen der Podcast-Reihe, die zwischen dem 26. Februar und 23. Juni 2020, also über einen Zeitraum von 18 Wochen, ausgestrahlt wurden.[7] Drostens aufklärerische und unentgeltliche Absicht, an der

---

[6] Die repräsentative Umfrage hat 1002 Personen in Deutschland ab 16 Jahren telefonisch befragt

[7] Während der Podcast zwischen dem 26. Februar und 8. April wochentäglich erschien, reduzierte sich die Veröffentlichung der Episoden anschließend bis zum 23. Juni auf zwei Tage die Woche (Ausnahme: 20., 22. und 24. April). Dies hängt zum einen mit Drostens erhöhtem Forschungs- und

Sendung mitzuwirken und einer breiten Öffentlichkeit auf schnellem Wege aktuelle Neuigkeiten zu präsentieren, besteht darin, für die Zuhörer*innen größere wissenschaftliche Zusammenhänge darzustellen, „um das Virus zu verstehen und das, was [...] gerade in unserem Land und weltweit passiert" (Coronavirus Update, 04.03.2020).[8] Dabei stehen wiederholt die Erkenntnisse, Ausprägungen und Fragen zu laufenden SARS-2- und COVID-19-Forschungstätigkeiten im Mittelpunkt. Er äußert sich aber auch ausführlich zu den Aufgaben und dem Verdienst der Labordiagnostik in der gegenwärtigen Situation, zu den Meriten des fachlichen globalen Austauschs mit Kollegen, und er appelliert an die Notwendigkeit von Eigenverantwortlichkeit, Zusammenhalt der Gesellschaft (vgl. Coronavirus-Update, 05.03.2020) und individuellem Improvisationspotenzial (z. B. Coronavirus-Update, 03.03.2020).

Die relativ rasch entwickelte Podcast-Reihe trifft den Nerv der Zeit. Bereits einen Monat nach der Erstausstrahlung begründet Norbert Grundei, Schöpfer der Sendung, deren enormen Erfolg mit mehr als 15 Millionen Abrufen über alle digitalen Plattformen und die steigenden Nutzerzahlen damit, dass der NDR möglichst vielen Menschen die wichtigen, von Drosten vermittelten Informationen zur Verfügung stellen wollte (vgl. Meedia Redaktion 2020, o. S.), weshalb der Podcast nicht exklusiv über die öffentlich-rechtlichen Plattformen, z. B. ARD Audiothek, NDR Info App oder Webseiten des NDR, abrufbar ist, sondern auch über die größten digitalen Anbieter wie Spotify, Apple Podcast und YouTube angeboten wird.[9] Ein Jahr später (Stand: 30. April 2021) gibt es für die bisher ausgestrahlten Episoden mehr als 100 Millionen Abrufe (RedaktionsNetzwerk Deutschland 2021, o. S.), und obgleich Drosten mittlerweile lediglich einmal die Woche und abwechselnd mit der Leiterin des Instituts für Medizinische Virologie am Universitätsklinikum Frankfurt, Professorin Sandra Ciesek, die neuesten Erkenntnisse und Problemfelder zu den veränderten Bedingungen der Corona-Pandemie diskutiert (z. B. Wirksamkeit der Vakzine, Schnelltests oder Mutanten), liegt die Reihe in den Apple iTunes Charts am 30. April 2021 noch immer auf Platz 1 (iTunes Charts 2021, o. S.).

Der Erfolg der Sendung lässt sich vorrangig auf das Zusammenwirken von kognitiven und medial-interaktiven Motiven zurückführen, die ausschlaggebend für die Rezeption sind. Ausgehend von der zu Beginn des Jahres 2020 vorherrschenden allgemeinen

---

Vorbereitungsaufkommen infolge der fortschreitenden Pandemie zusammen. Andererseits sorgte auch seine Erfahrung, mehrfach persönlich für seine Einschätzungen und Empfehlungen angegriffen worden zu sein (neben dem Shitstorm der *Bild*-Zeitung ausgehend vom 25. Mai 2020 sind v. a. Hasskommentare, Diffamierungen oder sogar Morddrohungen über Social Media, E-Mails oder Charité-Kontaktformulare zu nennen) dafür, dass sich Drosten seit dem Sommer 2020 stärker aus der Öffentlichkeit zurückgezogen hat und z. B. auch sein Bild vom Podcast-Cover der nachfolgenden Sendungen entfernen ließ.

[8] Für die Übersichtlichkeit werden zitierte Episoden durch die Kurznotation der Senderehe und erstmaligen Ausstrahlungszeitpunkt angegeben.

[9] Die Episoden belegen bei Apple zwischen 28. Februar und 26. März fortwährend Platz 1; bei Spotify liegt der Wissenschaftspodcast auf Platz 2 hinter Fest & Flauschig (2016-), und auch in der ARD Audiothek sind die Folgen zu ihrem jeweiligen Veröffentlichungszeitpunkt in den Top-Platzierungen.

Unsicherheiten darüber, wie sich die Pandemie regional oder national entwickelt und dem akuten Informationsdefizit darüber, wie hoch beispielsweise die reale Ansteckungsgefahr oder die Übertragungsrate sein könnten, bildet das Bedürfnis nach Wissenszuwachs und konkreten Informationen das primäre Motiv dafür, Drostens Ausführungen via Podcast aufzunehmen. Auch der Wunsch danach, Ordnung in das wahrgenommene reale Chaos bringen zu können, ist ein Grund dafür, dass die Zuhörer*innen den Ausführungen eines ausgewiesenen Experten auf dem Gebiet der SARS-Viren folgen, der sowohl detaillierte Grundlagen und notwendige wissenschaftliche Gedankengänge als auch die konkreten Anwendungsgebiete seines Faches aufzeigt, wodurch der Podcast ein relativ holistisches Verständnis für die Virusinfektion bietet, was zur besseren individuellen Orientierung beiträgt. Förderlich und verhältnismäßig ungewohnt für Rezipient*innen von täglichen oder periodischen journalistischen Corona-Beiträgen ist zudem Drostens vernunftbetonte Vermittlungsabsicht, weder Panik schüren zu wollen (vgl. Coronavirus-Update, 26.02.2020) oder Hysterie zu unterstützen (z. B. Coronavirus-Update, 13.03.2020) noch kontraproduktive Schuldzuweisungen zu machen (vgl. Coronavirus-Update, 05.03.2020), sondern Verständnis dafür herzustellen, dass die medizinischen Aspekte (wie auch die gesellschaftlichen und politischen Gesichtspunkte) bei der praxisnahen Betrachtung von COVID-19-Erkrankungen komplex sind. Mithilfe der Metapher, „dass wir im Prinzip gerade das Schiff zusammenzimmern, während wir lossegeln" (Coronavirus-Update, 28.02.2020), gibt Drosten beispielsweise anschaulich zu verstehen, dass angewandte Wissenschaft in Bezug auf das neue Virus einen Prozess darstellt: Die von ihm vermittelten Fakten basieren zwar auf dem gegenwärtigen Kenntnisstand, sie sind aufgrund der fortschreitenden Forschungstätigkeiten und -auswertungen aber nicht unverrückbar. Gleichwohl kann er begründete Hypothesen aufstellen und Handlungsempfehlungen aussprechen, wodurch die Hörer*innen praktische Leitfäden erhalten.[10]

In diesem Kontext ist ferner relevant, dass Drosten die Rezipient*innen bildungssprachlich und affektiv ansprechend zu erreichen vermag. Beispielsweise erklärt er detailliert wesentliche Fachtermini oder Abstraktionsebenen oder veranschaulicht unübersichtliche Vorgänge, z. B. „die Pandemie ist eine Naturkatastrophe, die in Zeitlupe abläuft" (Coronavirus-Update, 26.02.2020) oder „alles, was wir hier besprechen [Schutzmaßnahmen], ist kein Sprint, sondern ein Marathon" (Coronavirus-Update, 12.03.2020). Überdies pariert er verständig die öffentlich von diversen Gruppen oder Akteuren geäußerten Missbilligungen an den Warnungen vor der Virusgefahr, indem er schließt: „There is no glory in prevention." (Coronavirus-Update, 12.03.2020)

---

[10] Die tagesaktuellen Bezugnahmen auf das Virusgeschehen verlangen Drosten nicht nur eine große Flexibilität in der Schwerpunktsetzung der jeweiligen Episoden ab, seine entweder detaillierten oder breitgefächerten Ausführungen bestimmen individuell auch die unterschiedlichen Gesprächszeiten und somit den zeitlichen Umfang der Podcast-Folgen (die kürzeste Episode misst 28 und die längste 62 Minuten). Das verdeutlicht beispielsweise eine Stärke des Mediums Podcast, keinen festgelegten Sendezeiten oder Werbepausen folgen zu müssen.

Neben seiner wissenschaftlichen Kapazität ist Drosten auch durch seine Rolle als Familienvater insofern lebensnah, als er die individuellen Bedenken der Hörer*innen hinsichtlich etwa der Ansteckungsmöglichkeiten sowie der Gefahren für den Einzelnen oder für die Gesellschaft (vgl. z. B. Coronavirus-Update, 02.03.2020 und 06.03.2020), die in heimischen Szenarien auftreten können, mit einbezieht und relevante medizinische Erklärungen hinsichtlich ihrer Bedeutung für das menschliche Zusammenleben in entsprechenden Kontext setzt. Während Spinelli und Dann (2019, S. 22 f.) hervorheben, dass wissenschaftsjournalistische Podcasts häufig dafür kritisiert werden können, „that [they] lack[…] an awareness of the human relationships and connections that drive scientific work and that shape the way people experience science", ist Drostens Wahrnehmung seiner (inter-)nationalen Fachkollegen und der Rezipient*innen, die er als überwiegende fachliche Laien einschätzen kann und die er unter Umständen darauf hinweist, dass anschließende wissenschaftliche Ausführungen etwas anstrengend werden könnten (z. B. Coronavirus-Update, 19.03.2020), stark ausgeprägt. Im Hinblick auf den Spagat, sowohl Fachkolleg*innen, niedergelassene Ärzt*innen, Apothekenpersonal als auch Durchschnittsbürger oder jugendliche Hörer*innen adäquat zu informieren, vermag er geradeheraus mitunter Fehleinschätzungen einzugestehen oder auf die Grenzen seines Fachgebiets hinzuweisen sowie reduzierte Darstellungen zugunsten des Hörerverständnisses und gegen potenzielle wissenschaftliche Kritik anzukündigen (z. B. Coronavirus-Update, 06.03.2020). Für die Zuhörer*innen beherrscht er überdies, Ordnung in die vielseitigen medizinischen Themen zu bringen, indem er seine Gedankengänge, Argumentationen und Ableitungen mit narrativen Spannungskurven oder Erlebnisberichten mitteilsam gestaltet.[11]

In Bezug auf effektive Interaktionsmöglichkeiten zwischen den Hörer*innen und den Podcast-Macher*innen sind neben dem Feedback über E-Mail oder Social Media und der eingerichteten FAQ-Seite zum Podcast vor allem die Zusendungen von individuellen Fragen relevant, die wegen ihrer neuartigen gesellschaftlichen Brisanz in den ersten Episoden ausführlich und im Verlauf der Zeit unter den Bedingungen der Corona-Krisenentwicklung immer wieder erneut aufgegriffen werden. In einem weitreichenderen gesellschaftlichen Kontext ist überdies hervorzuheben, dass die Punkband ZSK im Juli 2020 den Song „Ich habe Besseres zu tun" veröffentlicht hat, der dem Virologen gewidmet ist und als Zeichen

---

[11] Im Vergleich zu schriftlichen Veröffentlichungen von Forschungsfragen und -schwerpunkten, die für Laien meist schwer zugänglich sind, können Expert*innen ihre wissenschaftlichen Inhalte im Medienformat Audio-Podcast mindestens ebenso ausführlich, wenn nicht gar detaillierter darstellen und dabei als Person hinter ihren Publikationen sichtbar werden. Abhängig vom individuellen Talent können sie die Hörer*innen mit ihren wissenschaftlichen Inhalten fesseln, unterhalten oder das Verstehenwollen von komplexen Zusammenhängen fördern. Während ein Schwerpunkt in der Forschung zu Wissenschaft in Podcasts auf dem Einsatz für Lehre und Lernen liegt (Podcast als Lernmedium) und dabei auf Aspekte wie Motivation und Lernverhalten fokussiert, ist bislang kaum untersucht, welche Bedeutung Podcasts für die Wissenschaftskommunikation haben (vgl. Leander 2020, S. 2). Zu erforschen wäre in diesem Zusammenhang beispielsweise, welche konkreten Mittel der Gesprächsführung oder der immersiven Erzählstrategien die Abwesenheit von visuellen Hilfsmitteln im Wissenschaftspodcast kompensieren können.

der Wertschätzung und Solidarität gegen die Angriffe auf Drosten durch die Boulevardpresse fungiert (vgl. Posener 2020, o. S.). Zudem ist Drosten u. a. im Oktober 2020 mit dem Bundesverdienstkreuz ausgezeichnet worden, „da er national wie international zu den führenden Wissenschaftlern [gehört], denen eine herausragende Rolle bei der Bekämpfung der Corona-Pandemie zukommt […]" und der wichtige und weltweit beachtete Erkenntnisse zum Infektionsgeschehen liefert und „diese auch mit innovativen Formaten der Öffentlichkeit vermittelt" hat (Bundespräsident.de 2020, o. S.). Der u. a. mit dem Grimme Online Award in der Kategorie Information ausgezeichnete Podcast gehört zu den meistbeachteten Medienformaten während der Corona-Krise, da er einer breiten Hörerschaft sachlich kommunizierend profunde und aktuelle wissenschaftliche Erläuterungen liefert, auf deren Basis die Zuhörer*innen individuelle Entscheidungen für ihr Verhalten in der Krise treffen können.

8.3 Fest & Flauschig Zuhause

Als Gegenentwurf zu den bedrückenden COVID-19-Nachrichten und der seit dem 16. März 2020 beginnenden sozialen Kontaktbeschränkungen sendete einer der reichweitenstärksten deutschen Unterhaltungspodcasts – Fest & Flauschig mit Satiriker Jan Böhmermann und Singer-Songwriter Oliver Schulz – zwischen dem 18. März und dem 26. April fast täglich die Spezialausgaben Fest & Flauschig Zuhause,[12] um den Hörer*innen in der herausfordernden Phase der sozialen Isolation oder einer möglichen persönlichen Überforderung beim täglichen Kampf des Koordinierens von Home Office, Lebensgemeinschaft und Homeschooling Halt und Orientierung zu geben.

Das erfolgreiche Podcast-Genre des „Co-Host Chatcast" (Spinelli und Dann 2019, S. 4) oder, salopp formuliert, des „Laber-Podcast" (Eder 2021, S. 48) haben Böhmermann und Schulz in Deutschland zwischen September 2012 und April 2016 tonangebend durch ihre sonntags auf Radio Eins (RBB) ausgestrahlte Sendung Sanft & Sorgfältig mit etabliert, bevor sie im Frühjahr 2016 zum Streaming-Dienst Spotify wechselten und dort seither ihr bewährtes Gesprächsformat unter neuem Namen ebenfalls sonntags veröffentlichen.[13] Charakteristisch für die Podcast-Plaudereien von Böhmermann und Schulz sind sowohl ihre frechen und subjektiven Sichtweisen auf das aktuelle politische, popkulturelle oder gesellschaftliche Zeitgeschehen als auch ihre solipsistische Beschäftigung mit Banalitäten oder Erlebnissen aus ihrem Berufsleben. Zudem sind ihre Dialoge häufig geprägt

---

[12] Zusätzlich zu ihrer regulären ein- bis anderthalbstündigen Sonntag-Episode und der rund 30-minütigen Mittwoch-Episode produzierten sie für rund fünf Wochen ebenfalls zwischen 28- und 50-minütige Podcast-Folgen, die dienstags, donnerstags und freitags ausgestrahlt wurden.

[13] Für das Unternehmen Spotify war diese Geschäftsform einer exklusiven Eigenproduktion global gesehen die erste, und im Jahr 2018 war die Sendung sogar der weltweit meist gestreamte Spotify-Podcast. Auch 2019 rangierte die Reihe unter den zwei global meist gehörten Podcasts von Spotify (vgl. Sprenger 2018, o. S.; Meedia Redaktion 2019, o. S.).

von absurden Exkursen und Vergleichen oder fiktionalisierten Anekdoten. Der Erfolg des Podcasts basiert offensichtlich auf dem Sendungskonzept, dass die Moderatoren bedingt durch ihre voneinander entfernten Wohnorte in Berlin und Köln meistens per Audio-App miteinander sprechen, wodurch sie effektiv die Intimität eines Telefonats reproduzieren. Mehr noch ist aber der (scheinbare) Kontrast zwischen den beiden Persönlichkeiten sowie ihre (vermeintliche) Authentizität und ihre Erfahrung im Showgeschäft ausschlaggebend dafür, dass Fest & Flauschig großen Anklang findet, wobei die Zielgruppe zwischen 25 und 40 Jahren liegen dürfte. Vereinfacht gesagt agiert Schulz meist emotional, während Böhmermann überwiegend wortgewandt und zynisch argumentiert. Beide eint ihr humanistisches Weltbild, ihre zur Schau gestellte Spontaneität oder Launenhaftigkeit, ihre norddeutsche Herkunft sowie ihre Selbstironie. Zudem tragen ihr schwarzer Humor, ihr kritischer Blick auf Medien oder historische Ereignisse und ihr Hang für hyperbolische und einnehmende Erzählungen dazu bei, die Hörer*innen zu amüsieren, zu provozieren oder zu informieren und somit wirkungsvoll einzubinden. Auch zeichnet sich die Podcast-Reihe durch ihr Konzept aus, etablierte Versatzstücke und Variabilität zu vereinen.[14]

Nachfolgend wird illustriert, welche affektiven, kognitiven, integrativ-habituellen und medial-interaktiven Motive durch die Sendungsgestaltung von Fest & Flauschig Zuhause zusammenwirken und für die Hörer*innen bedient werden, die beispielsweise Eder – auch bedingt durch die sozial isolierenden Corona-Maßnahmen – zu der Erkenntnis bewegen: „Ich habe 2020 länger Olli Schulz und Jan Böhmermann zugehört als meinen besten Freunden" (2021, S. 48).

Die Motive der Podcast-Macher, die Reihe fast zeitgleich mit dem ersten in Deutschland einsetzenden Lockdown nahezu täglich auszustrahlen, basieren zum einen auf Böhmermanns und Schulz' Wunsch, die Hörerschaft humoristisch zu unterhalten (z. B. F&F, 19.03.2020)[15] und als Anker im neu eingekehrten Alltag zu fungieren (z. B. F&F, 02.04.2020). Auch bietet die Podcast-Erstellung den beiden die Möglichkeit, weiterhin professionell verbindlich zu agieren sowie quasi therapeutisch über die eigenen Gefühle (z. B. F&F, 18.03.2021), neuwertige Eindrücke, Bedenken oder Ängste zu sprechen, in denen sich wiederum die Hörer*innen erkennen oder unterstützt fühlen. Neben diesen empathischen Motiven gehören für die Rezipient*innen v. a. der Wunsch nach Eskapismus und Ablenkung zu den gefühlsbetonten Ursachen, in die parallele Welt der Medienmacher inklusive derer humorvoll vorgetragenen Überlegungen zum Umgang mit Kindern im schulpflichtigen Alter (F&F, 18.03.2020) oder zu Bewegungsmangel (F&F, 27.03.2020)

---

[14] Einzelne Rubriken gelten als feste, obgleich nicht regelmäßig verwendete, Bestandteile (z. B. ‚Die großen 5' und kurze Audio-Einspieler zwischen Aufnahmepausen, die verbale Statements von öffentlichen Personen beinhalten), während andere wieder verworfen werden (z. B. Party Hopping). Ebenso wird die musikalische Introduktion relativ regelmäßig kreativ angepasst, der Abspann bleibt indes gleich. Eher selten werden prominente Gesprächsgäste eingeladen oder Sponsoring vor Beginn und nach der Sendung eingespielt. Musikalische Empfehlungen werden kontinuierlich von beiden oder gelegentlich von Gästen auf der separaten Fidi & Bumsi-Playliste bei Spotify hinterlegt.
[15] Zitierte Episoden werden nachfolgend aus Gründen der Übersichtlichkeit mittels Kurznotation der Sendereihe und erstmaligem Ausstrahlungszeitpunkt angegeben.

einzusteigen. Überdies gelten für die Hörer*innen u. a. die überraschenden Possen (F&F, 19.03.2020) und kurzen, witzigen Peinlichkeiten, der sexuell anzügliche Humor (z. B. F&F, 25.03.2020) sowie die gelegentlichen, in die Sendung dazu geschalteten Gäste als vielfältige Varianten der Unterhaltung. Aber auch der Auslösemechanismus, eigene Kindheits- oder Jugenderinnerungen aufzurufen, wenn die Moderatoren retrospektive Betrachtungen ihres jüngeren Lebens oder nostalgisch bedeutende kulturelle Erlebnisse teilen (z. B. F&F, 25.03.2020), gehört zu den angenehmen Effekten während des Podcast-Konsums.

Demgegenüber fungieren die von Böhmermann und Schulz vermittelten gesellschaftspolitischen Denkanstöße für die Rezipient*innen als kognitive Befriedigung. So vermitteln etwa das Interview mit Christian Drosten (F&F, 18.03.2020) oder der ausdrückliche Hinweis, dass die Hörer*innen für seriöse Corona-Berichterstattung besser den öffentlich-rechtlichen Medien oder ausgewählten Tageszeitungen folgen (F&F, 19.03.2020) sowie die in der Sendung geführten Diskussionen zur gegenwärtigen Abschiebung von Flüchtlingen (F&F, 20.03.2020) oder zur ausgesetzten Klimaschutzbewegung (F&F, 17.06.2020) vielseitige und lohnende Informationen. Neben dem Bedürfnis der Rezipient*innen, über nationale und internationale Ereignisse auf dem Laufenden gehalten zu werden, wodurch z. B. Empathie oder solidarischer Aktivismus entstehen können, fungieren auch diverse alltagsbezogene Empfehlungen als orientierende Handlungshilfe (u. a. Tipps zu interessanten Serien, Dokumentationen und Romanen oder Hinweise zum Strukturieren des Zusammenlebens sowie die Weitergabe von Kochrezepten). Die Fest & Flauschig-Episoden sind zudem ein Spiegel der Zeit, denn die Moderatoren diskutieren neben politischen Ereignissen auch Social Media-Trends, nehmen ihr Image als weiße alte Cis-Männer selbstkritisch auf die Schippe (z. B. F&F, 25.03.2020) und spotten über bzw. adaptieren die aktuelle Jugendsprache, wodurch sie wiederholt Hörergruppen ansprechen, von denen sie ähnliche Ansichten erwarten. Berscheid und Walster (1978, S. 88) heben hervor, „[w]hen we discover that others share our beliefs and attitudes, it is satisfying; we like them", weshalb beispielsweise Einstellungsähnlichkeiten zwischen den Podcast-Moderatoren und -Hörer*innen eine regelmäßige Rezeption der Sendung positiv verstärken.

Dessen ungeachtet erwächst aus dem etablierten Sendeplatz (veröffentlicht werden die Sendungen kurz nach Mitternacht) und der erhöhten Frequenz der Ausstrahlung für die Rezipient*innen die Belohnung zur Mediennutzung als integrativ-habituelles Motiv, da sie sich den Episoden kontinuierlich und selbstbestimmt zuwenden können, wodurch wiederum Stabilität im Alltag entstehen kann.

Die Aufforderungen an die Hörerschaft, über E-Mail oder Social Media eigene Kommentare und Anregungen einzusenden oder sich rücksichtsvoll und sozial zu verhalten,[16]

---

[16] Konkret rufen beide die Zuhörer*innen beispielsweise dazu auf, nicht nach draußen zu gehen, keine Hamsterkäufe zu tätigen (F&F, 19.03.2020), die lokale Obdachlosenhilfe zu unterstützen (F&F, 20.03.2020), Nachbarschaftshilfe anzubieten (F&F, 25.03.2020), Zivilcourage aufzubringen, die Einhaltung der Corona-Maßnahmen im Umgang mit anderen einzufordern (F&F, 25.03.2020) oder bei individueller Überforderung die Telefonseelsorge in Anspruch zu nehmen (F&F, 25.03.2020).

gehören zu Böhmermanns und Schulz' Strategien, die Rezipient*innen in die Sendungsgestaltung einzubeziehen, woraus reziprok für die Hörer*innen mehrere sozial-interaktive Veranlassungen resultieren, Fest & Flauschig Zuhause regelmäßig zu folgen. Obwohl die direkte Kommunikation durch die Podcaster wie bei Schauspielern einseitig aufgebaut ist, können sich die Hörer*innen zum einen einer sozialen Gruppe zugehörig fühlen, wenn sie in ihrem realen Alltag die Sendungsinhalte mit gleichgesinnten Hörer*innen (digital) diskutieren. Zum anderen können sie sich mit den Moderatoren oder ihrem Weltbild derart identifizieren, dass sie sich ihnen freundschaftlich bzw. parasozial verbunden fühlen und über E-Mail oder Social-Media-Kanäle direkten Kontakt aufnehmen können. Insbesondere durch die direkte und wiederholte Ansprache der Rezipient*innen, durch vereinzelte auf sie ausgerichtete Verhaltensweisen oder durch die Wahrnehmung vonseiten der Hörer*innen, dass sie die Moderatoren ähnlich gut wie soziale Freunde kennen und verstehen, kann die Illusion des persönlichen Kontakts entstehen, den Horton und Wohl (1956) als parasoziale Interaktion fassen und als entschieden einseitig charakterisieren. Wie Eder (2021, S. 48) hinsichtlich des Erfolgs von Podcasts im Jahr 2020 mit Bezugnahme auf die Geschäftsführerin Ines Imdahl vom Marktforschungsinstitut Rheingold Salon hervorhebt, vermochte dieses Medium speziell im Lockdown ein individuelles Freiheitsgefühl zu vermitteln, sich trotz Isolation aus der Realität wegzuhören und menschlichen Kontakt zu haben, da die Moderator*innen als Gefährten empfunden werden. Ebenfalls relevant für den Erfolg der Sendung ist, dass für die Rezipient*innen eine relativ große Nähe zu den Moderatoren entsteht, weil sie ihnen intensiv zuhören müssen, um Zusammenhänge aus dem Erzählten herzustellen, woraus Eder bezugnehmend auf Imdahl schließt, dass Menschen Geschichten und Zusammenhänge für die psychische Gesundheit benötigen (vgl. 2021, S. 48).

Fest & Flauschig Zuhause bot den Hörer*innen diverse Möglichkeiten der freiwilligen und öffentlichkeitswirksamen Partizipation am Podcast-Geschehen. Beispielsweise sind die Hörer*innen dazu ermuntert worden, musikalische Einleitungen für die Sendungen zu erstellen (einige sind auch ein- oder mehrmals anstelle des regulären Vorspanns gespielt worden) oder scherzhaft dazu aufgerufen worden, sich für das Gemeinschaftsgefühl am 29. März 2020 zwischen 18 und 19 Uhr selbst zu befriedigen (die dazugehörigen Hashtags #ididit #festundflauschig gehörten anschließend zu den Trending Topics des Tages auf Twitter).

Besonders durch die Reaktion der Hörer*innen auf die wiederholte Bitte, über E-Mail oder Social Media-Kanäle zu schreiben,[17] „wie eure [ihre] Situation gerade ist" (F&F, 10.03.2020) und durch das Vortragen der Zuschriften in den Sendungen gelingt es dem Podcast im Verlauf der Corona-Krise, informativ und schonungslos offen, vielfältige

---

[17] Für Spotify ist das Feedback aus unternehmenstechnischer Sicht relevant, weil dadurch ein Überblick zu Nutzerzahlen oder Hörerprofilen entsteht.

Befindlichkeiten darzustellen, die ein relativ breites demografisches und berufliches Spektrum abdecken.[18]

Als ein weiteres unterhaltsames und vereinzelt ebenfalls die Rückmeldungen der Rezipient*innen annehmendes Projekt produzierten die Moderatoren auf Schulz' Initiative auch ein Hörspiel, das als erotischer Mystery-Thriller im Yogagewerbe angesiedelt ist (z. B. F&F, 19.03.2020). In einzelnen Episoden schlüpfen Böhmermann und Schulz in die Rolle der zwei fiktiven männlichen Kontrahenten, die sich in eine Yogalehrerin in der brandenburgischen Provinz verlieben. Das männliche Dominanzverhalten wird in der Geschichte ebenso karikiert wie die Stereotypisierung der Yogalehrerin als naives Sexualobjekt mit ökologisch nachhaltiger Lebensweise. Zu den bisweilen absurden Interaktionen und Handlungsverläufen gesellen sich nachfolgend einige Nebenfiguren, die von den in der jeweiligen Episode zugeschalteten Gästen Bjarne Mädel, Kathrin Bauerfeind, Sascha Draeger und Peter Knorr in verteilten Rollen vorgetragen werden. Diese Beiträge sind postproduktiv bearbeitet und als komplettes 70-minütiges Hörspiel „Die Yogalehrerin" in der Podcast-Folge am 5. Juli 2020 veröffentlicht worden.

8.4   Fazit

Beide Podcast-Reihen dienen nicht ausschließlich dem Zweck, zu informieren oder zu unterhalten, sondern sie vermögen aufgrund ihrer verschiedenen Genres, unterschiedliche Zielgruppen anzusprechen. Zudem vermitteln sie ihren Hörer*innen durch die sachliche Sprache der Wissenschaft oder durch die respektlose Blödelei und gesellschaftskritische Auseinandersetzung mit der Gegenwart fast täglich relevante Neuigkeiten und Beständigkeit in Zeiten der Krise. Beide Sendeformate gehören zu den drei erfolgreichsten deutschen Podcasts des Jahres 2020 und können als mediale Leitbilder in der Corona-Krise gelten. Für das Hören von *Fest und Flauschig Zuhause* spielen vermutlich die Sehnsucht der Rezipient*innen nach Eskapismus, parasozialen Beziehungen oder nach Stabilität schaffendem regelmäßigem Konsum von Medieninhalten eine größere Rolle als für die Nutzung des Coronavirus-Update mit Christian Drosten.

Die Rezeption von Audio-Podcasts als Begleitmedium unterscheidet sich grundlegend von der Nutzung des klassischen Mediums Radio, weil die Hörer*innen ihre selektierten Audioinhalte oftmals über Kopfhörer, mit hoher Aufmerksamkeit und geringer Unterbrechung rezipieren. Wie Spinelli/Dann hierzu feststellen: „Podcast listeners listen closely

---

[18] Hierzu zählen u. a. die derzeitigen Sorgen eines stark Seh- und Gehbehinderten (F&F, 19.03.2020), der Aufruf einer Krankenschwester zur bundesweiten Blutspende (F&F, 25.03.2020), die Bedenken einer Jugendamt-Mitarbeiterin, dass häusliche Gewalt gegen Kinder Überhand nehmen könnte und der Appell, notfalls die örtliche Beratung in Anspruch zu nehmen (F&F, 25.03.2020), die Kritik einer Supermarkt-Angestellten an dem rücksichtslosen Kundenverhalten (F&F, 25.03.2020), die für Verständnis ihrem Berufsstand gegenüber werbende Bitte einer Polizistin (F&F, 26.03.2020) oder den für mehr berufliche Wertschätzung bittenden Flugbegleiter, der im Bewusstsein des hohen Corona-Risikos derzeit deutsche Bürger*innen aus dem Ausland zurück holt (F&F, 27.03.2020).

and are potentially more engaged with their experience. This kind of intensified engagement is also aided by the fact that podcasting can and does typically pursue more highly defined and niche audiences than radio" (2019, S. 37). Podcasts, die überwiegend wie Video-on-Demand über Medienunternehmen vertrieben werden, können viele Nischeninteressen bedienen, sodass die Hörer*innen als „much more ‚knowable' than the radio audience" erachtet werden[19] und insbesondere die Interaktion in Fangemeinden intensiver ist (Spinelli und Dann 2019, S. 13–14). Mit Blick auf das Engagement der Podcast-Hörer*innen ist deren potenzielle Medienpartizipation hervorzuheben: Durch das Vorschlagen oder Kommentieren von Sendungsinhalten und das Stellen von Fragen beeinflussen die Rezipient*innen aktiv das Medienhandeln der Moderator*innen der in diesem Beitrag besprochenen Podcast-Formate, denn diese integrieren das Feedback wiederum konstruktiv in die nachfolgende Sendung. Überdies ist nicht zu unterschätzen, dass die Hörerschaft Moderatoren mit einer persönlichen Note bzw. unverfälscht wirkende mediale Figuren bevorzugt, um sich affektiv an sie zu binden und dass sie keineswegs als passive, sondern als aktive Zuhörer*innen reagieren (vgl. auch Lacey 2013, S. 3 ff.). In diesem Kontext ist relevant, dass die Moderator*innen beider Podcast-Reihen die Rolle der Medien in der angespannten Situation kritisch reflektieren und dafür plädieren, dass vereinzelte unseriöse mediale Praktiken in der Corona-Berichterstattung zugunsten von verantwortungsvollerem Handeln im Nachrichten- und Meinungswesen weichen sollten. Dies hat zur Folge, dass auch die Hörerschaft dazu angeleitet wird, sich darüber bewusst zu werden, dass Qualitätsjournalismus und ein kritischer Umgang mit Informationsmedien dazu beitragen, gesellschaftliche Stabilität und individuelle Beständigkeit in der Realitätseinschätzung zu erhalten (vgl. Coronavirus-Update, 23.03.2020).

Literatur

ARD/ZDF-Onlinestudie (2021): ARD/ZDF-Onlinestudie 2020: Zahl der Internetnutzer wächst um 3,5 Millionen. In: ARD/ZDF (https://www.ard-zdf-onlinestudie.de/ardzdf-onlinestudie/pressemitteilung/) [letzter Zugriff: 3.03.2021].

Beisch, N./Schäfer, C. (2020): Internetnutzung mit großer Dynamik: Medien, Kommunikation, Social Media. In: Media Perspektiven 9/2020, korrigierte Fassung vom 1. November 2020 (https://www.ard-werbung.de/fileadmin/user_upload/media-perspektiven/pdf/2020/0920_Beisch_Schaefer_2020-11-1.pdf), S. 462–481.

Berscheid, E./Walster, E. H. (1978): *Interpersonal Attraction*. Reading (MA): Addison-Wesley.

Bitkom (2020): Podcast-Boom hält an. In: Bitkom (https://www.bitkom.org/Presse/Presseinformation/Podcast-Boom-haelt-an) [letzter Zugriff: 3.03.2021].

Bitkom (2019): Jeder Vierte hört Podcasts. In: Bitkom (https://www.bitkom.org/Presse/Presseinformation/Jeder-Vierte-hoert-Podcasts) [letzter Zugriff: 3.03.2021].

Coronavirus-Update (2020–), NDR (https://www.ndr.de/nachrichten/info/podcast4684.html).

---

[19] Zudem sind die Zuhörer*innen im digitalen Zeitalter angesichts der Nutzerdaten-Auswertung durch die Streaming Dienst-Anbieter und die Podcast-Macher*innen statistisch umfangreicher erfassbar als das Publikum eines analogen Radios.

Bundespräsident.de (2020): Ordensverleihung ‚Vereint und füreinander da'. (https://www.bundespraesident.de/SharedDocs/Berichte/DE/Frank-Walter-Steinmeier/2020/10/201001-Verdienstorden-TdDE.html) [letzter Zugriff: 3.03.2020].

Domenichini, B. (2018): Formen und Wirkungsweise von Werbung in Podcasts. In: Media Perspektiven 12/2018, S. 583–586. (https://www.ard-werbung.de/media-perspektiven/fachzeitschrift/2018/artikel/formen-und-wirkungsweise-von-werbung-in-podcasts/) [letzter Zugriff: 18.01.2021].

Eder, S. (2021): Stimmen hören. In: *FAZ-Magazin*, Februar 2021, S. 48–49.

Fest & Flauschig (2016–). Spotify.com. (https://open.spotify.com/show/1OLcQdw2PFDPG1jo-3s0wbp).

García-Marin, D./Aparici, R. (2020): Domesticated voices and false participation: Anatomy of interaction on transmedia podcasting. In: *Comunicar* (28)63, S. 97–107.

Hebbel-Seeger, A. (2020): Technologien und Techniken in der (Online-)Lehre: Video, PodCast und Partizipation. In: U. Dittler/Kreidl, C. (Hg.): *Wie Corona die Hochschullehre verändert*. Wiesbaden: Springer Gabler, S. 259–280.

Hölig, S./Hasebrink, U. (2020): Reuters Institute Digital News Report 2020 – Ergebnisse für Deutschland. Unter Mitarbeit von Julia Behre. Hamburg: Verlag Hans-Bredow-Institut, Juni 2020 (Arbeitspapiere des Hans-Bredow-Instituts | Projektergebnisse Nr. 50).

Horton, D./Wohl, R. R. (1956): Mass Communication and Para-Social Interaction: Observations on Intimacy and Distance. In: *Psychiatry* 19, S. 215–229.

iTunes Charts, 30.04.2021. (http://www.itunescharts.net/ger/charts/podcasts/2021/04/30) [letzter Zugriff: 12.06.2021].

Kriesch, D. (2019): Only Connect: Zur ästhetischen und kommunikativen Wirkung erotischen Erzählens am Beispiel des US-amerikanischen Podcasts ‚Bawdy Storytelling'. In: S. Bach (Hg.): *Erotik in Literatur und Theater*. Trier: WVT, S. 279–290.

Lacey, K. (2013): *Listening Publics – The Politics and Experience of Listening in the Media Age*. Cambridge: Polity.

Lauterbach, J. (2020). Drosten zeigt die offenen Punkte auf. In: Welt (https://www.welt.de/regionales/hamburg/article222989736/Podcast-Coronavirus-Update-Drosten-zeigt-die-offenen-Punkte-auf.html) [letzter Zugriff: 3.03.2021].

Leander, L. (2020). Wissenschaft im Gespräch. Wissensvermittlung und -aushandlung in Podcasts. In: kommunikation@gesellschaft, 21(2), (https://doi.org/10.15460/kommges.2020.21.2.621) [letzter Zugriff: 10.06.2021]

Meedia Redaktion (2020): Über 15 Mio. Abrufe: Der gewaltige Erfolg des ‚Coronavirus Update' mit Professor Christian Drosten. In: Meedia (https://meedia.de/2020/03/26/ueber-15-mio-abrufe-der-gewaltige-erfolg-des-coronavirus-update-mit-professor-christian-drosten/) [letzter Zugriff: 3.03.2021].

Meedia Redaktion (2019): ‚Gemischtes Hack' und ‚Fest & Flauschig' gehören zu den meist gestreamten Spotify Podcasts weltweit. In: Meedia (https://meedia.de/2019/12/03/gemischtes-hack-und-fest-flauschig-gehoeren-zu-den-meist-gestreamten-podcasts-bei-spotify-2019/) [letzter Zugriff: 3.03.2021].

Pandemia (2020–). Deutschland – Christian Drosten im Schnelltest. In: Viertausendhertz (https://viertausendhertz.de/pan12/) [letzter Zugriff: 3.03.2021].

Perks, L. G./Turner, Jacob S. (2018): Podcasts and Productivity: A Qualitative Uses and Gratifications Study. In: *Mass Communication & Society* 22(1), S. 96–116.

Posener, A. (2020): ‚Wissenschaft ist immer unabgeschlossen'. In: Deutschlandfunk Kultur (https://www.deutschlandfunkkultur.de/alan-posener-ueber-drosten-und-die-bild-zeitung.2950.de.html?dram:article_id=477403) [letzter Zugriff: 7.03.2020].

RedaktionsNetzwerk Deutschland (2021): NDR-Podcast ‚Coronavirus-Update' über 100 Millionen Mal abgerufen. In: RND (https://www.rnd.de/medien/ndr-podcast-coronavirus-update-uber-100-millionen-mal-abgerufen-NDHIC6D52FH7DILYRD3UCENRXI.html) [letzter Zugriff: 12.06.2021].

Rehrmann, M.-O. (2021): Ein Jahr Podcast Coronavirus-Update: So fing alles an. In: NDR (https://www.ndr.de/nachrichten/info/Ein-Jahr-Podcast-Coronavirus-Update-mit-Christian-Drosten-So-fing-alles-an,coronavirusupdate160.html) [letzter Zugriff: 3.03.2021].

Spinelli, M./Dann, L. (2019): *Podcasting: The Audio Media Revolution*. London, New York: Bloomsbury.

Sprenger, T. (2018): ‚Fest & Flauschig' weltweit meist gestreamter Spotify-Podcast 2018. In: Radiowoche, 6.12.2018 (https://www.radiowoche.de/fest-flauschig-weltweit-am-meisten-gestreamter-spotify-podcast-2018amter-spotify-podcast-des-jahres/) [letzter Zugriff: 3.03.2021].

Wiethe, L. et al. (2020): Zwischen Unterhaltung und Interaktion: Über das Warum der Podcast-Nutzung. In: kommunikation@gesellschaft, 21(2), (https://doi.org/10.15460/kommges.2020.21.2.629) [letzter Zugriff: 18.01.2021].

Ernährungsbotschaften im #corona-Diskurs auf Twitter

Charmaine Voigt und Tobias D. Höhn

Zusammenfassung

Der Beitrag stellt die Frage, inwieweit die erhöhte Relevanzzuschreibung von Ernährung innerhalb der Corona-Krise auf Twitter kommunikativ sichtbar wird. Grundlage der Analyse ist ein Datensatz, der im 14 Tage Rhythmus des zweiten Halbjahrs 2020 generiert wurde. Mittels einer Netzwerkanalyse sollen gewichtige Stimmen und deren Beziehungen innerhalb des Diskurses identifiziert werden. An 14 Stichtagen wurde ein Gesamtdatensatz von 774 Tweets erhoben. Vier übergeordnete Themen (u. a. Impfstoff, Fleischkonsum) und zwei Randthemen (Kochen, Bewegung) wurden identifiziert. Private Accounts ergeben die größte Gruppe, was in Anbetracht der geringen Nutzung der deutschen Gesamtbevölkerung bemerkenswert ist. Ein Erklärungsansatz wäre, dass die Thematik Ernährung jede*n angeht. Ein großer Anteil der privaten Akteur*innen des Datensatzes besteht aus Corona-Leugner*innen. Der Diskurs enthält zwar relevante politische und wissenschaftliche Akteur*innen, diese kommunizieren jedoch nur Randthemen.

Schlüsselwörter

Ernährungskommunikation · Corona · Ernährung · Diskursanalyse · Netzwerkanalyse · Twitter

---

C. Voigt (✉) · T. D. Höhn
Universität Leipzig, Leipzig, Deutschland
E-Mail: charmaine.voigt@uni-leipzig.de; hoehn@uni-leipzig.de

© Der/die Autor(en), exklusiv lizenziert durch Springer Fachmedien Wiesbaden GmbH, ein Teil von Springer Nature 2022
A. Krewani, P. Zimmermann (Hrsg.), *Das Virus im Netz medialer Diskurse*, ars digitalis, https://doi.org/10.1007/978-3-658-36312-3_9

9.1 Einführung

Die Corona-Pandemie birgt die Chance eines Wendepunktes im Ernährungsverhalten der Deutschen. Während in den zurückliegenden zwei Dekaden sich nicht nur das Zeitbudget für Essen und Kochen verringerte, sondern auch der Anteil des Einkommens, der für Nahrungsmittel aufgewendet wurde (vgl. Becker und Leitzmann 2018, S. 86), nimmt das Kochen nun wieder einen höheren Stellenwert im familiären Alltag ein. Denn während der pandemie-bedingten Ausgangsbeschränkung von März bis Mai 2020 und wiederholt ab Dezember 2020 waren Gastronomie und Einrichtungen der Gemeinschaftsverpflegung geschlossen. Laut einer Befragung des Bundesministeriums für Ernährung und Landwirtschaft (BMEL 2020, S. 8) kochten 30 % der Teilnehmer*innen mehr als zuvor, und 28 % nahmen die Mahlzeiten häufiger als zuvor gemeinsam ein. „Auch wurde während des Lockdowns dem Essen mehr Zeit (insgesamt knapp 100 Min.) gewidmet als zuvor (90 Min.)" (van Eimeren et al. 2020, S. 528).

Dieser Beitrag geht der Frage nach, inwieweit diese erhöhte Relevanzzuschreibung von Ernährung innerhalb der Corona-Krise auch auf dem Microblogging-Dienst Twitter kommunikativ sichtbar wird. Dabei greift die hier zugrunde liegende Definition von Ernährung weiter als die aus ernährungswissenschaftlicher Sichtweise reine Nährstoffaufnahme über pflanzliche und tierische Lebensmittel sowie Getränke, welche für die Energieerzeugung und das Überleben des Menschen erforderlich sind und, im Falle eines Mangels, Störungen und Krankheiten verursachen (vgl. Muermann 1988, S. 77). Ernährung wird ganzheitlich betrachtet und umfasst damit auch vor- und nachgelagerte Phasen der Wertschöpfungskette (Landwirtschaft, Produktion, Verarbeitung, Vermarktung, Verkauf, Entsorgung) und folgt daran anschließend dem Medialisierungsprozess des Sujets.

Mit dem Aufkommen von Social-Media haben sich die kommunikativen Bedingungen des öffentlichen Diskurses über Ernährung grundlegend verändert, weil sie allen ermöglichen, unmittelbar zum Sender zu werden und Themen zu setzen. Meeyoung et al. (2010, S. 2) stellen bereits 2010 fest, dass jede*r User*in auf Twitter je nach Einsatz des Tweets Einfluss auf öffentliche Debatten nehmen kann. Gerade in Krisenzeiten befördert die Unmittelbarkeit der öffentlichen Kommunikation auf Twitter gebündelt durch Hashtags eine erhöhte Partizipation (vgl. Bruns und Burgess 2015, S. 18). Im internationalen Vergleich ist die deutsche Bevölkerung jedoch noch sehr zurückhaltend. Nur 2 % der Gesamtbevölkerung nutzen den Microblogging-Dienst täglich, 10 % Prozent mindestens einmal wöchentlich, darunter vor allem die Altersgruppe der 14–49-Jährigen (vgl. Beisch und Schäfer 2020, S. 466 f.). Der Reuters Digital News Report erhob eine Twitter-Nutzung in Deutschland von 13 % (vgl. Hölig und Hasebrink 2018, S. 43), wobei das höhere Ergebnis im Vergleich zur ARD/ZDF-Onlineumfrage mit einer generell höheren Onlinenutzung der Befragtengruppe zu erklären ist.

Die Demografie der Twitter-Nutzer*innen bleibt weitgehend unbekannt. Hölig (2018, S. 152, 159) stellt in seiner Untersuchung fest, dass 84 % der aktiven User*innen nicht nur äußerst politisch interessiert sind, sondern auch politisch heterogener und meinungsstärker als deutsche Onliner insgesamt. Abdi-Herrle (2018, S. 28) bezeichnet Twitter sogar als elitäres Netzwerk, das maßgeblich von Akteur*innen aus Politik, Wissenschaft, Wirtschaft und Medien dominiert werde. Insbesondere Leitmedien verlagern ihre Stellung als Agenda-Setter auf den Mikroblogging-Dienst (vgl. Abdi-Herrle 2018, S. 163). Auch in einer Studie von Bergie und Hodsen (2015, S. 258) zeigte sich die Dominanz von etablierten Twitter-User*innen und Medienakteur*innen. Dementsprechend attestieren die Autoren Twitter die Nicht-Eignung für politisch-soziale Diskurse unter allen Beteiligten. Mit Blick auf die Nutzungsmotive und -praktiken des Microblogging-Dienstes wird deutlich, warum gerade inhaltliche Untersuchungen über die Kommunikation auf Twitter dennoch Relevanz haben. Journalist*innen nutzen den Microblogging-Dienst für Themenrecherchen, Politiker*innen als Stimmungsbarometer (vgl. Hölig 2018, S. 140). Eine Studie über ‚Süddeutsche Zeitung'-Leser*innen zeigt, dass es beim News-Sharing auf Twitter nicht nur darum geht, bekannte Informationen zu verbreiten, sondern auch nach weiteren Aspekten des jeweiligen Themas zu suchen (vgl. Karnowski et al. 2017), also die Recherchebasis zu erweitern.

Dabei fungiert die Verschlagwortung durch Hashtags als Bezugspunkt und Treiber von Diskursen: „Today, the hashtag is in every sense the premonitory sign of discourse" (Bernard 2019, S. 17). Bereits bestehende Hashtags inspirieren zur Weiterverwendung, maßgeblich mit der Intention einer größeren Reichweitenerlangung (vgl. Bernard 2019, S. 35). Auch Martín et al. (2016, S. 1) bezeichnen Hashtags als das erfolgversprechende Schlüssel-Charakteristikum von Twitter. So ist es nicht verwunderlich, dass Hashtags auch zu Vermarktungszwecken eingesetzt werden und gleichzeitig die Gefahr von Clickbaiting entsteht (vgl. Jungselius et al. 2014, S. 2).

Auch im Ernährungssegment sind ähnliche Tendenzen sichtbar (vgl. Rousseau 2012, S. 70). Während sich Food-Brands auf Twitter hervorheben, ist das Teilen von Rezepten (Twecipies) und Ernährungsempfehlungen eher eine seltene Praxis (vgl. Rousseau 2012, S. 40). Zwar sind ernährungsbezogene Hashtags auf Twitter vielfältig, aber im Wesentlichen auf die Themenbereiche Gewichtsverlust und Fitness beschränkt (vgl. Endres 2018, S. 71 f.). Eine Studie aus Saudi-Arabien stellt fest, dass die Hälfte der untersuchten Tweets mit einem gesundheitsbezogenen Hashtag nicht wahrheitsgemäß sind (vgl. Almener et al. 2015, S. 3). Fakten und Wahrheiten konkurrieren auf Social-Media-Plattformen mit persönlichen Erfahrungen, Meinungen und Emotionen. Auch in politischen Debatten intensivieren Facebook und Twitter die eingesetzte Emotionalisierung gerade durch Operatoren wie Liken/Disliken und Retweeten (vgl. Bucher und Barth 2019, S. 76).

9.2 Methodisches Vorgehen

An diesen Forschungsstand anschließend, ermittelt die vorliegende Studie den Einsatz von Twitter für ernährungsbezogene Informationen im Corona-Diskurs. Folgende Unterfragen dienen dabei als Ausgangspunkt: Welche Akteur*innen platzieren Ernährungsbotschaften im Corona-Diskurs auf Twitter? Welche Ernährungsthemen konstituieren den Diskurs und durch welche Hashtags werden diese attribuiert? Zugrunde liegt hierfür das Diskursmodell von Habermas (1992, S. 436), in dem Öffentlichkeit als Netzwerk für Kommunikation von Inhalten definiert wird. Mittels einer Netzwerkanalyse sollen gewichtige Stimmen und deren Beziehungen innerhalb des Diskurses identifiziert werden. Diese „Akteure (Knoten) mit einem hohen Anteil an allen Verantwortlichkeits-, Kritik- und Unterstützungszuweisungen betreiben Thematisierung" (Baur 2019, S. 1282 f.). Des Weiteren können Beziehungen (Kanten) der Individuen zueinander festgestellt werden. Ausgedrückt werden diese Faktoren über den Wert des In- und Out-Degrees, also die Anzahl an eingehenden und ausgehenden Verbindungen eines Knotens. Zwar wird die Netzwerkanalyse bereits seit über 30 Jahren praktiziert, digitale Datentools haben die Forschungsaktivitäten allerdings intensiviert. Quantitative Datenanalysen sozialer Netzwerke ermöglichen digitale Verhaltensspuren noch während des Ereignisses nachzuverfolgen und sind daher für kommunikationswissenschaftliche Forschung wertvoll (vgl. Mayerl und Faas 2019, S. 1029). Twitter dient häufig als Untersuchungsgegenstand, weil es im Vergleich zu Facebook über eine offenere API-Schnittstelle verfügt und somit einen umfangreichen Datenzugriff erlaubt (vgl. Thimm und Nehls 2019, S. 983).

Grundlage der Analyse ist ein Datensatz, der kontinuierlich alle 14 Tage im zweiten Halbjahr 2020 mit der NodeXL Twitter Network Suche generiert wurde. Bruns und Burgess (2015, S. 18) weisen darauf hin, dass oft mehrere Hashtags für dasselbe Ereignis verwendet werden mit dem Ergebnis, dass sich nicht eine gesamte Öffentlichkeit zusammenfindet. Aus forschungsstrategischer Sicht ist daher die Auswahl der Suchbegriffe gründlich abzuwägen. Zu Beginn der Datenerhebung im Juni 2020 setzte sich der Hashtag #corona gegenüber spezifischeren Virus-Bezeichnungen wie #coronavirus, #covid19 oder #sarscov2 durch. Ergänzend fiel die Wahl auf den weit gefassten Oberbegriff ‚Ernährung' sowie den spezifischeren Begriff ‚Lebensmittel', um eine forschungsrelevante Datengrundlage zu schaffen. Andere Suchbegriffe gelten als ungeeignet, bspw. ‚Essen' aufgrund von Überschneidungen mit Tweets zur Ruhrgebiets-Großstadt Essen. Neben einer solchen sachlichen bedarf es zusätzlich einer geografischen und zeitlichen Eingrenzung des Datensatzes. Letzteres wird von Twitter automatisch auf maximal neun Tage vor dem Stichtag limitiert. Beim Datenscraping (lang:de #corona Ernährung OR Lebensmittel) wurden ausschließlich deutschsprachige Tweets berücksichtigt. Ein Nachteil digitaler Netzwerkanalysen besteht darin, dass die Güte der erhobenen Daten nicht vollständig überprüft werden kann. Social-Bots oder Personen, die mehrere Twitter-Profile nutzen, bergen stets das Potenzial die Ergebnisse zu verfälschen (vgl. Mayerl und Faas 2019, S. 1034). Aus forschungsethischen Gründen werden die privaten Nutzer*innen des Datensatzes anonymisiert. Politische und mediale Akteur*innen sowie Unternehmen bleiben dagegen transparent.

An 14 Stichtagen wurde ein Gesamtdatensatz von 774 Tweets erhoben (Tab. 9.1). Die für das Medium zunächst gering erscheinende Datenmenge ist im Vergleich mit anderen Themen durchaus verhältnismäßig. Zwar erreicht #corona bis zu 10.000 Treffer pro Stichtag, in Verbindung mit anderen thematischen Schlagwörtern wie ‚Verkehr' (17) oder ‚Bildung' (99) wird allerdings ein ähnlicher Datenumfang erzielt. Im Durchschnitt wurden 55

Tab. 9.1 Übersicht Datensatz (n = 774)

29.07.	13.07.	27.07.	10.08.	24.08.	07.09.	21.09.	05.10.	19.10.	02.11.	16.11.	30.11.	14.12.	28.12.
360	41	29	21	47	15	25	20	25	41	13	16	88	33

Tweets pro Stichtag erhoben, wobei die erste Datenerhebung am 29.06.2020 mit 360 Tweets sowie der erste Stichtag im Dezember am umfangreichsten waren. Am geringsten fielen die Datensets an den Stichtagen 07.09.2020 und 30.11.2020 aus. Es deutet sich hier bereits an, dass die Menge der Daten mit dem Pandemieverlauf in Deutschland zusammenhängt. Zu Zeiten gesteigerter Infektionsmaßnahmen und Ausgangsbeschränkungen lässt sich ein größeres Bedürfnis zur Kommunikation auf Twitter erkennen. Der Datensatz enthält 190 originäre Tweets, die sich gleichmäßig über den Erhebungszeitraum verteilen. Der sehr spezifische Diskursausschnitt kann anhand der Datengrundlage schließlich in vollem Umfang untersucht werden. Die quantitative Datenauswertung erfolgt mit dem Harel-Koren Fast Multiscale Algorithmus in NodeXL. Darüber hinaus werden Diskursthemen und Akteur*innengruppen in einem induktiven Vorgehen mit dem Datentool MAXQDA qualitativ ausgewertet. Durch diese Methodenkombination wird die Datenauthentizität doppelt geprüft und das Risiko einer Überinterpretation der Ergebnisse minimiert.

9.3 Ergebnisse

Die Ergebnisdarstellung erfolgt entsprechend der Unterfragen in zwei Abschnitten.

9.3.1 Diskursakteur*innen

Insgesamt beteiligen sich 679 Akteur*innen am erhobenen Diskurs. Der überwiegende Teil gehört der Gruppe der privaten User*innen (ca. 500) an, gefolgt von der Gruppe der Medien/Medienvertreter*innen (76), gemeinnützigen Organisationen (38) und politischen Akteur*innen (14). Die übrigen Akteur*innen verteilen sich auf die Gesellschaftsbereiche Wirtschaft, Wissenschaft und Kirche. Das gruppierte Soziogramm (Abb. 9.1) gibt Auskunft über die High-Correlation-Netzwerke des Datensatzes, von denen acht identifiziert werden konnten. Die meisten Akteur*innen erzielen keine oder nur vereinzelte Anschlusskommunikation.

Der Akteur mit dem höchsten In-Degree-Wert (187) ist ein privater Twitter-Nutzer (User A), dessen unten stehender Tweet (Abb. 9.2) Ende Juni die umfangreichste Anschlusskommunikation innerhalb des Datensatzes auslöste. Der Akteur findet nicht nur als einziger in anderen Teilnetzwerken Erwähnung, sondern gibt auch anhaltend bis Dezember Anlass zur Interaktion.

Der einflussreichste Tweet nimmt lediglich indirekt Bezug auf Ernährung. Im Fokus steht die Verschwörungstheorie über eine erbgutverändernde Wirkung des Corona-

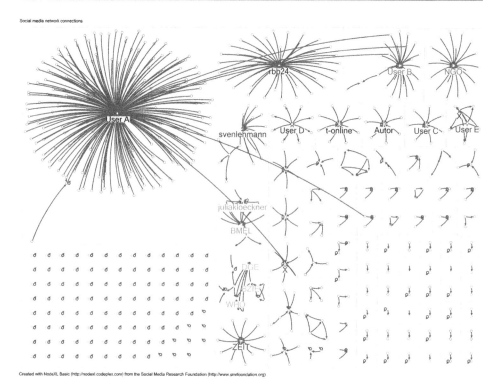

Abb. 9.1 Gruppiertes Soziogramm

Abb. 9.2 Tweet von User A

#Corona
Die meisten der in Entwicklung befindlichen „Impfstoffe" sind mRNA-Sequenzen und daher keine herkömmlichen Impfungen, sondern gentechnisch wirksame Stoffe. Bei gentechnisch veränderten Lebensmittel protestieren Millionen, jetzt gibts fast null Kritik.
Warum?

160 Retweets   **8** Zitierte Tweets   **414** „Gefällt mir"-Angaben

Impfstoffes. Die verwendeten Anführungszeichen des Wortes Impfstoffe drücken dabei Distanzierung und Skepsis aus. User A, User B und X (kennzeichnet mittlerweile gesperrte Accounts) haben gemeinsam, dass sie Corona-Leugner*innen sind, die ersichtlich besser miteinander vernetzt sind als alle anderen Akteur*innengruppen des Datensatzes. User B (In-Degree 24) ist ebenfalls ein privater Nutzer, der anhand des Beispiels von positiv getesteten Lebensmitteln an der Existenz des Corona-Virus zweifelt. Es zeichnet sich hier bereits ab, dass das Thema Ernährung häufig als Konstruktion eines sinnbildlichen Zusammenhanges herhält. In ähnlicher Weise nimmt der Akteur Autor (In-Degree 8) in einem Tweet indirekt Bezug auf Ernährung. Er bezeichnet Bücher als Lebensmittel und fordert deshalb, dass Buchhandlungen im Lockdown öffnen können sollten.

Andere relevante Akteur*innen mit höherem In-Degree platzieren dagegen durchaus ernährungsrelevante Themen. An zweiter Stelle steht der Nachrichten-Account rbb24 (In-Degree 41) des öffentlich-rechtlichen Rundfunks Berlin-Brandenburg (rbb). Der Tweet verlinkt einen Fernsehbeitrag über die Versorgungssituation in Berlin-Neukölln, wo aufgrund von 94 Infektionen über 370 Haushalte in mehreren Wohnblöcken quarantänebedingt isoliert waren. Weitere reichweitenstärkere mediale Akteur*innen sind t-online (In-Degree 8) und ZEIT ONLINE (In-Degree 12). Das Leitmedium verbreitet auf Twitter ein Interview mit einer Soziologin über den Rückzug ins Private während des Lockdowns, wobei Kochen ein wesentliches Gesprächsthema ist.

Die beteiligten politischen Akteur*innen sind erwartbare Verantwortungsträger*innen des öffentlichen Ernährungsdiskurses. Der Bündnis90/Die Grünen-Bundestagsabgeordnete Sven Lehmann (In-Degree 15) setzt sich auf Twitter mit Blick auf erhöhte Lebensmittelkosten in der Pandemie für die Grundsicherung der Einkommensschwachen ein. Das Bundesministerium für Ernährung und Landwirtschaft (BMEL) (In-Degree 11) und die Bundesministerin Julia Klöckner (In-Degree 8) erzeugen mit drei Tweets das sechst-stärkste multidirektionale Teilnetzwerk. Die Ministerin steht dabei über Retweets sowie durch Erwähnung vom BMEL mit dem Ministerium in direkter Verbindung. Zwei Tweets im Sommer bewerben die Sonderförderung für Lebensmittelversorgung im ländlichen Raum. In einem weiteren Tweet anlässlich des Erntedankfestes im Herbst ruft die Ministerin zur Wertschätzung der Lebensmittelversorger*innen auf.

Im siebten Teilnetzwerk von Gesundheitsverbänden ist die Deutsche Gesellschaft für Ernährung (DGE) (In-Degree 4) der Hauptakteur, ausgehend von einem Tweet über eine WHO-Studie, die bestätigt, dass Knoblauch nicht vor einer Corona-Ansteckung schützt. Das Bundeszentrum für Ernährung (BZfE) (Out-Degree 4) sticht aus dem Teilnetzwerk hervor, weil es andere etablierte Akteur*innen retweetet. Zum einen greift es den DGE-Tweet zur WHO-Studie auf, zum anderen retweetet das BZfE den Tweet einer Oecotrophologin, die auf einen Link zur Verbraucherzentrale Nordrhein-Westfalen bezüglich des Schlachthof-Skandals im Sommer 2020 hinweist. Weder das BMEL noch das BZfE erzielen mit ihren Inhalten/Retweets im abgebildeten Corona-Diskurs gewichtige Anschlusskommunikation. Im Vergleich dazu generiert der Akteur NGO (In-Degree 19) von Foodwatch mit einem originären Tweet über Deutschlands Fleischkonsum das viert-größte

Teilnetzwerk. Der Akteur mit dem höchsten Out-Degree (8) ist User D, der im Juli Argumente für den Geschäftsbereich efood an verschiedenen Stellen platziert.

9.3.2 Thematischer Diskursverlauf

Die verschiedenen Diskursstränge lassen sich durch das semantische Netzwerk der Hashtag Wortpaare (Abb. 9.3) nachvollziehen, wobei #corona als Suchbegriff im Mittelpunkt steht. Die Darstellung der Diskursakteur*innen deutet bereits thematische Schwerpunkte an. Folglich zeichnen sich vier übergeordnete Themen im semantischen Netzwerk ab: (1) Impfstoffdebatte, (2) Lebensmittelversorgung, (3) Fleischkonsum und (4) Einzelhandel. Die Impfstoffdebatte wird von einigen User*innen mit #gmo attribuiert. Die Bezeichnung genetically modified organisms findet vor allem in den USA Anwendung in der Debatte um genmanipulierte Lebensmittel. Dieser ernährungsbezogene Gegenstand steht hierbei nicht im Mittelpunkt, sondern wird zum Zweck der Reichweitenerhöhung verwendet. In Anbetracht des generellen Misstrauens über den Impfstoff im Sommer 2020 (vgl. Beneker 2020, ‚Misstrauen nimmt zu', Medscape) ist dieser thematische Diskursausschnitt als problematisch einzuordnen, insbesondere weil über das reine Verteilen des Inhaltes keine Richtigstellung oder Diskussion erfolgt.

Alle anderen übergeordneten Diskursthemen ergeben sich aus Tweets mehrerer Akteur*innen. Das Diskursthema Lebensmittelversorgung lässt sich anhand von #lebensmit-

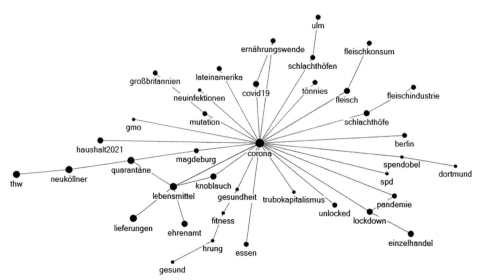

Abb. 9.3 Hashtag Wordpairs

tel, #quarantäne, #neuköllner, #thw, aber auch #lebensmittel, #lieferungen und #haushalt 2021 erkennen, welches auf den Tweet des öffentlich-rechtlichen Mediums rbb zurückzuführen ist. Der Akteur berichtet unter #berlin außerdem über ein Geschäft, das Lebensmittel für Obdachlose im Corona-Winter verteilt. Hierbei kommt die Sorge der Versorgungssicherheit in sozial benachteiligten Bevölkerungsgruppen (#spd) in Deutschland, aber auch im internationalen Kontext (#lateinamerika) zum Ausdruck. Ein weiterer Aspekt hierbei ist die schlechte Versorgungslage im Vereinigten Königreich (#großbritannien) verursacht durch eine Kombination aus Brexit, Witterungsbedingungen und dem Pandemiegeschehen im Dezember (#mutation).

Der dritte thematische Diskursstrang schließt an den Infektionsskandal beim Fleischhersteller Tönnies im Sommer 2020 an. Über #tönnies, #fleisch, #schlachthöfe/n, #fleischindustrie, und #fleischkonsum wird Kritik an den Praktiken der Lebensmittelindustrie geäußert und zu einem Umdenken beim Lebensmitteleinkauf (#ernährungswende) angeregt. Im Zuge der Corona-Pandemie greifen gemeinnützige Organisationen, wie Verbraucherzentralen, Medienvertreter*innen, aber auch private User*innen auf Twitter den Fleischkonsum auf, der im öffentlichen Diskurs zwar auch abseits der Pandemie unter dem Begriff ethical consumption (vgl. Phillipov 2018) ein wiederkehrendes Thema ist, nun aber durch diverse Multiplikatoren Aufwind erhält. „Der kritische Blick der Konsumentinnen auf die Intensivtierhaltung hat sich durch die COVID-19-Ausbrüche in Schlachthäusern in Deutschland, Großbritannien und den USA verschärft und auch das Bewusstsein für gesündere und pflanzenbetonte Ernährungsweisen gesteigert" (Frey et al. 2021, S. 17).

Der vierte Diskursstrang Einzelhandel (#lockdown, #pandemie, #einzelhandel) konstituiert sich aus diversen wirtschaftlichen Aspekten infolge der Pandemie, unter anderem Hamsterkäufe in Lebensmittelgeschäften, die Mehrwertsteuersenkung sowie der Aufschwung des Onlinehandels und des sogenannten efood. Ein Servicetweet (#unlocked) einer privaten Userin informiert zu Beginn des zweiten Lockdowns darüber, welche Geschäfte geöffnet haben. Weitere private User*innen stellen infrage, warum Fußballspieler regelmäßig getestet werden müssten, Mitarbeiter*innen im Einzelhandel dagegen nicht.

Zwei Randthemen können identifiziert werden. Entgegen der eingangs geäußerten Aussicht, werden die Themen Kochen und Essen nur geringfügig im Diskurs sichtbar (#hrung, #essen). Im Zuge dessen werden wissenschaftliche Ergebnisse zum Einfluss von Vitamin D sowie Diabetes als Risikofaktor auf den Infektionsverlauf (#gesundheit) sowie einer WHO-Studie (#knoblauch) kommuniziert. Auch Bewegung als Komponente eines gesunden Lebensstils im Lockdown fließt in den Ernährungsdiskurs mit ein (#fitness). Bisher unerwähnt blieben die Diskursauschnitte um #spendobel und #trubokapitalismus. Letzterer Hashtag ist als Tippfehler zu bewerten. Dieser Hashtag äußert eine allgemeine Kapitalismuskritik. Der entsprechende Tweet aus dem Datensatz kündigt einen Karrierewechsel vom Ingenieur zum Gründer einer Sozialen Landwirtschaft an. Spendobel ist eine Initiative des Evangelischen Kirchenkreises Dortmund, der Spenden für gemeinnützige Organisationen der Region generiert und verteilt.

9.4 Fazit und Ausblick

Der bisherige Forschungsstand zeigt, dass Twitter vor allem als ein weiterer Distributionsweg für etablierte Diskursteilnehmer*innen sowie Minderheiten fungiert. Diese Beobachtung kann mit dem hier aufgezeichneten Netzwerk im Zuge der Corona-Pandemie teilweise bestätigt werden. So ergeben private Accounts die größte Akteur*innen-Gruppe, was in Anbetracht der geringen Nutzung der deutschen Gesamtbevölkerung bemerkenswert ist. Einen Erklärungsansatz bietet hierbei die Thematik Ernährung, die einen Referenzrahmen öffnet, in dem sich jede*r verorten kann. Ein großer Anteil aller privaten Akteur*innen des Datensatzes besteht aus Corona-Leugner*innen, welche im gesamten Corona-Diskurs nach wie vor als Minderheit gelten. Nichtsdestotrotz indiziert das Ausmaß dieses Teilnetzwerkes, wie produktiv Twitter in der Verbreitung von Falschinformationen ist. Mit 5,6 % liegt der Microblogging-Dienst zwar weit hinter YouTube und Facebook (vgl. Echtermann 2020, ‚Datenanalyse', Correctiv), Handlungsbedarf besteht aus Sicht dieser Studie dennoch. Dabei ist es nicht ausreichend, sich auf die Plattformbetreiber*innen zu verlassen. Twitter ist zwar dazu übergegangen Accounts zu sperren und problematische Inhalte zu löschen, was mit dem erhobenen Datensatz bewiesen werden kann. Angesichts der Ankündigung eines Super-Follower-Bezahl-Abos (vgl. Hutchinson 2021, ‚Would people pay to read your tweets?', Social Media Today), was zu einer weiteren Fragmentierung und Kommerzialisierung der Twitter-Diskurse führen könnte, sind die politischen und nicht-politischen Verantwortungsträger*innen mehr denn je gefragt, die reichweitenstarken Twitter-Akteur*innen zu berücksichtigen und gegebenenfalls mit ihnen zu interagieren. Geeignete und verlässliche Datentools zur Identifikation solcher sind schließlich längst verfügbar. Hierzu sei bemerkt, dass deutsche Ernährungswissenschaftler*innen in Social-Media-Plattformen generell unterrepräsentiert sind. Studien wie von Abbar et al. (2015), die belegen, wie ergiebig Twitter auch in der Ernährungsforschung sein kann, können jedoch als Argument für eine stärkere Partizipation von wissenschaftlichen Akteur*innen des Ernährungssegments gelesen werden.

Der abgebildete Diskurs enthält zwar relevante politische und wissenschaftliche Akteur*innen des Ernährungskontextes, diese kommunizieren jedoch nur die Randthemen, deren inhaltliche Relevanz mitunter in Frage gestellt werden können (#knoblauch). Etablierte Diskursteilnehmer*innen mit High-Correlation-Netzwerken sind vor allem mediale Akteur*innen und gemeinnützige Organisationen. Gemeinsam mit den privaten Twitter-User*innen bringen sie grundlegende Aspekte der Ernährung, wie Versorgungssicherheit und ethische Fragen bezüglich des Fleischkonsums auf die öffentliche Agenda. Es konnte gezeigt werden, dass in dem thematisch eingegrenzten Twitter-Netzwerk Diskussionen angestoßen werden, die sich mit öffentlichen Debatten außerhalb von Twitter gleichen. Darüber hinaus wird deutlich, dass die Corona-Pandemie ernährungsbezogene Probleme freilegt, die bereits vorher existierten. Die kommunizierten Ernährungsbotschaften auf Twitter in Bezug zur Corona-Pandemie können dabei als Katalysator für einen Paradigmenwechsel in der Ernährung wirken. Sicherlich kann die breite Bevölkerung auf Twitter nicht direkt erreicht werden, indirekt können ernährungsbezogene Themen allerdings von reichweitenstarken Multiplikator*innen auf die öffentliche Agenda gesetzt werden. Dabei braucht es eine stärkere heterogene Vernetzung, entgegen der hier aufgezeigten Kommunikationsmuster. Denn die Untersuchung zeigt lediglich wenige multidirektionale Verbindungen (hohe In-Degree-Werte vs. niedrige Out-Degree-Werte) und kaum Interaktion zwischen den Teilnetzwerken. Abschließend kann resümiert werden, dass die hier vorgenommene themenspezifische Netzwerkanalyse durchaus Aspekte der Ernährung im Corona-Diskurs auf Twitter sichtbar macht. Zwar ließen Essen und Kochen (Ernährung im engeren Verständnis) sich nur als Randthemen identifizieren. Andere gesellschaftlich relevante Aspekte von Ernährung in einem weiten Verständnis ergeben allerdings ein gewichtigeres Diskursausmaß.

Literatur

Abbar, S./Mejova, Y./Weber, I. (2015): You tweet what you eat. Studying food consumption through twitter. In: Begole, B. von/Kim, J./Inkpen, K./Woo, W. (Hg.): *Proceedings of the 33rd Annual ACM Conference on Human Factors in Computing Systems.* New York: ACM Press, S. 3197–3206.

Abdi-Herrle, S. (2018): *Mediale Themensetzung in Zeiten von Web 2.0. Wer beeinflusst wen? Das Agenda-Setting-Verhältnis zwischen Twitter und Online-Leitmedien.* Baden-Baden.

Almener, K./Alhutaim, W./Almener, A. et al. (2015): Are health-related tweets evidence based? Review an analysis of health-related tweets on twitter. In: *Journal of medical internet research 17(10),* S. 1–6. DOI: https://doi.org/10.2196/jmir.4898

Baur, N. (2019): Quantitative Netzwerkdaten. In: Baur, N./Blasius, J. (Hg.): *Handbuch Methoden der empirischen Sozialforschung.* Wiesbaden: Springer VS, S. 1281–1299.

Becker, U./Leitzmann, C. (2018): Ernährung in Deutschland. Situation, Trends. In: Stange, R./Leitzmann, C. (Hg.): *Ernährung und Fasten als Therapie.* Berlin, Heidelberg: Springer, S. 51–69. https://doi.org/10.1007/978-3-662-54475-4_4

Beisch, N./Schäfer, C. (2020): Internetnutzung mit großer Dynamik. Medien, Kommunikation, Social Media. Ergebnisse der ARD/ZDF-Onlinestudie 2020. In: *Media Perspektiven 9,* S. 462–481.

Beneker, C. (2020): Misstrauen nimmt zu. Immer weniger Menschen wollen sich gegen das Corona-Virus impfen lassen – Warum nicht?. In: Medscape (https://deutsch.medscape.com/artikelansicht/4909080) [letzter Zugriff: 20.07.2020].

Bergie, B./Hodson, J. (2015): The twitter citizen. Problematizing traditional media dominance in an online political discussion. In: Rambukkana, N. (Hg.): *Hashtag Publics. The power and politics of discursive networks.* New York: Peter Lang, S. 255–265.

Bernard, A. (2019): *Theory of the hashtag.* Cambridge, Medford: Polity Press.

Bruns, A./Burgess, J. (2015): Twitter hashtag from ad hoc to calculated publics In: Rambukkana, N. (Hg.): *Hashtag Publics. The power and politics of discursive networks.* New York: Peter Lang, S. 13–27.

Bundesministerium für Ernährung und Landwirtschaft (2020): Deutschland, wie es isst. Der BMEL-Ernährungsreport 2020. In: BMEL (https://www.bmel.de/DE/themen/ernaehrung/ernaehrungsreport2020.html) [letzter Zugriff: 27.02.2021].

Bucher, H.-J./Barth, C. (2019): Zwischen Hate-Speech und Deliberation. Affektive Öffentlichkeiten und politische Kommunikation in den sozialen Medien. In: Hauser, S./Luginbühl, M./Tienken, S. (Hg.): *Mediale Emotionskulturen.* Frankfurt am Main: Peter Lang, S. 57–81.

Echtermann, A. (2020): Datenanalyse: Nutzer finden fragwürdige Corona-Informationen vor allem auf Youtube und verbreiten sie über Whatsapp. In: Correctiv (https://redirect.is/i1pmf6x) [letzter Zugriff: 27.02.2021].

van Eimeren, B. /Kessler, B./Kupferschmitt, T. (2020): Auswirkungen der Corona-Pandemie auf Mediennutzung, Motive und Bewertungen. Sonderauswertungen der ARD/ZDF-Massenkommunikation Langzeitstudie. In: *Media Perspektiven 10–11*, S. 526–555.

Endres, E.-M. (2018): *Ernährung in Sozialen Medien. Inszenierung, Demokratisierung, Trivialisierung*. Wiesbaden: Springer VS. https://doi.org/10.1007/978-3-658-21988-8

Frey, S./Rokosa, R./Bosbach, L. (2021): Nutrition Hub Trendreport Ernährung. Ernährung 2021: pflanzlich, smart und klimafreundlich. In: Nutrition Hub (https://www.nutrition-hub.de/post/nutrition-trend-report-die-10-wichtigsten-ern%C3%A4hrungstrends-2021) [letzter Zugriff: 15.02.2021].

Habermas, J. (1992): *Faktizität und Geltung. Beiträge zur Diskurstheorie des Rechts und des demokratischen Rechtsstaats*. Frankfurt am Main: Suhrkamp.

Hölig, S. (2018): Eine meinungsstarke Minderheit als Stimmungsbarometer?! Über die Persönlichkeitseigenschaften aktiver Twitterer. In: *M&K 66(2)*, S. 140–169. DOI: https://doi.org/10.5771/1615-634X-2018-2-140

Hölig, S./ Hasebrink, U. (2018): Reuters Institute Digital News Report 2018. Ergebnisse für Deutschland. In: Arbeitspapiere des Hans-Bredow-Instituts (https://www.hans-bredow-institut.de/uploads/media/Publikationen/cms/media/t611qnd_44RDNR18_Deutschland.pdf) [letzter Zugriff 23.02.2021].

Hutchinson, A. (2021): Would people pay to read your tweets? Considering the potential of ‚Super Followers' on twitter. In: Social Media Today (https://www.socialmediatoday.com/news/would-people-pay-to-read-your-tweets-considering-the-potential-of-super-f/595767/) [letzter Zugriff: 27.02.2021].

Jungselius, B./Hillman, T./Weilenmann, A. (2014): Fishing for followers. Using hashtags as like bait in social media. In: *AoIR 15*, S. 1–4.

Karnowski, V./Leonhard, L./Kümpel, A.S. (2017): Why users share the news. A theory of reasoned action-based study on the antecedents of news-sharing behavior. In: *Communication Research Reports 35(2)*, S. 91–100. DOI: https://doi.org/10.1080/08824096.2017.1379984

Martín, E.G./Lavesson, N./Doroud, M. (2016): Hashtags and followers. An experimental study of the online social network twitter. In: *Social Network Analysis and Mining 6(1)*, S. 1–15. DOI: https://doi.org/10.1007/s13278-016-0320-6

Mayerl, J./Faas, T. (2019): Quantitative Analyse von Twitter und anderer Usergenerierter Kommunikation. In: Baur, N./Blasius, J. (Hg.): *Handbuch Methoden der empirischen Sozialforschung*. Wiesbaden: Springer VS, S. 1027–1040.

Meeyoung, C./Haddidi, H./Benevenuto, F./Gummadi, K. (2010): Measuring user influence in twitter. The million follower fallacy. In: *4th international AAAI conference on weblogs and social media (ICWSM), Vol. 14*, S. 1–8.

Muermann, B. (1988): *Lexikon Ernährung*. Hamburg: Behr.

Phillipov, M. (2018): *Media and food industries. The new politics of food*. Cham: Springer International Publishing AG.

Rousseau, S. (2012): *Food and social media. You are what you tweet*. Lanham: AltaMira/Rowman & Littlefield.

Thimm, C./Nehls, P. (2019): Digitale Methoden im Überblick. In: Baur, N./Blasius, J. (Hg.): *Handbuch Methoden der empirischen Sozialforschung*. Wiesbaden: Springer VS, S. 973–990.

Infektion im Internet

Ursprung, Evolution und Medienpraxis von Memes am Beispiel *Corona-chan*

10

Kevin Pauliks

Zusammenfassung

Der Beitrag untersucht die Begriffsgeschichte von Memes und die Medienpraxis des Memeing. Dazu führt er in den biologischen Ursprung des Begriffs ein und beleuchtet den Begriffswandel im Internet. Drei Evolutionsstufen ließen sich dabei identifizieren: (1) Der Evolutionsbiologe Richard Dawkins prägt Memes als kulturelle Viren, die sich durch Imitation von Verstand zu Verstand übertragen. (2) Im Internet werden Memes später mit dem konkreten Phänomen der Image Macros analogisiert. (3) Durch die Desubstantivierung von Memes hat schließlich eine Ausweitung des Begriffs auf unterschiedlichste Internet-Phänomene und -Praktiken begonnen. Letzteres wird an dem Beispiel von *Corona-chan* analysiert. In dem ersten Internet-Meme zum Coronavirus im Anime-Stil spiegelt sich einerseits ein Umgang mit der Pandemie wider. Anderseits zeigt *Corona-chan*, wie Memeing während der Pandemie in den Subkulturen von 4chan und Reddit praktiziert wird.

Schlüsselwörter

4chan · Begriffsgeschichte · Evolution · Image Macro · Medienpraxis · Meme · Reddit · Social Media · Something Awful · Virus

---

K. Pauliks (✉)
Philipps-Universität Marburg, Institut für Medienwissenschaft, Marburg, Deutschland
E-Mail: pauliks@staff.uni-marburg.de

10.1 Einleitung

Noch nie waren Internet-Memes so populär wie zur Zeit der Corona-Pandemie.[1] In der Krise werden sie dazu genutzt, die soziale Ungleichheit der Pandemie auf humorvolle Art und Weise zu kritisieren und die Folgen des Coronavirus zu reflektieren (vgl. Pauliks 2020). Ursprünglich stehen Memes selbst in Verbindung mit Viren. Seinen Ursprung hat der Begriff nämlich nicht in den Sozialen Medien, sondern in der Evolutionsbiologie von Richard Dawkins (2006b), der ihn 1976 in Analogie zur Genetik einführte. Dawkins (1997) versteht unter Memes infektiöse Ideen – *Viruses of the Mind* –, die sich von Mensch zu Mensch übertragen und Immunschwache infizieren. Die Begriffsübertragung ins Internet wirft dabei zwei Fragen auf: Sind Internet-Memes und Memes dasselbe? Und: Wie verhalten sich Memes zu Viren und viralen Inhalten? Dass die Übertragung von Dawkins' Begriff ins Internet nicht den Medienpraktiken der Sozialen Medien gerecht werden kann, konnten bereits einige Autor*innen aufzeigen (vgl. Jenkins et al. 2013; Shifman 2013, 2014; Wiggins und Bowers 2015). Dennoch wird der Begriff weiterhin unreflektiert in der Erforschung von Internet-Phänomenen verwendet.

Ob entschiedene Ablehnung oder naiver Gebrauch des Begriffs: bisher wurde seiner semantischen Strukturänderung – von viraler Verbreitung im Sinne Dawkins hin zur Medienpraxis des Memeing – kaum Bedeutung beigemessen. Daher verlangt es nach einer Auseinandersetzung mit der Begriffsgeschichte von Memes, die nicht vereinfacht davon ausgeht, dass eine Eins-zu-eins-Übertragung des Dawkins'schen Meme-Begriffs ins Internet stattgefunden hat, sondern berücksichtigt, wie, wann und wo es im Internet zum begrifflichen Bruch gekommen ist. Alltagssprachlich ist unter einem Meme nämlich mittlerweile etwas ganz anderes zu verstehen, als das, was Dawkins im vergangenen Jahrtausend formulierte: „an amusing or interesting item (such as a captioned picture or video) or genre of items that *is spread* widely online especially through social media" (Merriam-Webster 2019, Herv. K.P.).[2] Anders als Dawkins setzt das neue Verständnis des Begriffs

---

[1] Das geht aus dem Google-Trends-Datensatz zum Suchthema „Meme" hervor, das in der Zeit von 2004 bis 2021 einen Höchstwert im März 2020 erreicht, dem Monat, in dem die Weltgesundheitsorganisation die Corona-Pandemie ausgerufen hat. Der Datensatz kann unter folgendem Link abgerufen werden: https://trends.google.de/trends/explore?date=all&q=%2Fm%2F025rxrz [letzter Zugriff: 25.02.2021].

[2] Im Duden findet sich eine ganz ähnliche Definition: „(interessantes oder witziges) Bild, Video o. Ä., das in sozialen Netzwerken schnell und weit verbreitet wird". Der Duden unterscheidet sogar zwischen Memes und Memen (der deutschen Übersetzung von Dawkins' Meme-Begriff). Eine mögliche Lösung zwischen Internet-Memes und Memes nach Dawkins zu unterscheiden, könnte also zumindest für die deutsche Sprache sein, bei Ersterem von „Memes" und bei Letzterem von „Memen" zu sprechen. Das führt allerdings zu dem orthografischen Problem, dass die Schreibweise

die aktive Partizipation von Nutzer*innen voraus, womit die Medienpraxis des Memeing gemeint ist. „Medienpraktiken zu erforschen, bedeutet herauszufinden, was Menschen mit Medien tun und was Medien mit Menschen machen" (Dang-Anh et al. 2017, S. 7). Am Beispiel von *Corona-chan*, dem ersten Internet-Meme zum Coronavirus, lässt sich beobachten, wie Memeing während der Pandemie praktiziert wird, d. h. wie Nutzer*innen einerseits Internet-Memes produzieren und zirkulieren sowie andererseits rezipieren und reproduzieren, um nicht nur mit der Corona-Pandemie umzugehen, sondern ebenso an der Meme-Kultur teilzunehmen.

10.2   Ursprung von Memes und Memetik

Der Meme-Begriff hat seinen Ursprung in dem Buch *The Selfish Gene* von Richard Dawkins.[3] Darin beschreibt der populäre Evolutionsbiologe, dass es neben der biologischen auch eine kulturelle Vererbung geben müsse. Ansonsten ließe sich die Evolution des modernen Menschen nicht erklären (vgl. Dawkins 2006b, S. 191). Während also Gene die biologische Fortpflanzung des Menschen bestimmen, werde dessen kulturelle Evolution von einem neuen Replikator angetrieben:

> We need a name for the new replicator, a noun that conveys the idea of a unit of cultural transmission, or a unit of *imitation*. ‚Mimeme' comes from a suitable Greek root, but I want a monosyllable that sounds a bit like ‚gene'. I hope my classicist friends will forgive me if I abbreviate mimeme to *meme* If it is any consolation, it could alternatively be thought of as being related to ‚memory', or to the French word meme. It should be pronounced to rhyme with ‚cream'. (Dawkins 2006b, S. 192, Herv. i. O.)

Dawkins hat das Meme als kulturelles Gegenstück zum Gen entworfen. Beispiele für solche Memes sind „tunes, ideas, catch-phrases, clothes fashions, ways of making pots or of building arches" (Dawkins 2006b, S. 192). Das aber wohl wirkmächtigste Beispiel und

---

von „Meme" (Singular) dieselbe ist wie von „Meme" (Plural). Um der Verwirrung vorzubeugen, wird im Folgenden ausschließlich am Englischen anlehnend „Meme" (Singular) und „Memes" (Plural) verwendet. Der Dudeneintrag zu „Meme" kann unter folgendem Link abgerufen werden: https://www.duden.de/rechtschreibung/Meme [letzter Zugriff: 25.02.2021]. Siehe für den Dudeneintrag zu „Mem" folgenden Link: https://www.duden.de/rechtschreibung/Mem [letzter Zugriff: 25.02.2021].

[3] Die Etymologie kann sogar noch weiter zurückverfolgt werden: 1904 hat der Evolutionsbiologe Richard Semon bereits den Begriff „Mneme" eingeführt, um damit das menschliche Gedächtnis zu beschreiben (vgl. Laurent 1999; Pauliks 2017, S. 44). Auch Platons Mimesis-Begriff ist dem Meme nicht unähnlich, geht es ihm wie Dawkins ebenfalls um die Gefahr der soziokulturellen Ansteckung (vgl. Pauliks 2017, S. 38; Balke 2018).

eine Erklärung dafür, warum sich Dawkins als Naturwissenschaftler überhaupt mit Kultur befasst, ist die Religion. Für den bekennenden Atheisten ist Religion ein Virus, das den Menschen mit blindem Glauben infiziert (vgl. Dawkins 1997, S. 20). Davon seien besonders Kinder betroffen, weil sie ein schwaches Immunsystem hätten: „Like immune-deficient patients, children are wide open to mental infections that adults might brush off without effort" (Dawkins 1997, S. 14).

Die Vermutung liegt nahe, dass Dawkins den Meme-Begriff nur in Stellung gebracht hat, um damit öffentlichkeitswirksam Religion kritisieren zu können. Das macht er bereits in *The Selfish Gene*, wenn er das „god meme" (Dawkins 2006b, S. 193) analysiert: „God exists, if only in the form of a meme with high survival value, or infective power, in the environment provided by human culture" (Dawkins 2006b, S. 193). Als Meme sei die Idee von Gott gerade deshalb so ansteckend, weil sie eine simple Erklärung für die komplexen Fragen der Menschheit liefere. Dasselbe lässt sich allerdings auch für die Idee des Memes selbst sagen, das auf alles Menschengemachte zutrifft, also eine (zu) einfache Antwort auf kulturell (sehr) komplexe Sachverhalte ist.

Die Viralität von Ideen ist keine Metapher. Dawkins (2006b, S. 192) betont in Anschluss an seinen Kollegen N. K. Humphrey die Lebendigkeit der kulturellen Einheiten: „memes should be regarded as living structures, not just metaphorically but technically." Juan Delius, den Dawkins zitiert, meint sogar, er hätte Memes im Gehirn des Menschen nachgewiesen, wenngleich seine neurowissenschaftliche Beobachtung äußerst vage bleibt, wie er selbst zugeben muss (vgl. Delius 1989, S. 47). Auch Delius begreift Memes als Viren, die das menschliche Verhalten befallen und über die kulturelle Neigung des Menschen zum Ausdruck kommen (vgl. Delius 1989, S. 60–65). Memes im Sinne Dawkins sind also als eigenständige, lebende (!) Entitäten zu verstehen, die das menschliche Verhalten lenken und mit Kultur infizieren.

Infizieren und Replizieren können Memes von ganz alleine, ohne den Willen des Menschen. Dawkins' Grundidee, die er in *The Selfish Gene* entwickelt, ist ja gerade die, dass sich Gene aus einem egoistischen Eigeninteresse heraus von selbst verbreiten und vermehren, um zu überleben. Menschen dienen nur als Vehikel, deren einziger Zweck es ist, Gene untereinander auszutauschen (z. B. über Geschlechtsverkehr, Ansteckung mit Viren usw.). Dasselbe gilt laut Dawkins nun auch für Memes, nur eben auf kultureller Basis. Im Gegensatz zu Genen, die sich in Form von Viren z. B. über Aerosole verteilen, verbreiten sich Memes über Imitation. Was genau darunter zu verstehen ist, lässt Dawkins offen: „memes propagate themselves in the meme pool by leaping from brain to brain via a process which, in the broad sense, can be called imitation" (Dawkins 2006b, S. 192).[4] Impliziert wird

---

[4] Susan Blackmore (1999, S. 47–52) hat später versucht, den Imitationsbegriff auszudifferenzieren, indem sie ihn von anderen Nachahmungsformen wie der affektuellen Ansteckung und dem sozialen

hiermit, dass dem Überleben von Memes natürliche Selektion zugrunde liegt, d. h. sich die Memes durchsetzen, die am besten an ihre Umwelt angepasst sind (Stichwort: Survival of the Fittest). Als Umwelt für Memes dient der menschliche Verstand, der besonders anfällig für kulturelle Infektion sei. Dass die Analogie zu biologischen Viren nicht perfekt aufgehe, wäre – wie etwa auch bei Computerviren – vernachlässigbar. „What matters is that minds are friendly environments to parasitic, self-replicating ideas or information, and that minds are typically massively infected" (Dawkins 1997, S. 20).

Dawkins begreift Memes nicht auf Grundlage wissenschaftlicher Erkenntnis als Viren, sondern aus seiner ideologischen Überzeugung heraus. Als einer der populärsten Atheisten überhaupt versteht der Biologe es, die Wissenschaft als Waffe gegen Religion zu mobilisieren. Dafür ist sein Konzept des Memes in erster Linie angedacht, wie wirkungsmächtig im Bestseller *The God Delusion* zum Ausdruck kommt (vgl. Dawkins 2006a). Der wirkliche Mehrwert seines Ansatzes gegenüber anderen Kulturtheorien ist derweilen fraglich. „There are already well-established techniques for the study of cultural diffusion, ideological change, and technical innovation" (Kuper 2000, S. 188). Dazu zählen u. a. die vielen verschiedenen Praxistheorien, die „kulturellen Wandel zum Normalfall werden lassen" (Reckwitz 2003, S. 294).

Trotz dieser Kritik hat Dawkins' Idee von kultureller Viralität viel Anschluss erfahren. So denkt die *Church of Virus* sein Gedankengut beispielsweise als Religion weiter, um eine Konkurrenz zu „traditional (irrational) religions" zu schaffen. Ziel der Vereinigung ist es, Unsterblichkeit durch die Verbreitung von Memes zu erlangen, „without resorting to mystical delusions."[5] Die Idee dahinter ist, „designed to infect".[6] Im Vorwort zu Susan Blackmores einflussreichen Buch *The Meme Machine* erkennt Dawkins (1999, S. ix) seine Heiligsprechung zu „St Dawkin" durch die *Church of Virus* sogar an. Völlig unironisch ist das alles selbstverständlich nicht gemeint, demonstriert aber nochmals die Paarung von Memes/Viren einerseits und die religionskritische Stoßrichtung von Dawkins' Ansatz anderseits.

In Anschluss an Dawkins hat sich darüber hinaus die Memetik als eigene Forschungsrichtung institutionalisiert. Von den Memetiker*innen wird die Verbindung zwischen Memes und Viren ebenfalls hervorgehoben: So schließt beispielsweise der frühere Microsoft-Programmierer Richard Brodie (2009) mit seinem erstmals 1996 erschienen Buch *Virus of the Mind* beinahe wortgleich an Dawkins an. Er geht davon aus, dass Memes, d. h. „ideas, attitudes, and beliefs" (Brodie 2009, S. 28), das menschliche Verhalten so programmieren können, dass sie nicht zwangsläufig dem Willen des Menschen entsprechen. Aaron Lynch verfolgt in seinem Buch *Thought Contagion* einen ganz ähnlichen Ansatz. Für ihn ist „Memetics [...] an epidemiology of ideas" (Lynch 1996, S. 9). Im *Journal of Memetics* be-

---

Lernen abgrenzt.

[5] Beide Zitate können hier eingesehen werden: http://www.churchofvirus.org/about.html [letzter Zugriff: 25.02.2021].

[6] Das Zitat kann hier eingesehen werden: http://www.churchofvirus.org/answers.html [letzter Zugriff: 25.02.2021].

hauptet Paul Marsden sogar, dass „memetics and the established tradition of social contagion research [...] are in fact two sides of the same social epidemiological coin, the former a theory-rich version of the latter, and the latter an evidence-rich version of the former" (Marsden 1998). Daraus geht hervor, dass Memes und soziokulturelle Ansteckung stets zusammengedacht werden sollten. Für die Medienwissenschaft ist in diesem Zusammenhang das Buch *Media Virus!* von Douglas Rushkoff besonders relevant. Darin befasst sich Rushkoff mit der Viralität von Medienereignissen, deren ideologischer Code Menschen mit Memes infiziere. Das meinte der Autor wortwörtlich: „These media events are not *like* viruses. They *are* viruses" (Rushkoff 1996, S. 9).

Einige einflussreiche Autor*innen der Memetik wie Susan Blackmore und Daniel Dennett legen gegen eine solche Auslegung, Memes ausschließlich viral zu denken, Einspruch ein. In Anschluss an Dennett (vgl. 1991, S. 207) gibt Blackmore (vgl. 1999, S. 22) zu bedenken, dass nicht alle Memes Viren sein können, denn Memes infizieren nicht nur den menschlichen Verstand, sondern erschaffen ihn erst. Die Memetik dürfe in dieser Hinsicht auf keinen Fall zu einer „science of mind viruses" (Blackmore 1999, S. 22) verkommen. Dawkins (vgl. 1997, S. 26) gab schon vorher zu bedenken, dass nicht alle Memes zwangsläufig Viren sein müssen. Beispielsweise sei die Wissenschaft in Kontrast zur Religion kein Virus, denn die wissenschaftliche Methode verhindere dies im Gegensatz zum blinden Glauben. Problematisch an dieser Unterscheidung ist aber, dass sie allein auf einer subjektiven Bewertung davon basiert, was ‚gute' und was ‚schlechte' Memes ausmachen sollen (vgl. Distin 2005, S. 75). Das zu entscheiden, ist aber kontextabhängig und so verwundert es kaum, dass Dawkins die Entscheidung abermals aus seiner religionskritischen Haltung heraus trifft.

Auch wenn sich die Memetik nie als eigene Wissenschaft etablieren konnte, was u. a. an der Vagheit des Meme-Begriffs selbst liegt, wird sie noch immer in Disziplinen wie der Wirtschaftswissenschaft (vgl. Schlaile 2021) ernsthaft praktiziert. Eine Wiederbelebung hat die Memetik sicherlich aber auch durch die Erforschung von Internet-Memes erfahren, um die es im nächsten Abschnitt geht.

10.3 Evolution von Memes im Internet

Das Meme ist im Internet zu einem geflügelten Wort geworden. Allerdings ist der Bezug zu Richard Dawkins und der Memetik wohl den wenigsten Nutzer*innen bewusst, die den Begriff verwenden.[7] Der Meme-Begriff ist stattdessen ein Gemeinplatz für unterschied-

---

[7] Das zeigt sich zum Beispiel daran, dass ein Diskurs darüber geführt wird, wie der Begriff „meme" ausgesprochen werden soll. Dawkins (2006b, S. 192) macht dazu klare Angaben in seiner Definition: „It should be pronounced to rhyme with ‚cream'." Im Internet sind folgende Aussprachen dennoch geläufig: „Meem (with a long e sound) [...] Mee Mee (two long e sounds) [...] Mām (long a sound, like the word maim) [...] May May (two long a sounds) [...] Mem (with a short e sound) [...] Meh Meh (two short e sounds) [...] Mehmā (the faux-posh like to think it's pronounced Memé) [...] And any additional combination of the above sounds". Siehe hierzu den Eintrag „Meme" in der Encyclopedia Dramatica: https://encyclopediadramatica.wiki/index.php/Meme [letzter Zugriff: 25.02.2021].

lichste Internet-Phänomene, die in den Sozialen Medien geteilt werden. In einem Interview spricht Dawkins davon, das Internet habe seinen Begriff gekapert:

> The meaning is not that far away from the original. It's anything that goes viral. In the original introduction to the word meme in the last chapter of *The Selfish Gene*, I did actually use the metaphor of a virus. So when anybody talks about something going viral on the internet, that is exactly what a meme is and it looks as though the word has been appropriated for a subset of that. (Dawkins zitiert nach Solon 2013)

Internet-Memes definiert Dawkins als virale Inhalte, um damit an sein ursprüngliches Konzept anschließen zu können, das Memes mit Viren analogisiert. Obwohl Dawkins hier von einer Metapher spricht, muss nochmals betont werden, dass er die Analogie ursprünglich wörtlich nahm.

Einige Autor*innen, die sich mit Internet-Memes befassen, schließen bewusst an Dawkins an. In der ersten deutschsprachigen Monografie zu dem Thema definieren Nils Dagsson Moskopp und Christian Heller (2013, S. 14, Herv. i. O.) Internet-Memes als alle *„Inhalte, die sich viral im Internet verbreiten."* Mit Viralität ist in diesem Zusammenhang „Mund-zu-Mund-Propaganda" (Moskopp und Heller 2013, S. 11) gemeint, so wie sie in den 1990er-Jahren im Marketing propagiert wurde.[8] In Anschluss an ein vereinfachtes Kommunikationsmodell sei dann jede*r Empfänger*in zwangsläufig auch Sender*in der viralen Botschaft. Unter Inhalten verstehen Moskopp und Heller (2013, S. 14 f.) wiederum „Wörter- und Wortfolgen, Bilder, Videos, Lieder – und Formeln und Schablonen zu ihrer Gestaltung", wobei die Autoren sich nur an ihrem „Empfinden orientieren" können, ob es sich bei den Inhalten um Internet-Memes handelt oder nicht.

Für den angloamerikanischen Raum sei hier auf Michele Knobel und Colin Lankshear (2003, 2007, 2019) verwiesen, die sich als eine der ersten Forscher*innen überhaupt dezidiert mit Internet-Memes beschäftigt haben. Die beiden Autor*innen beschreiben Internet-Memes als „particular ‚infectious' phenomena" (Knobel und Lankshear 2007, S. 199) und „contagious ideas passed on in visual forms that are modified or remixed in ways that nonetheless preserve the original idea in recognizable form" (Knobel und Lankshear 2019, S. 48), womit sie sehr nah an Dawkins' ursprünglicher Idee liegen. Infektiös und ansteckend seien Internet-Memes, weil sie Aufhänger („hooks") böten, die gegen mentale Filter und kulturelle Immunsysteme wirken würden (vgl. Knobel und Lankshear 2003, S. 37; 2007, S. 202; 2019, S. 45).

Nicht alle Autor*innen in den Meme Studies stimmen Dawkins so leichtfertig zu, wie die beiden oberen Ansätze vermuten lassen. Am prominentesten ist hier wohl der Einspruch von Henry Jenkins, Sam Ford und Joshua Green (2013, S. 17 f.), die sich gegen die

---

[8] Siehe hierzu die Position von Jeffrey Rayport (1996), der virales Marketing salonfähig machen möchte: „When it comes to getting a message out with little time, minimal budgets, and maximum effect, nothing on earth beats a virus. Every marketer aims to have a dramatic impact on thinking and behavior in a target market; every successful virus does exactly that."

Verwendung der Begriffe „viral" und „meme" sperren. Diese seien zu passiv gedacht, um beschreiben zu können, wie Nutzer*innen an Sozialen Medien partizipieren. Damit stellen sich Jenkins, Ford und Green (2013, S. 19) auch explizit gegen das Kulturverständnis, das Dawkins und die Memetik an den Tag legen: „This concept of ‚self-replicating' culture is oxymoronic, though, as culture is a human product and replicates through human agency." Das Erstellen, Teilen und Verbreiten von digitalen Artefakten wie Internet-Memes passiert eben nicht in einem luftleeren Raum und schon gar nicht von alleine, sondern sehr bewusst durch die Nutzer*innen, die den digitalen Dingen einen Wert beimessen, der auf kulturellen, politischen, ökonomischen oder auch persönlichen Interessen beruhen kann (vgl. Jenkins et al. 2013, S. 35).

Limor Shifman (vgl. 2013, 2014) ist eine andere einflussreiche Forscherin, die den Meme-Begriff problematisiert, ihn im Gegensatz zu Jenkins, Ford und Green aber nicht kategorisch ablehnt, sondern für das Internet neu konzipiert: Während Memes als kulturelle Einheiten auf Langlebigkeit angelegt sind (z. B. Religion), können Internet-Memes extrem schnelllebige Trends sein (z. B. Photo Fads). Diese Trends stellen sehr konkrete Internet-Phänomene dar, die von Wikis wie Know Your Meme dokumentiert werden, wohingegen Memes als biologisches Kulturkonzept vage bleiben, selbst wenn Dawkins sie als kulturelle Einheiten theoretisiert (vgl. Shifman 2013, S. 364). Dass Dawkins ein Meme als einzelne Einheit betrachtet, ist ein Aspekt seiner Definition, von dem sich Shifman (2014, S. 41) abgrenzt, wenn sie ein Internet-Meme als „group of digital items sharing common characteristics of content, form, and/or stance" definiert. Die Betonung von Gruppen anstelle von einzelnen Einheiten hat zum Zweck, dass sich Shifman (2014, S. 56, Herv. i. O.) von der Viralität lossagen kann: „whereas the viral comprises a *single cultural unit* (such as a video, photo, or joke) that propagates in many copies, an Internet meme *is always a collection oft texts*." In anderen Worten stellt sich Shifman gegen Dawkins' Annahme, dass Memes Viren seien.

Letztlich ist Jana Herwig (2018, S. 2) zuzustimmen, „dass sowohl Zuschreibungen von Mem-Status als auch von Viralität […] keineswegs zur Gänze selbstevident" sind, sondern eine Evaluation der Medienpraktiken voraussetzen. Internet-Memes sind eben nicht gleichbedeutend mit den Memes der biologischen Kulturtheorie. Auch wenn Begriffe wie Meme und Viral im Internet durchaus gebräuchlich sind, meinen sie nicht zwangsläufig dasselbe wie in der Wissenschaft. Dennoch ist es sinnvoll am Meme-Begriff festzuhalten, weil sich Subkulturen auf 4chan, Reddit und anderen Plattformen darüber definieren. Andere Begrifflichkeiten würden das Selbstverständnis dieser Subkulturen verzerren. Es sollte aber berücksichtigt werden, dass solche Subkulturen unter Internet-Memes etwas anderes verstehen, wie Whitney Phillips (2012) anmerkt: „As understood by trolls, memes are not passive and do not follow the model of biological infection." Berechtigterweise steht dann auch in Frage, ob die Memetik überhaupt geeignet ist, um Internet-Memes beschreiben zu können oder, ob es nicht einem anderen Konzept wie der Serialität dafür bedarf (vgl. Pauliks 2017; Herwig 2018). Der Irrglaube, dass Memes im Internet dasselbe sind wie Memes in der Memetik, hat sich jedenfalls durchaus durchgesetzt.

> Wenn man virale Bilder und andere Internet-Phänomene als Memes bezeichnet, finden sich eigentlich immer Schlaumeier, die einem erklären wollen, dass Memes viel mehr seien. [...] Um es kurz zu machen: Die Theorie hat keinen Bestand und wurde von Dawkins selbst nicht ernst genommen. Die Memetik wurde nie wirklich etabliert und von kaum einem ernst zu nehmenden Wissenschaftler vertreten. [...] Trotzdem wurde der Begriff ‚Meme' wieder aus der Mottenkiste geholt, als sich um das Jahr 2000 herum die ersten seltsamen und lustigen Inhalte viral im Internet verbreiteten. Viral gingen damals vor allem Videos wie ein tanzendes Baby, der „Techno Viking", der in Berlin auf der Fuckparade tanzend für Ordnung sorgte, oder ein Typ, der leidenschaftlich Numa Numa singt. Eigentlich sind das aber keine Memes, sondern eben nur ulkige Videos, die sich viral im Netz verbreiteten. (Park 2021)[9]

Um das Jahr 2000 entstanden die ersten bedeutsamen Internet-Phänomene, die als Memes bezeichnet wurden, wenn auch wesentlich sporadischer, als es rund 20 Jahre später der Fall sein wird. So wurde 1998 in einem CNN-Interview der Begriff „net meme" verwendet, um damit die virale Verbreitung der Computeranimation *Dancing Baby* zu beschreiben, die allerdings nur wenig mit späteren Internet-Memes gemein hat. Das Godwin's Law ist ein anderes Beispiel, das gerne herangezogen wird, um den Beginn von Internet-Memes geschichtlich zu markieren (Kien 2019, S. 4 f.), obwohl es sich explizit um einen viralen Versuch handelt, eine Gegenidee zu verbreiten, die nicht zwangsläufig mit Internet-Memes in Verbindung steht.[10] Beide Beispiele gehen auf das Technikmagazin Wired zurück und zeigen, dass hier noch der klassische Meme-Begriff der Memetik operationalisiert wird. Anhand verschiedener Quellen belegt Merriam-Webster (2019), dass zu dieser Zeit die Begriffsverwendung noch eine Wiederholung der ursprünglichen Bedeutung war.

Auch in den Meme Studies wurde die ursprüngliche Bedeutung des Begriffs übernommen. Knobel und Lankshear (2007, S. 204) schreiben in ihrer Studie beispielsweise, dass sie Phänomene berücksichtigen, „that seemed to be regarded by the internet community as distinct and popular memes or contagious ideas [...]." Dass die Autor*innen Memes nicht von Viren unterscheiden, führt zu dem diskursanalytischen Problem, dass in ihrer Liste einige Beispiele auftauchen, die damals noch nicht als Memes bezeichnet wurden. Beispielsweise schreibt Chris Taylor (2001) in seinem Artikel, den die Autor*innen als Referenz heranziehen, dass es sich bei dem Internet-Phänomen *All Your Base Are Belong To Us* um eine „hip catch phrase" handele, die sich „from office to office via e-mail like a benign virus" verbreite. Von Memes ist hier aber nichts zu lesen.

---

[9] Zu bedenken ist bei diesem feuilletonistischen Einblick in die Geschichte von Internet-Memes, dass er selbst die Zuschreibung macht, dass es sich bei den frühen Internet-Phänomenen um „virale Bilder" handelt.

[10] Das Godwin's Law besagt, dass es umso wahrscheinlicher ist, dass ein Nazi-Vergleich gezogen wird, desto länger eine Diskussion voranschreitet. Als Beispiel werden „Usenet newsgroups" genannt, aber auch analoge Konferenzen. Godwin hat sein Gesetz als „counter-meme" in die Welt gesetzt, um damit einerseits die Trivialisierung durch Nazi-Vergleiche zu kritisieren und andersseits die Viralität von Ideen zu demonstrieren (vgl. Godwin 1994).

Viele der frühen Internet-Phänomene wie *All Your Base Are Belong To Us*, *Tourist Guy*, *O RLY?* oder *One Does Not Simply X into Mordor*, die später als die ersten Internet-Memes in die Geschichte der Netzkultur eingehen sollten, haben ihren Ursprung in dem Forum Something Awful. Bemerkenswert daran ist, dass die Subkultur von Something Awful sich entschieden gegen Memes positionierte. Laut David Thorpe, einem ehemaligen Admin von Something Awful, wurden Forenmitglieder umgehend ausgeschlossen, wenn sie Memes teilten:

> Humor got a lot more meme focused as time went on, which Something Awful was always really, really against. You would get banned if you did any meme shit, and certainly on the front page nobody would dare do any of that shit, like LOLCats was popular for 10 minutes. It never capitalized on any of that stuff, which it probably could have and made a ton of money. But as soon as something became recognizable as a meme, it was forbidden. Anyone who's from there is probably going to have an aversion to any kind of internet meme or catchphrase forever, probably, because it was such a huge part of the culture. Everybody considered that the death of all humor and original thought. (Thorpe zitiert nach Wofford 2017)

Die scharfen Restriktionen gegen Memes haben dazu geführt, dass der Begriff zunächst nicht in den Sprachgebrauch von Something Awful überging. Internet-Phänomene wurden dort vielmehr ihren Medienpraktiken nach bezeichnet, z. B. als „photoshop"[11] oder als „,image macro,' which is what the KIDS THESE DAYS call ‚memes.'"[12] Image Macros sind digitale Bilder, über die ein Text gelegt wird, gewöhnlich in der Schriftart Impact (vgl. Abb. 10.1). Der Begriff wurde ursprünglich in Something Awful geprägt, wo die Forenmitglieder mit dem Befehl „[img – macro]" eine Auswahl von vorgefertigten Bildern laden konnten, ganz ähnlich zu Emoticons.[13]

Dass Image Macros mit Internet-Memes gleichgesetzt werden, ist die Folge einer semantischen Strukturänderung des Begriffs, welche ich hier in Anschluss an Niklas Luhmann (1978) als Evolution verstehe (vgl. Pauliks 2017, S. 34). Zu überlegen ist, wo und

---

[11] Diese Bezeichnung findet sich beispielsweise in den Threads, wo *Tourist Guy* und *One Does Not Simply X into Mordor* ihren Ursprung haben. Gemeint ist das Bearbeiten von digitalen Bildern mit Adobe Photoshop, was bis heute in Something Awful regelmäßig praktiziert wird (z. B. am Photoshop Phriday). Der Thread zu *Tourist Guy* ist hier einsehbar: https://forums.somethingawful.com/showthread.php?threadid=82700 [letzter Zugriff: 25.02.2021]. Die Bildbearbeitung zu *One Does Not Simply X into Mordor* ist hier zu finden: https://forums.somethingawful.com/showthread.php?threadid=875524&pagenumber=3#post283498069 [letzter Zugriff: 25.02.2021].

[12] Das Zitat stammt aus einem Forenbeitrag von 2016, in dem Richard Kyanka aka Lowtax, der Gründer von Something Awful, an die frühe Bildkultur des Forums erinnert, die er als Vorläufer von Internet-Memes begreift. Dabei bringt er seine Ablehnung gegenüber der Meme-Kultur zum Ausdruck: „This makes me very sad and ashamed to admit there's a possibility we are responsible for the wasteland of internet meme shit we currently live in […]." Die Zitate und Bildbeispiele können hier eingesehen werden: https://forums.somethingawful.com/showthread.php?threadid=3773226&pagenumber=1#post459031086 [letzter Zugriff: 16.02.2021].

[13] Die Beschreibung lässt sich nach Anmeldung im SAclopedia einsehen: https://forums.somethingawful.com/dictionary.php?act=3&topicid=83 [letzter Zugriff: 25.02.2021].

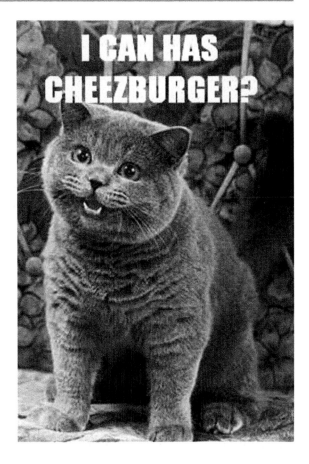

Abb. 10.1 Für die Website I Can Has Cheezburger? dient *Happy Cat* als Maskottchen

wann diese begriffliche Evolution eingesetzt hat. Wie gezeigt ist sie in Something Awful nicht geschehen. Ein anderes Forum scheint dafür den Nährboden geliefert zu haben. Gemeint ist 4chan, das im Jahr 2003 von Christopher Poole aka moot gegründet wurde, der vorher aktiver Nutzer von Something Awful war. Laut David Thorpe (zitiert nach Wofford 2017) bestand zumindest anfangs die Population von 4chan größtenteils aus Nutzer*innen, die von Something Awful verbannt wurden, weil sie Internet-Memes verbreitet hatten. Dort fanden solche Nutzer*innen dann eine neue Heimat: „4chan was anonymous, basically unmoderated, and thrived on memes." Mindestens seit 2004 kursiert der Meme-Begriff auf 4chan.[14] Das belegt das frühe Internet-Meme *Milhouse Is Not a Meme*, in dem es explizit um die Aushandlung dessen geht, was als Internet-Meme klassifiziert werden darf und was nicht. Wenig später werden auf 4chan *LOLcats* populär. Solche Image

---

[14] Eine genaue Aufzeichnung der ersten Begriffsverwendung liegt nicht vor, weil in 4chan die Threads und Beiträge von Nutzer*innen im Vergleich zu anderen Foren extrem flüchtig sind und manchmal schon nach wenigen Minuten verschwinden. Ein offizielles Archiv gibt es nicht. Internet-Memes können stattdessen als kulturelles Gedächtnis der Plattform betrachtete werden (vgl. Knuttila 2011).

Macros von Katzen wurden zwar schon vorher auf Something Awful geteilt, aber erst auf 4chan wurden sie als Memes bezeichnet. Das geht aus einer E-Mail hervor, die Lev Grossman als Reaktion auf einen Artikel bekommen hat, den er 2007 über das Internet-Phänomen in Time Magazine verfasste:

> There is more than enough EXIF data scattered around the internet to prove that cat macros are ancient, by internet standards. Caturday, for example, was a meme on a 4chan.org imageboard which originated around the beginning of 2005 as a protest against \„Furry Friday\" threads […]. (Anonymus zitiert nach Grossman 2007)

Diese E-Mail ist deshalb von Bedeutung, weil sie zeigt, dass mindestens seit 2005 „macros" und „memes" auf 4chan miteinander gleichgesetzt werden. Darüber hinaus geht aus der E-Mail hervor, dass *LOLcats* („Caturday") aus dem Kalkül heraus entstanden sind, einen anderen, unliebsamen Trend („Furry Friday") von 4chan zu verdrängen. Auf den ersten Blick wirken *LOLcats* vielleicht unschuldig und süß, basieren aber auf sehr spezifischen subkulturellen Medienpraktiken, die die Zugehörigkeit zur 4chan-Community markieren und forcieren sollten. Dazu zählt die richtige Verwendung von *LOLspeak*, also dem Slang von *LOLcats*, sowie das Erkennen und Zuordnen von intertextuellen Referenzen verschiedener Katzenbilder wie *Happy Cat*, *Limecat*, *Longcat* uvm. (vgl. Miltner 2014).

Diese subkulturelle Exklusivität des Memeing konnte dennoch nicht verhindern, dass *LOLcats* in den Mainstream überschwappten. Es lässt sich sogar argumentieren, dass *LOLcats* dafür verantwortlich sind, dass Internet-Memes überhaupt so populär wurden. Davon zeugt das Internet-Imperium I Can Has Cheezburger?, das 2007 gegründet wurde, zunächst als eine Website, die allein dafür gedacht war, dass Nutzer*innen dort *LOLcats* erstellen und untereinander austauschen. So ist der Name der Website ein Beispiel für *LOLspeak* und eine Referenz auf *Happy Cat* (vgl. Abb. 10.1). In den folgenden Jahren wurde I Can Has Cheezburger? so populär, dass mehrere Millionen Menschen tagtäglich die Website besuchten (vgl. Miltner 2014). Als Cheezburger Network expandierte das Unternehmen dann schließlich und kaufte mehrere erfolgreiche Websites wie FAIL Blog und Know Your Meme auf. *LOLcats* waren nun nur noch ein Internet-Meme unter vielen (vgl. Abb. 10.1).

Spätestens 2012 war die begriffliche Evolution soweit fortgeschritten, dass sich der neue Meme-Begriff im Mainstream durchsetzen konnte (vgl. Merriam-Webster 2019). Memes stehen fortan nicht mehr in Verbindung mit der Memetik, sondern mit spezifischen Internet-Phänomenen, vor allem Image Macros wie *LOLcats* und *Advice Animals*, die in den Sozialen Medien geteilt werden. Ist der Trend damit zu Ende? Seit 2014 wurde an verschiedenen Stellen verlautet, dass Memes tot seien (vgl. Milner 2016, S. 43–49).[15] Das

---

[15] So behauptet beispielsweise Fernando Alfonso III (2020) in einem Artikel, der erstmals 2014 auf Daily Dot erschienen ist, dass das Zeitalter der Image Macros vorbei sei: „The image macro is perhaps the most well-known type of meme. You've seen it all over your Facebook wall: photos of cute felines saying dumb things (LOLcats), a socially awkward penguin (Socially Awkward Penguin), or an angry-looking kid wearing a fitted baseball cap (Scumbag Steve). They've been bled dry of all their novelty, and they're just not funny or relevant anymore."

stimmt nicht ganz; es haben sich nur die Medienpraktiken von Memes gewandelt als Antwort auf deren Popularisierung und Kommerzialisierung in den Sozialen Medien. Im nächsten Abschnitt wird dem nachgespürt, um am Beispiel von *Corona-chan* aufzuzeigen, wie Memeing in der Corona-Pandemie praktiziert wird.

10.4 Medienpraxis des Memeing am Beispiel von *Corona-chan*

Corona-chan ist das erste Meme, welches das Coronavirus zum Thema macht. Nachdem im Januar 2020 auf 4chan der Begriff ‚Corona-chan' an Popularität gewann, wurde kurze Zeit später ein Bild gepostet, das das Coronavirus anthropomorphisiert (vgl. Abb. 10.2). Zu sehen ist eine junge Frau, die einen roten Qipao zusammen mit roten Stöckelschuhen trägt, ein Corona-Bier in der rechten und eine chinesische Flagge in der linken Hand hält. Aus ihren Schultern wachsen Fledermausflügel. Während das rote Kleid und die Flagge explizit auf China als Ursprung des Virus verweisen, deuten das Bier und die Fledermausflügel auf das Virus selbst hin. Es wird vermutet, dass die Entstehung des Coronavirus auf Fledermäuse zurückzuführen ist (vgl. Wurzel 2021), was durch die Flügel zum Ausdruck kommen soll. Das abgebildete Bier ist eine direkte Referenz zu dem Namen des Virus, das mit dem bekannten Markennamen in Verbindung gebracht wird (vgl. Abb. 10.2).

Als *Corona-chan* auf 4chan gepostet wurde, war die Pandemie noch nicht ausgebrochen; das Virus wütete aber bereits in China. Am 21. Januar 2020 wurde die erste Ansteckung in den USA registriert, was vermutlich der Anlass dafür war, dass das Bild von *Corona-chan* an dem Tag auf 4chan gepostet wurde. Der*die Ersteller*in kommt nämlich aus den USA, wie im Screenshot ersichtlich ist (vgl. Abb. 10.2). Die Verarbeitung des Virus auf diese Art und Weise ist kein Zufall, sondern Teil der Meme-Kultur, wie ein*e Nutzer*in auf Nachfrage ausführt: „Virus outbreak in China! So naturally, we need to draw that virus as a kawaii anime girl." Darauf fragt ein*e andere*r Nutzer*in genervt:

Abb. 10.2 Die erste Darstellung von *Corona-chan* auf 4chan

„can't you losers interpret anything outside of memes and anime references?"[16] Folglich ist *Corona-chan* eine gemalte Verniedlichung des Virus im Anime-Stil. Auf die Verniedlichung weist die Endung „-chan" hin, womit in Japan vor allem junge Mädchen angesprochen werden und „kawaii", das für die japanische Niedlichkeitsästhetik steht. Es handelt sich bei Corona-chan aber nicht nur um „anime", sondern um „memes", wie im zweiten Zitat zum Ausdruck kommt. Das Coronavirus ist nämlich nicht das erste Virus, das als „anime girl" interpretiert wurde.

Das bekannteste Beispiel vor *Corona-chan* ist *Ebola-chan*. Als 2014 in Teilen von Afrika eine Ebola-Epidemie ausbrach, wurde das Internet-Meme auf 4chan gepostet als eine Art ironisierender Kettenbrief. Nutzer*innen sollten „I love you Ebola-chan" auf das Bild antworten, „to avoid excruciating pain and death" (Marcus und Singer 2017, S. 342). Aus dieser auf den ersten Blick absurd wirkenden Medienpraktik schließen Olivia Marcus und Merrill Singer (vgl. 2017, S. 348–352), dass die Personifizierung des Virus eine Bewältigungsstrategie ist, mit der Unberechenbarkeit der Krise umgehen zu können. Um das Unkontrollierbare zu kontrollieren, wird das gefährliche Virus aus den Massenmedien, zum Objekt der Begierde gemacht, d. h. fetischisiert.

Der Analyse von Marcus und Singer lassen sich am Beispiel von *Corona-chan* noch weitere Aspekte hinzufügen: Das Coronavirus wurde, wie schon das Ebolavirus, in die Codes von 4chan übersetzt. Auf einer bild-sprachlichen Ebene schließt das Internet-Meme an die Geschichte von 4chan und dessen Namen an. 4chan war und ist nämlich auch zum Austausch über Anime gedacht (z. B. in den Unterforen /a/, /c/ und /w/). Ganz klar ist jedoch nicht, wie die Subkultur dazu steht: „Did everyone really love anime, or was that just another level of brain-melting irony? It was, and remains, tough to say" (Wofford 2017). Die Sexualisierung des Virus, die sich auch bei Corona-chan abzeichnet, dient zudem nicht nur der Fetischisierung, sondern bewirkt auch, das Meme dem Mainstream zu enthalten. Anstößige Inhalte dürfen nicht auf populären Plattformen wie Facebook geteilt werden. Die Chance ist damit höher, dass das Meme in der Subkultur verankert bleibt.

Über die Gestaltung von *Corona-chan* waren sich die Nutzer*innen von 4chan zunächst nicht einig. In dem Thread kursierten verschiedene Versionen der Virusanthropomorphisierung. Ein*e Nutzer*in stellte *Corona-chan* beispielsweise als Engel-ähnliche Gestalt dar mit der Begründung, dass der Begriff ‚Corona' auf ‚Krone' oder ‚Heiligenschein' zurückzuführen ist (vgl. Abb. 10.3). Die Darstellung konnte sich allerdings nicht durchsetzen, was sowohl daran liegt, dass sie nicht zuerst da war (vgl. Powers 2017) als auch daran, dass sie keinerlei Referenzen zu China aufweist, dessen Rolle als Ursprung des Virus in der Alternativbezeichnung „Wuhan-chan" unmissverständlich zum Ausdruck kommt.

Die Aushandlung über die Darstellung eines Memes ist durchaus typisch für das Memeing. Medienpraxeologisch kann dieser Prozess als „dynamic interaction between

---

[16] Beide Zitate können im inoffiziellen Archiv von 4chan unter folgendem Link eingesehen werden: https://archive.4plebs.org/pol/thread/240362042 [letzter Zugriff: 25.02.2021].

Abb. 10.3 Eine alternative Darstellung von *Corona-chan* auf 4chan

agency and structure" (Wiggins und Bowers 2015, S. 1899) begriffen werden. Das bedeutet, dass wenn ein Meme gepostet wird, es eine bestimmte Struktur vorgibt, wie z. B. die Darstellung von *Corona-chan* in einem roten Qipao. Diese Darstellung kann wiederholt werden, wodurch Nutzer*innen die Struktur der Darstellung reproduzieren, oder verworfen und neugedacht werden, so wie es in Abb. 10.3 geschehen ist. Dann kommt es darauf an, ob andere Nutzer*innen an die neue Version anschließen oder nicht. „Anders formuliert, bewegt sich die Praxis zwischen einer relativen ‚Geschlossenheit' der Wiederholung und einer relativen ‚Offenheit' für Misslingen, Neuinterpretation und Konflikthaftigkeit" (Reckwitz 2003, S. 294). Diesen Prozess aus Wiederholung und Variation möchte ich als Serialisierung begreifen, die zu mehr oder weniger standardisierten Formen führt (vgl. Pauliks 2017, S. 110). Dass sich im Beispiel von *Corona-chan* eine Serie stabilisieren konnte, zeigt sich daran, dass die erste Darstellung (vgl. Abb. 10.2) innerhalb von zwei Tagen 55-mal auf 4chan repostet wurde (vgl. Kachalin 2020).

Von 4chan aus wanderte das Internet-Meme auf andere Plattformen wie Reddit, wo zwei Tage später ein eigener Subreddit zu *Corona-chan* eröffnet worden ist. Der Subreddit setzt als Regel voraus, dass „coronachan in an artistic/memey fashion" gepostet werden muss.[17] Das Zitat legt ein neues Verständnis von Memes offen, die nicht mehr im Sinne Dawkins als passive Viren des Verstands zu verstehen sind, sondern als kreative Praxis und künstlerischer Ausdruck. Letzteres ist die nächste Evolutionsstufe von Memes, die den Begriff zum Adjektiv „meme-y" oder zum Verb „meme-ing" desubstantiviert (vgl.

---

[17] Der Subreddit und dessen Regeln können unter folgendem Link eingesehen werden: https://www.reddit.com/r/coronachan [letzter Zugriff: 25.02.2021].

Merriam-Webster 2019). Memeing als Medienpraxis meint, dass Nutzer*innen innerhalb gewisser Strukturen agieren müssen, um von der Meme-Kultur akzeptiert zu werden. Zwar legen die offiziellen Regeln, die im Subreddit formuliert werden, nicht explizit fest, wie *Corona-chan* auszusehen hat. Die Darstellung ist dennoch nicht beliebig, sondern stets an den Standards bemessen, die zuvor auf 4chan ausgehandelt wurden. Mit jeder neuen Version von *Corona-chan* wird dieses implizite Wissen reproduziert und verfestigt (vgl. Abb. 10.3).

Intertextualität ist ein weiterer Aspekt, dem beim Memeing eine besondere Bedeutung zukommt. Referenzen zu anderen Memes zu erkennen, beweist die Gruppenzugehörigkeit zur Meme-Kultur. In dem Subreddit wird beispielsweise ein Bild von *Corona-chan* zusammen mit *Ebola-chan* und *Earth-chan* gepostet (vgl. Abb. 10.4). Letztere ist eine Personifizierung der Erde. Das Internet-Meme zu verstehen, setzt voraus, die intertextuellen Elemente zu (er)kennen. Ansonsten bleibt die Beziehung zwischen den drei abgebildeten Figuren unklar. Wenn *Earth-* und *Ebola-chan* bekannt sind, lässt sich das Bild so interpretieren, dass das Coronavirus die Welt durch die Pandemie dominiert, die Menschheit durch den notwendigen Lockdown an die kurze Leine nimmt und durch Wirtschaftskrisen schließlich in die Knie zwingt. Die Corona-Pandemie läuft der Ebola-Epidemie den Rang ab. Die Nutzer*innen sind nun selbst von dem Virus betroffen. Auf die Figuren übersetzt, heißt das, dass *Corona-chan* gegenüber *Ebola-chan* damit prahlt, wie sie Earth-chan un-

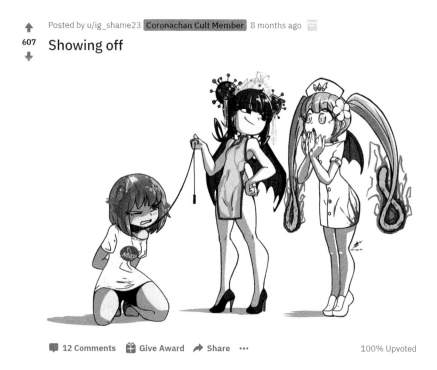

Abb. 10.4 *Earth-chan*, *Corona-chan* und *Ebola-chan* (v. l. n. r.) auf Reddit

terworfen hat, was *Ebola-chan* nur erschrocken zur Kenntnis nehmen kann, weil sie das nicht schaffte (vgl. Abb. 10.4).

Die intertextuelle Beziehung zwischen den Figuren wird in den Kommentaren besonders hervorgehoben. So fragt ein*e Nutzer*in: „Is that ebola-chan?", was daraufhin bejaht wird. „Poor Earth-chan" und „I am all for Corona chan dominating Earth chan" kommentieren zwei andere Nutzer*innen den Post. Mit den Kommentaren bezwecken die Nutzer*innen, zu demonstrieren, dass sie Teil der Meme-Kultur sind und sie über das nötige Wissen verfügen, die intertextuellen Referenzen zu entschlüsseln. Das gilt nicht nur für den Inhalt, sondern auch für die Form der Darstellung: Ein*e Nutzer*in merkt kritisch an: „Corona should be red but otherwise nice". Referenziert wird damit auf die Darstellung von *Corona-chan* im roten Qipao, wie sie auf 4chan etabliert wurde (vgl. Abb. 10.2). Ein*e andere*r Nutzer*in antwortet darauf: „She mutates."[18] Einerseits verweist das Zitat inhaltlich auf das Coronavirus, das tatsächlich in verschiedene Varianten mutiert, andererseits wird damit die Medienpraxis des Memeing selbst angesprochen, die – wie gezeigt – als ein wechselseitiger Prozess aus Wiederholung und Neuinterpretation zu verstehen ist, bei dem sich auch neue Varianten eines Memes bilden können. So ist die Darstellung von *Corona-chan* auf Reddit (vgl. Abb. 10.4) ein Remix aus der ersten Darstellung, die *Corona-chan* in einem Qipao zeigt (vgl Abb. 10.2), und der Variation auf 4chan, die *Corona-chan* eine Krone aufsetzt (vgl. Abb. 10.3).

Das Beispiel von *Corona-chan* auf Reddit ist allerdings selbst ein Repost. Das Internet-Meme wurde nicht von ig_shame23 erstellt, sondern lediglich als solches angeeignet. Ursprünglich hat der Künstler Yun Pyurr das Bild gemalt und auf der Facebookseite You Say We Draw veröffentlicht.[19] Die Praktik des Reposting ist in der Meme-Kultur umstritten: Einerseits ist sie, wie oben gezeigt, auf Plattformen wie 4chan durchaus üblich, ja sogar wichtig, damit sich Memes stabilisieren können. Andererseits werfen 4chan- und Reddit-Nutzer*innen anderen Plattformen wie 9gag, iFunny oder Facebook gerne vor, ihr geistiges Eigentum zu ‚stehlen' und als eigenes zu ‚verkaufen', auch wenn es – wie in diesem Fall – schon mal genau andersherum ist. Aus dieser Kontroverse heraus sind sogar eigene Memes entstanden (z. B. *Meme Life Cycle Charts*).

Das Reposting ist dafür verantwortlich, dass Memes als virale Inhalte wahrgenommen werden. Dass etwas ‚viral geht', bedeutet nichts anderes, als dass es massenhaft repostet wird. Diese Art der Wiederholung ist aber nicht als die Verbreitung eines Virus zu verstehen, mit dem sich Nutzer*innen nach und nach infizieren. Vielmehr ist das Reposting ein essenzieller Bestandteil des Memeing, ohne den die Medienpraxis nicht funktionieren könnte, weil sich ansonsten keine Strukturen bilden würden. Oberflächlich mag das nicht sonderlich kreativ wirken. Zu bedenken ist aber, dass das Reposting eine Praktik des Kuratierens ist, die die Meme-Kultur erst als solche formiert. Im Fall von *Corona-chan* wäre

---

[18] Alle Kommentare können unter folgendem Link eingesehen werden: https://www.reddit.com/r/coronachan/comments/gsytg9/showing_off [letzter Zugriff: 25.02.2021].

[19] Der Originalpost kann unter folgendem Link erreicht werden: https://www.facebook.com/YouSayWeDraw/photos/a.326232340906973/1295568570640007 [letzter Zugriff: 25.02.2021].

die kreative Leistung des Kuratierens die, dass ig_shame23 das Bild des Künstlers in einen neuen, memespezifischen Kontext überführt und ausstellt, worauf Anschlusskommunikation folgt, die wiederum neue Memes hervorbringt usw. usf.[20] Für diesen Prozess ist die Wiederholung mindestens genauso wichtig wie die Variation, weil die Medienpraxis des Memeing nicht nur das Produzieren, sondern immer auch das Zirkulieren und Rezipieren von Memes voraussetzt.

10.5 Fazit

Corona-chan zeigt nicht nur, wie Memeing in der Corona-Pandemie praktiziert wird, sondern führt auch zu den Anfängen der Meme-Kultur zurück. Die ersten Anthropomorphisierungen dieser Art, die auch bekannt sind als *Gijinka* (japanisch für ‚Humanisierung'), wurden bereits 2003 in dem japanischen Forum 2chan gepostet, das 4chan maßgeblich beeinflusst hat. Erst auf 4chan werden diese Anthropomorphisierungen dann später als Memes bezeichnet. Ein ähnlicher Aneignungsprozess geschah bereits mit den Image Macros von Something Awful, die wie keine andere Form das Verständnis von Memes nachhaltig geprägt haben. Von alldem hatte Richard Dawkins noch keine Ahnung, als er sich den Begriff 1976 ausdachte. Beabsichtigt hat der berühmte Atheist viel eher eine biologisch fundierte Religionskritik. Diese semantische Transformation des Meme-Begriffs lässt sich grob in drei Evolutionsstufen einteilen: (1) Memes im Sinne Dawkins und der Memetik bezeichnen kulturelle Einheiten, die den Verstand von Menschen infizieren. Der Begriff bezieht sich auf ein theoretisches Konzept. (2) Memes sind Image Macros, die in Subkulturen wie 4chan ihren Ursprung haben. Der Begriff bezieht sich auf konkrete Internet-Phänomene. (3) Memes werden für das Memeing desubstantiviert. Der Begriff bezieht sich auf die Medienpraxis der Meme-Kultur.

In dieser begrifflichen Evolution spiegelt sich auch der kulturelle Wandel der Medienpraxis wider. Klassische Image Macros wie *LOLcats* werden auf 4chan nicht mehr oder höchstens noch ironisch verwendet. Andere Formen, wie z. B. *Corona-chan*, erlangen an Einfluss, die weniger auf sprachliche und mehr auf bildliche Elemente setzten, vielleicht auch aus dem Grund, dass sie dann vom Mainstream schwieriger zu entschlüsseln und anzueignen sind. Die Desubstantivierung des Begriffs führt jedenfalls unweigerlich dazu, dass sich die Medienpraktiken von Memes ändern und ausweiten. So werden Internet-Phänomene retrospektiv zu Memes deklariert, die ursprünglich gar nicht als solche bezeichnet wurden. In Zukunft wird deshalb weitere Forschung nötig sein, um sowohl mit der Begriffsgeschichte von Memes als auch der Medienpraxis des Memeing schritthalten zu können.

---

[20] Beispielsweise wurde in dem Subreddit r/dankmemes eine *Fake History*-Version des Memes gepostet. Diese Version kann unter folgendem Link eingesehen werden: https://www.reddit.com/r/dankmemes/comments/j02987/noob_ebola [letzter Zugriff: 25.02.2021].

Literatur

Alfonso, F., III (2020): The Internet Meme Is Dying, and Reddit Is Killing It. In: Daily Dot (https://www.dailydot.com/unclick/internet-memes-future-reddit) [letzter Zugriff: 25.02.2021].

Balke, F. (2018): *Mimesis zur Einführung*. Hamburg: Junius.

Blackmore, S. (1999): *The Meme Machine*. Oxford: Oxford University Press.

Brodie, R. (2009): *Virus of the Mind. The New Science of the Meme*. London u.a.: Hay House.

Dang-Anh, M. et al. (2017): Medienpraktiken: situieren, erforschen, reflektieren. Eine Einleitung. In: *Navigationen* 17 (1), S. 7–36.

Dawkins, R. (1997): Viruses of the Mind. In: Dahlbom, B. (Hg.): *Dennett and His Critics. Demystifying Mind*. 6. Aufl. Oxford: Blackwell, S. 13–27.

Dawkins, R. (1999): Foreword. In: Blackmore, S.: *The Meme Machine*. Oxford: Oxford University Press, S. vii–xvii.

Dawkins, R. (2006a): *The God Delusion*. London: Bantam Press.

Dawkins, R. (2006b): *The Selfish Gene*. 3. Aufl. New York: Oxford University Press.

Delius, J. (1989): Of Mind Memes and Brain Bugs. A Natural History of Culture. In: Koch, W. A. (Hg.): *The Nature of Culture. Proceedings of the International and Interdisciplinary Symposium*. Bochum: Brockmeyer, S. 26–79.

Dennett, D. C. (1991): *Consciousness Explained*. Boston: Little Brown.

Distin, K. (2005): *The Selfish Meme. A Critical Reassessment*. Cambridge: Cambridge University Press.

Godwin, M. (1994): Meme, Counter-Meme. In: Wired (https://www.wired.com/1994/10/godwin-if-2) [letzter Zugriff: 25.02.2021].

Grossman, L. (2007): Lolcats Addendum: Where I Got the Story Wrong. In: Time (https://techland.time.com/2007/07/16/lolcats_addendum_where_i_got_t) [letzter Zugriff: 25.02.2021].

Herwig, J. (2018): Viralität als Sonderfall. Über Selfies, Serialität und die Wahrscheinlichkeit der Kommunikation im Social Web. In: *kommunikation@gesellschaft* 19, S. 1–19 (https://nbn-resolving.org/urn:nbn:de:0168-ssoar-56025-3) [letzter Zugriff: 25.02.2021].

Jenkins, H./Ford, S./Green, J. (2013): *Spreadable Media. Creating Value and Meaning in a Networked Culture*. New York/London: New York University Press.

Kachalin, P. (2020): Corona-chan. Part of a Series on COVID-19 Pandemic. In: Know Your Meme (https://knowyourmeme.com/memes/corona-chan) [letzter Zugriff: 25.02.2021].

Kien, G. (2019): *Communicating with Memes. Consequences in Post-truth Civilization*. London: Lexington Books.

Knobel, M./Lankshear, C. (2003): *New Literacies. Changing Knowledge and Classroom Learning*. Buckingham: Open University Press.

Knobel, M./ Lankshear, C. (2007): Online Memes, Affinities, and Cultural Production. In: Knobel, M./Lankshear, C. (Hg.): *A New Literacies Sampler*. New York: Lang, S. 199–227.

Knobel, M./ Lankshear, C. (2019): Memes, Macros, Meaning, and Menace: Some Trends in Internet Memes. In: *The Journal of Communication and Media Studies* 4 (4), S. 43–57.

Knuttila, L. (2011): User Unknown: 4chan, Anonymity and Contingency. In: *First Monday* 16 (10) (https://firstmonday.org/ojs/index.php/fm/article/view/3665) [letzter Zugriff: 25.02.2021].

Kuper, A. (2000): If Memes are the Answer, What is the Question? In: Aunger, R. (Hg.): *Darwinizing Culture. The Status of Memetics as a Science*. Oxford: Oxford University Press, S. 175–188.

Laurent, J. (1999): A Note on the Origin of Memes/Mnemes. In: *Journal of Memetics* 3 (1) (http://cfpm.org/jom-emit/1999/vol3/laurent_j.html) [letzter Zugriff: 25.02.2021].

Luhmann, N. (1978): Geschichte als Prozeß und die Theorie sozio-kultureller Evolution. In: Faber, K.-G./Meier, C. (Hg.): *Historische Prozesse*. München: dtv, S. 413–440.

Lynch, A. (1996): *Thought Contagion. How Belief Spreads Through Society*. New York: Basic Books.

Marcus, O. Rose/ Singer, M. (2017): Loving Ebola-chan: Internet Memes in an Epidemic. In: *Media, Culture & Society* 39 (3), S. 341–356.

Marsden, P. (1998): Memetics and Social Contagion: Two Sides of the Same Coin? In: *Journal of Memetics* 2 (2) (http://cfpm.org/jom-emit/1998/vol2/marsden_p.html) [letzter Zugriff: 25.02.2021].

Merriam-Webster (2019): The History of ‚Meme'. In: Words at Play (https://www.merriam-webster.com/words-at-play/meme-word-origins-history) [letzter Zugriff: 25.02.2021].

Milner, R. M. (2016): *The World Made Meme. Public Conversations and Participatory Media*. Cambridge, London: MIT Press.

Miltner, K. M. (2014): ‚There's No Place for Lulz on LOLCats': The Role of Genre, Gender, and Group Identity in the Interpretation and Enjoyment of an Internet Meme. In: *First Monday* 19 (8) (https://journals.uic.edu/ojs/index.php/fm/article/view/5391) [letzter Zugriff: 25.02.2021].

Moskopp, N. D./Heller, C. (2013): *Internet-Meme*. Köln: O'Reilly.

Park, E. (2021): Netzkultur: 1 Meme sagt mehr als 1.000 Worte. In: t3n – digital pioneers (https://t3n.de/news/netzkultur-1-meme-sagt-mehr-1354813) [letzter Zugriff: 25.02.2021].

Pauliks, K. (2017): *Die Serialität von Internet-Memes*. Glückstadt: vwh.

Pauliks, K. (2020): Corona-Memes: Gesellschaftskritik im Internet. In: *TelevIZIon* 33 (1), S. 33–36.

Phillips, W. (2012): In Defense of Memes. In: Spread That!: Further Essays from the Spreadable Media Project (http://henryjenkins.org/2012/12/spread-that-further-essays-from-the-spreadable-media-project.html) [letzter Zugriff: 25.02.2021].

Powers, D. (2017): First! Cultural Circulation in the Age of Recursivity. In: *New Media & Society* 19 (2), S. 165–180.

Rayport, J. (1996): The Virus of Marketing. In: Fast Company (https://www.fastcompany.com/27701/virus-marketing) [letzter Zugriff: 25.02.2021].

Reckwitz, A. (2003): Grundelemente einer Theorie sozialer Praktiken. Eine sozialtheoretische Perspektive. In: *Zeitschrift für Soziologie* 32 (4), S. 282–301.

Rushkoff, D. (1996): *Media Virus! Hidden Agendas in Popular Culture*. 2. Aufl. New York: Ballantine Books.

Schlaile, M. (Hg.) (2021): *Memetics and Evolutionary Economics. To Boldly Go Where No Meme Has Gone Before*. Cham: Springer.

Shifman, L. (2013): Memes in a Digital World: Reconciling with a Conceptual Troublemaker. In: *Journal of Computer-Mediated Communication* 18 (3), S. 362–377.

Shifman, L. (2014): *Memes in Digital Culture*. Cambridge: The MIT Press.

Solon, O. (2013): Richard Dawkins on the Internet's Hijacking of the Word ‚Meme'. In: Wired (http://www.wired.co.uk/article/richard-dawkins-memes) [letzter Zugriff: 25.02.2021].

Taylor, C. (2001): All Your Base Are Belong To Us. In: Time (http://content.time.com/time/magazine/article/0,9171,100525,00.html) [letzter Zugriff: 25.02.2021].

Wiggins, B. E./ Bowers, G. Bret (2015): Memes as Genre: A Structurational Analysis of the Memescape. In: *New Media & Society* 17 (11), S. 1886–1906.

Wofford, T. (2017): Fuck You and Die: An Oral History of Something Awful. In: Motherboard (https://www.vice.com/en/article/nzg4yw/fuck-you-and-die-an-oral-history-of-something-awful) [letzter Zugriff: 25.02.2021].

Wurzel, S. (2021): WHO zum Corona-Ursprung. Fledermaus-These am wahrscheinlichsten. In: Tagesschau (https://www.tagesschau.de/ausland/asien/corona-experten-in-wuhan-101.html) [letzter Zugriff: 25.02.2021].

Teil IV

Datenpolitiken und Verschwörungsideologien

Kybernetische Datenpolitik und Verschwörungsideologien

Der diffuse kollektive Körper der Pandemie

Angela Krewani

Zusammenfassung

Ausgehend von den Überlegungen zum kollektiven Körper des Viralen werden die Darstellungen der Pandemie in den öffentlich-rechtlichen Medien auf ihren Gehalt als Visualisierung wissenschaftlicher Ereignisse analysiert und auf ihren Unterhaltungswert hin überprüft. Es wird argumentiert, dass die Semantisierungen und Visualisierungen der Pandemie in den öffentlich-rechtlichen Medien die gouvernementalen Aspekte der Pandemie wie auch der Biotechnologien hervorheben. Dem stehen die affektiven Semantisierungen und Kommunikationsformen der Querdenker-Bewegung gegenüber, die einen kollektiven Volkskörper zu konstruieren suchen.

Schlüsselwörter

Biopolitik · Gouvernementalität · Viralität · Kollektiver Körper · Wissenschaftliche Bildgestaltung · Querdenker-Bewegung · Social Media · Verschwörungsideologien · Affekttheorien

11.1 Einleitende Überlegungen

Das Virus Covid-19 eroberte im Frühjahr 2020 innerhalb weniger Wochen die Berichterstattung deutscher und internationaler Medien. Das lag zum einen an seiner Gefährlichkeit, zum anderen an den weitreichenden sozialen, politischen und medizinischen Dimen-

A. Krewani (✉)
Institut für Medienwissenschaft, Philipps-Universität Marburg, Marburg, Deutschland
E-Mail: krewani@uni-marburg.de

© Der/die Autor(en), exklusiv lizenziert durch Springer Fachmedien Wiesbaden GmbH, ein Teil von Springer Nature 2022
A. Krewani, P. Zimmermann (Hrsg.), *Das Virus im Netz medialer Diskurse*, ars digitalis, https://doi.org/10.1007/978-3-658-36312-3_11

sionen seines Auftretens. Virale Krankheiten legen die strukturellen Dynamiken von Auftreten und Verbreitung offen, zudem werden sie als Metaphern kultureller und politischer Zuschreibungen und Zirkulation von Bedeutung verbucht. Dementsprechend verzeichnet Rolf Nohr die Erscheinung des „Viralen als diskursives Ereignis" (2004, S. 61), das sich vermittels spezifischer Objekte in Medizin und Gesellschaft ausbreitet. Demnach „kann" das „Virale (…) verstanden werden als eine Bündelung von Ereignissen, Handlungen, Sprechakten und kollektiven Symboliken" (ebd.). Diese Überlegungen verdeutlicht Nohr im Rückblick auf große Virusepidemien, die ihre spezifischen Semantiken ausprägten wie z. B. die AIDS-Epidemie, welche durch soziale und politische Kontextualisierung auffielen und erhebliche Bedeutungsverschiebungen bewirkt haben (vgl. ebd.). Deutlich ist zu erkennen, dass das Konzept Virus sich nicht auf medizinische Daten beschränkt, sondern soziale und politische Dimensionen ausprägt, wie Nohr (vgl. 2004.) ausführlich vor Augen führt. Zu den jeweiligen Semantisierungen gesellen sich Überlegungen zur Viralität in digitalen Kommunikationsprozessen (vgl. Parikka 2016, S. 173–246) wie auch zur Bedeutung derselben in ästhetischen Prozessen (vgl. Ristow 2021). Im Sinne einer Ökologie der viralen Austauschprozesse gibt es zwischen den Bereichen des Viralen Wechselwirkungen, dynamische Konfigurationen und Verbindungen.

Im Kontext der Corona-Debatte steht ein Konzept von Virus im Fokus, das sich im sozialen und diskursiven Raum beständig verschiebt, neu definiert und teilweise konträre Bedeutungen generiert. In diesem Beitrag soll danach gefragt werden, welche inneren Verbindungen sich zwischen den scheinbar getrennten Diskursen erstellen lassen. Dabei werden massenmediale Semantisierungen des Virus als Effekt kybernetischer Konzepte von Krankheit und Gouvernementalität verstanden, um vor diesem Hintergrund einen Blick auf die konträren (Selbst)Stilisierungen der sogenannten Querdenker und Impfgegner sowie deren Affektregime zu werfen.

11.2 Bilder der Wissenschaft im öffentlichen Diskurs

Der öffentliche Diskurs der journalistischen Qualitätsmedien[1] ist geprägt einerseits von den propagandistischen Schockbildern der journalistischen Berichterstattung und andererseits durch eine bemüht objektivierende und wissenschaftliche Darstellung der entsprechenden Corona-Fallzahlen. Besonders auffällig verhält sich die dominante Visualisierung des Virus: in seiner medialen Ausgestaltung beherrschte und beherrscht die stachelige Kugel die Bildgestaltung der journalistischen Informationssendungen.

Im Vergleich zu den unterhaltsamen, oft sich stacheligen Fußbällen annähernden Visualisierungen, verhalten sich die ursprünglichen Visualisierungen aus dem Elektronenmi-

---

[1] Unter Qualitätsmedien verstehe ich journalistisch geprägte Kommunikationsmedien wie u. a. den öffentlich-rechtlichen Rundfunk mit seinen vielfältigen Medienformen und die etablierten Printmedien.

kroskop² eher unspektakulär. (vgl. Abb. 11.1) Die Divergenz zwischen den medientauglichen Bildern und den „Originalen" verweist auf grundlegende Aspekte wissenschaftlicher Bildgestaltung. Wie Kathrin Friedrich und Sven Stollfuß deutlich hervorheben, handelt es sich bei den farbigen Animationen nicht um rein ‚wissenschaftliche' Bilder, sondern die Bilder dokumentieren aktuelle Durchmischungen von Wissenschafts- und Populärkultur und markieren die Popularisierung von Wissenschaft (2011, S. 5).[3]

Unabhängig von der momentanen Corona-Krise hat die Popularisierung von wissenschaftlichen Verfahren und Bildgebungen eine lange Tradition, die sich auf die Medialitäten der Kommunikation zurückführen lässt: der Einsatz von Fotografie, Film und digitaler Bildgestaltung in der Medizin und den zeitgenössischen Biowissenschaften ist einerseits den veränderten Anforderungen der Disziplin unterworfen, andererseits sind apparative und technische Bildmedien ein konstitutives Element in der Fabrikation von Wissen.[4] Das abgebildete Objekt steht demgemäß nicht in einem mimetischen Verhältnis zu seiner Abbildung, sondern gestaltet sich diskursiv aus. Die diskursive Prägung wissenschaftlicher Bildgestaltung ist schon in der Fotografie zu finden, so verweisen Lorraine Daston und Peter Galison auf die Rolle der Fotografie bei der visuellen Konstitution wissenschaftlicher Erkenntnisse (vgl. Daston und Galison 2007). Die diskursiven Charakteristika wissenschaftlicher Visualisierungen gelten ebenso für viele Bilder zeitgenössischer Wissenschaften, die sich medial ihrer Gültigkeit versichern. In ihrer technischen Geschichte weisen wissenschaftliche Bilder oft über ihre abgebildeten Inhalte hinaus und werden somit zu Kommunikationsmedien politischer wie kultureller Inhalte (vgl. Lösch 2006).

Im Gegensatz Katastrophenbildern der Berichterstattung legitimieren animierte Viren die Aussagen von Journalist*innen und Expert*innen und verleihen ihnen solcherart den

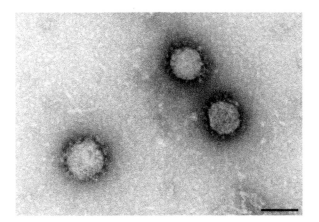

Abb. 11.1 SARS-Coronavirus. Transmissions-Elektronenmikroskopie, Negativkontrastierung

---

²Zu den bildgebenden Verfahren zeitgenössischer Mikroskope vgl. (Hennig 2011).
³So gesehen findet die Popularisierung von Wissenschaft nicht nur in den Blogs und Talkshow-Beteiligungen von Wissenschaftler*innen statt, sondern ist implizit in die Bildpraxis journalistischer Formen eingeschrieben.
⁴Vgl. (Krewani 2011).

Anstrich wissenschaftlicher Kompetenz. In der Kombination mit den alltäglichen Tabellen und Grafiken vermittelt sich das Bild eines durch apparative Technologien zu erkennenden und zu bewältigendem Virus. Das Bildrepertoire der vorgeblich rational operierenden Virenbilder, Diagramme und Statistiken steht im direkten Gegensatz zur Panik der Katastrophenbilder,[5] entfaltet jedoch auch seine spezifische mediale und gesellschaftliche Wirkung.

11.3 Kybernetisierung der Pandemie

Unter der Überschrift „Grüße aus dem Labor. Nie hatte die Wissenschaft so großen Einfluss auf die Politik" kommentiert Josef Kleinberger in der Süddeutschen Zeitung den Zusammenhang von Virologie und Politik (2021, S. 47), wenn er die Dominanz virologischer Statistiken in der Politik beklagt.

> Elementare Grundrechte der Bürgerinnen und Bürger werden deshalb seit fast einem Jahr wie an einem Schaltpult reguliert nach Zahlen – Neuinfektionen, 7-Tage-Indzidenz, R-Wert. (…) Man kann das für orwellhaft halten oder für unausweichlich, die Wahrheit ist vermutlich: Es ist als Mittel der Pandemiebekämpfung unausweichlich. (…) Diese völlig legitime Sichtweise findet ihren Ausdruck in Wissenschaftsinitiativen wie ‚Zero Covid' und ‚No Covid', die auf sehr unterschiedlichen Wegen das Ziel haben, die 7-Tage-Inzidenz Richtung null zu drücken. Auf die Verwissenschaftlichung der Politik folgte somit die Politisierung der Naturwissenschaft, durchdrungen vom Regieren nach Zahlen, vom Glauben an die Planbarkeit von Gesellschaft auf ein festes Ziel hin. Das Land wird zum Labor (ebd., S. 47).

Ähnliches beobachtet die Schriftstellerin Jagoda Marinić mit der Feststellung „viele Verantwortungsträger offenbaren mittlerweile das Denken von Modellrechnern" (2021, S. 5). Diese seltenen Stimmen in der ansonsten weitverbreiteten Katastrophenstimmung verweisen auf das plötzlich sichtbare Verhältnis von Krankheit und Politik bzw. die Transformation von Krankheit in eine von der Staatsmacht zu organisierende Lebensform. Unter dem Begriff ‚Biopolitik' hatte Michel Foucault die Übergriffe der Staatsmacht auf Krankheit und ihre Organisationsformen beschrieben. In seinen unterschiedlichen Schriften analysierte er das Einwirken staatlicher Macht auf den Einzelnen, indem er das moderne Subjekt als Effekt staatlicher Machstrukturen konstituierte. Politische Macht und Selbst stehen sich nicht gegenüber, jenseits der politischen Macht existiert kein unabhängiges Subjekt (vgl. Lemke 2008, 36 f.). Foucault formuliert diesen Gedanken folgendermaßen:

---

[5] Vgl. hierzu die Studie von Martin Hennig und Dennis Gräf zur Krisenrhetorik journalistischer Berichterstattung. Diese konstatieren: „Die einseitige Krisenrhetorik wird auf bildlicher Ebene dupliziert und übersteigert, wobei die Kommentare der ModeratorInnen und jene in der Krise virulenten Begriffe mit rekurrenten visuellen Inszenierungen verknüpft sind, welche das kollektive Bildgedächtnis zu Krisenszenarien adressieren." (2020, ohne Seitenangabe).

Man muss die Wechselwirkungen zwischen diesen beiden Technikformen – Herrschaftstechniken und Selbsttechniken – untersuchen. Man muss die Punkte analysieren, an denen die Herrschaftstechniken über Individuen sich der Prozesse bedienen, in denen das Individuum auf sich selbst einwirkt. Und umgekehrt muss man jene Punkte betrachten, in denen die Selbsttechnologien in Zwangs- oder Herrschaftsstrukturen integriert werden. Der Kontaktpunkt, an dem die Form der Lenkung der Individuen durch andere mit der Weise ihrer Selbstführung verknüpft ist, kann nach meiner Auffassung Regierung genannt werden. In der weiten Bedeutung des Wortes ist Regierung nicht eine Weise, Menschen zu zwingen, das zu tun, was der Regierende will; vielmehr ist sie immer ein bewegliches Gleichgewicht mit Ergänzungen und Konflikten zwischen Techniken, die Zwang sicherstellen und Prozessen, durch die das Selbst durch sich selbst konstruiert und modifiziert wird (Michel Foucault, zit. in Lemke 2008, S. 37)

In diesem Sinne verdeutlichen beide Beiträge die implizite Biopolitik der Corona-Situation, die mittels der Inszenierung einer bedrohlichen Krankheit politisch weitreichende Maßnahmen bei Ausblendung kultureller und sozialer Aspekte einleitet.

Zudem fällt neben der Biopolitik noch die zahlengestützte Organisation der Gesellschaft ins Auge: Kontakte, soziale und ökonomische Aktivitäten richten sich nun nach statistisch berechneten Inzidenzwerten. Damit werden ebenfalls die kybernetischen Aspekte zeitgenössischer Gesellschaften in den Vordergrund geschoben, die sich unter Begriffen wie „Kontrollgesellschaft" und „neoliberale Gouvernementalität" subsumieren lassen (Mümken 2012, S. 152–70).

Kybernetik, ursprünglich verstanden als die Wissenschaft der maschinellen Organisation und Rechenmaschinen, entwickelte sich in den 1930er- bis 1950er-Jahren. Sie verstand sich als interdisziplinäres Projekt zwischen Natur-, Technik-, Sozial- und Humanwissenschaften, innerhalb derer die Begriffe wie Information, Rückkoppelung und Kommunikation eine zentrale Rolle spielten. Damit erklärte die Kybernetik in einer Ausweitung ihres technischen Anspruchs „potentiell alle Bereiche des menschlichen Lebens von der Religion und der politischen Herrschaft bis zu Kunst und Psychiatrie zum Objekt kybernetische Modellierung" (Müller 2008, S. 9). Wenn auch die Kybernetik als „Leitwissenschaft" verschwunden ist, so werden die kybernetischen Diskurse und Methoden weitergeführt. Insbesondere in Verbindung mit Digitalisierung und Künstlicher Intelligenz treten in der Beschreibung mehr oder weniger offen kybernetische Konzepte auf,[6] Andrew Pickering zufolge band sich die Kybernetik an die emanzipatorischen Diskurse der 1960er-Jahre wie vor allem Kunst, Spiritualität und Architektur (vgl. 2011). Kybernetik ist heutzutage nicht mehr die etwas sperrige Theorie, die soziale und technische Dimensionen fruchtbar miteinander verknüpfte, sondern sie hat sich zu einem bedeutenden Erklärungsmodell für zeitgenössische Mediengesellschaften entwickelt. Insbesondere vor dem Hintergrund digitaler und algorithmischer Kulturen gewinnt die Kybernetik neue Dimensionen (vgl. u. a. Maschewski und Nosthoff 2019)

In der aktuellen Forschung werden die Theorien Foucaults zu Biopolitik und Gouvernementalität auf ihren kybernetischen Gehalt hin überprüft (vgl. u. a. Lafontaine 2007;

---

[6] Vgl. hier z. B. Stefan Rieger (2003).

Sprenger 2019, S. 62–94; Becker 2012, S. 132–47), ebenso existieren Überlegungen zu einer Systemtheorie der klinischen Kontexte (vgl. Tretter 2005). Dabei wird deutlich, dass die kybernetischen Konzepte der Biomacht keine humanistischen Subjektvorstellungen verfolgen: In der historischen Entwicklung werden Subjekte und Körper zu fragmentierten Datenträgern, die mit ihren Umwelten und Technologien korrespondieren.[7] (vgl. Sprenger, 2019, S. 78–87).

Das kybernetische Kommunikationsmodell ermöglicht eine medienwissenschaftliche Perspektive auf die Charts, Graphen und Tabellen der Corona-Pandemie und bestätigt von daher Foucaults Ansichten zur Biopolitik als staatliche Kontrollinstanz. Unterstützt wird die Medialisierung der viralen Verhältnisse durch zentrale Wissenskonstruktionen der biologischen Forschung, die sich visueller Bildmedien bedienen. So betont Jochen Hennig die Bedeutung der fotografierten Bakterien für Robert Kochs Forschungen (vgl. Hennig 2011), Hannah Landecker benennt die filmischen Aufnahmen von lebenden Organismen (vgl. 2006). Biologie und die entsprechenden Technologien werden zu einer Wissenschaft, die sich vom lebenden Objekt zu einer in vitro Existenzweise der Zelle im Labor und demgemäß zu einer technikbasierten Lebensform entwickelt haben (vgl. Landecker 2007, S. 68–106). Evelyn Fox Keller knüpft an die medientheoretischen Überlegungen an und bewertet die zeitgenössische Biologie als eine Wissenschaft der rechnergestützten Modellierungen und Computersimulationen (vgl. 2002, S. 205–94). In der Anwendung rechnergestützter Modelle treffen sich die kybernetische Regulierung von Gesellschaft und Subjekt mit einem ähnlich gelagerten Wissenschaftsverständnis von Biologie: Die Übereinstimmung bestärkt die auf Zahlen und Modellen beruhende diskursive Ausgestaltung der Pandemie.

Vor dem Hintergrund der Kybernetisierung, Computerisierung und Visualisierung der Biologie wie auch des von Foucault verzeichneten Netzwerkes von Bio- und Staatspolitik ist das Interesse der Berichterstattung als Dokumentation der hier skizzierten Grundlagen von Wissenschaft und Macht zu verstehen. Damit gewinnt die Floskel der „Politisierung der Naturwissenschaft" dahingehend Bedeutung, als dass die epistemischen Grundlagen der Wissenskonstruktion dargelegt sind und die Organisation von Politik und Gesellschaft an ein kybernetisches Wirkungsmodell übergeben ist, das in medialen Inszenierungen zu erkennen ist. Ein Großteil der politischen Entscheidungen wird auf Grundlage statistischer Daten der Corona-Krise getroffen. Durch die Konzentration auf die Regulierungen übernimmt die Politik das Risiko von Ansteckung und Verbreitung (Baecker 2021, S. 84). Diese Übernahme findet sich visualisiert in den Animationen von Talk-Shows und Nachrichtensendungen bzw. den spezifischen Hintergründen, wie sie zu Beginn dieses Beitrags angesprochen wurden. Bestärkt wird die Fokussierung der Politik durch die mediale Aufbereitung der entsprechenden Fallzahlen und Inzidenzen, wie exemplarisch in den Anima-

---

[7] Hier zu Sprenger (2019, S. 61 f.) „Dieses Konzept der Biopolitik für eine Geschichte des Umgebungswissens und der Gestaltung künstlicher *environments* fruchtbar zu machen, kann jedoch nur gelingen, wenn das on (sic!) Foucault implizierte Konzept des Lebendigen als Reziprozität von Organismen und Umgebungen wiederum auf den *bios* der Biopolitik rückbezogen wird."

tionen der *Tagesschau* vorgeführt. (vgl. Abb. 11.2 (https://www.tagesschau.de/inland/coronavirus-karte-deutschland-101.html)

Vor allem die Kartografien der deutschen Inzidenzen folgen in ihren visuellen Mustern dem *google maps* Modell, indem sie filmische Technologien wie die bewegten Kartografien und das Zoomen in die Darstellung zulassen. (vgl. Abb. 11.2) Auf diese Art und Weise bestätigen die medialen Kartografien und Charts die ‚Wissenschaftlichkeit' der Inzidenzwerte, die zu allgemeinen Richtlinien geworden sind. Auch hier findet sich ein Wissenschaftsbild transportiert, das zwischen wissenschaftlicher Bildgestaltung und Unterhaltung changiert (vgl. Friedrich und Stollfuß 2011). Die animierten Zahlen des Robert Koch Instituts werden beständig aktualisiert und erweitert, so dass sich zum aktuellen Zeitpunkt auch die Impfdaten und Zahlen über Genesungen wiederfinden. Die deutliche, unkommentierte Präsenz der interaktiven Grafiken bestätigen Dirk Baeckers These, dass „das Gesundheitssystem, unterstützt von der Politik und den Massenmedien, den Takt vorgibt, wie die Krise zu behandeln ist" (2021, S. 81).

Die unterhaltsamen Wissenschaftsbilder der Krise sind konterkariert von Pathosformeln der Katastrophe, die sich in Verbindung mit pandemischen Ereignissen ausgestalten:

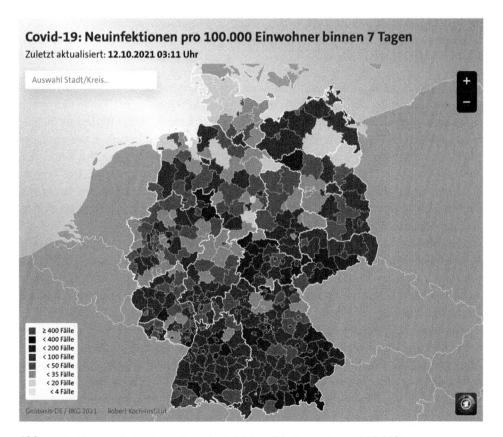

Abb. 11.2 Kartografische Darstellung der Infektion, Die Tagesschau, 12.10.2021

Es sind die bedrückenden Kranken- und Todeszahlen mit Bildern von Intensivstationen und Särgen angereichert, die oft mit dem aktuellen Inhalt divergieren bzw. die Berichterstattung propagandistisch aufladen (vgl. den Beitrag von Peter Zimmermann in diesem Band), um moralisierende Wirkung zu erzielen. Dementsprechend unterstreicht Kia Vahland in der *Süddeutschen Zeitung* die abschreckende Wirkung italienischer Katastrophenbilder, ohne die Differenzen zwischen deutschen und italienischen Corona-Zahlen zu reflektieren.

> Über die Straße aber rollten Militärlastwagen in Kolonne, als hätte sie jemand auf einer Schnur aufgezogen. Ihre kalt leuchtenden Scheinwerfer erhellten die Nacht. Es sah gespenstisch aus und ein bisschen martialisch. Diese unheimliche Atmosphäre fing Terlizzi in einem Foto ein.
> Er postete das Bild und erfuhr bald, was die Laster transportierten: Särge mit Covid-19-Toten. Das Krematorium der Stadt war an seine Kapazitätsgrenze gekommen. Aus Sorge, die Angehörigen könnten von einem Toten Abschied nehmen und sich anstecken, hatte die Administration das Militär gebeten, die überzähligen Särge in weiter entfernte, noch nicht überlastete Krematorien zu transportieren. Dies geschah nachts, um kein Aufsehen zu erregen.
> (…) Ohne die Aufnahmen von den italienischen Militärlastern wäre der Lockdown in der ersten Welle in Deutschland möglicherweise nicht noch einmal verschärft worden, die Leute wären länger nachlässig geblieben, und es wären auch hier schon im Frühjahr mehr Menschen gestorben. Eine Gefahr muss medial sichtbar sein, um verstanden zu werden. (Vahland 2021, S. 43).

Im Zuge der politischen Legitimation eines restriktiven Kurses schloss sich die Ministerpräsidentin von Mecklenburg-Vorpommern, Manuela Schwesig, per Twitter der moralisierenden, aber wenig über die deutsche Lage aussagenden Kraft der Bilder an: „Schaut euch diese krassen Fotos an! Insbesondere diejenigen die sich fragen sich fragen ob unsere Maßnahmen übertrieben sind. #CoronaVirusDe Corona-Intensivstation in Bergamo:[8] „Ich habe das Gefühl, selbst zu ersticken" – DER SPIEGEL" (Schwesig 2020). Der Verweis auf einen Artikel im Spiegel verdeutlicht die immense Zirkulation der Bilder, die sich zu panikartigen Reaktionen und dem Eindruck einer übertriebenen Katastrophenberichterstattung verstärkten. (vgl. Abb. 11.3)

Deutlich tritt der Wunsch nach Abschreckung und moralischer Kontrolle durch visuelle Kommunikationen zutage. Spritzen, Impfdosen, Leichenwagen oder leere Restaurant-Terrassen sollen abschrecken und einen rationalen Diskurs über das Virus verhindern. Allerdings steht zu bezweifeln, dass es den Schockbildern gelingt, eine kollektive Bildkultur der Pandemie zu entwickeln, wie es im Weiteren ausgeführt ist.

Zusammenfassend lässt sich mit Bezug auf die Auftritte des Viralen vor allem in der Fernsehberichterstattung der öffentlich-rechtlichen Medien feststellen, dass die Visualisierungen sich Konventionen wissenschaftlicher Bildgestaltung angleichen und die Dimensionen staatlicher Biopolitiken evozieren, die sich durch die Erkenntnisse des Wissenschaftssystems legitimieren. Dem stehen die ‚Schockbilder' von Intensivstationen und

---

[8] Die fehlerhafte Zeichensetzung wurde aus dem Text von Schwesig übernommen.

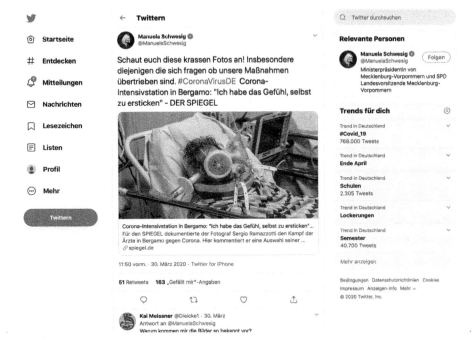

Abb. 11.3 Katastrophenstimmung per Twitter

Leichentransporten gegenüber, welche der Disziplinierung der Bevölkerung dienen und die gleichzeitig die erheblichen Grundrechtseinschränkungen legitimieren sollen (vgl. Prantl 2021).

11.4 Kollektive Bildkulturen der Pandemie

Rolf Nohr (2004) arbeitet das Entstehen einer visuellen Semantik für Pandemien auf und stellt fest, dass jede Pandemie mithilfe spezifischer Bildern verhandelt wird. Dabei werden einige Eigenschaften und Wirkweisen an die jeweiligen Bilder geheftet: sie tragen das „systemische Konstrukt eines ‚Feindes', eines ‚Anderen'" in sich (ebd. S. 61), sie sind ein „Angriff auf das System aus dem System heraus" (ebd.), und sie wirken als ein „diskursiv hervorgebrachter Körper der Gesellschaft [...]" (ebd.) Unter Rückgriff auf die Überlegungen Christina von Brauns folgert Nohr: „Dieser ‚Kollektivleib' ist die Idee des Zusammenhangkonstrukts einer Gesellschaft disparater Identitäten: Dieser Kollektivleib konstituiert sich durch das dichte Netz von Kommunikationsfäden, die sich durch eine Gemeinschaft ziehen und eine Art von geistigem Konsens herstellen" (ebd., S. 25).

Diese Gedanken will ich im Folgenden aufgreifen: Im Gegensatz zum HIV-Virus, dessen Verbreitung umgehend an Homosexualität geknüpft wurde, im Gegensatz zu SARS und EBOLA, welche schnell als Gefahr aus Asien oder Afrika etikettiert wurden, konnte diese Projektion auf das Corona-Virus trotz anfänglicher Versuche[9] nicht gelingen. Aufgrund des Fehlens einer geeigneten Projektionsfläche richten sich die Semantisierungen des Viralen aus dem System kommend gegen das System selbst (Nohr 2004, S. 61). Diese Reaktion auf das Virale findet sich in den medialen und alltäglichen Aktionen der Verschwörungsmystiker, deren Widerstand gegen die Virenpolitik sich mit der Formel „Merkel muss weg" zu einer Generalkritik an der Bundesregierung verschärft. Gemeinsam mit der Bundesregierung werden die Repräsentanten einer nicht-erwünschten Corona-Politik angegriffen, das sind in erster Linie Gesundheitspolitiker*innen und Virolog*innen. Die Zielrichtung der Vorwürfe markiert das Fehlen einer gemeinsamen, verbindenden Corona-Visualität: Den Abstraktionen der Virendarstellungen, der Statistiken und der Grafiken ist die visuelle und diskursive Bewältigung der Pandemie nicht gelungen: Mit Blick auf die bereits besprochene Berichterstattung lassen sich in der biotechnologisch-kybernetischen Organisationen von Gesellschaft keine Kollektivleibe erkennen. Es scheint eher, dass die restriktive Rückführung auf die Gouvernementalität das Bedürfnis nach einem Kollektivkörper derart verdrängt, dass es an anderer Stelle – hier in den Diskursen der Querdenker und Impfgegner – wiederauftaucht und produktiv wird.

Dieses Fehlen einer kollektiven visuellen Bildkultur der Pandemie verschiebt das Begehren nach diesem in die digitalen und ebenfalls viralen Diskursräume der Social Media, die hier in Anlehnung an Jose van Dijck als „Ökosystem" in dem Sinne begriffen werden, dass die Kommunikationsformen Plattform-übergreifend vernetzt sind (2013, S. 154–76). In diesem Diskurkollektiv formuliert sich das Begehren nach einem Kollektivleib, der sich für Semantisierungen und die visuelle Bearbeitung der Pandemie eignet.[10] Christina von Braun statuiert eine langhaltende, vor allem christliche Tradition des kollektiven Leibes, den sie als „medial" konstituiert und im Film verwirklicht sieht:

> Dieser Kollektivleib konstituiert sich durch das dichte Netz von Kommunikationsfäden, die sich durch eine Gemeinschaft ziehen und eine Art von geistigem Konsens herstellen. Das galt schon für den Buchdruck [...] Die homogenisierende Wirkung der Medien verstärkt sich im 19. Jahrhundert mit dem Aufkommen der Telekommunikationsmittel, die ein dichtes Geflecht von Fäden über die Welt gezogen haben – Fäden, die Individuen miteinander verbinden und zugleich darüber bestimmen, wer ‚drinnen' und wer ‚draußen' ist. (Braun 1996, S. 132)

Nohr zufolge manifestiert sich das Virale allerdings nicht nur in den Visualisierungen von Wissenschaft und den propagandistischen Schockbildern der Nachrichten und Talk-Shows, sondern das Virale organisiert eine „Dialektik der Destabilisierung und Restabilisierung" (2004, S. 61), innerhalb derer sich Konfigurationen des ‚Anderen' als Ausgren-

---

[9] Donald Trump versuchte diese Strategie mit der Bezeichnung des ‚China Virus' und auch Der Spiegel unternahm anfangs einige Versuche der Fremdzuschreibung mit dem Titel *Made in China*. (vgl. Abb. 11.4).

[10] „Mit ‚Kollektivleib' bezeichne ich das Selbstbild, das das Kollektiv von der eigenen Beschaffenheit entwirft: Es ist ein Artefakt, weil das Kollektiv über keine ‚realen' Körpergrenzen, keine physisch definierbaren Merkmale verfügt" (Braun 1996, S. 130).

zungsstrategie aktivieren. Das Produktiv-Werden des Viralen im Sinne einer „Bündelung von Ereignissen, Handlungen, Sprechakten und kollektiven Symboliken", lässt sich deutlich in den Ereignissen, Selbstdarstellungen, Semantisierungen und Protestformen der „Querdenker"-Bewegungen feststellen. Hier manifestieren sich konträre Semantisierungen des Viralen, die „an einer Art diskursiv hervorgebrachten Körper der Gesellschaft andocke[en]" (Nohr 2004, S. 61).

Damit konterkarieren die Semantisierungen und Diskurse der Querdenker-Bewegungen die biotechnologischen Strategien der Regierungen und die Darstellungen der Massenmedien. Es ist anzunehmen, dass die Semantisierungen und die Bündelungen von Ereignissen und Handlungen wie eine verdrängte, affektive Gestalt ihren performativen Durchbruch inszenieren.

Entgegen den vorgeblich rationalen und konventionalisierten Darstellungen des Virus formieren sich in den Widerständen der Querdenker Narrative heraus, die sich in keiner Weise überprüfen lassen und die sich als „Verschwörungstheorien" bzw. Verschwörungsideologie bezeichnen lassen.[11] Als Covid-19 bezogene Verschwörungsideologien erscheinen hauptsächlich die Relativierung des Virus, die Ablehnung gesellschaftlicher Solidarität in der Verbindung von Maskenpflicht und Diktatur. Weitergefasste Fantasien beziehen sich auf die Möglichkeiten von Strahlungen, dem Implantieren von Chips ins Hirn verbunden mit der Angst vor einer Zwangsimpfung. Die rassistische Deutung des Virus als „gelbe Gefahr", wie sie der Spiegel versuchte, ist im Laufe der Pandemie in den Hintergrund getreten. (vgl. Abb. 11.4)

Die Motive zirkulieren in den digitalen Netzwerken, und sie bestätigen die medialen Verwerfungen, die sich schon im Kontext der Fake News aufgetan haben. Den um eine referenzielle Vermittlung bemühten Medien stehen die emotionalisierten und affektiv hoch aufgeladenen digitalen Kommunikationen der Social Media gegenüber. Während im Rahmen der Fake-News-Debatte Öffentlichkeit gerne als fragmentierte begriffen wird, handelt es sich bei Verschwörungsideologien um dezidierte Gegenöffentlichkeiten, die sich auf Demonstrationen manifestieren. Somit werden diskursive Fantasien ausgelebt und in den politischen Alltag getragen.

Folgerichtig entsteht ein konträres Bild der medialen Semantiken der Corona-Pandemie: Der Qualitätsjournalismus der öffentlich-rechtlichen Medien reagiert mit grafischen Darstellungen von pandemischen Entwicklungen, vergnüglichen Animationen des Virus und propagandistischen Katastrophenbildern, deren referenzieller Wert für die bundesdeutsche Situation nicht immer gegeben ist, da sich viele Bilder auf Italien beziehen. Intention der Bilder ist die Abschreckung der Bevölkerung.

Die digitalen Kommunikationen lehnen sich an die Standards und bereits bekannter Muster von Xenophobie, Rassismus und Antisemitismus an (Nocun und Lamberty 2020), modifizieren diese aber in recht absurder Weise. Deutlich treten in den diversen Äußerungen die Referenzen auf einen von Medientechnologien dominierten Körper hervor: Allprä-

---

[11] Um den Theoriebegriff nicht zu diskreditieren, wird die Bezeichnung „Verschwörungsideologie" verwendet.

Abb. 11.4 Der Spiegel mit dem Verweis auf China

sent ist die Angstfantasie, durch Impfung, Medien, Strahlung oder implantierte Chips hilflos einer Medienelite ausgesetzt zu sein. In ihrer Negativität sprechen die Fantasien für die Unfähigkeit, einen kollektiven, allgemeinverbindlichen Körper der Pandemie zu konstituieren. Damit bilden sie die Negativfolie für die Bilder des Qualitätsjournalismus und manifestieren gleichzeitig den Wunsch nach einem kollektiven Volkskörper, der sich medial nicht etablieren lässt.

Statt auf die inhaltliche Analyse der Verschwörungsideologien einzugehen, möchte ich die Strukturen digitaler Kommunikationen skizzieren, innerhalb derer sie sich entfalten: Im Gegensatz zum Film bieten die digitalen und sozialen Medien fragmentierte Formen der Verbindung von Medien und Körper an. Brian Massumi zufolge, der zu Beginn der 1990er-Jahre bereits Überlegungen zur Bedeutung von Affekten im Mediengebrauch vorlegte, geht das affektive Moment der Konstitution von Bedeutung voraus (vgl. Angerer 2013, S. 205). Die Dominanz der Affektivität spricht für die Auflösung des Gegensatzes von Subjekt und Medium, wie sie Jussi Parikka vorschlägt: In Anlehnung an Donna Haraways Auflösung des Gegensatzes von Natur und Kultur (naturecultures) fokussiert er das Konzept der „medianatures", welches die getrennten Bereiche von Subjektivität und Medium hybridisiert und hier auf die vielfältigen Formen der Interaktionen, Konfigurationen und Assemblagen verweist (vgl. Parikka 2015, S. 215). Im Kontext dieses Medienbegriffes werden auch die Affekte der medialen Assemblagen in die Betrachtung eingezogen, insbesondere in der Verbindung von Affektivität und digitaler Kommunikation.[12] Rosi Braidotti fasst diese Bewegungen unter der Bezeichnung „posthuman knowledge" zusammen und hebt auf die komplexen Verbindungen von Medien, Affekten und Subjekten ab. (vgl. Braidotti 2019).

Hervorzuheben an den Theorien medialer Affekte ist das Schwinden der Grenze von wahrnehmendem Subjekt und Medium zugunsten einer Unentscheidbarkeit der beiden: Medienwahrnehmung und Konzeption des Selbst erscheinen als individuelle, dynamische und zeitgebundene Aktivitäten. Die von den Querdenkern bemühten Semantisierungen tragen deutliche Spuren medialer Affektstrategien, die einer medientheoretischen Aufarbeitung bedürfen, denn die Fantasien der Verschwörungstheoretiker dokumentieren eine digitale Medienkultur, die auf das Zusammenwirken von Affekten, Technologien, Diskursen und Körperbildern abhebt. Im Gegensatz zu traditionelleren Medien wie Film und Fernsehen, die im Sinne von Rolf Nohr und Christina von Braun noch kollektive Vorstellungen hervorzubringen in der Lage waren, wird der Corona-Pandemie durch die mediale Fragmentierung eine kollektive Sinnstiftung verweigert. Die Konsequenz hieraus zeigt sich in den überbordenden Affekten und Hysterien der Verschwörungstheoretiker und Impfgegner. Auch wenn die Corona-Pandemie in nächster Zeit ihre Schrecken verlieren mag, bleibt zu fragen, ob die Verwerfungen digitaler Medienstrukturen pandemische Ausmaße anzunehmen in der Lage sind.

Literatur

Angerer, M.-L. (2013): Die ›biomediale Schwelle‹. Medientechnologien und Affekt. In: Deuber-Mankowsky A./ Holzhey, C.F.E (Hgg): *Situiertes Wissen und regionale Epistemologie: Zur Aktualität Georges Canguilhems und Donna J. Haraway, Critical Inquiry*, 7. Wien, Berlin: turia + kant, S. 203–22..

---

[12] Vgl. hier zum Beispiel Maschewski und Nosthoff (2019), Angerer (2013).

Baecker, D. (2021): Corona und die pulsierende Gesellschaft. In: Heidingsfelder, M:/Lehmann, M. (Hgg): *Corona. Weltgesellschaft im Ausnahmezustand?* Weilerswist: Velbrück Wissenschaft, S. 71–96.

Becker, R. C. (2012): *Black Box Computer. Zur Wissensgeschichte einer universellen Maschine.* Bielefeld: transcript.

Braidotti, R. (2019): *Posthuman Knowledge.* Cambridge: Polity Press.

Braun, Christina von. 1996. Frauenkörper und medialer Leib. In Müller-Funk, W./Reck, H.U. (Hgg): *Inszenierte Imagination. Beiträge zu einer historischen Anthropologie der Medien.* Wien, New York: Springer. S. 125–46..

Daston, L./ Galison, P. (2007): *Objectivity.* Cambridge, Mass.: MIT Press.

Dijck, J. van (2013): *The Culture of Connectivity. A Critical History of Social Media.* Oxford: Oxford University Press.

Friedrich, K./Stollfuß, S. (2011): Blickwechsel. Anmerkungen zu Bildern und Bildpraxen zwischen Wissenschafts- und Populärkultur. In: *Augenblick. Marburger Hefte zur Medienwissenschaft,* 50. Blickwechsel. Bildpraxen (April), S. 4–10.

Hennig, J. (2011): *Bildpraxis. Visuelle Strategien in der frühen Nanotechnologie.* Bielefeld: transcript.

Hennig, M./ Gräf, D. (2020): Die Verengung der Welt. Zur medialen Konstruktion Deutschlands unter Covid-19 anhand der Formate ARD Extra – Die Coronalage und ZDF Spezial. https://www.researchgate.net/publication/343736403_Die_Verengung_der_Welt_Zur_medialen_Konstruktion_Deutschlands_unter_Covid-19_anhand_der_Formate_ARD_Extra_-Die_Coronalage_und_ZDF_Spezial.

Keller, E.F. (2002): *Making Sense of Life: Explaining biological development with models, metaphors, and machines.* Cambridge, Mass.: Harvard UP.

Kleinberger, J. (2021): Grüße aus dem Labor" *Süddeutsche Zeitung*, Nr. 36 (Februar), S. 47.

Krewani, A. (2011): Überlegungen zum Dispositiv medialer Bildgestaltung in Naturwissenschaft und Medizin. In: *Augenblick. Marburger Hefte zur Medienwissenschaft 50 Blickwechsel. Bildpraxen zwischen Wissenschafts-und Populärkultur* (April), S. 10–23.

Lafontaine, C. (2007): The Cybernetic Matrix of ‚French Theory'. *Theory, Culture & Society* 24 (5), S. 27–46.

Landecker, H. (2006): Microcinematography and the History of Science and Film. In: *Isis* 97, S. 121–32.

Landecker, H. (2007): *Culturing Life. How Cells Became Technologies.* Cambridge, Mass.: Harvard UP.

Lemke, T. (2008): *Gouvernementalität und Biopolitik.* Wiesbaden: VS.

Lösch, A. (2006): Antizipation nanotechnischer Zukünfte: Visionäre Bilder als Kommunikationsmedien. In:Schummer, J./Schwarz, A./Nordmann, A (Hgg.) *Nanotechnologien im Kontext. Philosophische, ethische und gesellschaftliche Perspektiven.* Berlin: Akademische Verlagsgesellschaft, S. 223–242..

Marinić, J. 2021): Menschenbilder. *Süddeutsche Zeitung* 32 (Januar), S. 5.

Maschewski, F./ Nosthoff, A.V. (2019): Netzwerkaffekte. Über Facebook als kybernetische Regierungsmaschine und das Verschwinden des Subjekts. In: Mühlhoff, R./Breljak, A./Slaby, J. (Hg): *Affekt, Macht, Netz. Auf dem Weg zu einer Sozialetheorie der Digitalen Gesellschaft,* Bielefeld: transcript, S. 55–80.

Müller, A. (2008): Zur Geschichte der Kybernetik. Ein Zwischenstand. In: *Österreichische Zeitschrift für Geschichtswissenschaften* 19 (4), S. 6–27.

Mümken, J. (2012): *Die Ordnung des Raums. Foucault, Bio-Macht, Kontrollgesellschaft und die Transformation des Raums in der Moderne.* Lich, Hessen: Edition AV.

Nocun, K. /Lamberty, P (2020): *Fake Facts. Wie Verschwörungstheorien unser Denken bestimmen.* Köln: Bastei Lübbe.

Nohr, R. F. (2004). Medien(A)Nomalien. Viren, Schläfer, Infiltrationen. In: Nohr, R. (Hg.): *Evidenz-„…das man doch!*, Münster: LitVerlag, S. 57–89.

Parikka, J. (2015): A Geology of Media and a New Materialism. Jussi Parikka in Conversation with Annika Richterich. In: *Digital Culture & Society* 1 (1), S. 213–26.

Parikka, J. (2016): *Digital Contagions. A Media Archaeology of Computer Viruses.* New York: Peter Lang.

Pickering, A. (2011): *The Cybernetic Brain. Sketches of Another Future.* Chicago, London: Chicago UP.

Prantl, H. (2021): *Not und Gebot. Grundrechte in Quarantäne.* München: C.H. Beck.

Rieger, S. (2003): *Kybernetische Anthropologie. Eine Geschichte der Virtualität.* Frankfurt am Main: Suhrkamp Verlag.

Ristow, S. (2021): *Kulturvirologie : Das Prinzip Virus von Moderne bis Digitalära.* Berlin: De Gruyter.

Schwesig, Manuela. Twitter for iPhone, 30.März 2020.

Sprenger, F. (2019): *Epistemologien des Umgebens.* Bielefeld: transcript.

Tagesschau, Die (www.tagesschau.de) Zugriff: 6.10.2021.

Tretter, F. (2005): *Systemtheorie im klinischen Kontext. Grundlagen – Anwendungen.* Lengerich: Pabst Science Publisher.

Vahland, K. (2021): Momente der Wahrheit. *Süddeutsche Zeitung*, März, S. 43.

Die Irritation der Irritation

12

Corona-Verschwörungstheorien in der vernetzten Medienkultur

Carolin Lano

Zusammenfassung

In Krisenzeiten haben Verschwörungstheorien stets Hochkonjunktur. Diese Diagnose unterstellt eine anthropologisch fundierte Konstante von kulturinvarianter und überhistorischer Gültigkeit, die sich angesichts der momentan grassierenden Corona-Krise nur ein weiteres Mal zu bestätigen scheint. Und doch stellt die aktuelle Lage das gesellschaftliche Immunsystem zur Abwehr einer drohenden Desinformations-Pandemie auf eine in diesem Ausmaß noch nie dagewesene Probe. Als beispielloses Medienereignis bietet die Corona-Krise ein ideales Einfallstor für den verschwörungstheoretischen Verdacht. Angesichts der unsicheren Nachrichtenlage über eine weitgehend unsichtbare Gefahr treten in jeder Berichterstattungsphase bestimmte Unschärfen und Irritationen auf, die Verschwörungstheorien als Rohstoff für ihre narrative Szenariengestaltung dienen. Diese wirken wiederum als Irritation auf die Massenmedien zurück, so dass sich Massenmedien und Verschwörungstheorien gewissermaßen wechselseitig mit Irritation versorgen.

Schlüsselwörter

Medienereignis · Corona · Verschwörungstheorie · Desinformation · Internet · Fernsehen · Massenmedien

---

C. Lano (✉)
Technische Hochschule Nürnberg, Fürth, Deutschland
E-Mail: carolin.lano@thnuernberg.de

© Der/die Autor(en), exklusiv lizenziert durch Springer Fachmedien Wiesbaden GmbH, ein Teil von Springer Nature 2022
A. Krewani, P. Zimmermann (Hrsg.), *Das Virus im Netz medialer Diskurse*, ars digitalis, https://doi.org/10.1007/978-3-658-36312-3_12

12.1 Einleitung

Am 27. Januar 2021 wurde in Deutschland zum ersten Mal ein denkwürdiges Jubiläum begangen: Auf den Tag genau vor einem Jahr wurde hierzulande nämlich der erste Corona-Fall bekannt. In diversen Sendungen blickte das Fernsehen darauf zurück und thematisierte sich dabei auch stets selbst mit, denn die Rolle der Massenmedien könnte in der Krise zentraler kaum sein. Ein Blick zurück auf ein Jahr Corona-Berichterstattung offenbart dabei die enormen Herausforderungen, denen sich der Journalismus ausgesetzt sah. Je länger der Krisenzustand indes dauert, so scheint es, desto mehr Aufwind erhalten Verschwörungstheorien, die Massenmedien ohnehin seit jeher unter Fundamentalverdacht stellen.[1] Die Corona-Krise schafft zudem eine Flutlichtarena für den Wettbewerb um Aufmerksamkeit. Die Paranoia, verstanden als exaltierte Form kultureller Zeichendeutungspraxis, findet dabei unter Netzbedingungen perfekte Voraussetzungen. Doch es wäre zu einfach, die momentane Konjunktur des Verschwörungsglaubens allein auf das unheilvolle Wirken von sozialen Medien zurückzuführen. Die ideale Medienumgebung für Verschwörungstheorien schließt die Massenmedien nicht aus, sondern ein. Einerseits sind sie der bevorzugte Gegenspieler, da sie den offiziellen Diskurs maßgeblich mitgestalten und sich aus Sicht der Verschwörungstheorie in den Dienst der Täuschung stellen, indem sie mit den angeblichen Verschwörern paktieren. Andererseits ergibt sich eine dynamische Wechselbeziehung zwischen Verschwörungstheorie und Massenmedien. Die vorrangige Aufgabe der Massenmedien zur Verarbeitung von Irritation wird von Verschwörungstheorien perfekt bedient, denn diese schaffen permanent Irritation, indem sie gesellschaftliche Selbstbeschreibungen unablässig destabilisieren. In der Corona-Krise lässt sich dabei beobachten, dass Verschwörungstheorien zunehmend selbst in den Fokus der Berichterstattung rücken. Es wird daher im Folgenden um die Frage gehen, wie die verschwörungstheoretische Bearbeitung von Corona als Medienereignis in Wechselwirkung mit den Massenmedien unter dem Einfluss von Social Media-Dispositiven und deren Funktionslogiken abläuft. Hierzu wird zunächst auf die besonderen Merkmale der Corona-Krise als Medienereignis eingegangen, um im Anschluss zu klären, was Medienereignisse im Allgemeinen und die Corona-Krise im Besonderen so attraktiv macht für Verschwörungstheorien. Schließlich wird die Entwicklung der Berichterstattung in ihrem Phasenverlauf und die sich parallel entwickelnde Dynamik der flankierenden Verschwörungserzählungen betrachtet. Abschließend werden die Kommunikationsstrategien näher beleuchtet, derer sich Verschwörungstheorien in der vernetzten Medienkultur bedienen.

---

[1] Zumindest lässt sich dies aus den wachsenden Zugriffs- und Abonnement-Zahlen einschlägiger Social- Media-Kanäle schließen.

12.2 Zum Medienereignis Corona

Etymologisch leitet sich das Wort Ereignis aus dem althochdeutschen ‚irougen' sowie dem neuhochdeutschen ‚eräugen' ab. Der Begriff scheint daher – rein nach der Wortherkunft – eine enge Relation zum Sehen und zur visuellen Wahrnehmung aufzuweisen (vgl. Isekenmeier 2009, S. 72). Abgesehen davon, dass solche Herleitungen durchaus mit Vorsicht zu genießen sind, spielt dieser Aspekt bei Corona durchaus eine tragende Rolle. Handelt es sich doch um eine unsichtbare Gefahr, deren mögliche Folgen uns überwiegend durch die Massenmedien vor Augen geführt werden.

Grundsätzlich lässt sich mit Lorenz Engell das Ereignis als ein „auf einen Zeitpunkt datierbares, momenthaftes Vorkommnis" fassen, „das durch Bedeutung, Folgenreichtum oder die bloße Tatsache seiner Selektion aus einem Horizont gleichförmiger Vorkommnisse herausgehoben wird" (2001, S. 149). Als solches sei ein Ereignis stets „emergent singulär" (Engell 2008, S. 150). Doch ohne Zusammenhang seien Ereignisse „weder kommunizier- noch erinnerbar" (2001, S. 149), so Engell weiter. Daher ist das Ereignis geprägt von einer konstitutiven Nachträglichkeit. Es gewinnt sozusagen erst Form in der rückblickenden Beobachtung als Differenz zwischen Vorher und Nachher; und es bleibt stets bezogen auf eine Erwartungsstruktur, die – im Unterschied zum reinen Präsenzgeschehen – mit einer gewissen Dauer versehen ist. Erwartungen bilden, mit Niklas Luhmann gesprochen, die Strukturen, in die Ereignisse eingelassen sind (vgl. 1996, S. 59).

Näher betrachtet erweist sich die Kategorie des Ereignisses „als hochgradig relativ" denn, sie „bleibt [...] dialektisch rückgebunden an eine Figuration des ‚Normalen', zu der sie sich dann als das *Herausragende, Singuläre, Abweichende* erst setzen kann" (Kirchmann 2000, S. 92). In der Medientheorie wurde das Medienereignis daher folgerichtig als eine Abweichung von der medialen Normalität, als Unterbrechung der routinierten Abläufe, definiert: „The most obvious difference between media events and other formulas or genres of broadcasting is that they are, by definition, not routine. In fact, they are interruptions of routine; they intervene in the normal flow of broadcasting and our lives" (Dayan und Katz 1994, S. 5). Anders als Nachrichten seien Medienereignisse keine Beschreibung vom Stand der Dinge, sondern symbolische Hilfsmittel, um diesen Stand der Dinge hervorzubringen (vgl. Dayan und Katz 2002, S. 430), so die einflussreichen Medienereignisforscher Daniel Dayan und Elihu Katz weiter. Nach ihrem Begriffsverständnis wäre es aber zumindest fraglich, ob man es bei Corona überhaupt mit einem Medienereignis zu tun hat, da sie darunter im engeren Sinn zeremonielle Großereignisse verstehen, die dem Fernsehpublikum in einer Art und Weise nähergebracht werden, die es dafür entschädigen, das Geschehen nicht live vor Ort mitverfolgen zu können.

Nun hat man es bei Corona weder mit einem Fest zu tun, noch handelt es sich um ein punktuelles Geschehen, sondern vielmehr um einen Dauerzustand. Die recht rigide Begriffsauffassung zum Medienereignis nach Dayan und Katz wurde allerdings zwischenzeitlich schon mehrfach revidiert und im Hinblick auf Krisen- und Katastrophenereignisse erweitert. So geht etwa Mary AnnDoane von einer graduellen Steigerung der Ereignishaftigkeit aus, die von der Information, über die Krise bis hin zur Katastrophe führt (vgl. 2006).

Das Besondere an der Ereignishaftigkeit von Corona ist die Uneindeutigkeit der Erwartungsstrukturen. In der massenmedialen Berichterstattung wurde das Virus zunächst als vergleichsweise harmlos eingestuft, solange es nur in China grassierte. In diesem Stadium handelte es sich um eine bloße Information, die zwar beachtenswert, aber nicht schockierend oder ergreifend war (vgl. Doane 2006, S. 103). Schließlich folgte jedoch ein Bruch mit den einst etablierten Erwartungsstrukturen, als sich COVID-19 über die ganze Welt auszubreiten begann. Die Berichterstattung wechselte in den Krisenmodus, wobei sich eine gewisse zeitliche Verdichtung einstellte, da die Notwendigkeit, in einem begrenzten Zeitraum weitreichende Handlungsentscheidungen zu treffen, eindringlich fühlbar wurde. Ab Ende Februar erhält das Thema Corona einen Sonderstatus in der Berichterstattung. War zuvor nur vereinzelt – wenn auch in steigender Taktung – über das Infektionsgeschehen berichtet worden, etabliert sich etwa im ZDF Heute Journal ab dem 19. Februar 2020 ein sogenannter „Corona-Ticker", der Neuigkeiten fest im Sendeablauf integriert. Allerdings konterkariert die auf Dauer gestellte Gleichförmigkeit der Meldungen zunächst die Ereignishaftigkeit. Auch brach die Corona-Krise nicht plötzlich herein, sondern wurde erst langsam zum Medienereignis aufgebaut. Zunächst dominiert in der Berichterstattung noch der Vergleich mit den vergangenen SARS-Pandemien 2002/03, bis die Entwicklung der aktuellen Situation schließlich jedoch den Rahmen des etablierten Deutungsmusters zu sprengen vermochte. Stattdessen rückt ein anderer Vergleich in den Mittelpunkt, der einen neuen, wesentlich dramatischeren Kontext für die Einordnung schafft: Die Zustände in Deutschland werden mit denen im benachbarten Italien verglichen, das zu diesem Zeitpunkt ungemein schwerer betroffen ist. Es wird die Frage gestellt, ob sich in Deutschland bereits eine ähnliche Entwicklung abzeichnet. Die spannungsgeladene Emphase eines Handlungsdrucks wurde also zusätzlich dadurch intensiviert, dass prospektiv die Katastrophe am Horizont aufgezeigt wurde: ein Kollabieren des öffentlichen Gesundheitssystems. Nun sind bereits einige Merkmale der Corona-Krise als Medienereignis angeklungen. Ich möchte die Betrachtung an dieser Stelle jedoch noch intensivieren und mit der Frage verbinden, warum Verschwörungstheorien bevorzugt Medienereignisse ins Visier nehmen.

12.3 Die Verschwörungstheorie als Krisenphänomen

Beim Begriff der Verschwörungstheorie handelt es sich um eine delegitimierende Fremdzuschreibung. Wenn etwas als Verschwörungstheorie deklariert wird, trägt es damit also zugleich den Makel der geistigen Abwegigkeit. Ein erster Reflex besteht häufig darin, die Anziehungskraft von Verschwörungstheorien psychologisch zu deuten: Verschwörungstheoretiker haben demnach ein geringes Selbstbewusstsein, sie erleben einen belohnenden Dopamin-Schub, wenn ihr Gehirn Muster erkennt; sie haben Angst vor dem Fremden und erleben ein Kontroll- und Ermächtigungsgefühl, wenn sie sich ihren Spinnereien hingeben (vgl. Shermer 2012; Sunstein und Vermeule 2009; Abalakina-Paap et al. 1999). Nun ist die orientierungsstiftende Komplexitätsreduktion sicherlich kein Alleinstellungsmerkmal von Verschwörungstheorien und man wird der Komplexität des Phänomens wohl kaum gerecht, wenn man sich in diesen Dimensionen einer individual- oder sozialpsychologisch diagnostizierten Pathologie bewegt. Neuere Forschungsansätze heben daher die Wichtigkeit einer unvoreingenommenen Auseinandersetzung mit Verschwörungstheorien hervor (vgl. Anton et al. 2014). Unabhängig von einer Auf- oder Abwertung, lassen sich Verschwörungstheorien per Arbeitsdefinition als Erklärungsmodelle beschreiben, die eine verborgene Verschwörung mit sinisteren Zielen unterstellen. Im Mittelpunkt steht dabei die Frage ‚Cui bono?' – wem also aus dieser Sicht unterstellt werden kann, dass er von einer Entwicklung profitiert, der hat diese mutmaßlich auch herbeigeführt.

Schon in den 60er-Jahren des letzten Jahrhunderts beschrieb Richard Hofstadter die besondere Art der verschwörungstheoretischen Weltdeutung als ‚paranoid style' (vgl. 1965). Verschwörungstheorien lassen sich vor diesem Hintergrund als exaltierte Form kultureller Zeichendeutungspraxis auffassen, die jegliche Insignifikanz negiert und in ihrer Beweisführung das Bedeutungs- und Konnexionspotenzial von Zeichen und Zeichenkomplexen maximiert (vgl. Klausnitzer 2007, S. 18).

Verschwörungstheorien sind ein Teil unserer Kultur. Spätestens mit Karl Popper lässt sich konstatieren, dass es sich bei der neuzeitlichen Variante der Verschwörungstheorie um ein Erzeugnis der Aufklärung handelt, das seinen „ersten großen Auftritt […] im Zeitalter der Französischen Revolution" hat (Gregory 2009, S. 481). Die Französische Revolution wurde als zäsuraler Einschnitt – mithin als Krise – erfahren und stand offenbar gerade deswegen schon sehr früh unter dem Verdacht von diversen Verschwörern, wie etwa den Jesuiten oder den Illuminaten, bewusst herbeigeführt und instrumentalisiert worden zu sein. Laut Rogalla von Bieberstein „stellen tiefgreifende gesellschaftliche und geistige Umbrüche" seither immer wieder „den erforderlichen Nährboden" für Verschwörungstheorien dar (2002, S. 17). Verschwörungstheorien hätten demnach gerade in Krisenzeiten Hochkonjunktur. Insofern ist es nicht verwunderlich, dass sie auch in der aktuellen Corona-Krise wiederaufkommen.

Medial vermittelte Ereignisse zäsuralen Ausmaßes, wie das Attentat auf John F. Kennedy, die Mondlandung oder 9/11, scheinen seit jeher eine besondere Anziehungskraft auf Verschwörungstheorien auszuüben. Zum einen liegt das sicherlich daran, dass das Medienereignis dort ist, wo es Öffentlichkeit gibt, was der verschwörungstheoretischen Anschlusskommunikation offenbar von vornherein ein günstiges Maß an Aufmerksamkeit garantiert. Zum anderen liefern zäsurale Medienereignisse einen wichtigen Rohstoff für konspirationistische Lektüren – in Form von Unschärfen aller Art. Das können auf medientechnischer Ebene Störungen oder Materialfehler sein sowie auf semantischer Ebene Falschinformationen, Spekulationen oder Gerüchte. Solche medientechnischen oder semantischen Unschärfen sorgen gerade in undurchsichtigen Nachrichtenlagen immer wieder für Irritationen und sie werden von Verschwörungstheorien bevorzugt in den Blick genommen sowie entsprechend aus- und umgedeutet. Corona macht da keine Ausnahme. Im Gegenteil, viele Merkmale des Medienereignisses finden sich hier sogar noch übersteigert. Wie gesagt: Es handelt sich um eine unsichtbare Gefahr, und „was die Bevölkerung über dieses Virus, seine Gefährlichkeit und die Wirkungen und Nebenfolgen der behördlichen Maßnahmen weiß, weiß sie fast ausschließlich über die Medien" (Meyer und Wyss 2020). Das erinnert – vielleicht nicht ganz zufällig – an den Wortlaut des inflationär verwendeten Zitats von Niklas Luhmann: „Was wir über unsere Gesellschaft, ja über die Welt, in der wir leben, wissen, wissen wir durch die Massenmedien" (1996, S. 9). Nun ist, folgt man Luhmann, Irritation eigentlich der Urgrund jeglicher Kommunikation. Sie ist nicht der Ausnahme- sondern der Regelfall des Kommunizierens, denn ohne sie gäbe es wohl kaum die Notwendigkeit zur Verständigung. Die Massenmedien nun dienen Luhmann zufolge zur fortwährenden „Erzeugung und Verarbeitung von Irritation" (1996, S. 46). Sie leisten demnach eine „laufende Selbstirritation der Gesellschaft" (Luhmann 1996, S. 64) und zwar durch das Erzeugen von „Unbestimmtheitsstellen, die als laufend ausfüllungsbedürftig reproduziert werden" (Luhmann 1996, S. 150); damit sichern sich Massenmedien ihre Relevanzfunktion für die Gesellschaft, so der Bielefelder Soziologe. Das wurde in der Corona-Krise nochmals dadurch bestätigt, dass die Presse als systemrelevant eingestuft wurde.

Bei Corona haben wir es indes mit einer vielfach gesteigerten Irritation zu tun, die schon einer Destabilisierung gleichkommt. Im Folgenden soll es daher nun darum gehen, die Merkmale dieses beispiellosen Medienereignisses aufzuzeigen, die es offenbar besonders attraktiv für Verschwörungstheorien macht.

12.4 Berichterstattungsphasen und Evolution der Corona-Verschwörungstheorien

Das Medienereignis Corona durchläuft verschiedene Phasen. Zunächst vollzieht sich der Aufbau zum Medienereignis, der ab Ende Februar einsetzt. Die Taktung der Meldungen verdichtet sich daraufhin fortwährend, bis schließlich Corona das beherrschende Nachrichtenthema wird und die erste Phase des Alarmismus einsetzt. Laut Meier und Wyss befanden sich die Massenmedien zunächst in einem Dilemma. Während die journalistische Pflichtethik situationsunabhängig eine kritische Distanz, freie Recherche und neutrale Berichterstattung erfordere, dominierte in Anbetracht der Krise in den ersten Märzwochen eher ein Handeln nach den Maßstäben der journalistischen Verantwortungsethik. Die Entscheidungen der Regierung wurden einmütig verkündet, als sei man der verlängerte Arm ihrer Pressestellen (vgl. Meyer und Wyss 2020). Für eine maximal unsichere Nachrichtenlage sorgte nicht nur die rasante Entwicklung der Fallzahlen, sondern vor allem auch die fortwährenden Änderungen bei den verordneten Regelungen und Maßnahmen. Vieles, was erst noch als Gerücht bezeichnet wurde, wandelte sich binnen weniger Minuten in eine bestätigte Nachricht. In Corona-Zeiten verringert sich die Halbwertszeit von Meldungen also offenbar noch rasanter als ohnehin schon. Eine ideale Steilvorlage für Verschwörungstheorien lieferte das Gesundheitsministerium am 14. März 2020, als in einem Tweet Gerüchte, wonach die Regierung „bald massive weitere Einschränkungen des öffentlichen Lebens" ankündige, als Fake News deklariert wurden (s. Abb. 1). Die Massenmedien griffen diese Erklärung umgehend auf und berichteten darüber. Tatsächlich erfolgte der erste bundesweite Lockdown jedoch nur kurz darauf am 17. März. Für das Ministerium und Jens Spahn bedeutete das in den Augen vieler Twitter-Nutzer*innen einen erheblichen Glaubwürdigkeitsverlust. Sofort wurde von verschwörungstheoretischer Seite darüber spekuliert, dass auch andere Gerüchte sich noch bewahrheiten könnten (vgl. Belousova 2020). Ohnehin wirkt der Fake News-Begriff hier unangebracht, da darunter eine gezielte Desinformation verstanden wird, wohingegen ein Gerücht zwar als Vehikel zur Verbreitung von Desinformationen fungieren kann, aber nicht jedes Gerücht eben per se diesem Zweck dient. Immerhin übernehmen Gerüchte selbst für die massenmediale Kommunikation eine wichtige Funktion, da sie nämlich die Möglichkeit bieten, den permanenten Druck nach aktuellen Informationen temporär zu drosseln. Gerüchte verharren „an der Schwelle zur Nachricht" (Kirchmann 2004, S. 80) und behalten durch den verzögerten sequenziellen Übergang zur bestätigten Nachricht über längere Zeit einen potenziellen Nachrichtenwert.

Abb. 1 Mitteilung des Bundesministeriums für Gesundheit vom 14. März 2020. https://ms-my.facebook.com/jensspahn/videos/achtung-fake-news/559663447976576/

Nach der ersten, aufgeregten Phase der Berichterstattung macht sich schließlich ab Ende März ein typischer Effekt der Krisenkommunikation bemerkbar: Die fortwährende Aussetzung der Routine wird zu einer neuen Normalität. Es setzt eine Phase der Renormalisierung ein. Sondersendungen, wie das *ZDF-Spezial* oder der *ARD-Brennpunkt*, werden dauerhaft als fester Programmbestandteil installiert. Das Fernsehen restituiert eine gewisse Stabilität, wobei das Ereignis in die Periodizität des Sendeablaufs reintegriert wird. Im Fernsehen ist das Ereignis mithin immer schon von einem „Umfeld strukturierter Wiederholung" (Engell 2008, S. 155) umgeben. Insofern hat man es ganz im Sinne von Engell mit der Paradoxie eines Dauerereignisses zu tun: die Wirksamkeit der Maßnahmen, wie Abstandregelungen und Kontaktverbot, gilt es abzuwarten. Die Entspannung eröffnet nun scheinbar auch wieder die Möglichkeit, zu einer kritisch-distanzierten Berichterstattung zurückzufinden. Allerdings wird dies auch zuweilen in übersteigerter Form dargeboten: Die Kritik der BILD-Zeitung am deutschen Star-Virologen Christian Drosten grenzte beinahe schon an eine Rufmordkampagne. Hier prallten Boulevardjournalismus und Wissenschaft in einer Art und Weise aufeinander, die als Zuspitzung der seit Wochen stattfindenden Überhöhung vermeintlich unfehlbarer wissenschaftlicher Expertise gesehen werden kann. Auf Bild.de lautete die Schlagzeile am 25.05.2020 noch: „Fragwürdige Methoden – Drosten-Studie über ansteckende Kinder grob falsch" (Piatov 2020). Einen Tag darauf titelte die Printausgabe: „Schulen und Kitas wegen falscher Corona-Studie dicht" und suggerierte dadurch einen unmittelbaren Zusammenhang zwischen politischem Handeln und wissenschaftlicher Forschung. Immerhin schien sich diese Meldung mit einem allgemeinen Missbehagen zu treffen, das offenbar auch die Zeit eine Woche zuvor dazu veranlasste, die Frage zu stellen: „Ist das [Drosten, CL] unser neuer Kanzler?" (vgl. Lau 2020) Demnach ließe sich die Politik allzu leichtfertig das Vorgehen von Virolog*innen diktieren, die jedoch nur auf Basis ihrer Forschungsergebnisse urteilen, ohne alle Konsequenzen einer politischen Entscheidungsfindung abzuwägen. Überhaupt ist jedoch beim Medienereignis Corona zu beobachten, dass Expert*innen zu Themen Stellung beziehen, die mit ihrem Kompetenzbereich eigentlich nicht zur Deckung kommen und diesen meist überschreiten. Auch das destabilisiert gewissermaßen die massenmedialen Ordnungssysteme.

Die Entspannung, die mittelfristig durch die Routinisierung in der Berichterstattung eingesetzt hat, wird durch solche Impulsgewitter immer wieder konterkariert. Es wird ersichtlich, dass auch hier wieder ein Vakuum an Uneindeutigkeiten und Unschärfen entsteht, das mehr Irritation erzeugt, als diese abzubauen. Hinzu kommt: Angesichts des zuweilen hysterischen Alarmismus der ersten Berichterstattungsphase, erscheint die nun einsetzende Entspannung irgendwie unglaubwürdig: Wurde das Problem größer gemacht, als es eigentlich war? Und: Wer hat möglicherweise etwas davon? Diese Frage (‚Cui bono?') scheint direkt in die Untiefen der Verschwörungstheorie zu führen. Tatsächlich rücken in der nächsten Berichterstattungsphase der Urteilsfindung Verschwörungstheorien in den Mittelpunkt. Es wird immer wieder über Demonstrationen (sog. ‚Hygienedemos'[2])

---

[2] Seit Anfang April 2020 fanden in Berlin die unter dem Namen ‚Hygienedemos' bekanntgewordenen Proteste statt, die von der im März gegründeten ‚Kommunikationsstelle Demokratischer Widerstand' organisiert wurden.

berichtet und diese mit der Ausbreitung von Verschwörungstheorien in Verbindung gebracht. Zugleich werden die Massenmedien aus diesem Milieu heraus angegriffen, wobei ihnen in Extremform vorgeworfen wird, dass sie gezielt Falschmeldungen lancieren würden.

Ein Beispiel dafür sind die mutmaßlichen Särge von Bergamo. Im Netz kursierte im April ein schockierendes Bild, welches reihenweise Särge zeigt. Angeblich soll die Aufnahme aus dem norditalienischen Bergamo stammen, eine Stadt, die bekanntlich besonders viele Corona-Tote zu beklagen hatte. Tatsächlich aber stellte sich heraus, dass dieses Bild bereits im Jahr 2013 auf der italienischen Insel Lampedusa aufgenommen wurde. Es handelt sich um die Särge von afrikanischen Flüchtlingen, die auf der Überfahrt nach Italien ums Leben gekommen waren (vgl. Helberg 2020).

Interessant sind die Stationen, die diese Fehlkontextualisierung unter Netzbedingungen durchlaufen hat: Der Ursprung lässt sich auf eine Dekontextualisierung des Fotos in einem Facebook-Beitrag zurückverfolgen. Dem folgten wiederum mehrere Facebook-Beiträge, die behaupteten, die ARD habe dieses Bild zur Versinnbildlichung der Corona-Krise missbraucht. So ergibt sich eine selbstbestärkende Kaskade, durch die suggeriert wird, dass sich das Gerücht durch die vermeintliche Referenzierbarkeit auf eine Quelle bestätigen ließe.

Die nächste Evolutionsstufe der Corona-Verschwörungstheorien war fraglos erreicht, als Bill Gates in den Mittelpunkt des Interesses rückte. Schon seit Beginn der Pandemie kursierten im Internet diverse Verdächtigungen, wonach sich der Microsoft-Gründer, der sich als Mäzen für diverse Gesundheitsprojekte engagiert, an der Krise bereichere und – gemäß der *Cui bono*-Kurzschlusslogik – diese mutmaßlich ausgelöst oder aber zusammen mit diversen Mitverschwörern aus Politik und Medien lediglich erfunden habe. Dementsprechend widersprüchlich sind die anhängigen Narrative, die von einer fabulierten Strategie zur Bevölkerungsdezimierung, über den bloßen Vorwurf der gewissenlosen Bereicherung bis hin zur angeblich geplanten Implantierung von Microchips zur Totalüberwachung der Bevölkerung reichen. In Deutschland sorgte vor allem der ehemalige Radiomoderator Ken Jebsen[3] mit einem Anfang Mai 2020 veröffentlichten YouTube-Video dafür, dass diese Verschwörungstheorie auch hierzulande bekannt wurde. Mitgetragen wird die Verbreitung dieses Gedankenguts durch das, was man als Memetisierung der Verschwörungstheorie bezeichnen könnte. Zu Bill Gates kursieren zahlreiche Meme im Netz, die ihn meist in Verbindung setzen mit Zwangsimpfungen, wie etwa die Kill Bill-Meme, die auf Elementen der Plakatgestaltung des gleichnamigen Tarantino Films basieren. Ihre Bekanntheit verdanken diese Meme jedoch nicht nur der Zirkulation im Web. Auf den Demonstrationen werden sie zusammen mit weiteren Memen auf Transparente ge-

---

[3] Ken Jebsen arbeitete unter anderem für das öffentliche-rechtliche Fernsehen, wurde jedoch nach Antisemitismus-Vorwürfen vom Sender RBB 2011 aufgrund der Nichteinhaltung journalistischer Standards entlassen. Seitdem betreibt er die Webseite *KenFM* und sendet dort sowie über seinen YouTube-Kanal weiter. Den Kanal betreibt er seit 2012 und beteiligt sich seitdem und nicht etwa erst im Zuge der Corona-Pandemie an verschwörungstheoretischen Spekulationen.

bannt oder als T-Shirt-Aufdruck getragen. Als es am 29. August 2020 am Rande einer Demonstration in Berlin, zu der unter anderem die Querdenker-Bewegung[4] aufgerufen hatte, zum sogenannten ‚Sturm auf den Reichstag' kam, war wohl ein vorläufiger Eskalationshöhepunkt erreicht, der eine Unterwanderung der Corona-Proteste durch Verschwörungsideologien nahelegte.

In der vorerst letzten Phase geht es nun nicht mehr nur um die Frage, wie sich die Lage ausgehend vom momentanen Zustand weiter entwickeln könnte. Die dramatische Entwicklung der Zahlen hat zwar zu einer Wiederaufnahme der Krisenrhetorik geführt; im Unterschied zur ersten Berichterstattungsphase verbindet sich die alarmierte Haltung jedoch mit der Frage, wie sich die Lage möglicherweise weiter entwickeln könnte, wenn sich die Gegebenheiten ändern. Damit begeben sich die Massenmedien in eine Phase der Spekulation. Die Berichterstattung wechselt vom Indikativ (realis) zum Konjunktiv (irrealis). Noch sind die Folgen des Krisenmanagements nicht absehbar. Es wird also weniger auf die Vergangenheit geblickt, als vielmehr mögliche zukünftige Szenarien entworfen und die Frage ‚was wäre, wenn?' wird beherrschend. Was wäre, wenn sich die bekanntgewordenen Virusmutationen plötzlich rasant ausbreiteten? Damit ist nicht mehr nur der Virus als unsichtbare Gefahr der Urgrund einer möglichen Katastrophe, sondern das Gefahrenpotenzial an sich. Laut Elena Esposito ist dies ein gängiges Verfahren, um die Unsicherheit des Beobachters – in diesem Fall der Massenmedien – zu neutralisieren. Die Unsicherheit aufgrund von Wissensdefiziten führt zum Vertrauen in die „fiktiven Vorhersagen der Wahrscheinlichkeitsrechnung" (Esposito 2007, S. 35). Die Erzählformen des Fernsehens bieten Zukunftsszenarien an, die den Anspruch erheben, auf Grundlage einer gegenwärtigen Faktenbasis die künftige Realität zu prognostizieren und dabei das Unwahrscheinliche auszublenden. Parallel entwickelte sich eine Super-Verschwörungstheorie, die unter dem Titel ‚The Great Reset' (dt. ‚Der große Umbruch') bekannt wurde. Dies geht zurück auf die Überschrift eines Vorschlags des Weltwirtschaftsforums aus dem Mai 2020. In der verschwörungstheoretischen Lesart handelt es sich um eine geheime Losung, die unter Eingeweihten für die geplante Abschaffung der Demokratie, der freien Marktwirtschaft und des Grundrechts auf die Unversehrtheit des Lebens steht. Aus Sicht der Verschwörungstheorie vermag es diese große Erzählung, alle bisher entstanden Narrationsstränge zu integrieren. Dies wird scheinbar umso besser möglich, da die Beschaffenheit der Kommunikationswege im Web und die Art, wie hier Irritation erzeugt und operationalisiert wird, der verschwörungstheoretischen Strategie ideal entgegenkommen. Im Folgenden wird es daher darum gehen zu ergründen, welche Irrwege Desinformationen unter Netzbedingungen nehmen können und wie das Verschwörungstheorien verstärken kann.

---

[4] Als Kopf der Querdenken-Bewegung, von der es zahlreiche regionale Ableger gibt, gilt der Stuttgarter Unternehmer Michael Ballweg, der ‚Querdenken 711' im Juni beim Deutschen Patent- und Markenamt (DPMA) anmeldete. Die erste Kundgebung fand schon zuvor am 18. April mit 50 Personen in Stuttgart statt.

12.5 „Viruses of the mind": Eine neue Form der Irritation?

Es lohnt sich hierfür die eingehendere Beschäftigung mit einem Phänomen, das weiter oben bereits als Memetisierung der Verschwörungstheorie Erwähnung fand. Der Mem-Begriff wurde 1976 vom Biologen Richard Dawkins in seinem Buch *The Selfish Gene* eingeführt. Er bezeichnet damit kleinste Einheiten der kulturellen Evolution, die sich – in Analogie zu den Genen auf biologischer Ebene – durch Kopie und Imitation replizieren. Demnach handele es sich bei Memen um Informationseinheiten, die in der menschlichen Kultur aus sich selbst heraus zur Überlieferung gelangen, wie Melodien, Phrasen oder Überzeugungen. Durch Variation und Neukombination entwickeln sie sich eigenständig weiter. Die Menschen dienen dabei lediglich als Vehikel (vgl. Dawkins 2007 [1976], S. 321). Später verglich Dawkins selbst Meme mit Computerviren, die seiner Ansicht nach einer ähnlichen Verbreitungslogik folgen – und das lange bevor seine Theorie auf das Phänomen der Internet-Meme appliziert wurde. Demnach seien Meme aufzufassen als „viruses of the mind" (vgl. Dawkins 1993). Zwar wurde in der webbezogenen Memforschung, die sich an Dawkins anschloss, zurecht darauf hingewiesen, dass die Vorstellung, Nutzer*innen würden sich von Memen infizieren lassen und diese passiv weiterverbreiten, nicht zutreffe (vgl. Shifman 2011, S. 189; Jenkins et al. 2013, S. 16 ff.) So lassen sich Meme auch gezielt von einzelnen Interessengruppen lancieren oder zumindest instrumentalisieren, wie etwa das Kill Bill-Mem. Meme, die sich über das Netz verbreiten, müssen dabei klar von viralen Inhalten unterschieden werden. Laut Limor Shifman treten virale Videos auch als einzelne Artefakte in Erscheinung, während Meme stets eine Sammlung bilden, die über das virale Phänomen hinausgeht und dieses modifiziert (vgl. 2014, S. 40 ff.). Gerade weil sie nicht passiv konsumiert und weiterverbreitet werden – so könnte man vorläufig festhalten – sind Meme in einer partizipativen Webumgebung offenbar so erfolgreich. Für die Kommunikation von Verschwörungstheorien werden Meme zu einem Teil von deren Persuasionsstrategien. Dabei reicht es mitunter aus, auf einzelne Erzählbausteine anzuspielen, ohne diese zu einem in sich geschlossenen Narrationskomplex auftürmen zu müssen: Die in sich aber auch untereinander widersprüchlichen Erzählungen müssen gar nicht mehr vollständig wiedergegeben werden. Meme übernehmen zudem eine Funktion der Identitätsstiftung, da sie als Erkennungszeichen auf Kundgebungen fungieren können. Im Web fördern Meme die Partizipation durch das aktive Erzeugen und Teilen von variantenreichen Replikaten. Wie gut diese Strategie verfängt, zeigt auch der wachsende Kreis der Anhängerschaft des QAnon-Mythos. Obwohl diese Verschwörungstheorie lange vor Ausbruch der Pandemie aufkam, wurde sie in Deutschland erst durch die Adaptionen der Corona-Leugner*innen richtig bekannt. Auch hier findet die Rekrutierung zum großen Teil über das persuasive Wirkpotenzial und den identitätsstiftenden Charakter von Memen statt und auf eine geschlossene Narration kann verzichtet werden. Ursprünglich geht der Mythos auf eine Reihe von kryptischen Äußerungen zurück, die ein anonymer Nutzer namens „Q" ab September 2016 auf dem Imageboard 4Chan hinterlassen hat. Q ist die höchste Geheimhaltungsstufe des US-amerikanischen Energieministeriums, wodurch der anonyme Informant suggerierte, er habe Einblick in die innersten Machtzirkel der Regierungsadministration. Die Anhänger von Q sind davon überzeugt, dass es eine im verborgenen operierende Machtelite gibt, die Kinder in unterirdische Bunker entführt, sie dort foltert und aus ihnen einen angeblich berauschenden und lebensverlängernden Stoff namens Adrenochrom gewinnt. Bei dieser Substanz handelt es sich zwar um ein synthetisch herstellbares Stoffwechselprodukt, doch – und das machte den Begriff für Verschwörungstheorien so attraktiv – war Adrenochrom eine weithin unbekannte und ungenutzte Vokabel. Damit nutzte man geschickt eine Datenlücke (eng. datavoid) und sicherte sich einen hohen Rankingplatz in den Suchergebnissen. Wer nun nach diesem Begriff im Netz recherchiert, wird zuvorderst mit Verschwörungserzählungen konfrontiert.

Eine letzte und nicht minder beunruhigende Funktion der Meme für die verschwörungstheoretischen Kommunikationsstrategien, liegt – über das Moment der Mobilisierung hinaus – in deren symbolischer Wirkkraft. Dabei dreht sich die Entstehungsrichtung gewissermaßen um: War es bisher so, dass Meme, wie jene, die sich um Bill Gates formiert haben, vom Web auf die Straße getragen wurden, so werden nunmehr Aktionen auf der Straße durch ihre Verstetigung im Web memetisiert. Der schon vielsagend zum reißerischen Titel geronnene sogenannte ‚Sturm auf den Reichstag' ist hierfür ein paradigmatischer Fall. In Echtzeit dauerte die ganze Aktion nur etwa sieben Minuten, aber die Bilder von den Reichskriegsflaggen auf den Stufen des Parlamentsgebäudes bleiben. Sie zirkulieren im Netz und entfalten erst über diese temporale Verstetigung ihr toxisches Wirkpotenzial als Trophäe. Es geht dabei nicht primär darum, was tatsächlich passiert ist, vielmehr schaffen die Bilder einen Möglichkeitsraum und zeigen somit auch, was hätte passieren können (vgl. Peitz 2020). Man könnte sogar so weit gehen zu sagen, dass hier gezielt ein Medienereignis kreiert wurde, denn es setzte sich unverzüglich die bereits bekannte Rückkopplungsspirale mit der massenmedialen Berichterstattung in Gang. Die Massenmedien sind insofern involviert und werden zum unfreiwilligen Wirkverstärker der Aktion, die als Irritation vom System in ihrem Nachrichtenwert selbstverständlich privilegiert wird. Außerdem hat der nur wenige Monate später in den USA stattgefundene und nicht minder martialisch betitelte ‚Sturm auf das Kapitol' am 6. Januar 2021 gezeigt, dass das Ereignis nicht nur von den Massenmedien, sondern auch von den sozialen Medien getragen werden kann: Es wurden Selfies gemacht und Livestreams veröffentlicht (vgl. Bracholdt et al. 2021). Ferner wurde in beiden Fällen vorab über das Netz mobilisiert und das Ereignis gewissermaßen vorangekündigt.

Meme dienen der verschwörungstheoretischen Kommunikation also zur Rekrutierung, Identitätsbildung und zur Mobilisierung ihrer Anhängerschaft. Und sie bilden ein Scharnier zur massenmedialen Berichterstattung, die so zu einem weiteren Verbreitungskanal für sie werden können.

12.6 Fazit

Die vier Berichterstattungsphasen zeichnen sich dadurch aus, dass sie ihre jeweils eigenen Formen der Destabilisierung hervorbringen. In der ersten Alarm-Phase agiert die Presse weitgehend unkritisch und gibt die Verlautbarungen der Regierung ungefiltert wieder. Damit begibt sie sich freiwillig in einen inneren Ausnahmezustand, den sie durch den äußeren Ausnahmezustand rechtfertigt. In der zweiten Renormalisierungs-Phase schließlich wird die Dauer der Krise spürbar und diese wird zum neuen Alltag. Der Journalismus findet zu sich selbst und seiner Kritikfähigkeit zurück. Allerdings wirkt der vorherige Alarmismus vor dem Hintergrund der nun einsetzenden Entspannung überzogen und manche Kritik bleibt unglaubwürdig. In der dritten Phase, die hier als Urteils-Phase bezeichnet wurde, werden zunehmend die Folgen der Corona-Maßnahmen abgewogen. Die Kritik von der Straße, in Form von Protesten und Demonstrationen, wird aber meist monodimensional auf das Thema Verschwörungstheorien verkürzt. Im Gegenzug inszenieren Verschwörungstheoretiker*innen ihre eigenen Medienereignisse und nutzen dazu einerseits perfide den Verstärkungseffekt einer Rückkopplung an die massenmediale Berichterstattung und machen andererseits Gebrauch vom Verbreitungs- und Aktivierungspotenzial der Social Media-Plattformen.

In der vierten und vorerst letzten Phase ist weniger eine zyklische Wiederholung der ersten Berichterstattungsphase zu sehen, auch wenn der neu aufkommende Alarmismus durchaus vergleichbare Züge aufweist. Stattdessen setzt eine Phase der Spekulation ein, die sich nicht mehr nur mit der aktuellen Lage auseinandersetzt, sondern mögliche zukünftige Lagen im Konjunktiv durchspielt. Ähnlich gehen auch die Verschwörungstheorien vor, die parallel die Möglichkeit eines *Great Reset* heraufbeschwören. So ergeben sich zwischen massenmedialer und verschwörungstheoretischer Kommunikation durchaus vergleichbare Ähnlichkeiten, sowohl im Hinblick auf die Funktionalisierung von Gerüchten als auch den Hang zu Spekulationen und zur Szenariengestaltung im Modus des *Was wäre, wenn*. Es gibt jedoch einen wesentlichen Unterschied, denn auf verschwörungstheoretischer Seite wird die Spekulation ergänzt durch die fundamentalontologische Gewissheit, dass *nichts ist, wie es scheint*.

Das Medienereignis Corona-Krise führt in der vernetzten Medienkultur zu einer gesteigerten Form von Irritation, einer Destabilisierung, die einerseits von den Massenmedien selbst erzeugt und zugleich verstärkt wird durch die verschwörungstheoretische Rückkopplung. Die von den Massenmedien ausgehenden Irritationen, wie etwa Gerüchte oder andere Unschärfen in der Berichterstattung, werden von Verschwörungstheorien als Steilvorlage für ihren Fundamentalverdacht instrumentalisiert. Dieser wird dann so weit übersteigert, dass Gerüchte über Falschmeldungen lanciert werden, die gar nicht stattgefunden haben – wie im Fall der Särge von Bergamo. Schließlich erzeugen Verschwörungstheorien selbst ein hohes Maß an Irritation, das die Massenmedien besonders anspricht und folglich in das System zurückgespiegelt wird. Daraus geht wiederum ein eigentümlicher Verstärkungseffekt für Verschwörungstheorien hervor. Denn, obwohl ihre Wahrheitsansprüche von massenmedialer Seite selbstverständlich vehement dementiert werden, erhalten sie Aufmerksamkeit und ihre Meme werden durch die mediale (Bild-)Berichterstattung unweigerlich weiterverbreitet. Selbst an der Durchführung der von Konspirolg*innen eigens inszenierten Medienereignisse – wie dem ‚Sturm auf den Reichstag' – finden sich Massenmedien beteiligt, denn auch wenn die Vorbereitung und Durchführung zum großen Teil im Netz vonstattengeht, liefern die Massenmedien einen gewichtigen Teil der Nachberichterstattung und steigern dadurch unfreiwillig den memetischen Charakter der von Verschwörungstheoretiker*innen erzeugten Bilder. Verschwörungstheorien sind dabei, das sollte klar geworden sein, nicht wesentlich auf soziale Medien zurückzuführen, sondern haben ihre Wurzeln immer schon in der vernetzen Medienkultur und in unserer Gesellschaft.

Literatur

Abalakina-Paap, M. et al. (1999): Beliefs in Conspiracies. In: *Political Psychology*. 3, S. 637–647.

Anton, A. et al. (2014): Wirklichkeitskonstruktion zwischen Orthodoxie und Heterodoxie – zur Wissenssoziologie von Verschwörungstheorien. In: diess. (Hg.): *Konspiration. Soziologie des Verschwörungsdenkens*. Wiesbaden: Springer, S. 9–25.

Dawkins, R. (2007 [1976]): *Das egoistische Gen*. Heidelberg: Springer.

Dawkins, R. (1993): Viruses of the Mind. In: Dalhbom, B. (Hg.): *Dennett and His Critics: Demystifying Mind*, Cambridge, Mass.: Blackwell, S. 13–27.

Dayan, D./Katz, E. (1994): *Media Events. The Live Broadcasting of History*. Cambridge/London: Harvard Univ. Press.

Dayan, D. /Katz, E. (2002): Medienereignisse. In: Adelmann, R. et. al. (Hg.): *Grundlagentexte zur Fernsehwissenschaft. Theorie – Geschichte – Analyse*. Konstanz: UVK, S. 413–453.

Doane, M.-A. (2006): Information, Krise, Katastrophe. In: Fahle, O./Engell, L. (Hg): *Philosophie des Fernsehens*. München: Fink, S. 102–120.

Engell, L. (2008): Das Mondprogramm. Wie das Fernsehen das größte Ereignis aller Zeiten erzeugte und wieder auflöste, um zu seiner Geschichte zu finden. In: Lenger, F./Nünning, A. (Hgg.): *Medienereignisse der Moderne*. Darmstadt: Wiss. Buchgesellschaft, S. 150–171.

Engell, L. (2001): Lemma „Ereignis". In: Pethes, N./Ruchatz, J. (Hgg.): *Gedächtnis und Erinnerung. Ein interdisziplinäres Lexikon*. Reinbeck bei Hamburg: Rowohlt, S. 149–150.

Esposito, E. (2007): *Die Fiktion der wahrscheinlichen Realität*. Frankfurt/M.: Suhrkamp.

Gregory, S. (2009): *Wissen und Geheimnis. Das Experiment des Illuminatenordens*. Frankfurt/Basel: Stroemfeld.

Hofstadter, R. (1965): *The Paranoid Style in American Politics and Other Essays*. New York: Knopf.

Isekenmeier, G. (2009): ‚The Medium is the Witness'. Zur Ereignis-Darstellung in Medientexten. *Entwurf einer Theorie des Medienereignisses und Analyse der Fernsehnachrichten vom Irak-Krieg*. Trier 2009.

Jenkins, H.. et al. (2013): *Spreadable Media: Creating Value and Meaning in a Networked Culture*. New York: New York University Press.

Kirchmann, K. (2004): Das Gerücht und die Medien. Medientheoretische Annäherungen an einen Sondertypus der informellen Kommunikation. In: Bruhn, M./Wunderlich, W.: *Medium Gerücht. Studien zu Theorie und Praxis einer kollektiven Kommunikationsform*. Bern u.a: Haupt, S. 67–83.

Kirchmann, K. (2000): Störung und ‚Monitoring' – Zur Paradoxie des Ereignishaften im Live-Fernsehen. In: Hallenberger, Gerd / Schanze, Helmut (Hgg.): *Live is Life. Mediale Inszenierungen des Authentischen.* Baden-Baden: Nomos, S. 91–104.

Klausnitzer, R. (2007): *Poesie und Konspiration. Beziehungssinn und Zeichenökonomie von Verschwörungsszenarien in Publizistik, Literatur und Wissenschaft 1750–1850.* Berlin: de Gruyter.

Luhmann, N. (1996): Realität der Massenmedien. Opladen: Westdeutscher Verlag.

Bieberstein, Rogalla J. von (2002): Zur Geschichte der Verschwörungstheorien. In: Reinalter, H. (Hg.): *Verschwörungstheorien. Theorie – Geschichte – Wirkung.* Innsbruck u.a.: Studienverlag, S. 15–29.

Shermer, M. (2012): *The Believing Brain. From Ghosts and Gods to Politics and Conspiracies. How We Construct Beliefs and Reinforce Them as Truths.* New York: Times Books.

Shifman, L. (2011): An anatomy of a YouTube meme. In: *New Media&Society.* 14 (2), S. 187–203.

Shifman, L. (2014): *Memes in Digital Culture.* Cambridge: MIT Press.

Sunstein, C. R./Vermeule, A. (2009): Symposium on Conspiracy Theories. Conspiracy Theories: Causes and Cures. In: *The Journal of Political Philosophy.* 17 (2), S. 202–227.

Online-Texte:

Belousova, K. (2020): Missglückter Coronavirus-Tweet – Der Minister und die Fake News. https://www.zdf.de/nachrichten/politik/corona-gesundheitsministerium-fake-twitter-100.html [letzter Zugriff: 25.01.2021].

Bracholdt, C. et al. (2021): Die Rede, der Mob und die Erstürmung. In: Zeit Online. https://www.zeit.de/politik/ausland/2021-01/sturm-us-kapitol-ausschreitungen-ereignisse-grafiken-videokarte [letzter Zugriff: 25.01.2021].

Helberg, C. (2020): Keine Belege, dass die ARD Särge von 2013 in aktueller Corona-Berichterstattung zeigte. https://correctiv.org/faktencheck/2020/04/02/keine-belege-dass-die-ard-saerge-von-2013-in-aktueller-corona-berichterstattung-zeigte/ [letzter Zugriff: 25.01.2021].

Lau, M. (2020): Virologen. Ist das unser neuer Kanzler? https://www.zeit.de/2020/13/coronavirus-wissenschaft-auswirkung-auf-politik-virologen-christian-drosten-alexander-kekule [letzter Zugriff: 25.01.2021].

Meyer, K./Wyss, V. (2020): Journalismus in der Krise: die fünf Defizite der Corona-Berichterstattung. In: Meedia. https://meedia.de/2020/04/09/journalismus-in-der-krise-die-fuenf-defizite-der-corona-berichterstattung/ [letzter Zugriff: 25.01.2021].

Piatov, Fillip (2020): Fragwürdige Methoden Drosten-Studie über ansteckende Kinder grob falsch. Wie lange weiß der Star-Virologe schon davon? In: Bild.de. https://www.bild.de/politik/inland/politik-inland/fragwuerdige-methoden-drosten-studie-ueber-ansteckende-kinder-grob-falsch-70862170.bild.html [letzter Zugriff: 25.01.2021].

Peitz, D. (2020): „Sturm" auf Reichstagsgebäude: Sie brauchten nur dieses eine Foto. In: Zeit Online. https://www.zeit.de/kultur/2020-08/sturm-reichstagsgebaeude-querdenken-demonstration-rechtsextremisten-berlin [letzter Zugriff: 25.01.2021].

Flatten the Curve – Pandemic Dashboards & Tracing-Apps

Datenpolitiken und ihre Visualisierungen in der Corona-Krise

Thorben Mämecke

Zusammenfassung

Dieser Beitrag widmet sich der besonderen Bedeutung, die sog. Corona-Dashboards in der gesellschaftlichen Vermittlung der COVID-19-Pandemie einnehmen. Vor dem Hintergrund des dynamischen Infektionsgeschehens, das im medialen Diskurs primär als Verhaltensproblem diskutiert wird, nehmen Dashboards in drei Dimensionen wesentliche Funktionen für die Eindämmung des Virus ein: praktisch, epistemologisch und legitimatorisch. Gemessen an historischen Vorformen stellen sie zudem ein bisher unerreichtes Beispiel für die (selbst)regulatorischen Effekte von öffentlichen Statistiken dar, mit dem sich neben der zahlenförmigen Weltbetrachtung auch eine enorme Veralltäglichung zugrunde liegender Tracking- und Tracing-Praktiken verbindet.

Schlüsselwörter

Quantifizierung · Corona · Dashboard · Biopolitik · Gouvernementalität · Self-Tracking

T. Mämecke (✉)
FernUniversität in Hagen, Berlin, Deutschland
E-Mail: thorben.maemecke@fernuni-hagen.de

13.1 Zahlen als numerische Äußerungsmodalitäten in den Corona-Medien

In der Pandemie sind alle Tagesmedien zu Corona-Medien geworden. Das gilt vor allem inhaltlich. Spätestens seit Februar 2020 haben Tageszeitungen, Nachrichtensendungen und die an ihnen orientierten Äquivalente des Webs der Krise viel Platz eingeräumt. Gerade in den ersten Monaten der Pandemie gab es kaum ein Thema, das nicht vom langen Schatten der Krisenberichterstattung verschluckt worden wäre. Dabei sind die im deutschsprachigen Raum bislang eher unauffälligen Experten Christian Drosten, Lothar Wieler und Karl Lauterbach inzwischen zu den Gesichtern der wissenschaftlichen Krisenintervention geworden sind. Ihr fachlicher Duktus hat in weiten Teilen die Presseberichterstattung selbst geprägt. Der öffentliche Austausch über Schnell-, Selbst- und PCR-Tests, Impfintervalle, Priogruppen, Lipidknappheiten und Virus-Varianten prägt die öffentliche Debatte zumindest der konventionellen Massenmedien weitaus mehr als der destruktive Populismus von Boulevardmedien und Hate-Bubbles der sozialen Netze. Darüber hinaus prägten Aufnahmen von leeren Einkaufsstraßen und überfüllten Krankenhausfluren die Bildsprache einer inzwischen normalen Ausnahmesituation, die längst die maskenfreie Körpernähe in älteren Medienproduktionen unwirklich erscheinen lässt. Umfassende Portraits in den Tages- und Wochenzeitungen machen die Einzelschicksale der Krise darüber hinaus emotional erfahrbar und die Algorithmen der Musikstreaming-Dienste stellen die Playlisten zum Durchhalten zusammen. Die Analyse der vielen Facetten, in denen sich die Krise medial dargeboten hat und sich bis heute darbietet, wird in den kommenden Jahren vermutlich noch Gegenstand vieler Wissenschaftsartikel, Tagungen und Monografien sein.

Im Rahmen dieses Beitrags soll vor allem ein medialer Aspekt näher betrachtet werden, der neben all den vielfältigen Formen der Corona-Berichterstattung dominant zu Tage tritt. So sind es die Diagramme, Kurven, Punktwolken, Cluster, Heatmaps und Kennwerte, die der Krisenberichterstattung eine unverwechselbare mediale Erscheinung gegenüber anderen schweren Krisen der Vergangenheit verleihen. Sie stellen in Qualität, Anzahl und Präsenz ein Novum dar und haben sich schon zu Beginn der Pandemie als genuines Krisenmedium etabliert.

Um die ubiquitäre Verbreitung quantitativer Formen der Krisenrepräsentation zu erklären, soll sie im Rahmen dieses Beitrags auf zwei Ebenen untersucht und beschrieben werden: Zum einen auf der konsumtiven Ebene, die Daten-Collagen und Zahlenspiele vor dem Hintergrund medialer Aufmerksamkeitsökonomien untersucht. Zum anderen aber auch auf der Ebene der Heuristik und Epistemologie. Denn die besondere Bedeutung, die numerische Medien gegenüber anderen Formen der Corona-Berichterstattung einnehmen, stellt sich zuvorderst darüber her, dass sie die einzigen Medien sind, durch die die Krise als kollektive, gesellschaftliche und als globale Krise beobachtbar gemacht werden kann.

Bereits sehr früh, d. h. mit dem Übergreifen des COVID-19 Virus auf Europa und noch bevor die WHO den Virusausbruch zur Pandemie erklärte, spielten Zahlen in der Vermittlung des „Infektionsgeschehens" (wie es später in der täglichen Berichterstattung oft heißen wird) eine wichtige Rolle. Zu diesem Zeitpunkt noch mit einem beschwichtigenden

Subtext. Während in einem deutschen Labor die erste COVID-19-Infektion bestätigt wurde, waren in der Öffentlichkeit noch virologische Einschätzungen vorherrschend, die von keiner übermäßigen Verbreitungsfähigkeit des Virus in Europa ausgingen. Mit dem Anwachsen der nachgewiesenen Fälle auf annähernd 800 bis Ende Februar 2020 änderte sich aber auch der öffentliche Grundtenor erstmals spürbar. Als Mitte März in Deutschland ca. 5000 Fälle bekannt waren, gehörte die Bekanntgabe der Infektionszahlen schließlich bereits zum konventionalisierten Programm der nunmehr alle Medien bestimmenden Corona-Nachrichten. Umsäumt von den medial bereits eingeschliffenen und kaum mehr auffälligen quantitativen Beschreibungsformen gesellschaftlicher Entwicklungsprozesse, wie Meinungsumfragen (z. B. des Deutschlandtrends),[1] Wirtschafts-Wachstumsprognosen (wie des Ifo-Geschäftsklima-Index), Arbeitslosenquoten oder Börsenkurven, hat die zahlenbasierte Vermittlung der Pandemie rasch ein umfassendes Repertoire immer wiederkehrender, spezifischer und sich teils ergänzender Kennwerte ausdifferenziert. Unter ihnen natürlich die registrierten Neuinfektionen, die Corona-Todeszahlen und die sog. Genesenen, die bald durch statistische Schaubilder oder Grafiken in die Programmroutinen und das Corporate Design der Abendnachrichten aufgenommen wurden. Später kamen auch elaborierte Indizes dazu, wie der sog. R-Wert oder Inzidenzen einzelner Länder und ab 2021 der tagesaktuelle Status der Immunisierung der Bevölkerung durch die totalen Zahlen der vollständig gegen das Virus geimpften Personen.

13.2 Pandemic Dahboards – Nummerische Visualisierungen der Corona-Krise

Obgleich der Detailgrad und die Komplexität der angegeben Indizes samt ihrer Beschreibung gewissermaßen symptomatisch für den vergleichsweise hohen Stellenwert an wissenschaftlichem Expert*innen-Wissen innerhalb dieses öffentlichen Diskurses ist, handelt es sich bei diesen letztlich doch primär um den Import neuer Kenngrößen und Vergleichsmaßstäbe (z. B. der Wochen- oder Monatsverläufe) in bereits bekannte (massen)mediale Präsentationsformate. Corona-Zahlen adaptieren hier konventionalisierte Sehgewohnheiten und erscheinen etwa in den Abendnachrichten so zugänglich und einprägsam wie die Wetterprognosen oder Lottozahlen.

Anders verhält es sich dagegen mit den Onlineangeboten großer Tageszeitungen oder Fernseh- und Radionachrichten, deren ergänzende Visualisierungsfeatures ein eigenständiges Navigieren in den Infektionschroniken erlauben und durch Heatmaps, Infektionsverteilungen, Cluster und Virus-Varianten so einen Zugang zu deutlich komplexeren und vor allem detaillierter aufbereiteten Informationen aus verschiedenen Datensätzen erlauben.[2]

---

[1] https://www.tagesschau.de/inland/deutschlandtrend/deutschlandtrend-2519.html [letzter Zugriff 19.04.2021].

[2] https://www.tagesschau.de/inland/coronavirus-karte-deutschland-101.html [letzter Zugriff 19.04.2021].

Webtools dieser Art waren auch schon vor der Pandemie eine gelegentlich anzutreffende Begleiterscheinung im Zusammenhang mit länger währenden Themen von hohem Nachrichtenwert oder komplexen Sachverhalten. In der Corona-Krise haben sich diese interaktiven Instrumente allerdings nicht minder sprunghaft verbreitet als das Virus selbst und sich in der gleichen Geschwindigkeit mit den täglichen Schlagzeilen verwoben, sodass sie inzwischen keine Ausnahmen mehr darstellen, sondern zum Standardrepertoire der webbasierten Distributionsperipherie etablierter Sendungsformate wie den Fernsehnachrichten oder den Print- bzw. ePaper-Ausgaben überregionaler Zeitungen zu zählen sind.

Überboten werden sie dabei in Umfang und Detailliertheit noch durch die interaktiven Dashboards, Hubs oder Geo-Informations-Systeme, die durch Daten-Visualisierungs-Designer im direkten Auftrag der Gesundheitsbehörden- und Institute erstellt werden. Gerade in der Frühphase der Pandemie, d. h. als sich die Corona-Krise langsam zu entfalten begann, verlinkten etwa die öffentlich-rechtlichen Medienanstalten in Deutschland, die bis dato noch keine eigenen Applikationen entwickelt hatten, sehr häufig das COVID-19 Dashboard des Center for Systems Science and Engineering (CSSE) der Johns Hopkins University,[3] das neben der globalen Gesamtanzahl an Infektionsfällen auch internationale Fallzahlenvergleiche ermöglicht. Dieses Dashboard erreichte zunächst eine hohe mediale Sichtbarkeit, seine Bedeutung nahm in Deutschland allerdings schrittweise ab, als bekannt wurde, dass die Zahlen der Johns Hopkins Universität primär einem ähnlichen Dashboard der Berliner Morgenpost[4] entstammten und damit in Deutschland im Wesentlichen die Daten des Robert Koch Instituts reproduzierte, die durch eine Metaanalyse der Tagesmedien angereichert wurden. In der Folge verwiesen viele Websites dann unmittelbar auf das RKI, bzw. ein durch dieses betriebenes äquivalentes Dashboard.[5] Inzwischen zählt diese Webapplikation des RKI zu den elaboriertesten, öffentlich einsehbaren Daten-Visualisierungen. Es bildet Daten wie die 7-Tages-Inszidenz, Neuinfektionen in totalen Zahlen oder differenziert nach Landkreisen, Altersgruppen, Geschlecht sowie eine weitere Differenzierung zwischen Erkrankungs- und Meldedatum ab. Und dies alles in der Optik einer Instrumententafel. Dashboards dieser Art gehören inzwischen zum Standardrepertoire der gesundheitlichen Aufklärung bzw. pandemiebezogenen Krisenkommunikation. Daher haben sich regionalspezifische Zusammenstellungen und Visualisierungen von Corona-Daten in Dashboard-Form über das letzte Jahr hinweg in den meisten Ländern Europas, sowie Nordamerikas etabliert. Austauschbare Beispiele bieten etwa die Dashboards der österreichischen Agentur für Gesundheit und Ernährungssicherheit

---

[3] https://gisanddata.maps.arcgis.com/apps/opsdashboard/index.html#/bda7594740f-d40299423467b48e9ecf6.

[4] https://interaktiv.morgenpost.de/corona-virus-karte-infektionen-deutschland-weltweit/ [letzter Zugriff 19.04.2021].

[5] https://experience.arcgis.com/experience/478220a4c454480e823b17327b2bf1d4 [letzter Zugriff 19.04.2021].

GmbH,[6] der italienischen Zivilschutzbehörde[7] oder eben das der schon genannten Johns Hopkins Universität im US-Bundestaat Maryland.[8]

13.3 Corona-Dashboards zwischen Wissenschaftskommunikation und Datataining

Aber woraus resultiert die steile Karriere dieser Tools und Dienste bzw. der außerordentliche Stellenwert, der ihnen vor allem in der Berichterstattung vieler webbasierter Nachrichtenangebote zukommt? In den Dashboards dieser Art überkreuzen bzw. verbinden sich verschiedene Aspekte moderner Aufmerksamkeits- und Kommunikationsformen, die in ihrer gegenseitigen Ergänzung letztlich die Interessen strukturell verschiedener Institutionen bedienen. Dies meint vor allem die Redaktionsmedien sowie die regierende Politik und die sie beratenden Wissenschaften (aus dem Bereich der Epidemiologie und Gesundheitsökonomie). Sie alle bringen exklusive Eigeninteressen aber auch Kompetenzen mit, deren Überschneidung letztlich die weithin konventionalisierte und stabile Form des Dashboard-Phänomens bestimmt.

Der Politik (und die in dieser Krise eng mit ihr zusammenarbeitenden wissenschaftlich geführten Behörden) helfen diese Visualisierungstechniken, Aufmerksamkeit und außerwissenschaftliche Reichweite zu generieren. Dabei ist es gerade ihre vergleichsweise einfach gehaltene Bedienoberfläche, die eine weitaus bessere Zugänglichkeit zu den Kennzahlen der Pandemie ermöglicht, als es die Tabellen und Register der Quelldatenbestände je könnten.

Gerade die Dashboards international institutionalisierter (und außerhalb der deutschen Medienlandschaft stärker frequentierten) Gesundheitsorganisationen wie der WHO,[9] die über die schon erwähnten Kategorien hinaus auch weltweite oder nach Ländern differenzierte Tages-, Wochen-, oder Monatsverläufe anzeigen, ermöglichen eine internationale Relationierung der Pandemieentwicklung und machen sie damit überhaupt erst als globales Ereignis erkennbar.

Die redaktionellen Medien gelangen durch die Einbindung dieser Dashboards in das weitverzweigte Netz aus Websites und Social Media-Kanälen gleichermaßen effektiv zur Erfüllung ihres Informationsauftrags wie zur Erzeugung und Verbreitung erlebnis- und

---

[6] https://experience.arcgis.com/experience/fb603473e1f74f0bbae48155ff238565 [letzter Zugriff 19.04.2021].

[7] https://www.arcgis.com/apps/opsdashboard/index.html#/b0c68bce2cce478eaac82fe38d4138b1 [letzter Zugriff 19.04.2021].

[8] Neben dem Dashboard der Johns Hopkins Universität https://coronavirus.jhu.edu/map.html gibt es einige interaktiven Visualisierungs-Systeme wie z. B. zoho einer gleichnamigen Data Analytics Firma https://www.zoho.com/covid/usa/, dass auf Daten des Projektes Our World in Data der University of Oxford und der NGO Global Change Data Lab basiert: https://ourworldindata.org [bei allen letzter Zugriff 19.04.2021].

[9] Das aus eigenen Daten gespeist wird: https://covid19.who.int/ [letzter Zugriff 19.04.2021].

sensationsbasierter Nachrichtenwerte im Dienst ihrer kommerziellen Werbeinteressen – was sich in manchen teils makabren Inszenierungen widerspiegelt, die mitunter teils eng an den Grenzen der Pietät verlaufen. Zu denken ist hier etwa an die Daily Body-Counts, aber auch bestimmte Benchmarks oder Milestones wie die erste, zweite und inzwischen bald dritte Million an weltweiten „Corona-Toten".

Mit anderen Worten: Unabhängig ob ein kommerzielles, ideelles oder staatlich beauftragtes Interesse hinter der zahlenbasierten Kommunikation der Pandemieentwicklung steht, letztlich ist für jeden dieser Fälle anzunehmen, dass die Veröffentlichung der Zahlen positiv mit den Einschaltquoten und Klickzahlen der entsprechenden Angebote korreliert.

Äquivalent zu den inhärenten Logiken anderer, z. B. video-, bild- oder schlicht schlagzeilenbasierter Nachrichtenwertmechanismen, sind auch hier Aufmerksamkeitsökonomien und Aufklärungsansprüche nicht immer widerspruchsfrei vereinbar. So wird vielfach vermutet, dass die Zahlen der privaten Johns Hopkins Dashboards im März 2020 deshalb so häufig voranging vor den Zahlen der offiziellen deutschen Meldestellen zitiert wurden, da diese schlichtweg höher lagen und sich mit ihnen daher der größere aufmerksamkeitsökomische Nutzen verband bzw. ein grundlegendes Interesse an Sensationen bedienen ließ.[10]

Selbst die Informationen des digitalen Impfquoten-Monitoring, das ebenfalls auf den Daten der Gesundheitsämter basiert[11] oder z. B. das DIVI-Intensivregister, das als Kooperationsprojekt des RKI und der Deutschen Interdisziplinären Vereinigung für Intensiv- und Notfallmedizin eine nach Landkreisen differenzierte Aufstellung der verfügbaren Intensivbetten (ICU) im Verhältnis zur Gesamtkapazität aufzeigt, bauen auf der gleichen Plattform auf, die sich als Experience Builder[12] beschreibt und eine Art UX-Design (vgl. Mühlhoff 2018) der zahlenbasierten Informationssysteme verspricht. Dies wird gerade bei neueren Plattformen noch deutlicher, wie dem digitalen Impfquoten-Monitoring der Gesundheitsämter[13] oder des Impfdashboards des RKI bzw. des Bundesministeriums für Gesundheit.[14] Letzteres bietet deutliche, überproportional groß abgebildete Kennwerte von stark reduzierter Aussagekraft wie die Gesamtanzahl bereits verabreichter Impfdosen in Deutschland an. Animierte Features wie die ‚Impf-Uhr' heben Werte hervor die belegen, dass etwa alle 0,3 Sekunden eine Impfung in Deutschland durchgeführt wird oder zeigen per Counter die Gesamtanzahl der geimpften Personen seit des Aufrufes der Website an. Elemente wie diese zielen merklich auf eine Eventisierung der Impfkampagne

---

[10] https://www.ndr.de/fernsehen/sendungen/zapp/Corona-Das-steckt-hinter-Zahlen-von-Johns-Hopkins,johnshopkinsquelle100.html [letzter Zugriff 19.04.2021].

[11] https://experience.arcgis.com/experience/db557289b13c42e4ac33e46314457adc [letzter Zugriff 19.04.2021].

[12] https://experience.arcgis.com/page/landing [letzter Zugriff 19.04.2021].

[13] https://experience.arcgis.com/experience/db557289b13c42e4ac33e46314457adc [letzter Zugriff 19.04.2021].

[14] https://impfdashboard.de [letzter Zugriff 19.04.2021]. https://www.rki.de/DE/Content/InfAZ/N/Neuartiges_Coronavirus/Daten/Impfquoten-Tab.html [letzter Zugriff 19.04.2021].

selbst ab und richten sich deutlich darauf aus, den Fortschritt der Kampagne begünstigend hervorzuheben, bzw. Betrachter*innen mitfiebern zu lassen. Die Hervorhebung von Meilensteinen auf einer interaktiven Timeline wie „Zulassung BioNTech/Pfizer"[15] oder „10.000.000 Impfdosen"[16] in der Optik von Auszeichnungen oder bunten To-do-Listen bedienen sich ähnlich wie die interaktiven Gesundheitsportale vieler Krankenkassen, Crowd-Funding-Plattformen oder populäre Fitness-Apps an der Bildsprache und Logik kompetitiver Computer-, Konsolen- oder Smartphone-Spiele durch die Gamifizierung der Etappen zwischen Start und Ziel.

Es ist unmöglich zu übersehen, dass all diese Dashboards einem ästhetischen Kanon folgen, der sich teils an anderen Quantifizierungs-Tools im Zusammenhang mit dem technologieenthusiastischen Chic der Self-Tracking-Dashboards (vgl. Mämecke 2021), Börsen-Monitoren oder den Kinoinszenierungen von Kommandozentren aus Luftfahrt und Militär orientiert. Das verbindende Element dieser verschiedenen Formen von Daten-Collagen ist dabei das Überblicksversprechen bzw. die sich aus ihm speisende Kontrolle. Das heißt, Dashboards dieser Art machen die Krise nicht nur auf einer abstrakten Ebene begreifbar, sondern sie vermitteln gleichzeitig den Eindruck der Beherrschbarkeit des dargestellten Geschehens. Diese Entwicklung redet somit durchaus verschiedenen Rationalisierungstheorien die eine kontinuierliche Verwissenschaftlichung der Gesellschaft konstatieren das Wort, ergänzt sie aber durch ein neuartiges popkulturell aufgeladenes Datataining.[17]

So dienen die Daten-Collagen der Dashboards nicht nur der erleichterten Vermittelbarkeit einfacher Zählungen oder komplexerer mathematischer Beziehungen durch die Verwendung von Diagrammen, Graphen und Kurven, vielmehr erwecken die Präsentationen der Pandemie-Dashboards, Grafiken und Apps proprietärer Software-Firmen zusätzlich den Eindruck auf die Hervorbringung ästhetischer Reize abzuzielen. Die unterschiedlichen Angebote stehen dabei nicht berührungslos nebeneinander, sondern richten sich mal konform mal divergent aneinander aus und garantieren so für das beständige Anwachsen der ohnehin bereits variationsreichen Palette verschiedener Darbietungsformen von Datenvisualisierungen durch einen Abgrenzungs- und Überbietungswettbewerb.

13.4 Genealogie der biopolitischen Datenvisualisierung

Die Tatsache, dass derartige quantifizierende Medien derzeit so eine Konjunktur erleben, lässt sich demnach in Teilen durch eine sich allgemein und beständig vollziehende Verlagerung von Medienproduktionen ins Netz und der darauf aufbauenden Entfaltung neuer interaktiver Präsentationsformate bzw. der Anpassung von Inhalten an die dort inzwischen

---

[15] https://impfdashboard.de [letzter Zugriff 30.07.2021].

[16] https://impfdashboard.de [letzter Zugriff 30.07.2021].

[17] „Set colors that make your data pop and add your own branding." https://www.esri.com/en-us/arcgis/products/arcgis-experience-builder/overview [letzter Zugriff 19.04.2021].

vorherrschenden Sehgewohnheiten erklären. Gleichermaßen fallen diese digitalen Info-Center mit einer kontinuierlichen und aktiv betriebenen Gestaltung verschiedenster Formate aus dem Bereich der sog. Wissenschaftskommunikation zusammen, die programmatisch darauf ausgerichtet ist, die Hochschulforschung mit einer außerwissenschaftlichen Öffentlichkeit in Kontakt zu bringen. Viele Gründe für die starke Ausbreitung von Dashboards oder äquivalenten Features lassen sich damit also im Kontext jüngerer medialer Trends erklären, die sich nicht nur exklusiv im Bereich der pandemiebezogenen Krisenkommunikation finden. Bei einer derartigen Betrachtung bleiben allerdings wesentliche Aspekte dieser Entwicklung außer Acht. Denn ein Gutteil der zahlenbasierten Darbietungsform der Pandemie und die mit ihr verbundenen Teilaspekte kann können sich auf eine lange, annähernd 300 Jahre währende Historie der quantifizierenden Weltbeobachtung berufen, die die Aspekte Bevölkerung, Öffentlichkeit und Regierung seit jeher zu einer (auch für das gegenwärtige Phänomen konstitutiven) Trias verschmilzt.

Wissensgeschichtlich perspektiviert und etymologisch zugespitzt bezeichnet das Wort Statistik zunächst die empirische Selbstkenntnis des modernen Staates (vgl. Foucault 2004a, S. 396), dessen rechtliche und infrastrukturelle Herausbildung sich ebenso im Zusammenhang mit der Entwicklung der quantifizierenden Wissenschaften vollzog wie sein Selbstverständnis. Und dies vor allem in drei Hinsichten: Praktisch, epistemologisch und legitimatorisch.

13.4.1 Praktische Aspekte der Datengeschichte

Die rasanten wirtschaftlichen und politischen Veränderungen haben (historisch sehr grob situiert) mit dem Umbruch zur Moderne neuartige Probleme und Ungewissheiten hervorgerufen. Die sich zur damaligen Zeit aus der Kosmologie entwickelnde Statistik hat sich hier früh als Lösungsstrategie instrumentalisieren lassen, indem sie es ermöglichte, die Verfügbarkeit von Ressourcen sowie die Zirkulation der Waren und längerfristiger Planung zu unterziehen.

Genealogisch sind quantifizierende Verfahren aber in besonders enger Weise mit den gesundheitspolitischen Krisen verknüpft, die sich im Zuge der Seuchen und Epidemien während der frühen Urbanisierungsprozesse entwickelten.

Da diese Probleme obskur und vielfach auftraten, d. h. ihre Ursachen-, ihre Verbreitung und Wirkungsbedingungen zunächst unbekannt waren, erwiesen sich die bis Dato auf das Individuum ausgerichteten (disziplinarischen) Körperpolitiken nicht länger als probates Mittel der Eindämmung, was zur Folge hatte, dass sich der Blick der Regierungstechniken nun anhand der sich sprunghaft entwickelnden Quantifizierungsverfahren auf die Zusammenhänge von Individuen als „globale Masse" richtete, „die von Gesamtprozessen wie Leben, Tod, Geburt, Krankheit" geprägt ist, und als neuer Zugriffsmodus nicht „individualisierend sondern massenkonstituierend" wirkt und in diesem Sinne den Übergang von der „Anatomiepolitik zur Biopolitik" einläutet (Foucault 2001, S. 286). Dies hat zur Folge, dass sich nun auch die Regulationstechniken des Regierens nicht mehr (nur) auf den individuellen Einzelfall richten, sondern auf die Variationsbedingungen abstrakter Phänomene zielen (vgl. Foucault 2004a, S. 157; S. 396). Dabei greift sie der Erkrankung schrittweise voraus in dem sie durch medizinisch-detektivische Arbeit eine Erforschung der epidemiologischen Ursachen sowie der Übertragungswege betreibt und durch Stadtplanung, polizeiliche Interventionen und Repressionen präventiv in die Sozialstruktur der Menschen eingreift (vgl. Ewald 1993) – etwa indem sie sie als Milieus klassifiziert (vgl. Foucault 2004a, S. 94), von denen sie manche unter besondere Beobachtung stellt (vgl. Foucault 2001, S. 288 f.) und schließlich die ersten groß angelegten Impfkampagnen etabliert. Wobei diese „Variolation und Vakzination von einer mathematischen Unterstützung profitiert haben" die es ermöglicht, anhand „der zu Verfügung stehenden statistischen Instrumente" etwa die Verbreitung von Pocken „in Begriffen der Wahrscheinlichkeitsrechnung zu denken" (Foucault 2004a, S. 94).

13.4.2 Epistemologische Aspekte der Datengeschichte

Mit dieser systematischen Erhebung großer Datenbestände verbindet sich dabei eine beachtliche realitätskonstruierende Wirkkraft (vgl. Hacking 1982; Porter 1994; Desrosières 2001; Espeland und Sauder 2007), anhand derer soziale Strukturen und ihre Variationsbedingungen nicht nur in bisher unbekanntem Maße sichtbar, sondern auch in gleichem Maße als szientistische Elemente dieser Rechenoperationen konstruiert wurden. Der sich hierauf begründende epistemologische Shift schlug sich auch sprachlich nieder in dem er aus individueller Erkrankung eine Krankheit machte (vgl. Desrosières 2005, S. 78). Vor allem Foucault widmete sich mit der „Geschichte der Gouvernementalität" dem genealogischen Nachweis des immanenten Zusammenhangs zwischen der „Geburt der Statistik" (2004a, S. 369) und der Herausbildung der Bevölkerung (vgl. Foucault 2001, 2004a, b), die durch die Quantifizierung als Objekt mit eigenen Strukturen, Gesetzmäßigkeiten und Problemen erschien und so gleichzeitig für regulative Zugriffe zugänglich wurde (vgl. Köhler 2008, S. 82).

Im Spiegel der Sozialstatistik erscheinen die individuell aleatorischen Merkmale wie Mortalität, Fertilität, Produktivität und Gesundheit fortan als kalkulierbare Größen, womit sich in unmittelbarem Zusammenhang mit diesem technisierten Verständnis der Bevölkerung auch der regulatorische Blick von der bisher primär räumlichen Lokalisierung epidemischer Probleme zugunsten einer empirischen Bevölkerungspolitik verschob, die sich in viel breiterem Maße an gesundheits- und wirtschaftsstrategischen Präventionen und Interventionen ausrichtete:

Von dem Moment an, wo man im Zusammenhang mit den Pocken quantitative Erfolgs- und Misserfolgsanalysen, Analysen des Misslingens und Gelingens macht, sobald man die unterschiedlichen Eventualitäten von Tod und Verseuchung berechnet, wird die Krankheit nicht mehr in diesem Ort, ihrem Milieu erscheinen, sondern vielmehr als eine Verteilung von Fällen in einer Bevölkerung [...] (Foucault 2004a, S. 94).

Im Zusammenhang eines anhaltenden Diskurses verschiedener Wissenschaftsdisziplinen und staatlicher Organe konstituiert die Statistik des 18. und 19. Jahrhunderts so nach und nach einen Äquivalenzraum unterschiedlicher Methodiken, Begriffe und Zeichen zur Beschreibung, Verwaltung und Gestaltung sozialer Prozesse (vgl. Desrosières 2005, S. 21, 84), womit Dateninstrumente zur kontinuierlichen Beobachtung, Verwaltung und Regulation sozialer Verhältnisse, schließlich auch außerhalb von (gesundheitlichen) Krisen zu einem wesentlichen Merkmal staatlicher Regierungsstile avancieren. Hier geht es dann nicht mehr nur um die Vermeidung von Epidemien oder von Krankheit, sondern viel mehr um die logistische Betrachtung der kontinuierlichen Degeneration des Körpers im Sinne eines unvermeidlichen, ‚schleichenden' Todes, d. h. der Verwaltung seiner Pflegekosten und der Prädiktion und Prävention der durch ihn geminderten Produktivität (vgl. Foucault 2001, S. 287).

Die sich hierauf begründende moderne Gesundheitspolitik macht daher die öffentliche Hygiene, die Koordination der medizinischen Versorgung, die Zentralisierung und Kanonisierung von Wissen (vgl. Foucault 2001, S. 287) auch außerhalb der Epidemien zu ihren Hauptaufgaben.

13.4.3 Legitimitätsaspekte der Datengeschichte

Die eigentliche Leistung der Statistik geht dabei aber über ihren praktischen Anwendungsnutzen weit hinaus. Vielmehr hat sie sich geschichtlich oft als eine Art Überzeugungs- (vgl. Heintz 2007) vor allem aber als Legitimitätsmedium bewiesen.

Bereits mit dem Schwächerwerden traditionalistischer (z. B. monarchistischer) Souveränitätsprinzipien im Anbruch der Moderne, wirkte die statistische Emergenz neuer Entitäten wie der Bevölkerung bzw. der mit ihr zusammenhängenden Phänomene dem staatlichen Autoritätsverlust entgegen, indem sie zusammen mit den Problemen des modernen Staates gleichermaßen die Notwendigkeit z. B. gesundheitspolitischer Interventionen aufzeigte bzw. diese aufzuzeigen vorgab.

Im Zuge der fortlaufenden Transformation der Regierungsformen hin zu einer liberalen Demokratie, werden so vor allem Sozialerhebungen zunehmend als legitimierende Entscheidungsgrundlage in den Dienst der Staatslenkung gestellt (vgl. Foucault 2000, S. 64), indem sie die juridischen Gesetze um die vermeintlichen Gesetze der Statistik (vgl. Hacking 1990, S. 11) ergänzen.

Das zirkuläre Verstärkungsverhältnis statistischer Instrumente und sozialpolitischer Institutionen zeichnet sich bis heute also dadurch aus, dass Statistiken gleichermaßen die legitimierende Basis, das Wissensressort für politische Strategien und einen Indikator für den Erfolg gesundheitspolitischer Maßnahmen bilden, über den sich anschließend erneut potenzielle Interventionsfelder identifizieren lassen und neuer Bedarf an entsprechenden Maßnahmen herleiten lässt (vgl. Muhle 2008, S. 245).

13.5 Dashboards der Selbst- und Gesellschaftssteuerung

Je weiter man sich der gegenwärtigen Ausprägung der westlichen Demokratien annähert, desto bedeutender ist der Stellenwert geworden, den die praktischen Attribute der quantifizierenden Gesundheitspolitik, ihre realitätskonstruierenden Charakteristika und ihr Potenzial für die Akzeptanzerzeugung politisch-institutioneller Handlungen einnehmen.

Das zeigt sich unter den Bedingungen der Corona-Krise so deutlich wie nie zuvor. Für Demokratien deren Selbstverständnis, aber auch gesetzliche Verfasstheit, auf den relativen Freiheiten ihrer Mitglieder beruhen und deren ökonomische und soziale Ordnung die Prinzipien der Eigenverantwortung und Selbstkontrolle in den Mittelpunkt stellt, ist die Akzeptanz ein Schlüsselbegriff, um die Einhaltung von Maßnahmen zu garantieren, die z. B. sicherheitslogistisch nicht über Zwang durchgesetzt werden könnten oder sogar im Widerspruch zu den Rechten der durch sie betroffenen Menschen stehen. Zudem wird die gegenwärtige Krise im medialen Diskurs auch kaum als Komplex von Strukturproblemen perspektiviert, sondern erscheint primär als eine Krise des Verhaltens. Entsprechend beschränkt sich der unmittelbar auf das Verhalten der Individuen ausgerichtete Arm des Krisenmanagements auch nicht auf die Erläuterung restriktiver Maßnahmen, sondern vollzieht sich gemeinsam mit einer Aktivierung des eigenverantwortlichen Subjekts für die Eindämmung der Pandemie – auch wenn diese Aktivierung paradoxerweise gleichbedeutend mit dem Aufruf zur freiwilligen Passivität, zum Konsumverzicht und eingeschränkter erlebnisbezogener Selbstverwirklichung ist.

Die Corona-Dashboards zielen entsprechend dem Motto des RKI („Evidenz erzeugen – Wissen teilen – Gesundheit schützen und verbessern")[18] darauf ab, Kommunikationsbeziehungen zwischen Bevölkerung und wissenschaftlich beratener Politik im Modus der Öffentlichkeit zu etablieren, wobei in den Dashboards alle drei (der weiter oben bereits ausführlicher genannten) historisch gewachsenen Aspekte der Quantifizierung zusammenlaufen.

Schon ein oberflächlicher Blick auf die Unterschiede zwischen den Dashboards der primär operativ verwendeten Statistik-Tools und den öffentlich einsehbaren Dashboards der weiter oben beschriebenen Art, macht die mit ihnen verbundenen Kontroll- und Steuerungsstrategien offensichtlich: Während erstere, wie etwa das durch das Fraunhofer Institut für offene Kommunikationssysteme gemeinsam mit dem Robert Koch Institut entwickelte elektronische Melde- und Informationssystem DEMIS,[19] bzw. das auf ihm aufbauende SORMAS[20] des Helmholtz-Zentrums für Infektionsforschung, *praktisch* auf das Pandemiemanagement ausgerichtet sind und im vergleichsweise nüchternen Gewand von

---

[18] https://www.rki.de/DE/Content/Institut/Ausbau_zum_Public-Health-Institut/RKI2025.html [letzter Zugriff 19.04.2021].

[19] https://www.fokus.fraunhofer.de/de/fokus/news/demis_2020_06; [letzter Zugriff 19.04.2021]. https://www.rki.de/DE/Content/Infekt/IfSG/DEMIS/DEMIS_inhalt.html [letzter Zugriff 19.04.2021].

[20] https://www.sormas-oegd.de [letzter Zugriff 19.04.2021].

wissenschaftlichen Statistikprogrammen erscheinen,[21] appelliert die farbenreiche Optik öffentlicher Dashboards und ihre reduzierte Komplexität merklich an die Aufmerksamkeit einer nicht notwendigerweise vorbestimmten Allgemeinheit.

Dashboards dieser Art bringen hier gerade zum Ausdruck, dass die Individuen der Gesellschaft nicht ausschließlich dem fachlich verengten Blick eines medizinischen Krisenmanagements unterliegen, das in ihnen vornehmlich potenzielle Überträger*innen, Erkrankte, Risikopatient*innen oder Geimpfte sieht, sondern dass versucht wird die Selbststeuerungsfähigkeiten der Individuen für das Pandemiemanagement zu gewinnen.

Genealogisch betrachtet ist eine solche Zusammenwirkung zwischen staatlichen Institutionen und den durch sie regierten Individuen (im Sinne einer Selbstregierung) symptomatisch für öffentliche Bevölkerungsstatistiken.

Bereits mit dem Übergang vom 18. zum 19. Jahrhundert wird die Verfügbarkeit des statistischen Blicks auf die Gesellschaft zunehmend aus der Ägide staatlicher oder wissenschaftlicher Institutionen genommen und z. B. in Form von Meinungsumfragen, Gesundheits- oder Sozialstatistiken öffentlich zugänglich, woran die Entwicklung einer massenmedialen Öffentlichkeit sehr wesentlich beteiligt ist. Unter Internetbedingungen haben sich Quantifizierungen bis heute in viel breiterem Maße als universalistisches Selbstbeobachtungsverhältnis der Gesellschaft schlechthin etabliert, das die Selbsteinordnung und Selbstkontrolle im Rahmen des gesellschaftlichen Zusammenhangs ermöglicht. Für das moderne Subjekt ist daher charakteristisch, dass es sich in der Ambivalenz zwischen Masse und Individualität verortet und damit die Mechanismen der Selbststeuerung sukzessive die direkten politischen Interventionen ergänzen und autoritäres Regierungshandeln um vielseitige Steuerungen sich selbst steuernder Entitäten erweitert. Es ist daher keinesfalls zufällig, dass die politischen Appelle, die diese Datenspiegel begleiten, in starkem Maße mit der Art und Weise koinzidieren, in der die Individuen in den Diskursen der liberalen demokratischen Ökonomien vorkommen (vgl. Rose 2000, S. 8) – als reflexionsfähige und rational kalkulierende Träger*innen von Freiheiten und der an diese geknüpften Selbstverantwortung (vgl. Lemke 2000, S. 39).

Öffentliche Dashboards und das App-basierte Mining von Tracing- und Symptom-Tracking-Daten[22] stellen für diese (selbst)regulatorischen Effekte von Statistiken historisch bisher unerreichte Beispiele dar, die nun nicht nur suggerieren die individuelle Risikoabwägung für eine Flugreise zu ermöglichen, sondern auch anzeigen, wie die Summe individueller Entscheidungen den Kurvenverlauf der Krise beeinflussen kann – ob als diffuser Inzidenzanstieg oder kollektive Verflachung der Kurve; wobei das numerische

---

[21] Die in diesen Datenpraxen situierten Dashboards bieten umfassende Möglichkeiten der informationstechnischen Sammlung, Kontaktverfolgung, der Verwaltung von „Fallverzeichnisse", „Fallinformationen", Kategorisierung, des Vergleichs, der Verlaufsbeobachtung, Cluster- und Infektionskettenbeobachtung. Als modulare Systeme sind sie zudem auf die Prävention-, Beobachtung und Kontrolle künftiger Epidemien oder Pandemien ausgerichtet.

[22] In Deutschland betrifft dies sehr wesentlich die „Daten-Spende-App" des RKI.
Siehe z. B.: https://corona-datenspende.de/science/reports/fevercurve/ [letzter Zugriff 19.04.2021].

Wissen über die Pandemie langfristig die allgemeine Vorstellung ‚der Bevölkerung' selbst kontaminiert.

Literatur

Desrosières, Alain (2001): How real are statistics? In: *Social Reasearch 68 (2)*, S. 339–355.
Desrosières, Alain (2005): *Die Politik der großen Zahlen. Eine Geschichte der statistischen Denkweise.* Berlin: VS-Verlag.
Espeland, Wendy Nelson/Sauder, Michael (2007): Rankings and Reactivity: How Public Measures Recreate Social Worlds. In: *American Journal of Sociology 113 (1)*, S. 1–40.
Ewald, François (1993): *Der Vorsorgestaat.* Frankfurt a.M.: Suhrkamp.
Foucault, Michel (2000): Die Gouvernementalität. In: Ulrich Bröckling/ Susanne Krasmann/ Thomas Lemke (Hg.): *Gouvernementalität der Gegenwart.* Frankfurt a.M.: Suhrkamp, S. 41–67.
Foucault, Michel (2001): *In Verteidigung der Gesellschaft.* Vorlesungen am Collège de France (1975–76). Aus dem Französischen von Michaela Ott. Frankfurt am Main: Suhrkamp.
Foucault, Michel (2004a): *Geschichte der Gouvernementalität. Sicherheit, Territorium, Bevölkerung.* Frankfurt am Main: Suhrkamp.
Foucault, Michel (2004b): *Geschichte der Gouvernementalität II. Die Geburt der Biopolitik.* Frankfurt am Main: Suhrkamp.
Hacking, Ian (1982): Biopower And The Avalance Of Printed Numbers. In: *Humanities in Society 5*, S. 279–295.
Hacking, Ian (1990): *The taming of chance.* Cambridge: Cambridge University Press.
Heintz, Bettina (2007): Zahlen, Wissen, Objektivität: Wissenschaftssoziologische Perspektiven. In: Andrea Mennicken (Hg.): *Zahlenwerk. Kalkulation, Organisation und Gesellschaft.* Wiesbaden: VS, Verl. für Sozialwissenschaften (Organisation und Gesellschaft).
Köhler, Benedikt (2008): Amtliche Statistik, Sichtbarkeit und die Herstellung von Verfügbarkeit. In: *Berliner Journal für Soziologie 18 (1)*, S. 73–98.
Lemke, Thomas (2000): Neoliberalismus, Staat und Selbsttechnologien. Ein kritischer Überblick über die governmentality studies. In: *Politische Vierteljahresschrift: Zeitschrift der Deutschen Vereinigung für Politische Wissenschaft 41 (1)*, S. 31–47.
Mämecke, Thorben (2021): *Das quantifizierte Selbst – Zur Genealogie des Self-Trackings.* Bielefeld: Transcript.
Muhle, Maria (2008): *Eine Genealogie der Biopolitik. Zum Begriff des Lebens bei Foucault und Canguilhem.* Bielefeld: Transcript.
Mühlhoff, Rainer (2018): Digitale Entmündigung und ‚User Experience Design'. In: *Leviathan – Berliner Zeitschrift für Sozialwissenschaft 46 (4)*, S. 551–74.
Porter, Theodore M. (1994): *Trust in numbers. The pursuit of objectivity in science and public life.* Princeton (NJ): Princeton University Press.
Rose, Nikolas (2000): Das Regieren von unternehmerischen Individuen (deutsche Übersetzung des Kapitels „Governing Enterprising Individuals" aus „Inventing Our Selves"). In: *Kurswechsel Zeitschrift für gesellschafts-, wirtschafts- und umweltpolitische Alternativen 2*, S. 8–27.

Teil V

Gesellschaftliche Auswirkungen und Visualisierungen der Pandemie

Mensch – Medium – Corona

Zur Koevolution menschlicher Selbstentwürfe

Jiré Emine Gözen und Sebastian Sierra Barra

> *„Man wird nicht als Organismus geboren, Organismen werden gemacht; sie sind weltverändernde Konstrukte"* (Donna Haraway 1995, S. 170).

Zusammenfassung

Dieser Beitrag stellt Überlegungen zu den ko-evolutionären Prozessen zwischen Mensch, Netzinfrastrukturen und Viren während der Corona-Pandemie an. Phänomene, die für den Menschen nicht direkt sichtbar sind, bedürfen einer ästhetischen Übersetzung und entsprechen damit kulturellen Programmatiken. Diese Programmatiken nehmen ihren Ausgang in den entwicklungsoffenen Verfahren des sich in-Beziehungsetzens, die jeder menschlichen Selbstorganisation zugrunde liegt. Die Auseinandersetzung mit den ästhetisch-medialen Aspekten ist entsprechend auf die Entwicklungszusammenhänge von Mensch, Medium und Umwelt gerichtet, aus denen sich ein möglicher Neuentwurf denken lässt.

J. E. Gözen (✉)
University of Europe for Applied Sciences, Hamburg, Deutschland
E-Mail: jire.goezen@ue-germany.de

S. S. Barra
Evangelischen Hochschule Berlin und der BTU Cottbus, Hamburg, Deutschland
E-Mail: sierra-barra@eh-berlin.de

> **Schlüsselwörter**
>
> Virus · Grenzobjekt · Koevolution · Beziehungsweisen · In-Beziehung-Treten · Neue Selbstentwürfe

14.1 Perspektiven des In-Beziehungtretens

Schon früh, mit dem Beginn der Corona-Pandemie, begann die Diskussion unterschiedlicher Szenarien, wie das Virus die Welt verändern würde. Die Überlegungen und Fantasien reichten vom System-Crash bis zu einer solidarischeren und gerechteren Welt. Der Historiker und Leiter des Instituts für Zeitgeschichte Andreas Wirsching etwa sprach davon, dass Corona zum Katalysator für eine Zeitenwende werden könnte. Für ihn stellt die Corona-Pandemie eine historische Zäsur dar, einen epochalen Einschnitt in der Phase der sogenannten Globalisierung, durch welchen Nationalstaaten gestärkt werden und Grenzen wieder zunehmend in den Fokus rücken (vgl. Schlott 2020). Passend dazu, wenn auch aus einer anderen Blickrichtung, wurde die juristische Figur des Ausnahmezustands zum Gegenstand vieler Diskussionen um die Grenzen staatlicher Eingriffsrechte. Giorgio Agamben sah erwartungsgemäß in den Corona-Maßnahmen den Ausnahmezustand zum Normalfall werden (vgl. Agamben 2020). Eine solche Verkürzung der Corona-Pandemie auf altbekannte Erklärungsmuster lässt die „Welt zum Stillstand kommen", kritisierte Arno Widmann (vgl. Widmann 2020). Alexander Kluge und Ferdinand von Schirach wiederum diskutierten vor dem Hintergrund der historischen und philosophischen Wissensgeschichte Europas über das Dilemma der Einschränkungen von Grundrechten zugunsten moralischer Entscheidungen und suchten dabei Demokratie, Freiheit und Pandemie miteinander in Verhältnis zu setzen (vgl. Kluge und von Schirach 2020) Stefan Selke fordert demgegenüber dazu auf, das utopische Denken neu zu entdecken um positiv gestaltend gegen planetarische Zerstörung und globale Ungleichheiten in die Zukunft wirken zu können (vgl. Selke 2020).

Die unterschiedlichen Ansätze, Prognosen und Überlegungen werfen die Frage auf, aus welcher Perspektive man sich den vielfältigen Möglichkeiten des In-Beziehungtretens von Mensch und sozialen Systemen mit dem Virus annähern sollte. Macht es überhaupt Sinn, sich auf die Suche nach einer Perspektive zu begeben?

Betrachtet man die vielfältigen Annäherungen und Auseinandersetzungen verschiedenster Disziplinen mit dem Virus, wird schnell klar, dass das Virus sowohl Objekt als auch Denkfigur ist. So fragen etwa Medizin, Biochemie, Biologie und Chemie danach, zu welchen Reaktionen, Veränderungen und Multiplikationen das Virus als Objekt führt, während hingegen beispielsweise Kunst-, Kultur- und Medienwissenschaften das Virus als eine Denkfigur nutzen, an der sich fundamentale Fragen des Politischen, Gesellschaftlichen, Ästhetischen und Wissensgeschichtlichen verhandeln lassen (vgl. Ristow 2021, S. 30). Brigitte Weingart und Ruth Mayer schreiben in diesem Zusammenhang:

> Diese Verbreitung des Virus über Diskursgrenzen hinweg ist genau jene Eigenschaft, die es als Leitmetapher der Gegenwartskultur qualifiziert, als das, was der Diskursanalytiker Jürgen Link als „Kollektivsymbol" bezeichnet. Solche Kollektivsymbole erfüllen eine wesentliche

Funktion für Versuche einer Art gesamtgesellschaftlicher Verständigung: Wenn man (mit Niklas Luhmann) davon ausgeht, dass mit der Moderne eine Ausdifferenzierung in verschiedene Spezialdiskurse – darunter wissenschaftliche Diskurse – eingesetzt hat, dann ergibt sich daraus die Notwendigkeit, diese Spezialdiskurse wiederum miteinander in Beziehung zu setzen. (Mayer und Weingart 2004, S. 10)

Corona als Beziehungschance?

Bleiben wir kurz auf der Ebene der Metapher: ‚Viren' stehen für ein Universum der Übergänge, der Rupturen und Veränderungen. Nicht nur fordern sie unsere Vorstellung von Leben und Tod heraus: selbst keine Lebewesen markieren sie sowohl metaphysisch als auch physisch die Grenze zwischen Leben und Tod (vgl. Warkus 2020). Sie stellen auch einen Beobachtungsmodus dar, mit dem Dinge gedacht werden können, die sonst keinen Platz in den alltäglichen Ordnungssystemen haben. Sie machen sich „an den Querstrichen zwischen Literatur/Theorie, Natur/Kultur (bzw. Technik), Mensch/Maschine etc. zu schaffen" (ebd., S. 21). Nun haben wir es derzeit aber nicht mehr nur mit dem Virus als Metapher zu tun, sondern mit einem tatsächlichen Virus aus der Familie der sogenannten Coronaviridae. In den 1960er-Jahren wurden Coronaviren zum ersten Mal mit einem Elektronenmikroskop von der Virologin June D. Almeida erfasst und rückten Anfang der 2000er-Jahre mit der ersten SARS-Pandemie (Schweres Akutes Respiratorisches Syndrom) in die weltweite Aufmerksamkeit. Wenngleich die Bezeichnung auf mögliche Folgen für den Organismus, insbesondere die Atemwege, abzielt, betrifft das derzeitige Coronavirus SARS-CoV-2 die gesamte menschliche Existenzweise: Wirtschaft, Bildung, Politik, Medien, Gesundheitssysteme, strukturelle Ungleichheiten, Klimawandel, das Verhältnis von Globalem Süden zum Globalen Norden usw. Nichts bleibt von der Pandemie verschont. Um sich dieser Komplexität nähern zu können, schlagen wir eine koevolutionäre Perspektive auf die Pandemie vor, mit der einerseits das Virus als „Grenzobjekt" im Spiel gehalten wird, und andererseits Entwicklungszusammenhänge hin zu einer neuen Existenz- und Beziehungsweise diskutiert werden können.

14.2 Verschiebungen des Beziehungsraums

Michel Foucault hat in seinen Arbeiten wissensgeschichtlich aufgezeigt, dass Epidemien durch den erfahrenen Ausnahmezustand und die drastischen Maßnahmen zu Laboratorien für soziale Innovationen werden, da sie die Gelegenheit bieten, Körpertechniken und Technologien im großen Maßstab neu zu konfigurieren (vgl. Foucault 1976). Dass ein Virus menschliche Existenz- und Beziehungsweisen in solch einem Umfang betreffen können, ist somit einerseits Teil unserer historischen Bezüge und andererseits alles andere als selbstverständlich in unserem Denken verankert. Zwar ist von einigen Viren bekannt, dass sie Verhaltensänderungen bei ihren Wirten bewirken können. Das derzeitig grassierende Coronavirus führte aber zu radikalen Verhaltensänderungen bei fast allen Menschen, egal ob infiziert oder gesund. Viele Maßnahmen, die in erster Linie der Vermeidung neuer Infektionen dienten, hatten indirekte Auswirkungen auf unterschiedliche Umweltausschnitte. So verbesserte sich beispielsweise in einigen Gebieten der Welt die Luftqualität drastisch, und Ausgangssperren führten sogar bei Wildtieren zu verändertem Verhalten. Mit der Suche nach Möglichkeiten zur Kontaktminimierung wurden digitale Arbeits- und Lernumgebungen eingerichtet, mit denen sich zugleich das Arbeits- und Lernverhalten für viele Millionen Menschen veränderten (vgl. Lashley et al. 2020). Diese Veränderungen öffneten an vielen Stellen die vermeintlichen Black Boxes sozialer, ökonomischer, kultureller, technologischer etc. Realitäten, mit anderen Worten menschlicher Existenzweisen.

Schon eine ganze Weile vor dem Auftauchen des Corona-Virus ist die Weltgemeinschaft in einen paradigmatischen Wandel eingetreten. Aktuell erleben wir den Übergang von einer schriftlichen zu einer digitalen Gesellschaft und von einem industriellen zu einem „kognitiven Kapitalismus" (vgl. Moulier-Boutang 2011). Die weltweite Nutzung des Internets, die Ausbreitung von mobilen Telefon- und Computertechnologien, der Einsatz von künstlicher Intelligenz, der Austausch von Informationen in Echtzeit lässt Grenzziehungen zwischen Menschen und ihren digitalen Technologie nicht mehr zu. In der Corona-Krise wird dieser Zustand nun verstetigt und zum allgemeinen Programm. Digitale Datenkörper, kybernetische Prothesen wie E-Mail-Adressen, Zoom, Facebook und Instagram werden zur Grundlage sozialer Betriebssysteme. Statt physischem Nahraum, vertrauen sich Menschen Pixeln und den darunterliegenden binär-digitalen Codes an. Die Menschen mit denen wir digital kommunizieren sind unberührbar, weil sie sich uns virtuell vermitteln und kommen uns doch Nah, weil die räumliche Distanz durch digitale Medientechnologien überbrückt werden kann. Keine Hände mehr, die geschüttelt werden müssen, keine Münder mehr, aus denen uns bedrohliche Aerosole entgegenkommen. Stattdessen die Anstrengungen, medienintegrierte Beziehungen zu betreiben. Paradoxerweise verdreht sich hier die generationale Entwicklungslinie: Bisher war die Integration und Vereinnahmung von neuen Kommunikationstechnologien etwas, was den jüngeren Generationen, den sogenannten „digital natives" zugeschrieben wurde, die sich damit von den älteren Generationen zu entkoppeln schien. Während aber im Sommer 2020 die jungen Menschen z. B. in der Berliner Hasenheide ravten oder am Strand von Malibu surften, war für diejenigen, die älter sind und deswegen sich selbst oder ihre noch älteren Eltern schützen mussten, die digitale Medientechnologie die Zuflucht. Der virtuelle Raum des sogenannten Cyberspace wird zur Voraussetzung, um miteinander verbunden bleiben zu können.

14.3 Beziehungsweisen

Der Umgang mit dem Virus wirft entsprechend Fragen nach Beziehungsweisen mit uns selbst und unseren Mit- und Umwelten auf. In diesem Sinne lässt sich das Virus in Anlehnung an Susan Leigh Star und James R. Griesemer als Grenzobjekt[1] erstehen, weil mit

---

[1] „Grenzobjekte sind Objekte, die plastisch genug sind, um sich den lokalen Bedürfnissen und Beschränkungen mehrerer sie nutzender Parteien anzupassen. Sie bleiben dabei robust genug zur Bewahrung einer gemeinsamen Identität an allen Orten. Grenzobjekte sind schwach strukturiert in der gemeinsamen Verwendung und werden stark strukturiert in der individuellen Verwendung.

ihm Fragen nach Entwicklungszusammenhängen menschlicher Selbstorganisation aufgeworfen werden können. Von besonderer Bedeutung ist dabei der Umstand, dass das Virus sich unseren Sinnen entzieht. Bevor wir wissen, womit genau wir es zu tun haben, bedarf es nicht zuletzt ästhetischer und medialer Übersetzungen. Durch diese Übersetzung wird das Virus überhaupt erst als Grenzobjekt verhandelbar, erlangt es die vielfältigen Anschlussstellen, die die ebenso vielfältigen Beziehungspotenziale ermöglichen. Erst in den ästhetischen und medialen Übersetzungen kann lokal ausgelotet werden, welchen Informationswert das Virus hat und welche Beziehungen wie geknüpft werden können. Mit anderen Worten stellt sich die Frage, wie inszeniert werden muss, damit das Virus als Grenzobjekt weiter zirkulieren kann (vgl. Holzinger 2004, S. 115). Die „Inszenierung von Information" (vgl. Faßler und Halbach 1992) dient dabei nicht zuletzt der „Übersetzbarkeit" des Objekts, damit verschiedene Akteure und Systeme miteinander vernetzt werden können. Als eindrückliches Beispiel lässt sich die aus europäischer Perspektive geradezu karnevaleske Verkleidung indischer Polizisten anführen, welche ihre Helme und Schilde mit „Corona-Zacken" verzierten. Diese „Übersetzung" des Virus auf eine visuell-dingliche Ebene soll die Kommunikation mit der Bevölkerung über einen Mikroorganismus ermöglichen, der sich unterhalb des sinnlich Erfahrbaren verbreitet. In der „Sociology of translation" von Michel Callon und Bruno Latour stellt der Akt der Übersetzung selbst die Bedingung von Netzwerkbildungen dar, geht den Netzwerken also zeitlich voraus. „By translation we understand all the negotiations, intrigues, calculations, acts of persuasion and violence, thanks to which an actor or force takes, or causes to be conferred on itself, authority to speak or act on behalf of another actor or force" (Callon und Latour 1981, S. 279).

Tatsächlich scheint das Coronavirus ein Platzhalter für die unterschiedlichsten Strategien von Interessengruppen zu sein, die sich zwischen Reproduktionsversuchen ihrer Netzwerke und Neuerfindungen bewegen. Der Politik etwa dient es zur (Selbst-)Verortung, der zeitlichen Berechnung und der vorübergehenden Regulierung von konkreten Maßnahmen. Es verbindet über Erinnerungen an „die Pest" das historische und literarische Feld ebenso wie unterschiedliche ökonomische Interessen, die sich zwischen dem Hochziehen nationaler Grenzen auf der einen Seite und plattform-ökonomischen Kalkülen eines globalen Vernetzungsversprechens auf der anderen Seite abspielen. Dabei ist durchaus entscheidend, ob die Inszenierung des Coronavirus als Handlungsträger oder Treiber der Pandemie, als äußerlicher Faktor zu einer gesellschaftlichen und sozialen Realität gesetzt wird. Das „Zurück zur Normalität" betont die Vorstellung eines Ausnahmezustands des Pandemischen, während die Rede einer „neuen Normalität" den Raum für einen neuen Modus menschlicher Selbstorganisation öffnet.

Diese Objekte können abstrakt oder konkret sein. Sie haben verschiedene Bedeutungen in unterschiedlichen sozialen Welten, aber ihre Struktur ist für mehr als eine Welt stabil genug, damit sie als Mittel der Übersetzung erkennbar sind. Die Erzeugung und das Management von Grenzobjekten stellen einen entscheidenden Prozess dar, um in sich überschneidenden sozialen Welten Kohärenz zu entwickeln und aufrechtzuerhalten" (Star und Griesemer 2017, S. 141).

14.4 Zum Neuentwurf

Katherine Hayles etwa schreibt, dass Viren gleich in zweifacher Weise posthuman seien. „First, and most obviously, because it is oblivious to human intentions, desires, and motives. (…) The second sense is more technical, although not difficult to grasp. In evolutionary terms, humans and viruses have adopted diametrically opposed strategies" (Hayles 2021, S. 68). Während die Evolution des Menschen zu immer komplexeren Formen der Selbstorganisation geführt hat und auf körperliche und kognitive Erweiterungen setzte, hätten Viren sich zu immer größerer Einfachheit entwickelt. „Viruses replicate by hijacking a cell's machinery and using it to proliferate, which allows them to have a much smaller genome than the cell itself, a characteristic favoring rapid replication" (ebd., S. 68 f.). Was auf den ersten Blick wie zwei völlig verschiedene Strategien in der Evolutionsgeschichte aussieht, hängt, so Hayles, jedoch bei genauerer Betrachtung zusammen. Menschen und Viren in Form eines einfachen Oppositionspaares „Wir gegen Sie" zu denken, ist deshalb eine Vereinfachung, die dazu führt, dass wir die komplexen Beziehungen übersehen, in die Viren und Menschen ökologisch eingebunden sind. Entsprechend fordert Hayles dazu auf, „to rethink the ways in which we can identify with each other and with life forms radically different from us" (ebd., S. 71).

Gerade das Coronavirus lässt sich als Grenzobjekt kaum sinnvoll in Gegensätzen von Natur und Kultur, Natürlichem oder Sozialem verhandeln, sondern verlangt nach einem anderen systemischen Verständnis. Dieses Verständnis hängt nicht zuletzt mit den koevolutionären Entwicklungen technologisch gekoppelter Wahrnehmungsweisen zusammen. Die damit verbundenen Wechselwirkungen sinnlich-dinglicher Kopplungen bilden die Grundlage für neue Beziehungs- und damit auch Existenzweisen, die sich nicht nur den kategorialen Bestimmungen der Vergangenheit entziehen. Sie materialisieren Verbindungen jener Gebiete, die als biologische Evolution, als Produktion und Entwicklung sachlicher, dinglicher, technologischer Verfahrensformen gedanklich und organisatorisch auf Abstand voneinander gehalten wurden. Sie richten sich gegen Vorstellungen, in denen abgrenzbare Felder existieren, die von egoistischen Genen, autonomen Maschinen, rationalen Geistern etc. bevölkert werden, legitimiert durch das Versprechen von Wissenschaftlichkeit. Die Notwendigkeit, das Coronavirus zu inszenieren, damit überhaupt eine Beziehung zu ihm entstehen kann, zeigt, dass wir es de facto mit der Erzeugung „materiell-semiotischer-Akteure" zu tun haben, wie es Donna Haraway ausdrückt. „Mit dem Begriff des ‚materiell-semiotischen-Akteurs' ist beabsichtigt, das Wissensobjekt als einen aktiven Teil des Apparats der körperlichen Produktion hervorzuheben" (Haraway 1995, S. 171). Nimmt man ernst, dass biologische, individuelle, soziale, kulturelle etc. Körper immer Gegenstand riskanter Aushandlungs-, Konstruktions- und Entwurfsprozesse sind, wäre es vielleicht sinnvoll, das Corona-Virus als Einladung zu einem Neuentwurf menschlicher Existenz zu inszenieren. In diesem Sinne lässt sich auch Paul Preciados Aufforderung verstehen, aus dem Stadium der erzwungenen Mutationen in jenes der selbst gewählten überzugehen (vgl. Preciado 2020). Im Selbstentwurf des lernenden und sich verändernden Kollektivs liegt die Chance, neue Möglichkeiten des In-Beziehungtretens auszuloten.

Literatur

Agamben, G. (2020). *A che punto siamo? L'epidemia come politica.* Macerata: Quodlibet.
Callon, Michel und Latour, Bruno: (1981) „Unscrewing the Big Leviathan: How Actors Macro-Structure Reality and How Sociologists Help Them to Do so." In: Knorr-Cetina.K./Cicourel, A.V. (Hg): *Advances in Social Theory and Methodology. Toward an Integration of Micro- and Macro Sociologies.* Boston, London, Henley: Routledge & Kegan Paul. S. 277–303.
Faßler, M./Halbach, W (1992): *Inszenierung von Information. Motive elektronischer Ordnung.* Gießen: Focus.
Foucault, M. (1976): *Überwachen und Strafen. Die Geburt des Gefängnisses.* Frankfurt: Suhrkamp.
Haraway, Donna J. (1995): *Die Neuerfindung der Natur. Primaten, Cyborgs und Frauen.* Frankfurt am Main/New York, NY: Campus.
Hayles, K. N. (2021): Novel Corona: Posthuman Virus. *Critical Inquiry* Volume 47, S 2.
Holzinger, M. (2004): *Natur als sozialer Akteur. Realismus und Konstruktivismus in der Wissenschafts- und Gesellschaftstheorie.* Wiesbaden: Springer VS.
Kluge, A./Schirach, F. (2020): *Trotzdem.* München: Luchterhand 2020
Lashley, M./Acevedo, M/et.al. (2020) *How the ecology and evolution of the COVID-19 pandemic changed learning. Ecology and Evolution* . John Wiley & Sons Ltd. https://onlinelibrary.wiley.com/doi/full/10.1002/ece3.6937 Zugriff: 03.05.2021
Mayer, R./Weingart, B. (2004): Viren zirkulieren. Eine Einleitung. In: dies. (Hg.): *Virus! Mutationen einer Metapher.* Bielefeld: transcript, S. 7–42.
Moulier-Boutang, Y. (2011) *Cognitive Capitalism.* Malden: Polity Press.
Preciado, P. (2020.: HAU, https://www.hebbel-am-ufer.de/hau3000/vom-virus-lernen/ Zugriff: 03.05.2021
Ristow, S. (2021): *Kulturvirologie. Das Prinzip Virus von Moderne bis Digitalära.* Berlin/Boston: De Gruyter.
Schlott, R. (2020): Todeszeit und Weltzeit. In: FAZ.NET 14.10.2020 https://www.faz.net/aktuell/wissen/geist-soziales/corona-pandemie-als-historische-zaesur-in-der-geschichte-16987877.html Zugriff: 03.05.2021
Selke, S.(2020): Eine Gesellschaft verändert sich – Was wir aus der Corona-Pandemie lernen können. 05.04.2020 SW2 Aula, https://www.swr.de/swr2/wissen/eine-gesellschaft-veraendert-sich-was-wir-aus-der-corona-pandemie-lernen-koennen-swr2-wissen-aula-2020-04-05-100.html Zugriff: 03.05.2021
Star, S.L./. Griesemer, J. (2017): Institutionelle Ökologie, „Übersetzungen" und Grenzobjekte. Amateure und Professionelle im Museum of Vertebrate Zoology in Berkeley, 1907-39. In: Gießmann, S./Taha, N. *Grenzobjekte und Medienforschung.* Bielefeld: Transcript. S. 81–116.
Warkus, M. (2020): Können Viren sterben? In: *Spektrum.de*, 25.04.2020, https://www.spektrum.de/kolumne/koennen-viren-sterben/1725990 Zugriff: 03.05.2021
Widmann, A. (2020): Der Philosoph erkennt nur, was er immer erkennt. In: *Frankfurter Rundschau*, 20.11.2020. https://www.fr.de/kultur/gesellschaft/der-philosoph-erkennt-nur-was-er-immer-erkennt-90106953.html

#WirBleibenZuhause

Häuslichkeit als Disziplinarmaßnahme, Tugend und Kulturtechnik

15

Robin Schrade

Zusammenfassung

Zu Beginn der Corona-Pandemie startete das deutsche Bundesministerium für Gesundheit die Aktion *Zusammen gegen Corona – #WirBleibenZuhause*: In kurzen Videos inszenierten und dokumentierten sich Prominente in ihrem häuslichen Umfeld und warben dafür, sich zuhause die Zeit zu vertreiben. Die Protagonist*innen adressierten in den Videos insbesondere bürgerliche Praktiken des häuslichen Lebens und erhoben diese zu sinnstiftenden Tätigkeiten der Selbstermächtigung. Die durch die Pandemie verschärften Herausforderungen, die durch ‚Home-Office', ‚Care-Arbeit', aber auch durch häusliche Gewalt, Einsamkeit oder Obdachlosigkeit entstehen, wurden in der Video-Aktion hingegen weitestgehend ausgeblendet. Ausgehend von dieser Beobachtung vertrete ich die These, dass sich die ‚Kulturtechniken des Zuhause-Bleibens' in einem Umbruch befinden und dass die Frage, was sie jenseits einer disziplinierenden Maßnahme und einer gesellschaftlichen Tugend implizieren, derzeit äußerst virulent ist.

Schlüsselwörter

Corona · Disziplinierung · Häuslichkeit · Kulturtechnik · Parzellierung · Privatheit · Selbsttechnologie · Tugend

R. Schrade (✉)
Ruhr-Universität, Bochum, Deutschland

15.1 Einführung

Nicht ohne eine gewisse Strenge wendet sich der Moderator Joko Winterscheidt an seine Mitmenschen: Es gibt „gerade eine einzige Aufgabe, die wir alle in diesem Land haben: Wenn wir zuhause bleiben können, bleiben wir zuhause. Wir gehen nicht vor die Tür!" (Aktionsvideo Winterscheidt).[1] Um dieses Statement loszuwerden, hat Winterscheidt ein kurzes Video im Querformat aufgezeichnet, vermutlich mit einem selbst gehaltenen Smartphone: Winterscheidt ist ab Brusthöhe zu sehen, im Hintergrund eine weiße Wand. Nach eigener Aussage befindet er sich im ‚Home-Office'. Diese Ortsangabe bildet zugleich den Ausgangspunkt seiner kurzen Ansprache: Er selbst könne gut zuhause arbeiten und er hoffe, viele andere auch. Um sich zwischendurch die Zeit zu vertreiben, empfiehlt er, eine neue Sprache zu lernen: „Sie werden bald in Urlaub fahren, da bin ich mir ziemlich sicher, und dann können Sie die neue Sprache sehr gut gebrauchen" (ebd.). Diese Vorhersage ist als positiver Ausblick zu verstehen, als Hoffnung auf ‚Normalität'. Kurz danach wird auf weißem Grund die Kampagne eingeblendet, in die sich das Video fügt, langsam vorgelesen von einer ruhigen Frauenstimme: „Zusammen gegen Corona. Wir bleiben zuhause. Eine Aktion des Bundesministeriums für Gesundheit" (ebd.).

Das Video, das nicht viel länger als eine Minute dauert, wurde am 18. März 2020 zusammen mit einer Reihe ähnlicher Beiträge bei YouTube hochgeladen und zudem auf einer eigens dafür eingerichteten Internetseite des Ministeriums verlinkt. Zu diesem Zeitpunkt war das öffentliche Leben in weiten Teilen Deutschlands bereits seit einigen Tagen stillgelegt. Strenge Kontaktbegrenzungen wurden angeordnet, um die Ausbreitung des neuartigen Virus SARS-CoV-2 einzudämmen und um Krankenhäuser zu entlasten. Die großen Reisen, die Winterscheidt seinen Mitmenschen verspricht, werden für die Allermeisten das ganze Jahr nicht mehr möglich sein. Denn schnell wird deutlich: Nur Impfstoffe bieten eine wirkliche Perspektive, um die globale Pandemie in den Griff zu bekommen. Zu Beginn des Jahres 2021 – während der vorliegende Aufsatz im ‚Home-Office' entsteht – werden solche in zahlreichen neu entstandenen Impfzentren verabreicht.

Die Corona-Pandemie hat das Jahr 2020 geprägt. Und auch wenn die Krise längst nicht überwunden ist, stellt sich langsam eine gewisse Distanz ein und schafft Raum, um zurückzublicken. Die Reflexionen über das Virus, seine Folgen und den gesellschaftlichen Umgang damit haben jedoch bereits die ganze Pandemie begleitet. Insbesondere die Berichterstattung der Presse hat vermutlich längst eine kritische Sättigung überschritten. Doch auch die geisteswissenschaftliche Aufarbeitung ist nicht ausgeblieben. Schon wenige Monate nach dem ersten Lockdown erschienen einschlägige Aufsätze und Sammelbände.[2] Wie die meisten dieser Beiträge, kann vermutlich auch der meinige keine direkten Handlungsempfehlungen für die gegenwärtige Krisenbewältigung liefern. Nicht zu Unrecht betont Petra Gehring die geisteswissenschaftliche Hilflosigkeit im Angesicht der Krise: Was lesend wie schreibend mit der Corona-Reflexion einherginge sei „ein Krisensyndrom des

---

[1] https://www.youtube.com/watch?v=ZSxRRzePHdo.
[2] Vgl. hier exemplarisch Volkmer/Werner 2020 sowie Keidl/Melamed/Hediger/Somaini 2020.

öffentlichen Intellekts, der sich in der Pflicht zur Stellungnahme sieht oder vielleicht auch nur zu sehen glaubt" (Gehring 2020, S. 23).

Aus einer medienwissenschaftlichen Perspektive ist es jedoch sinnvoll, die Diskurse der Krise als Ausgangspunkte zu nutzen, um Phänomene zu adressieren, die einerseits weit über die aktuelle Lage hinausreichen, andererseits jedoch gerade aufgrund dieser äußerst dringlich erscheinen. Es gibt Probleme, so die Annahme, die gerade wegen der Krise besser zu verhandeln sind. Denn jede Krise nötigt zum Denken und offenbart spezifische Konflikte. Eine Stärke der geisteswissenschaftlichen Forschung liegt vielleicht gerade darin, sich von solchen krisenhaften Diskursen inspirieren zu lassen.

Mich hat Corona zur Beschäftigung mit einem größeren Problemkontext gedrängt, den ich im Folgenden mit den ‚Kulturtechniken des Zuhause-Bleibens' umschreiben möchte. Ich werde zu diesem Zweck exemplarisch die Video-Aktion *#WirBleibenZuhause* des deutschen Gesundheitsministeriums untersuchen. In deren Rahmen dokumentierten sich Prominente zu Beginn der Krise in ihrem häuslichen Umfeld selbst und riefen die Bevölkerung dazu auf, sich ebenfalls aus Solidarität daheim die Zeit zu vertreiben. Die Aktion soll hier als ein medial-diskursiver Zugang genutzt werden, um eine kritische Reflexion über die Funktion des Zuhause-Bleibens als Disziplinarmaßnahme, Tugend und Kulturtechnik anzustellen.

15.2 Zusammen gegen Corona

Das Bundesministerium für Gesundheit liefert bis heute auf seiner Webseite *zusammengegencorona.de* umfassende Informationen zur Pandemie und appelliert an die Bevölkerung, sich möglichst an die bestehenden Regeln zu halten. Die Aufforderung kulminiert derzeit in der Formel *AHA* – Abstand halten, Hände desinfizieren, Alltagsmaske tragen.[3] Zu Beginn der Pandemie im März 2020 startete dort die bemerkenswerte Aktion *#WirBleibenZuhause*. In kurzen Videos sollten Menschen erklären, warum sie sich solidarisch zeigen und zuhause bleiben. In der Ankündigung heißt es:

> Wir bleiben zuhause! Damit sich das Virus langsamer verbreitet. […] Auch wenn wir räumlich auf Distanz gehen müssen, halten wir umso mehr zusammen. […] Drehen Sie einen kurzen, motivierenden Clip (ca. 30 bis 60 Sekunden), in dem Sie allen sagen, warum Sie zuhause bleiben […]. Wenn Sie mögen, können Sie gern am Ende Ihres Statements die gemeinsame Geste aller Kampagnenbotschafter machen: die Hände und Unterarme wie ein schützendes Dach über dem Kopf zusammenlegen. […] Setzt mit uns ein Zeichen. 92 Personen des öffentlichen Lebens sind schon dabei. (Website *WirBleibenZuhause* 2020).[4]

---

[3] https://www.zusammengegencorona.de/handeln.

[4] https://www.zusammengegencorona.de/wirbleibenzuhause. Unter dem Hashtag *WirBleibenZuhause* wurden in den darauffolgenden Monaten noch zahlreiche Videos (insbesondere bei YouTube) gepostet, die zum Teil über diese Anweisung hinausgehen. Es finden sich dort verschiedene Beiträge von Persiflagen bis hin zu Wohnzimmerkonzerten.

Eine Ansprache des Gesundheitsministers Jens Spahn sowie eine Art Trailer – der aus Ausschnitten zahlreicher eingesendeter Videos besteht und vor allem zeigt, wie die Beteiligten die infantil anmutende Geste wiederholen – finden sich zu Beginn der Seite. Wer etwas weiter runterscrollt, findet die 92 Einzelvideos der beteiligten Menschen des öffentlichen Lebens: David Garrett, Sara Nuru, Reinhard Mey, Nico Rosberg, Christina Stürmer – sind nur einige der Namen. Während manche ihren Beitrag auf das Wesentliche beschränkt haben und nicht viel mehr tun, als das zentrale Statement zu wiederholen und die Geste zu vollführen, leisten die meisten mit ihren Reden sogar mehr, als in der Ankündigung verlangt wurde, indem sie versuchen, dem Zuhause-Bleiben etwas Positives und Produktives abzugewinnen.

So findet sich in vielen Videos eine Art Loblied auf die Häuslichkeit. Diese Perspektive fügt sich in größere, mediale und öffentliche Diskurse, die im Frühjahr 2020 nicht nur in Deutschland, sondern in vielen Ländern zu vernehmen waren. Vielerorts wurden der Lokalpatriotismus, die Heimat und die Familie beschworen. Zuhause wurde gekocht, gebacken, aufgeräumt, geputzt, gebastelt, musiziert, gestrickt und gelesen. Heim-Kino, Gesellschaftsspiele und alte Fotoalben erlebten eine Renaissance und halfen dabei, die Krise zu kompensieren. Corona bedeutete auf einmal Entschleunigung sowie die Rückbesinnung auf bürgerliche Tätigkeiten und Werte. Eben dieser Trend – der an anderer Stelle auch bald persifliert wurde und Widerstand provozierte – schlug sich in der Video-Aktion *#WirBleibenZuhause* auf besonders exemplarische Weise nieder.

Auch wenn diese Videos banal erscheinen und zurecht schnell in Vergessenheit geraten, handelt es sich um Zeitdokumente einer historischen Umbruchsituation, die einerseits auf mediale Diskurse verweisen und die sich andererseits eignen, um über die Funktion des Zuhause-Bleibens und über das gesellschaftliche Leben im 21. Jahrhundert nachzudenken. Was bedeutet es, ein Zuhause zu haben, in dem die Menschen zusammenleben, arbeiten und ihre Freizeit gestalten? Was verbirgt sich hinter dem Ideal, dort Ruhe, Muße und seinen individuellen Rhythmus zu finden? Wie wird diese Vorstellung durch den Umstand unterlaufen, dass die Trennlinie zwischen dem Privaten und dem Öffentlichen längst brüchig geworden ist? Wie wird diese häusliche Ruhe z. B. von digitalen Technologien durchdrungen? Wie wird sie politisch untergraben? Und welche widerständigen Praktiken sind ausgehend davon denkbar?

In diesem Beitrag gehe ich davon aus, dass die Disziplinarmaßnahmen im Rahmen der Covid-19 Pandemie in der Video-Aktion *#WirBleibenZuhause* als spezifische bürgerliche Kulturtechniken in Szene gesetzt werden. Die ausgewählten Protagonist*innen des öffentlichen Lebens adressieren in den jeweiligen Videos insbesondere das familiäre Zusammenleben und den individuellen Zeitvertreib, um auf diese Weise die Freiheitsbeschränkungen zu relativieren. Herausforderungen wie z. B. Einsamkeit, Häusliche Gewalt oder Obdachlosigkeit spielen kaum eine Rolle. Bevor ich diese Einschätzung an einigen ausgewählten Videos der Aktion exemplarisch belege, möchte ich zunächst in einem kleinen, historischen und theoretischen Exkurs das Spannungsverhältnis des Zuhause-Bleibens zwischen staatlicher Disziplinarmaßnahme und bürgerlicher Privatsphäre umreißen. Zudem wird dargestellt, was es bedeutet, das Zuhause-Bleiben als Kulturtechnik zu lesen.

15.3 Parzellieren/Disziplinieren/Kultivieren

Das menschliche Verlangen nach einem individuellen Rückzugsort lässt sich bis in die Antike zurückverfolgen.[5] Jedoch kann angenommen werden, dass bis weit in die europäische Neuzeit hinein private Ruhezonen vornehmlich ein Adels-Privileg blieben, über das der Großteil der Bevölkerung nicht verfügte.[6] Die moderne häusliche Privatsphäre für die breite Masse war überdies, so die folgende Annahme, immer schon von einer Ambivalenz geprägt, bei der äußere Zwänge und der Wunsch nach Selbstermächtigung sich gegenseitig bedingten.

Diese Ambivalenz korrespondiert mit den Theorien von Michel Foucault, der eine zunehmende Gouvernementalisierung der europäischen Gesellschaften seit dem 17. Jahrhundert beschreibt – d. h. einen gesellschaftspolitischen Wandel, in dessen Rahmen die Bevölkerung zunehmend von gezielten Regierungsmaßnahmen diszipliniert wurde (vgl. Foucault 2006). Foucault verdeutlicht ein tiefgreifendes Spannungsverhältnis zwischen einer Fremd- und einer Selbstregulierung des Individuums. Diese Perspektive hat bis heute, zu einer Zeit in der digital vernetzte Technologien immer tiefer in die häuslichen Umgebungen eindringen und Kritiker vor einem totalen Verlust der Privatsphäre warnen, nichts von seiner Dringlichkeit verloren.[7]

Ausgehend von einem überlieferten Reglement, das anlässlich einer französischen Pestepidemie im 17. Jahrhundert verfasst wurde, verdeutlicht Michel Foucault, dass das Zuhause-Bleiben als disziplinierende Quarantänemaßnahme eine lange Tradition hat:

> Am bezeichneten Tag muß sich jeder in seinem Haus einschließen: Herausgehen wird mit dem Tode bestraft. [...] Jede Familie muß ihre Vorräte gespeichert haben; aber für die Versorgung mit Wein und Brot werden [...] kleine hölzerne Kanäle angelegt, die eine Verteilung der Rationen ohne Berührung [...] ermöglichen [...]. Der Raum erstarrt zu einem Netz von undurchlässigen Zellen. Jeder ist an seinen Platz gebunden. Wer sich rührt, riskiert sein Leben: Ansteckung oder Bestrafung (Foucault 1977, S. 251).

Die beschriebene Parzellierung betrachtet Foucault jedoch nicht nur als Quarantänemaßnahme, sondern als ein zentrales Prinzip neuzeitlicher Disziplinargesellschaften. Die räumliche Individualisierung – zuhause, in der Schule, in der Fabrik, im Gefängnis – erweist sich in seiner Lesart als grundlegende Voraussetzung, um Menschen zu regieren: „Der Disziplinarraum hat die Tendenz sich in ebenso viele Parzellen zu unterteilen, wie Körper oder Elemente aufzuteilen sind" (ebd., S. 183). Das Prinzip der Parzellierung richte sich dabei „gegen die ungewissen Verteilungen, gegen das unkontrollierte Verschwinden von Individuen, gegen ihr diffuses Herumschweifen, gegen ihre unnütze und gefährliche Anhäufung" (ebd.).

---

[5] Vgl. hier weiterführend auch die diskursprägenden Überlegungen von Hannah Arendt (2002).
[6] Zur Geschichte des privaten Lebens vgl. die Reihe von Ariès/Duby 1993.
[7] Vgl. hier weiterführend Buhr/Hammer/Schölzl 2018 sowie Böhme/Gahlings 2018.

Die juristische Differenzierung zwischen einem privaten und einem öffentlichen Raum setzte sich in vielen Ländern Europas sowie in Nordamerika zu Beginn des 19. Jahrhunderts durch. James Q. Whitman (2004) unterscheidet zwei westliche Kulturen der Privatsphäre. Während in den Vereinigten Staaten bis heute der Aspekt der Freiheit dominiere und der Wunsch, das eigene Stück Land der staatlichen Regulierung zu entziehen, seien die europäischen Definitionen von Privatsphäre maßgeblich vom Begriff der Würde geprägt worden. Der private Raum wird in dieser zweiten Lesart zu einem Refugium, in dessen Rahmen die Bürger*innen sich weniger stark um ihr öffentliches Ansehen und die gesellschaftlichen Gepflogenheiten sorgen müssen.

Rebecca Habermas (2001) untersucht, welche Folgen die juristische Einteilung in eine private und in eine öffentliche Sphäre für die bürgerlichen Lebensvorstellungen im Europa des 19. Jahrhunderts hatte. Dabei stellt sie die These auf, dass diese Einteilung einen maßgeblichen Einfluss auf die Erfindung der bürgerlichen Kleinfamilie mitsamt ihren spezifischen Geschlechterrollen nahm. Die immer dominanter werdenden Konzepte von Ehe, Familie, Häuslichkeit und Privatsphäre hätten zu einer rigiden Trennung von männlich und weiblich beigetragen; sie hätten die Tendenz gehabt, Frauen aus der öffentlichen Sphäre zu drängen, sie rechtlich zu entmündigen und mit Hilfe von Praktiken des Alltags an das häusliche Umfeld zu binden. In hunderten von „Artikeln, Büchern, Gedichten, Romanen und Anstandsbüchern, die sich vor allem an eine weibliche Leserschaft richteten", seien präzise Vorstellungen über die Ausgestaltung und Beschäftigung innerhalb der neuen privaten Räume propagiert worden (ebd., S. 294).[8] Habermas beschreibt ausführlich, wie eine „neue Sphäre des Privaten" heraufbeschworen wurde:

> Die Ungezwungenheit, mit der man sich hier im Unterschied zum öffentlichen Raum bewegen könne, wurde betont. Aber auch die Ruhe, die Möglichkeit des Rückzugs und die fast sakrale Reinheit des Innerhäuslichen wurden beteuert. [...] Das Handarbeiten, wie es in bürgerlichen Häusern etwa um 1800 üblich wurde, trug ganz erheblich zur Schaffung eines neuen familialen Raumes bei, und zwar dadurch, daß im Familienkreis eine ökonomisch unproduktive Arbeit durch Frauen [...] geleistet wurde, mittels der sie die Innenräume mit einem spezifischen Nimbus versahen (ebd., S. 295).

Aus einer medienwissenschaftlichen Perspektive möchte ich derlei ‚Praktiken des Alltags' als Kulturtechniken lesen. Das heißt, wie Harun Maye (2010) definiert, als „Praktiken und Verfahren der Erzeugung von Kultur, die [...] als Bedingung der Möglichkeit von Kultur überhaupt begriffen werden" (ebd., S. 121). Der Begriff ‚Kulturtechnik' hat in der deutschsprachigen Medienwissenschaft eine herausragende Bedeutung erlangt. Er wird mitnichten auf das schulisch vermittelte Lesen, Schreiben und Rechnen beschränkt, sondern auf diverse Handlungen ausgeweitet, in deren Kontext Menschen und Medien miteinander interagieren. Die Pointe dieser Betrachtungsweise liegt auch im Folgenden in der Annahme, dass dieses Zusammenspiel nicht nur anthropozentrisch zu betrachten ist.[9] Denn

---

[8] Vgl. weiterführend auch Habermas 2000.

[9] Zu den medienwissenschaftlichen Debatten zur Kulturtechnik vgl. weiterführend Schüttpelz 2006 sowie Siegert 2015.

menschliche Tätigkeiten werden nicht einfach nur durch Medien und Techniken erweitert, sondern entwickeln sich erst im Zusammenspiel mit diesen. „Mediale Ausweitungen des Menschen in seine Umwelt geschehen […] wechselseitig und rekursiv in einer zyklischen Vermittlung zwischen Zeichen, Personen und Dingen" (ebd., S. 124).

In diesem Sinne gehe ich davon aus, dass sich das Zuhause-Bleiben auf eine komplexe Verschachtelung von technischen Infrastrukturen, menschlichen Tätigkeiten und kulturellen Vorstellungen bezieht, die sich gegenseitig bedingen. Zuhause zu bleiben bedeutet nicht einfach nur, nicht vor die Tür zu gehen. Dahinter verbirgt sich vielmehr ein Komplex aus Menschen und Dingen sowie aus Wissen und Macht, der spezifische Handlungen hervorbringt und auf diese Weise kulturschaffend wirksam ist. Ich gehe davon aus, dass sich die Kulturtechniken des Zuhause-Bleibens in den europäischen Gesellschaften insbesondere seit dem 19. Jahrhundert immens ausdifferenziert haben und dass sie sich heute unter den Bedingungen einer digitalen Vernetzung weiterentwickeln.[10]

Zu erfassen und zu beschreiben, was das Zuhause-Bleiben in unserer Gesellschaft gegenwärtig alles impliziert, würde freilich den Rahmen dieses Beitrags sprengen. Das Anliegen ist daher bescheidener. Ausgehend von der genannten Video-Aktion möchte ich die These aufstellen, dass sich die Kulturtechniken des Zuhause-Bleibens in einem weitreichenden Umbruch befinden und dass es längst keinen Konsens mehr darüber gibt, was sie eigentlich implizieren. Der in den Videos ausgestellte Versuch, das Zuhause als einen privaten Rückzugsort wiederzuentdecken und ihn mit individuellen Selbsttechnologien aufzuwerten,[11] deutet darauf hin, dass ein solcher Ort längst in Auflösung begriffen ist. Hierbei handelt es sich, so meine Annahme, um eine Entwicklung, die durch die Corona-Pandemie nicht gebremst, sondern vielmehr weiter beschleunigt wurde. Der im Frühjahr 2020 entfachte mediale Diskurs über das bürgerliche Zuhause kann aus einer medienwissenschaftlichen Perspektive als Zugang zu sich verändernden häuslichen Kulturtechniken gelesen werden. Um diese These zu belegen, kehre ich nun zu der Video-Aktion *#WirBleibenZuhause* zurück.

15.4 Wir bleiben zuhause

„So ihr Lieben, hier ist Jürgen Vogel und ich bin zuhause" (Aktionsvideo Vogel).[12] Der Schauspieler Jürgen Vogel filmt sich selbst in seinem heimischen Schlafzimmer. In einem spontan wirkenden Statement geht Vogel kurz auf die pandemische Lage ein und appelliert an die Bevölkerung zuhause zu bleiben. Die zweite Hälfte seines Ein-Minuten-Beitrags nutzt er, um die Notsituation aufzuwerten: „Aber es gibt auch viele tolle Sachen" (ebd.), lautet sein Übergang: Auf der Bettkante sitzend, witzelt Vogel im Folgenden darüber, dass er viele Kinder großgezogen habe und nun Schlaf nachholen müsse, er betont in einer

---

[10] Zur Verhäuslichung des Internets vgl. Röser/Müller/Niemand 2019.
[11] Zu den *Technologien des Selbst* vgl. Foucault 2020.
[12] https://www.youtube.com/watch?v=kdFZttzPUd4.

Mischung aus Stolz und Ironie, dass er schon zwei Lampen erfolgreich montiert habe und er empfiehlt Bücherlesen und Gartenarbeit als Beschäftigungstherapie. Sein Fazit: „Also, versucht die Zeit positiv zu nutzen, um anderen Menschen zu helfen und natürlich Euch selber auch. […] Irgendwann ist alles überstanden" (ebd.).

Die lakonische Ironie, mit der Jürgen Vogel verschiedene bürgerliche Praktiken des Alltags – die Kindererziehung, das Lesen, handwerkliche Tätigkeiten – einerseits in Frage stellt, andererseits aber zugleich reproduziert, erscheint bezeichnend. Was sein Video rahmt – „ich bin zuhause", „irgendwann ist alles überstanden" –, ist der implizite Verweis auf die Disziplinarmaßnahme der Parzellierung (ebd.). Was dieses Eingesperrt-Sein rechtfertigt, ist ein tugendhafter Hinweis auf die Selbst- und Nächstenliebe – „um anderen Menschen zu helfen und natürlich Euch selber auch" (ebd.). Und was dazwischen über die Kulturtechniken des Zuhause-Bleibens gesagt wird, ist nicht mehr als eine Reminiszenz an alte Stereotype.

Weit weniger spontan als Jürgen Vogel wirkt das Video des Wissenschaftsjournalisten Ranga Yogeshwar.[13] Dieser präsentiert sich in einem großräumigen, hochwertig wirkenden Arbeits- und Wohnzimmer. Bücherwände, Holzmöbel und eine indirekte Beleuchtung werden als Kulisse in Szene gesetzt, innerhalb derer der Moderator als Privatmann auftritt. Ganz im Stil seiner etablierten TV-Sendungen veranschaulicht er dort die Ausbreitung der Pandemie mit Hilfe von Domino-Steinen. Diese fallen zu Beginn in Zeitlupe um und richten sich danach – durch Rückwärtsspielen der Aufnahme – wieder auf. Die Botschaft dahinter ist simpel. Yogeshwar entfernt einen pink eingefärbten Dominostein aus der Reihe, um zu symbolisieren, dass ein Umfallen des ganzen Systems auf diese Weise gestoppt werden könne: „Wir können die Ausbreitung eindämmen mit einer klaren Maßnahme: den direkten Kontakt zwischen Menschen vermeiden" (Aktionsvideo Yogeshwar). Im Anschluss an diese Vorführung betont Yogeshwar vornehmlich die ‚Chancen' der Quarantäne, denn ‚man habe ja endlich Zeit', und zwar „für all die Dinge, die normalerweise nicht erledigt werden" (ebd.). Er nennt den Frühjahrsputz, das Vorlesen von Kinderbüchern sowie das Basteln in der Werkstatt.

Mit seiner lehrmeisterlichen Art erklärt und begründet Yogeshwar das Zuhause-Bleiben als Disziplinarmaßnahme und als Tugend auf eindringliche Weise. Sein Arbeits- und Wohnzimmer erscheint zudem wie das perfekte Ambiente, um sich auf althergebrachte Praktiken des Alltags und die damit verbundenen Vorstellungen zu beziehen: Irgendwo zwischen Lesen, Basteln und Putzen wird der Kern der familiären Häuslichkeit verortet. Und es sei eine ‚Chance', die damit verbundenen Werte wiederzuentdecken. Die Pandemie habe den Menschen ‚Zeit geschenkt', in der sie sich nun auf Dinge zurückbesinnen könnten, die zuvor im hektischen Alltag untergegangen seien.

Diese Argumentationsfigur wurde zu Beginn der Pandemie häufig bemüht. Sie negiert die hier vertretene Annahme, dass sich die Kulturtechniken des Zuhause-Bleibens in einem Wandel befinden, der durch die Krise weiter verschärft wird. Zuhause zu bleiben bedeutete für viele Menschen gerade während der Pandemie überhaupt nicht mehr, dem

---

[13] https://www.youtube.com/watch?v=99Wf3qXZ5HA&feature=emb_logo.

Alltag zu entfliehen und endlich Zeit zu haben. Denn die Welt draußen vor der Tür ist längst bei den Bürger*innen zuhause eingezogen und lässt ihnen zwischen ‚Home-Schooling' und ‚Home-Office' wenig Zeit, „für all die Dinge, die normalerweise nicht erledigt werden" (ebd.).[14] Dies gilt vielleicht in ähnlichem Maße für Ranga Yogeshwar, der seinen professionellen Auftritt als Wissenschaftsjournalist nun nicht im Studio, sondern in seinem häuslichen Umfeld inszenieren muss.

Auch die Influencerin Diana zur Löwen möchte den Lockdown in erster Linie als eine bereichernde Möglichkeit zur individuellen Entfaltung lesen.[15] Sie sitzt im Schneidersitz vor der Kamera, im Hintergrund lehnt ein Spiegel an der Wand. Den Verweis auf die Pandemie und die Solidarität erspart sie sich und legt stattdessen gleich damit los, die Quarantäne produktiv umzudeuten:

> *Wir bleiben zuhause* bedeutet für mich, dass ich endlich die Projekte umsetzen kann, für die ich mir so lange keine Zeit genommen habe, und vor allem auch, dass ich mir wieder Zeit für mich nehme und auch Zeit nehme, um kreativ zu sein (Aktionsvideo zur Löwen).

Diana zur Löwen betont ferner, dass sie diese neue Phase selbstreflexiv verbringen möchte, um ‚Dinge neu und anders zu denken'. Das Zuhause Bleiben wird hier auf besondere Weise zur Selbsttechnologie. Diese adressierte Arbeit am Selbst ist für die YouTuberin kein neues Terrain, sondern fester Bestandteil ihrer zahlreichen, inhaltlich wie stilistisch vergleichbaren, Online-Auftritte. Das Öffentliche und das Private sind in diesem Kontext längst keine trennscharfen Einheiten mehr. Denn die für die Öffentlichkeit dokumentierte Arbeit am Selbst ist der Beruf der Influencerin, die von ihr präsentierten privaten Räume sind zugleich Arbeitsplatz und Bühne. Zum Abschluss ihres Videos relativiert zur Löwen die Isolation ein weiteres Mal, indem sie erklärt, dass der mediale Kontakt zu ihren Freundinnen trotz der fehlenden physischen Nähe derzeit besonders intensiv sei: „Auch wenn wir zwar nicht nah beisammen sind, können wir trotzdem uns so viel Kraft und Zuneigung geben […]. Und das ist […] was Wunder-wunder-schönes, dass man bei all dem nicht alleine ist" (ebd.). Auch in diesem Video findet eine positive Umdeutung statt. Und doch markiert Diana zur Löwen die veränderten Bedingungen des Zuhause-Bleibens viel eindrücklicher als Vogel und Yogeshwar. Diese blenden die digitale Vernetzung vollkommen aus und betonen stattdessen analoge Tätigkeiten wie das Lesen, das Basteln und das Schlafen. In dem Video von zur Löwen wird hingegen deutlich, dass sie überhaupt nicht alleine ist, sondern ständig mit der Außenwelt kommuniziert. Zudem wird markiert, dass bei ihr Zuhause nicht unbedingt Ruhe und Zurückgezogenheit warten, sondern dass die Arbeit – und insbesondere die Arbeit am Selbst – dort weiter- oder vielleicht sogar erst richtig losgeht.

Gerade der letzte Punkt tritt auch in verschiedenen anderen Videos der Aktion deutlich zutage: Die Sängerin Jennifer Haben erklärt z. B., dass sie die Zeit zum Klavierüben nut-

---

[14] Zur ‚Home-Office'-Situation während der Pandemie vgl. weiterführend Speck 2020.
[15] https://www.youtube.com/watch?v=MM6360KO-HA&feature=emb_logo.

zen wird und verweist lachend darauf, dass dies zuhause ja nun in Jogginghose möglich sei (vgl. Aktionsvideo Haben).[16] Die ebenfalls junge Sängerin Madeline Juno möchte sich hingegen mehr auf ihre anderen kreativen Talente fokussieren und für ihre Fans Podcasts aufnehmen und Bilder zeichnen (vgl. Aktionsvideo Juno).[17]

Ich könnte hier noch auf weitere Videos der Aktion eingehen, doch die Botschaften ähneln sich zu sehr. Zudem erweist sich die für eine weiterführende Analyse vielleicht entscheidendste Frage als Leerstelle: Denn durchweg alle Protagonist*innen haben erstaunlich wenig über das sich verändernde Zuhause und die damit verbundenen Herausforderungen zu berichten. Sie rechtfertigen die Parzellierung mit einem moralischen Imperativ der Nächstenliebe und der gesellschaftlichen Anpassung. Sie versuchen die Bevölkerung aufzuheitern und reaktivieren ein Ideal von bürgerlichen Praktiken aus dem 19. Jahrhundert, die „die Innenräume mit einem spezifischen Nimbus" versehen und Würde und Selbstbestimmung verheißen sollen (Habermas 2001, S. 295). Was jedoch als Elefant im Raum stehen bleibt ist die Einsicht, dass all diese Menschen entweder nicht thematisieren wollen oder nicht thematisieren können, was das Zuhause-Bleiben im 21. Jahrhundert und im Angesicht einer Pandemie eigentlich auszeichnet.

15.5 Ausblick

Was sind die Kulturtechniken des Zuhause-Bleibens? Bedeuten sie Muße? Bedeuten Sie Klavierspielen in Jogging-Hose? Bedeuten sie Selbstdisziplinierung? Bedeuten sie ‚Care-Arbeit'? Bedeuten sie ‚Home-Office'? Diese Fragestellungen sind mitnichten erst durch die Corona-Krise entstanden und sie können erst recht nicht durch die vorgestellten Videos beantwortet werden. Und doch regen sowohl die Pandemie als auch die Videos dazu an, sich über die veränderten Kulturtechniken des Zuhause-Bleibens Gedanken zu machen. Ich möchte hier abschließend vor allem noch einmal auf die Dinge verweisen, die die Videos der Aktion nicht erzählen.

Die disziplinierenden Maßnahmen der Pandemie-bedingten Parzellierung werden in der Video-Aktion *#WirBleibenZuhause* relativiert. Mögliche Normabweichungen wie z. B. Einsamkeit, Armut, häusliche Gewalt, Obdach-, und Heimatlosigkeit werden nahezu ausgeblendet. Und auch Herausforderungen wie ‚Home-Office' oder ‚Care-Arbeit' spielen kaum eine Rolle. Die digitale Vernetzung wird zwar als zuverlässiger Bestandteil des zeitgenössischen Wohnens wahrgenommen und bildet eine wichtige Möglichkeit, den Kontakt zur Außenwelt nicht zu verlieren, wird jedoch ebenfalls in den meisten Videos kaum thematisiert. Betont werden von den Personen des öffentlichen Lebens stattdessen überwiegend althergebrachte Praktiken des privaten, bürgerlichen Alltags, die zu sinnstiftenden Tätigkeiten der individuellen Ermächtigung in schwierigen Zeiten erhoben werden. Aus einer sehr privilegierten Position heraus wird hier eine Ruhe, Sicherheit und

---

[16] https://www.youtube.com/watch?v=U41L9PWYOUM&feature=emb_logo.

[17] https://www.youtube.com/watch?v=VgmNPDo_GEc&feature=emb_logo.

Selbstbestimmtheit suggeriert, die ganz gewiss keine Selbstverständlichkeit ist. Das vernetzte Zuhause, so ließe sich vielleicht resümieren, wird als friedliches Refugium eines gehorsamen und kontrollierten bürgerlichen Daseins in Szene gesetzt.

Das Zuhause als Ort der individuellen, freien Entfaltung war seit seiner Erfindung im 19. Jahrhundert ein Ideal. In der Pandemie mussten viele Menschen verstärkt die Erfahrung machen, dass dieses Ideal nur wenig mit der gegenwärtigen Realität gemein hat. Denn Zuhause bündeln sich eine Vielzahl an Orten: Es ist das Büro, die Schule, die Kindertagesstätte, das Pflegeheim. Es ist die Bühne während des virtuellen Meetings, es ist Dreh- und Angelpunkt der weltweiten Vernetzung, es ist Fitness-Studio und Spielplatz. Das Zuhause ist aber auch Gefängnis, soziale Isolation, häusliche Gewalt. Für viele ist es mitunter gerade in pandemischen Zeiten kein sicherer Ort. Das schützende Dach über dem Kopf bleibt ein leeres Versprechen. Auch der Virus lässt sich davon nicht abhalten: Wer mit vielen Menschen auf engem Raum lebt weiß, dass das Zuhause jederzeit zum Infektionsherd werden kann. Und doch können die eigenen vier Wände selbst in diesen Fällen immer noch als ein Luxus begriffen werden. Menschen, die auf der Straße oder auf der Flucht leben, können schlicht nicht zuhause bleiben. Sie werden in der Video-Aktion *#WirBleibenZuhause* weder gezeigt noch adressiert.

Sowohl eine gesellschaftliche als auch eine wissenschaftliche Debatte über die veränderten Kulturtechniken des Zuhause-Bleibens stehen, so mein Fazit, noch aus. Es soll hier jedoch nicht der Eindruck entstehen, dass die angesprochenen Probleme während der Pandemie völlig ausgeblendet wurden und weitsichtigere Reflexionen der sich verändernden Häuslichkeit in Presse und Öffentlichkeit gänzlich ausgeblieben wären. Doch bedarf es einer längeren Suche, um auf wirklich gute Beiträge zu stoßen. Insbesondere, wenn nach Material gesucht wird, das den hier besprochenen Videos einerseits ähnlich ist, andererseits jedoch einen widerständigen Blick auf die gegenwärtige Lage des Zuhause-Bleibens wirft. Es gibt zwar z. B. viele satirische Kommentare aus dem deutschsprachigen Raum, jedoch reichen diese leider zumeist kaum über eine simple Nachahmung und ironische Überhöhung hinaus.[18]

Ich möchte hier abschließend aber wenigstens noch auf ein Gegenbeispiel verweisen, das zum Weiterdenken anregt: Und zwar auf das Video-Geständnis der amerikanischen Comedienne Jamie Loftus. Diese erklärt mit bestechender Ironie, warum sie sich während der Pandemie mit einem Katana-Langschwert auf einen kommenden Klassenkampf vorbereitet (vgl. *Confinement Confessions* ft. Jamie Loftus).[19] Loftus antwortet, wie Maren Haffke (2020) bereits in einem überzeugenden Essay herausarbeiten konnte, mit diesem subversiven Video auf Konflikte, die in einer polarisierten amerikanischen Gesellschaft derzeit beängstigende Ausmaße annehmen. Unbeholfen fuchtelt sie im Wohnzimmer mit ihrem japanischen Schwert herum, redet von Selbstkontrolle und fordert ‚Antworten'. Ihre

---

[18] Exemplarisch sei hier auf ein Video der Rockband Die Ärzte aus dem Frühjahr 2020 verwiesen, das durch seine subtil platzierten politischen Verweise auf z. B. Menschen in Flüchtlingslagern bereits überzeugender ist als der Durchschnitt: https://www.youtube.com/watch?v=t_s6waEUTbI.

[19] https://www.facebook.com/ComedyCentral/videos/667933004020038/.

Persiflage gilt in erster Linie männlichen Verschwörungstheoretikern, die sich im weltweiten Netz radikalisieren und die derzeit, ausgehend von Gewalt- und Rachefantasien, Aufmerksamkeit auf sich lenken. Ein vermeintlich ganz anderer Themenkomplex; doch auch hierbei handelt es sich, so möchte ich behaupten, um Kulturtechniken des Zuhause-Bleibens im 21. Jahrhundert.

Literatur

Arendt, H. (2002): *Vita Activia oder Vom tätigen Leben*. München: Piper.
Ariès, P. / Duby, G. (Hg.) (1993): *Geschichte des privaten Lebens. 5 Bände*. Frankfurt a. M.: S. Fischer.
Böhme, G. / Gahlings, U. (Hg.) (2018): *Kultur der Privatheit in der Netzgesellschaft*. Bielefeld: Aisthesis.
Buhr, L. / Hammer, S. / Schölzel, H. (Hg.) (2018): *Staat, Internet und digitale Gouvernementalität*. Wiesbaden: Springer.
Foucault, M. (1977): *Überwachen und Strafen. Die Geburt des Gefängnisses*. Frankfurt a. M.: Suhrkamp.
Foucault, M. (2006): *Sicherheit, Territorium, Bevölkerung. Geschichte der Gouvernementalität I. Vorlesung am Collège de France 1977–1978*. Frankfurt a. M.: Suhrkamp.
Foucault, M. (2020): *Die Regierung der Lebenden. Vorlesungen am Collège de France 1979–1980*. Berlin: Suhrkamp.
Gehring, P. (2020): Von sozialer Abstraktion und hilflosem Intellekt. In: Volkmer, M./Werner, K. (Hg.): *Die Corona-Gesellschaft. Analysen zur Lage und Perspektiven für die Zukunft*. Bielefeld: transcript, S. 17–24.
Habermas, R. (2000): *Frauen und Männer des Bürgertums. Eine Familiengeschichte (1750–1850)*. Göttingen: Vandenhoeck & Ruprecht.
Habermas, R. (2001): Bürgerliche Kleinfamilie – Liebesheirat. In: van Dülmen, R. (Hg.): *Entdeckung des Ich. Die Geschichte der Individualisierung vom Mittelalter bis zur Gegenwart*. Köln u. a.: Böhlau, S. 287–309.
Haffke, M. (2020): Klingen in geschlossenen Räumen. Umschriften der Manosphere: Über ein feministisches Quarantänevideo von Jamie Loftus. In: *CARGO Film/Medien/Kultur 46, Juni 2020*, S. 28–31. Online unter: https://www.cargo-film.de/heft/46/essay/klingen-geschlossenen-raumen (19.06.2021).
Keidl, P. D./Melamed, L./Hediger, V./Somaini, A. (Ed.) (2020): *Pandemic Media: Preliminary Notes Toward an Inventory*. Lüneburg: meson press.
Maye, H. (2010): Was ist eine Kulturtechnik? In: *Zeitschrift für Medien- und Kulturforschung. Heft 1/2010. Schwerpunkt Kulturtechnik*, S. 121–135.
Röser, J./Müller, K. F./Niemand, S./Roth, U. (2019): *Das mediatisierte Zuhause im Wandel: Eine qualitative Panelstudie zur Verhäuslichung des Internets*. Wiesbaden: Springer.
Schüttpelz, E. (2006): Die medienanthropologische Kehre der Kulturtechniken. In: *Archiv für Mediengeschichte. No. 6: Kulturgeschichte als Mediengeschichte (oder vice versa?)*, S. 87–110.
Siegert, B. (2015): *Cultural Techniques: Grids, Filters, Doors, and Other Articulations of the Real*. New York: Fordham University Press.
Speck, S. (2020): Zuhause arbeiten. Eine geschlechtersoziologische Betrachtung des ›Homeoffice‹ im Kontext der Corona-Krise. In: Volkmer, M./Werner, K. (Hg.): *Die Corona-Gesellschaft. Analysen zur Lage und Perspektiven für die Zukunft*. Bielefeld: transcript, S. 135–144.

Volkmer, M./Werner, K. (Hg.) (2020): *Die Corona-Gesellschaft. Analysen zur Lage und Perspektiven für die Zukunft.* Bielefeld: transcript.

Whitman, J. Q. (2004): The Two Western Cultures of Privacy: Dignity versus Liberty. In: *The Yale Law Yournal 113*, S. 1151–1221.

Verzeichnis der Filme

Aktionsvideo mit Diana zur Löwen – *#WirBleibenZuhause*: https://www.youtube.com/watch?v=MM6360KO-HA&feature=emb_logo (19.06.2021).

Aktionsvideo mit Jennifer Haben – *#WirBleibenZuhause*: https://www.youtube.com/watch?v=U41L9PWYOUM&feature=emb_logo (19.06.2021).

Aktionsvideo mit Joko Winterscheidt – *#WirBleibenZuhause*: https://www.youtube.com/watch?v=ZSxRRzePHdo (19.06.2021).

Aktionsvideo mit Jürgen Vogel – *#WirBleibenZuhause*: https://www.youtube.com/watch?v=kdFZttzPUd4 (19.06.2021).

Aktionsvideo mit Madeline Juno – *#WirBleibenZuhause*: https://www.youtube.com/watch?v=VgmNPDo_GEc&feature=emb_logo (19.06.2021).

Aktionsvideo mit Ranga Yogeshwar – *#WirBleibenZuhause*: https://www.youtube.com/watch?v=99Wf3qXZ5HA&feature=emb_logo (19.06.2021).

Die Ärzte – Ein Lied für Jetzt: https://www.youtube.com/watch?v=t_s6waEUTbI (19.06.2021).

Sword Training for the Impending Class War – *Confinement Confessions* ft. Jamie Loftus: https://www.facebook.com/ComedyCentral/videos/667933004020038/ (19.06.2021).

Verzeichnis der Online-Texte

https://www.zusammengegencorona.de/handeln (19.06.2021).

https://www.zusammengegencorona.de/wirbleibenzuhause (19.06.2021).

OBSERVE! An Inanimate Virus (Animated)

Beobachtungen zu Visualisierungen des Virus und der COVID-19-Pandemie als kollektiver Text

Judith Ellenbürger, Erwin Feyersinger, Martina R. Fröschl, Björn Hochschild, Katrin von Kap-herr, Sebastian R. Richter, Maike Sarah Reinerth und Janina Wildfeuer

Zusammenfassung

Der Beitrag skizziert unterschiedliche medienwissenschaftliche Beobachtungen zu visuellen Identitäten des SARS-CoV-2-Virus und der COVID-19-Pandemie, die 2020 und 2021 im öffentlichen Diskurs in den sozialen und professionellen Medien zirkulieren. In

---

J. Ellenbürger
Universität Hamburg, Hamburg, Deutschland
E-Mail: judith.ellenbuerger@uni-hamburg.de

E. Feyersinger
Universität Tübingen, Tübingen, Deutschland
E-Mail: erwin.feyersinger@uni-tuebingen.de

M. R. Fröschl
Universität für angewandte Kunst Wien, Wien, Österreich
E-Mail: martina.froeschl@uni-ak.ac.at

B. Hochschild
Freie Universität Berlin, Berlin, Deutschland
E-Mail: bjoern.hochschild@fu-berlin.de

K. von Kap-herr · M. S. Reinerth (✉)
Fachhochschule und Universität Potsdam, Potsdam, Deutschland
E-Mail: katrin.von.kap-herr@fh-potsdam.de; m.reinerth@filmuniversitaet.de

S. R. Richter
Bochum, Deutschland

J. Wildfeuer
University of Groningen, Groningen, Niederlande
E-Mail: j.wildfeuer@rug.nl

vier Kapiteln werden (1) Visualisierungen des Virus, (2) Kontexte, Funktionen und Interpretationen seiner medienvermittelten visuellen Identität, (3) Visualisierungen der Pandemie und ihrer Ausbreitung sowie (4) wiederum deren mediale Kontexte, Funktionen und Interpretationen thematisiert und mit Überlegungen zu Wissenschaftskommunikation, Entertainment und persönlichen Bewältigungsstrategien verknüpft. Der Text ist das Ergebnis eines kollaborativen, experimentellen Schreibprozesses über die Pandemie in der Pandemie, der im Frühjahr 2020 begann und im Februar 2021 während des noch immer dynamischen Infektionsgeschehens sein (vorläufiges) Ende nahm. Er ist damit auch Ausdruck einer Kollektivität der Erfahrungen trotz räumlicher Isolation.

Schlüsselwörter

Visualisierungen · Animationen · Erklärvideos · Infografiken · Visuelle Identität · Wissenschaftskommunikation · COVID-19

16.1 Einleitung

Seit Beginn der COVID-19-Pandemie dominieren visuelle Darstellungen den öffentlichen Diskurs im Internet, in Zeitungen und im Fernsehen. Der folgende Gemeinschaftstext vereint in vier Abschnitten eine Vielfalt an medienwissenschaftlichen Beobachtungen zur visuellen Identität des Virus und der Pandemie. Es sind Momentaufnahmen, die zu unterschiedlichen Zeitpunkten zwischen dem Sommer 2020 und Februar 2021 festgehalten wurden. Orientierende Fragestellungen dabei waren: Welche Darstellungskontexte gibt es, in denen visuelle Darstellungen der Pandemie zu finden sind? In welchen Artefakten und Textgenres sind diese Visualisierungen realisiert? Wie verändert sich die Bedeutung der Visualisierungen in den unterschiedlichen Realisierungen? Welche Funktionen haben die Visualisierungen? Welcher Mehrwert lässt sich feststellen? Welche Interpretationen liegen nahe?

Der Text ist das Ergebnis eines experimentellen Schreibprozesses während der Pandemie über die Pandemie, in der wir Medienwissenschaftler*innen zugleich Beobachtende, Beobachtete und Betroffene einer volatilen Lage sind.

Gerade weil wir alle isoliert sind, haben wir uns entschieden, gemeinsam an einem Text zu schreiben, um einen Raum für unsere unterschiedlichen und doch weitgehend geteilten Betrachtungen zu schaffen. Der Schreibprozess wurde im Frühling 2020 von Vertreter*innen der AG Animation initiiert. Nach einer Materialsammlung im Vorfeld der Tagung der Gesellschaft für Medienwissenschaft und einer Vorstrukturierung des Materials durch die Organisator*innen, begannen wir den gemeinsamen Schreibprozess am 29.09.2020 während der Tagung in einer Zoom-Sitzung.[1] Nach kurzen Diskussionen wurden schon während der Sitzung erste Texte in einem gemeinsamen Online-Dokument verfasst. Der ursprüngliche Fokus auf Animationsaspekte der visuellen Darstellung des

---

[1] Wir bedanken uns bei Naima Alam, Philip Dreher und Julia Eckel für den Input während dieser Session.

Virus und der Pandemie erweiterte sich auf Visualisierungen des Virus und der Pandemie im Allgemeinen. Im Herbst 2020 folgten dann weitere kollektive und individuelle Schreibeinheiten. Anfang 2021 erhielt der Text seine endgültige Struktur und wurde von den Autor*innen finalisiert. Das Ergebnis ist ein Gruppentext, der aufgrund der Dynamik der Pandemie und der Dynamik des gemeinsamen Schreibprozesses notwendigerweise lückenhaft, heterogen und essayistisch angelegt ist und deshalb bewusst nicht homogenisiert wurde. Allerdings zeigte sich eine gewisse Kollektivität der Erfahrungen und Beobachtungen und so sind die einzelnen Abschnitte nicht einzelnen Autor*innen zugeordnet, sondern Ausdruck unserer gemeinsamen Diskussions- und Schreibarbeit.

16.2 Die visuelle Identität des Virus

Am 21. Januar 2020 gaben die medizinischen Illustrator*innen der US-Gesundheitsbehörde CDC (Centers for Disease Control and Prevention) Alissa Eckert und Dan Higgins dem neuartigen Coronavirus eine ‚visuelle Identität' (vgl. Abb. 16.1) – „something to grab the public's attention", wie Eckert es ausdrückt (Giaimo 2020). Für Eckert dienen Illustrationen von Viren dazu „to make them look like they're really alive (…) so you know to be aware of them" (Giaimo 2020) – sie sollen also lebendig aussehen, um nicht unterschätzt zu werden.

Während andere Visualisierungen von Eckert Viren und Bakterien häufig gebündelt zeigen, tritt die Illustration von SARS-CoV-2 singulär und ikonisch ins Bild und lenkt die Aufmerksamkeit unmittelbar auf sich, indem die ultrastrukturelle Morphologie gezeigt wird, die Coronaviren aufweisen. Auch in vielen anderen Visualisierungen und Darstellungen fehlen selten die besonderen visuellen Marker, die in der Eckert/Higgins-Abbildung zu sehen (und dabei zum Teil überbetont) sind: ein runder Kern und die Spike-Proteine, die dem Virus die markante, kronenartige Hülle geben und auch namensgebend für die Familie der Coronaviren sind.

Dass jene Visualisierung weltweit so ikonisch wurde, mag daran liegen, dass sie urheberrechtlich frei verfügbar ist. In der Bildbeschreibung des CDC heißt es fast schon poetisch, wenn von den Stacheln und der Korona die Rede ist: „Note the spikes that adorn the outer surface of the virus, which impart the look of a corona surrounding the virion, when viewed electron microscopically" (Eckert und Higgins 2020). Die Anlehnung der Darstellung an vorhandene elektronenmikroskopische Aufnahmen kennzeichnet nicht nur

Abb. 16.1 Ultrastrukturelle Morphologie von Coronaviren. (Eckert und Higgins 2020)

die Basisformen der SARS-CoV-2-Visualisierungen (vgl. Abb. 16.1), sondern eine Vielzahl von Virusvisualisierungen.

Das Virus ist nur 50 bis 150 Nanometer groß; es gibt aufgrund dieser unvorstellbar kleinen Maße die Tendenz, den Maßstab in nicht-wissenschaftlichen Visualisierungen außer Acht zu lassen. Je nach Kontext oder Ziel der Darstellung wird entschieden, wie viele und welche Details dargestellt und hervorgehoben werden. In der Nanowelt spielen Quantenstadien eine große Rolle; daher richtet sich die Wissenschaft nach Wahrscheinlichkeitsmodellen, um Visualisierungen zu gestalten (vgl. Nguyen et al. 2021).

Die Texturen, Strukturen und verschiedenen Darstellungsweisen und Abstraktionsgrade von Virusvisualisierungen sind stark abhängig von Zielgruppe und Kontext der Darstellungen. Es gibt eine Fülle an Stilen: schematisch, verniedlichend, fotorealistisch gerendert etc.; beinahe alle bedienen sich der Kernmerkmale der tatsächlichen Virusstruktur. Die namensgebenden Stacheln (Spikes) und die runde Form sind in elektronenmikroskopischen Aufnahmen verhältnismäßig gut zu erkennen. Die Form der Virionen lässt sich durch kryo-elektronentomografische Verfahren (vgl. Abb. 16.2) abbilden, hier unterstützt durch den Einsatz von Falschfarben.

Im Ärzteblatt erscheint am 27.01.2020 unter dem Titel „2019-nCoV: Erste Bilder vom Virus und Erkenntnisse zum klinischen Verlauf" (vgl. o. V. 2020) allerdings noch eine ganz andere Darstellung des Virus, die auf die Zerstörung der Lunge verweist (vgl. Abb. 16.3). Im Gegensatz zu Abb. 16.1 sind in dieser Darstellung nur im Hintergrund sehr unscharf die Viren mit ihren Spikes zu sehen. Im Vordergrund steht also nicht die visuelle Identität des Virus selbst, sondern es erscheinen die körperlichen Folgen einer durch das Virus ausgelösten Infektion.

Parallel zu detaillierten Visualisierungen, die vorwiegend im medizinisch-wissenschaftlichen Kontext verbreitet sind, existieren auch vereinfachte, stärker an Designprinzipien als an wissenschaftlicher Genauigkeit orientierte Darstellungen des Virus. Eine Infografik vom März 2020 zur „History of Pandemics" (vgl. LePan 2020; vgl. Abb. 16.4) stellt gleich zwei Dinge aus: Einerseits wird über einen Zeitstrahl, der von 0 bis ins Jahr 2025 reicht, die Geschichte der Pandemien nachgezeichnet, andererseits zeigt die Grafik aber auch die Zahl der Todesopfer anhand stilisierter Stachelbälle. Mit der Darstellung der einzelnen Pandemien über ihre runde Form mit stacheliger Hülle unterscheidet diese Visualisierung nicht zwischen viralen und bakteriellen Erregern, sondern stellt eine vermeintlich gemeinsame Visualität zwischen den Krankheitserregern von Pandemien heraus. An-

Abb. 16.2 Kryo-elektronentomografischer 3D-Scan mit Falschfarben aus dem YouTube-Video *What Does a Virus Actually Look Like?*

Abb. 16.3 Darstellung des Virus mit Bezug auf die Zerstörung der Lunge. (AGPhotography, stock.adobe.com, vgl. o. V. 2020)

gelehnt an die Form eines Virus unterscheiden sich historische und gegenwärtige Pandemien lediglich in ihrer Farbigkeit (das neuartige Coronavirus ist rot dargestellt, ebenso wie das HI-Virus). Untereinander besitzen die einzelnen Pandemien sonst aber keine eigenen Spezifika. Die unterschiedlichen Größen der Kugeln beziehen sich auf den Umfang des Ausbruchs und der Todesopfer, stehen allerdings in keinem Zusammenhang zu den relativen Größen der Krankheitserreger.

Schematische und verspielte oder verniedlichende Darstellungen finden häufig in Erklärvideos und Grafiken für Kinder und in Zugängen zum Thema Verwendung, die einen komödiantischen Grundton einschlagen. Animierte wie unbewegte schematische Darstellungen bedienen sich einfacher visueller Repräsentationen, um komplexe Themen verständlich in oftmals humorvollen Geschichten zu vermitteln. Mit klaren Formen und eindeutig abgrenzbaren Figuren lassen sich Informationen spielerisch kommunizieren. Ein Beispiel dafür ist die sehr erfolgreiche Internetserie *Kurzgesagt* (vgl. Abb. 16.5).

In der biochemischen Forschung zum Virus gehören Aquarelle und Renderings, wie die „Molecular Landscapes" von David S. Goodsell (vgl. Goodsell et al. 2020), zu den häufig verwendeten und zitierten Visualisierungen.

Obwohl rasterelektronenmikroskopische Aufnahmen aufgrund der physikalischen Beschränkungen nicht farbig aufgenommen werden können, spielen Farben in den analysierten Beispielen eine große Rolle. Bei der Farbgebung der Virusvisualisierungen geht es häufig darum, die betrachtenden Personen in den Bann zu ziehen oder besonders ins Auge stechende Farbschemen zu wählen (vgl. Giaimo 2020). Neben der – vermutlich durch Eckerts und Higgins frühe und einflussreiche Visualisierung – im Zusammenhang mit dem Coronavirus besonders weit verbreiteten Farbe Rot hat sich in Social-Media-Stickern, animierten GIFs und Memes auch die markante Darstellung des Virus als giftgrünes Emoji (bzw. an dieses angelehnte Visualisierung) durchgesetzt (vgl. auch die Ausführungen zu den Emojis rund um die Pandemie weiter unten). Als massenmedial verwendete Darstellungsform, auf die in der täglichen interpersonalen Kommunikation zurückgegriffen wird, konnte sich diese Visualisierung ebenfalls einfach ins kollektive Gedächtnis einprägen.

Gerade in der Nachrichtenberichterstattung werden Corona-Visualisierungen auch oft als reines Dekor oder ‚Hintergrundbild' eingesetzt, wobei diese Formen der Visualisierung dann in der Regel einer schnellen Einordnung und Kontextualisierung des einbettenden

Abb. 16.4 Infografik zur Geschichte der Pandemien vom 14.03.2020 (vgl. LePan 2020)

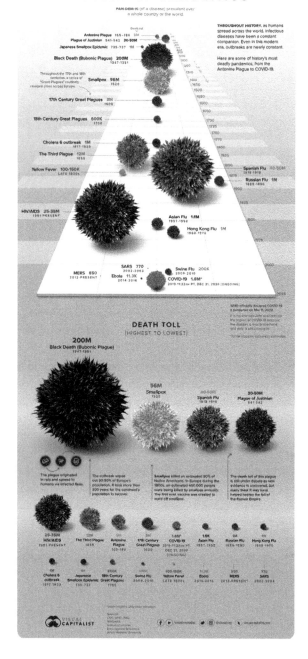

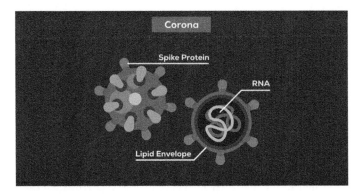

Abb. 16.5 Schematische Darstellung von SARS-CoV-2 im *Kurzgesagt*-Video *The Coronavirus Explained & What You Should Do*

Formats fungieren (z. B., wenn die Eckert-Higgins-Grafik im Hintergrund der *Tagesschau*, eines *Brennpunkt Corona* oder bei *Anne Will* zum Einsatz kommt). Hier dienen die Visualisierungen also in erster Linie nicht einer inhaltlichen Auseinandersetzung mit dem Virus, sondern eher als visuelle Marker (wie eine Art Logo mit Wiedererkennungswert).

Die Pandemie betrifft alle Bereiche des Lebens; dementsprechend ist die Auseinandersetzung mit dem visuellen Erscheinungsbild des Virus auch in Memes und Bildern auf diversen sozialen Medienplattformen stark vertreten. Beiträge in der Sammlung „Things that look like corona"[2], etwa Palmen, Kastanien oder Darstellungen von Feuerwerken, zeigen, wie sehr sich das im Jahre 2020 allgegenwärtige Thema als spezifische Form in die kollektive Wahrnehmung eingebrannt hat.

16.3 Kontexte, Funktionen und Interpretationen der visuellen Identität des Virus

Betrachtet man die verschiedenen Bildtypen des Virus in den Verwendungskontexten, zeigt sich die Flexibilität von schematischen, visuell einfach gehaltenen Darstellungen, die in der Herstellung weniger aufwändig sind. Sie eignen sich deshalb zur Wiederverwendung und lassen sich ohne oder mit nur wenigen Anpassungen bewegt oder unbewegt in verschiedene Kontexte und Umgebungen einfügen. All dies passt zu den Produktionsprozessen ‚kleiner, schneller' und aus Zeit- und Kostengründen häufig auf vorhandenes oder einfach produziertes Material zurückgreifender Formen des Web 2.0, die auch in journalistische (Online-)Medien Einzug halten. Hinzu kommt, dass etwa Aufklärungsvideos und Erklärfilme, wie sie seit Beginn der Pandemie tausendfach im Internet zirkulieren, auf Eindeutigkeit und möglichst leichte Verständlichkeit ausgelegt sind. Im Mittelpunkt stehen oft in kurzen Narrativen oder Apellen verpackte Handlungsanweisungen und

---

[2] https://thingsthatlooklikecorona.tumblr.com [letzter Zugriff: 18.06.2021].

nicht das Aussehen des Virus selbst, das für den praktischen Alltagsumgang mit der Pandemie irrelevant (weil unsichtbar) ist.

Eine genaue Kenntnis des Aufbaus (und damit auch ‚Aussehens') des Virus kann allerdings grundlegend für die Entwicklung von Strategien zur Impfung, Behandlung oder auch Bekämpfung mithilfe von Hygienemaßnahmen sein. Zum Beispiel docken die visuell so charakteristischen Spike-Proteine auf der Virushülle an die menschlichen Zellen an, wodurch eine Infektion ausgelöst wird – zugleich sind es aber dieselben Proteine, die durch Antikörper blockiert werden können. Dies macht es notwendig, zumindest spezifische äußere Eigenschaften des neuartigen Coronavirus SARS-CoV-2 nicht auszulassen, insofern sie für den Umgang mit dem Virus und der Pandemie konkret relevant sind bzw. diesen begründen und nachvollziehbar machen. Komplexere Clips weisen auf diese Zusammenhänge hin und wechseln dafür auch ihren Darstellungsmodus von eher abstrakten, reduzierten zu detaillierteren oder stark vergrößerten Visualisierungen.

Aber auch bei detaillierten Darstellungen, z. B. einer ganz leicht bewegten Eckert-Higgins-Grafik (Drehung des ‚Balls') als Animation im Hintergrund von Polit-Talkshows, entsteht der Eindruck, es gehe dabei vorrangig um visuelle Attraktion und weniger um Erklärung des Virus; die Drehung (showing) ist gleichzeitig auch eine Darstellung der Singularität. Nur selten werden gleichzeitig mehrere Coronaviren animiert gezeigt.

Des Weiteren zeigt sich, dass in der Phase der akuten Pandemie auch unspezifische oder faktisch falsche Virusvisualisierungen sowie Alltagsgegenstände, die entfernt an das (medial zirkulierte) Aussehen des Virus erinnern (vgl. dazu weiter unten), ausreichen, um als SARS-CoV-2 gelesen zu werden. Ein Beispiel dafür ist die Verwendung des ‚Virus'- oder genauer ‚Mikroben'-Emojis, das bereits seit 2018 und damit vor der Verbreitung des neuartigen Coronavirus auf Smartphone- und Computertastaturen zur Kommunikation in sozialen Netzwerken, Messenger-Diensten und E-Mails genutzt werden konnte (vgl. Broni 2020). Es zeigt – je nach App/Programm und Betriebssystem – einen eher runden oder länglichen, grünen, bläulichen oder lilafarbenen Mikroorganismus mit Spikes von außen (iOS-Systeme) oder im Querschnitt mit für viele lebende Mikroorganismen, nicht jedoch für Viren, typischem Innenleben. Obwohl eine Ähnlichkeit mit SARS-CoV-2 und vielen seiner wirkmächtigen Visualisierungen, etwa dem Eckert/Higgins-Modell, nur sehr oberflächlich existiert bzw. die Darstellung sogar gravierende Unterschiede aufweist, werden die genannten Emojis vor dem Hintergrund der aktuellen Situation als SARS-CoV-2-Visualisierungen verwendet und verstanden: ‚Virus' ist in den Jahren 2020 und 2021 allem Anschein nach gleichbedeutend mit SARS-CoV-2. Und dies gilt im Übrigen nicht nur für die genannten Kommunikationskanäle, in denen das existierende Emoji gewissermaßen behelfsweise anstelle eines (bislang) fehlenden spezifischen ‚Corona'-Emojis eingesetzt wird. Auch Erklärformate wie die anlässlich der Pandemie online veröffentlichten Beiträge der *Sendung mit der Maus* (ARD) nutzen Mikroben-Emojis zur Visualisierung von Corona-Viren.

Auffällig am kreativen Umgang mit dem Virus in sozialen Medien und darüber hinaus ist nicht nur die angepasste Verwendung von Emojis, sondern eine häufig humorvolle Auseinandersetzung mit der Bildlichkeit des Virus. Hier lohnt sich ein Blick in die Komiktheorie. Auch wenn nicht alle verspielten, verniedlichenden oder vergleichenden Bilder Lachen provozieren, so werden durch diese Art der Darstellung doch oftmals verblüffende, seltsam komische, zumindest humoristische Analogien hergestellt. Zum einen ist es die Vielzahl an alltäglichen Gegenständen, die dem Virus ähnlich sehen; zum anderen sind es der frische Blick, die künstlerische Perspektive auf die Gegenstände, die nicht selten ein Schmunzeln hervorrufen. Die komische Wirkung entfaltet sich dabei in vielen Fällen durch die wahrgenommene Inkongruenz zwischen dem gefährlichen Virus auf der einen Seite und dem harmlosen Gegenstand auf der anderen. Beliebt zum Beispiel ist der Massageball als Virus, der nicht nur als einzelnes Bild, sondern auch als Teil eines Comics mit komischer Narrativierung Verwendung findet.

Konkret kann hier die Zeichnung von Mark Ormerod genannt werden, auf der ein Mann zu sehen ist, der in der Nacht hellwach auf seinem Bett sitzt und mit großen Augen zu einem eingeschlagenen Fenster schaut (vgl. Abb. 16.6). Dabei weist das kaputte Fensterglas in der Mitte die Form eines großen Monsters mit vielen Zacken auf, was zu der Schlussfolgerung führt, dass es sich bei diesem Monster um den Eindringling handeln muss. In der Hand jedoch hält der Mann einen kleinen grünen Ball mit Noppen und ruft überrascht aus „Das ist ein Massageball". Nach Immanuel Kant entsteht die Komik durch den „Affekt aus der plötzlichen Verwandlung einer gespannten Erwartung in nichts" (Kant 1913, S. 332). So stehen sich in diesem Beispiel die gespannte Erwartung vor dem großen bedrohlichen Erreger und die Auflösung in den kleinen nichtigen Ball gegenüber. Mit Blick auf die soziale Funktion dieser kreativen Arbeit aber reicht die Erklärung zur Inkongruenz nicht aus. Mit ihr verstehen wir zwar, was an den Abbildungen komisch wirkt, aber nicht, was uns diese Form der Abbildung bringt. Was also haben wir von einem

Abb. 16.6 Das Coronavirus als Massageball, Salzburger Nachrichten (Mark Omerod)

künstlerisch-komischen, von einem assoziativ-verspielten Umgang mit Corona-Darstellungen?

Die körperlichen Reaktionen wie Schmunzeln, Lächeln oder Lachen zeigen es bereits an: Zum einen sind sie alle weitgehend positiv konnotiert und zum anderen wirken sie sich – nach den auf William F. Fry zurückgehenden Studien der Gelotologie – gesundheitsfördernd auf unseren Organismus aus. Sie bergen mit anderen Worten ein entlastendes und befreiendes Potenzial, das von der Forschung so vielseitig untersucht wird, dass all die Ansätze zusammen unter dem Begriff der Entlastungstheorien, neben den Inkongruenz- und Überlegenheitstheorien, einen von drei großen Ansätzen in der Komiktheorie bilden. Als prominenter Vertreter der Entlastungstheorie gilt Sigmund Freud, der unter anderem die These vertritt, dass es sich beim Lachen um im Körper angesammelte Spannung handelt, die abgeführt wird. Konkret in Bezug auf das kreative Spiel oder die Lust am Unsinn schreibt er, dass wir lachen, weil wir einem Hemmungsaufwand entgehen. Mit der Sozialisierung in den Kindheitstagen haben wir gelernt, unernste, unsinnige, unvernünftige Impulse zu unterdrücken; wenn wir das nicht mehr tun, werden unterdrückte Lustquellen wieder frei. Die Spannung weicht oder entlädt sich gewissermaßen im Lachen (vgl. Freud 1997, S. 101 ff.). Nun ist die gesellschaftliche Anspannung gerade in Krisen- oder Pandemiezeiten ohnehin besonders hoch und so verwundert es nicht, dass Praktiken wie das Spielen, das freie Assoziieren oder auch das Produzieren von Nonsense an Wichtigkeit gewinnen. Mit der Metapher vom Coronavirus als Massageball werden die Auswirkungen des Virus auf den Körper positiv gedreht und somit ad absurdum geführt. Auch wenn einzelne Bilder die gesamtgesellschaftliche Lage nicht ändern werden, so dienen sie doch der zumindest kurzzeitigen geistigen und körperlichen Entspannung der Rezipient*innen.

16.4 Die visuelle Identität der Pandemie und ihrer Ausbreitung

Um den zeitlichen Verlauf und die räumliche Ausbreitung der Pandemie darzustellen, werden vorwiegend visuelle Modelle, die den exponentiellen Verlauf der Infektionen und die potenziellen Auswirkungen von Gegenmaßnahmen anschaulich machen, sowie Geovisualisierungen und Achsendiagramme eingesetzt. Oft lassen sich auch viele dieser Darstellungen in einer Kombination finden, um ein umfassendes Verständnis der Entwicklung und aktuellen Lage zu ermöglichen.

,Kurzfassungen' einzelner Graphen (die häufig noch die Option der Vergrößerung aufweisen) werden meist als einfache Linie ohne X- und Y-Achse dargestellt, wie eine Art Fingerabdruck eines Landes oder einer Region. Das ermöglicht eine scheinbare Vergleichbarkeit; jedoch höchstens für die zeitlichen Verhältnisse des Anwachsens und Abflachens des Infektionsgeschehens und nicht zur Einschätzung der Schwere der jeweiligen Infektionsverläufe.

Die Bewegung des Kurvenverlaufs ist zeitlich linear: Der zukünftige Kurvenverlauf lässt sich nicht ohne Weiteres vorhersagen. Dadurch entstehen psychologische Effekte, die manipulativ sein können. Zudem ändern sich die statistischen Daten, weil sie sich den aktuellen wissenschaftlichen Erkenntnissen anpassen. Abstrakte Begriffe zu visualisieren bedeutet einerseits, dass viele Informationen auf einen Blick erkannt werden sollen; andererseits können Ausnahmen, Paradoxien oder Ungewöhnlichkeiten nicht erfasst werden. Ähnlich wie sich die Darstellung der Daten verändert, hat sich insofern auch der Inhalt der Daten verändert.

Die Exponentialfunktion, die noch keinen Scheitelpunkt besitzt (ein Punkt, an dem die Kurve ihre Richtung ändert), verweist zunächst nur nach oben. Ein Endpunkt wird nicht sichtbar, wenn sich die Daten konstant fortsetzen, mit denen die Kurve gespeist wird. Das exponentielle Wachstum lässt sich ohne direktes Einbeziehen der zugrunde liegenden Daten als natürliche Exponentialfunktion (mit der eulerschen Zahl als Basis) darstellen. Deshalb lässt sich mit einer Wachstumsspitze sehr schnell, vor allem im Kontext der besonders in den ersten Monaten der Pandemie in vielen (sozialen und professionellen) Medien dominierenden Flatten-the-Curve-Argumentation, eine verschobene und gespiegelte Normalparabel abbilden.[3] Diese schließt den Scheitelpunkt und die Möglichkeiten eines schwächeren Verlaufs mit ein. Dabei werden ideale mathematische Bedingungen dargestellt, die bei der Kurvendiskussion anhand empirischer Daten selten so ausgewertet werden können. Bei der visuellen Darstellung wird die Parabel gestaucht, weil die Normalparabel (x^2) mit einem Wert a, der zwischen 0 und 1 liegt, multipliziert wird. Diese Bedingungen müssen aber vor dem pandemischen Ausbruch geschaffen werden; nach dem Ausbruch lassen sich diese Werte nur bedingt anpassen. Auch unklar ist in Bezug auf Streckung und Stauchung der Parabel, wie der Grenzwert, unter dem der Scheitelpunkt liegt, bestimmt werden soll.

Die Farbdarstellung der Kurve verstärkt den Eindruck, dass es eine ‚akzeptable‘ (okayish) und eine ‚schlechte‘ (bad) Kurve gibt. Im *Kurzgesagt*-Video *The Coronavirus Explained & What You Should Do* wird die ‚schlechte‘ Normalparabel rot dargestellt mit dem Bild einer erschöpften und schwitzenden Krankenhausmitarbeiterin. Die gestauchte Parabel dagegen erscheint grün und greift damit eine Ampel-Farbsymbolik auf. Das Video weist auch auf die Bedingungen hin, die vor dem Ausbruch geschaffen sein müssen: „The questions of how pandemics end depends on how they start" (ebd., 07:46) und „If they start slow with a not so steep slope they end okayish" (ebd., 07:50).

In den statistischen Visualisierungen geografischer Ausbreitungsmuster scheinen sich zwei unterschiedliche Darstellungsweisen durchzusetzen. In der einen Darstellungsweise werden klare Länder oder Landeskreisgrenzen übernommen und die entsprechenden geografischen, nationalen oder politischen Bereiche unterschiedlich eingefärbt – so etwa die Deutschland-Karte im Dashboard des Robert-Koch-Instituts (Abb. 16.8) oder in der Corona-Statistik auf sueddeutsche.de Die andere Darstellungsweise setzt auf Kreise, deren Durchmesser aus jedem Gebiet heraus mit zunehmenden Infektionszahlen anwächst – so

---

[3] Vgl. u. a.: https://flowingdata.com/2020/03/18/how-to-flatten-the-curve-a-social-distancing-simulation; https://nbcpalmsprings.com/2020/04/01/what-does-it-mean-to-flatten-the-curve; https://www.huffpost.com/archive/ca/entry/flatten-the-curve-coronavirus-canada_ca_5e6ab55fc5b6dda30fc5cfb1 [letzter Zugriff: 03.02.2021].

weit, dass diese Kreise die Grenzen ihres jeweiligen Gebietes oder sogar sich gegenseitig überschneiden. Dies ist etwa der Fall im Dashboard der Johns Hopkins University (Abb. 16.8) oder in der statistischen Übersicht auf zeit.de (Abb. 16.8). (Abb. 16.7).

Die erste Darstellungsweise fällt zum einen durch die klar gesetzten Grenzen einzelner Gebiete auf und zum anderen durch ihre Einfärbung. In beiden Beispielen wird eine feinstufige Skala von hellen Gelb- und Brauntönen bis hin zu tiefroten Farbtönen genutzt (einige Medien verwenden zusätzliche, z. B. graue Einfärbungen für besonders wenig betroffene Gebiete), um das Infektionsgeschehen der Gebiete zu differenzieren. Gerade über die Färbungen erinnern diese Arten von Visualisierungen etwa an Wetter-, Klima- oder Temperaturkarten – nur, dass hier kältere Blau- oder ‚angenehme' Grüntöne wegfallen. Das Bild, das sich von Deutschland und der Welt ergibt, ist ein Bild zunehmender tatsächlicher ‚Hotspots' – von Gebieten, in denen es mit zunehmender Rotfärbung immer ‚heißer' wird. Im hier beispielhaft genutzten Stand vom 05. November 2020 zeigt sich so ein breiter Gürtel, der sich von Bayern entlang der südwestlichen Grenze Deutschlands bis hinein nach Niedersachsen zieht. Die Färbung bringt dabei auch einen metaphorischen Gehalt mit sich: Rot dient nicht nur als Signalfarbe, die sich auch durch die enorme Verbreitung des Eckert/Higgins-Modells als salientes Charakteristikum im visuellen Diskurs zu COVID-19 etabliert hat, sondern gleichsam als Marker hoher Temperatur. Das Bild ist somit auch ein symptomatisches: Deutschland hat Fieber, das von Südwesten her aufzusteigen beginnt.

Gleichzeitig bleiben die einzelnen Landeskreise klar voneinander abgegrenzt; in ihrem Infektionsgeschehen nähern sie sich optisch allein durch ihre Einfärbung einander an. So wird etwa der Landkreis Wartburgkreis zu einer einsamen Insel in der Mitte Deutschlands im RKI-Dashboard durch ein helles Gelb und auf sueddeutsche.de in einem neutralen Grau gefärbt, umgeben von roten oder braunen Einfärbungen. Diese Visualisierung stellt ein Ausbruchsgeschehen her, das scheinbar vor Landesgrenzen Halt macht.

Anders verhalten sich die Visualisierungen der Johns Hopkins University und auf zeit. de. Die größer werdenden Kreise, die aus jedem Gebiet hervorgehen, dieses übertreten und sich gegenseitig überschneiden, lassen nationale, geografische und politische Gebiete miteinander verschmelzen. Die Visualisierung erinnert an wachsende Zellkulturen in Petri-Schalen und drückt somit ein ganz eigenes Verständnis des Infektionsgeschehens aus: Der Fokus liegt hier – trotz der roten Färbung der Kreise in beiden Karten und der zumindest minimalen (und mit zunehmendem Infektionsgeschehen verschwindenden) Differenzierung in rote und graue Kreise, etwa auf zeit.de – nicht auf Metaphorisierungen von Temperatur und der damit verbundenen Fieber-Symptomatik. Die Petri-Schalen-Ansicht mag die Betrachtenden viel eher an den Prozess der Kontaminierung selbst erinnern.

Indem Deutschland zur Petrischale wird, wächst das Infektionsgeschehen einer Bakterienkultur gleich mit eigener Bewegungskraft an. Das Virus breitet sich in diesen Visualisierungen von einzelnen Punkten ungehindert über Grenzen hinweg aus; das Infektionsgeschehen eines Landkreises kann dabei das eines anderen überdecken oder verschlucken. Besonders deutlich ist dies im Falle von Berlin auf der Grafik von zeit.de zu sehen: Der Kreis der Hauptstadt ist am 05.11.2020 bereits so groß geworden, dass er in

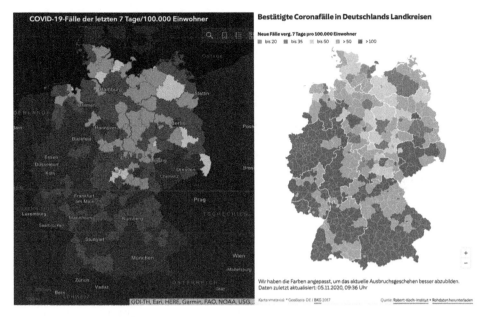

Abb. 16.7 Deutschland-Karte im Dashboard des Robert-Koch-Instituts, Screenshot vom 05. November 2020; Deutschland-Karte auf sueddeutsche.de, Screenshot vom 05. November 2020)

alle umgrenzenden Landkreise hineinragt. Ein vergleichender Blick auf die Grafik der Süddeutschen Zeitung (Abb. 16.8) zeigt, wie sehr sie sich in ihrer Dramatik unterscheiden: Ist Berlin in der Landesgrenzen-Ansicht ein kleiner dunkelroter Fleck umgeben von gelben und braunen Gebieten, wird die Hauptstadt in der Petri-Schalen-Ansicht zum roten Leuchtfeuer inmitten der scheinbar letzten verbliebenen, unberührten weißen Flecken der Landkarte. Viel deutlicher treten damit in der Petri-Schalen-Ansicht Epizentren des Ausbruchsgeschehens hervor; so etwa die USA oder Europa in der Weltkarte der Johns Hopkins University oder das Köln-Ruhr-Gebiet oder München und Umgebung in der Darstellung auf zeit.de.

Unabhängig von den Unterschieden einer klaren Grenzziehung und einer kreisförmigen Ausbreitung ähneln sich alle vier genannten Visualisierungen in ihrer Art und Weise, die Benutzer*innen haptisch anzusprechen und zu involvieren. Die Landkarten bleiben nicht nur durch ihre tägliche Anpassung an die aktuelle Datenlage von Neuinfektionen, Todesfällen oder Inzidenzzahlen in permanenter Bewegung, sondern lassen sich selbst durch die Benutzer*innen in Bewegung versetzen. Die Landkarte auf sueddeutsche.de lässt etwa beim Überfliegen mit der Maus zusätzliche Informationen in Pop-Ups erscheinen. Diese liefern für jeden Landkreis Informationen zu den Fällen der letzten 7 Tage je 100.000 Einwohner*innen, der Gesamtzahl von Fällen einer Woche, die ggf. abweichende Inzidenz vom RKI, die Todeszahlen und eine Sterblichkeitsrate in Prozent. Das RKI-Dashboard liefert ähnliche Informationen, ebenfalls über Pop-Ups, die jedoch erst durch einen Mausklick geöffnet werden. Auch das Johns-Hopkins-Dashboard arbeitet mit Pop-Ups, die über Klicks aktiviert werden, ebenso die Petri-Schalen-Ansicht auf zeit.de. Hier ist es, ähnlich

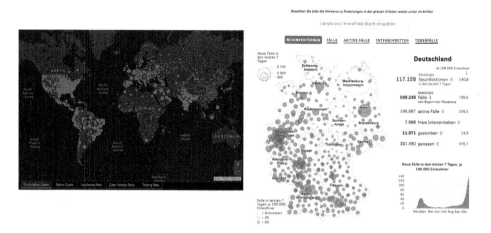

Abb. 16.8 Ausbreitung der Pandemie in Form von Kreisen, Dashboard der John Hopkins University, Screenshot vom 05. November 2020; statistische Übersicht auf zeit.de, Screenshot vom 05. November 2020

wie in der Süddeutschen, nicht erst ein Mausklick, sondern bereits das Berühren eines Landkreises mit dem Mauszeiger, das die Visualisierung beeinflusst: Der Kontrast der hellgrauen Landesgrenzen zum weißen Hintergrund erhöht sich und reaktiviert so die unter den roten Kreisen durchschimmernden Landesgrenzen. Auch hier erscheint ein Pop-Up und zeigt den Namen des Landkreises, das zugehörige Bundesland, die dortigen Neuinfektionen innerhalb der letzten 7 Tage sowie die Inzidenz je 100.000 Einwohner*innen.

Ein Klick auf einen Landkreis aktualisiert wiederum eine Detailansicht auf der rechten Seite, die zusätzlich Zahlen zu den aktiven Fällen, freien Intensivbetten, Verstorbenen und Genesenen sowie einen weiteren, stark abstrahierten, linearen Graphen, der An- und Abstiege der Neuinfektionen der letzten 7 Tage je 100.000 Einwohner*innen zeigt. Auch dieser lädt zur ‚Berührung' ein: Die X-Achse ist auf den ersten Blick zwar durch Striche zergliedert, jedoch nicht mit Werten beziffert; der Graph ist somit unlesbar. Erst das Schweben des Mauszeigers über den Graphen aktiviert neue Pop-Up-Fenster, die Daten zu den einzelnen Tageseinträgen liefern und somit die X-Achse über die Bewegungen der Benutzer*innen in die Grafik einschreiben. Entsprechend ihrer zeitlichen Werte (eingetragen sind einzelne Tageswerte seit dem 27.01.2020) gestaltet sich dieses (technisch vermittelte) haptische Eintauchen der Benutzer*innen in die Grafik als ein zeitliches Gleiten entlang der Kurve: Es ist ihre Bewegung, die die Intervalle und die Dauer des Graphen freilegt und somit einen An- oder Abstieg der Ziffern in den Pop-Up-Fenstern realisiert. (Ähnliche Interaktionen mit Graphen bieten alle anderen genannten Quellen an, auch wenn diese nicht immer unmittelbar mit geografischen Visualisierungen gekoppelt sind.)

Diese Möglichkeiten haptischer Interaktionen, die zeitweise wie etwa im Detailgraphen auf zeit.de gar zur Notwendigkeit werden, um eine Lesbarkeit der Visualisierung herzustellen, stellen ein besonderes Verhältnis zum Infektionsgeschehen her: Die Landkarte und die Petrischale werden zu einer visualisierten Datenlage, die durch Berührungen und Bewegungen wie die des Anklickens und Eintauchens, des Entlanggleitens, des Vergrößerns oder Verkleinerns, des Einschneidens und Heraushebens aktualisiert und damit gedeutet werden. So sehr der erste Blick auf die Petrischale oder Landkarte den Anschein eines Überblicks bieten mag, umso mehr offenbaren sie sich bloß als Einstiegspunkt einer eigenen, zeitlichen Auseinandersetzung mit den Daten, in der aus Betrachter*innen Benutzer*innen werden. Diese Benutzer*innen realisieren sich in ihrer Erfahrung mit diesen Visualisierungen gleichsam ganz unmittelbar als Interpret*innen der Infektionslage: Ihre Bewegungen sind es, die aus den Daten eine Bedeutung herstellen.

16.5 Kontexte, Funktionen, Interpretationen der visuellen Identität der Pandemie

Die kurvenartige Darstellung der Infektionszahlen in Zusammenhang mit dem Hashtag #flattenthecurve wurden vor allem zu Beginn der Pandemie und mit den ersten Initiativen zur Eindämmung in den sozialen Medien verbreitet und daraufhin von traditionelleren Print- und Digitalmedien übernommen. Im späteren Gebrauch des Hashtags ist vor allem auf Twitter festzustellen, dass er immer öfter auch ohne kurvenartige Visualisierung zu finden ist.

Innerhalb früher einzelner Postings in den sozialen Medien übernehmen die Visualisierungen des Anstiegs der Infektionszahlen zwei unterschiedliche Funktionen. Zum einen dient die Kurve selbst als Informationsgrafik dazu, den Hashtag und die dahinter liegende Botschaft genauer zu erklären, d. h. zu verdeutlichen, inwiefern und warum die Kurve der Infektionszahlen abgeflacht werden soll. In diesem Fall übernimmt das visuelle Element der Grafik in der Kombination mit der geschriebenen Sprache des Hashtags eine elaborierende Funktion, die der verbalen Semantik des Hashtags weitere, je nach Abstraktionsgrad der Kurve sehr implizite Informationen hinzufügt, die aus der Kombination der visuellen Elemente in der Grafik teilweise sehr unterschiedlich herausgelesen werden können.

Neben dieser informativen Funktion weist die Kombination von Hashtag und Kurvenvisualisierung auch eine starke persuasiv-argumentative Funktion auf, die natürlich vor allem dazu aufruft, dem durch den Hashtag ausgedrückten imperativen Aufruf zu folgen. Dabei lässt sich das multimodale Konstrukt aus Grafik und Hashtag als bekannte Aussage und möglicherweise sogar ganzes Argument fassen, das in den unterschiedlichsten Kontexten die immer gleichen abstrakten visuellen Details aufweist und so argumentativ überzeugend bleibt.

Allerdings sind diese Pandemie-Visualisierungen ebenso auf vielfache Weise problematisch: Die Karten und Achsendiagramme suggerieren eine Vergleichbarkeit von Daten, die nicht gegeben ist, weil die Fallzahlen in den einzelnen Ländern und zu verschiedenen Zeitpunkten sehr unterschiedlich erfasst werden. Auch Visualisierungen länderbezogener, kumulativer und absoluter Daten können in diesem Sinne problematisch sein, etwa, wenn in den Karten die in der Mitte einzelner Länder platzierten Kreise stetig wachsen und schließlich einen Großteil der Karte verdecken oder wenn in Kurvendiagrammen nur Länder mit hohen absoluten Fallzahlen sichtbar sind. Grundsätzlich wird also die

Simplifizierung den komplexen Sachverhalten nicht gerecht; sie bietet lediglich die Möglichkeit, einem nicht mathematisch geschulten Publikum das Prinzip anschaulich zu erklären und den Inhalt einprägend zu vermitteln, wie Florian Eyert erläutert:

> Modelle sind mit Stans van Egmond und Ragna Zeiss als ‚performative boundary objects' zu verstehen, also als Gegenstände, die der Kommunikation zwischen verschiedenen Realitätssphären – etwa zwischen Wissenschaft und Politik – dienen und diese Sphären dabei aktiv verändern (Eyert 2020, S. 84).

Diese Kommunikation vollzieht sich von der mathematisierten Modellbildung der Epidemiologie über die politischen Entscheidungen und ihre mediale Vermittlung zu den Rezipient*innen, die jene Modelle in sozialen Medien weiter kommunizieren. Neben dem Vorteil eines Versuchs niedrigschwelliger Kommunikation impliziert dies allerdings auch den Nachteil, dass die Modelle oder ihre argumentative Stringenz angezweifelt werden.

Prinzipiell lässt sich die Argumentation auf folgende Punkte zusammenfassen: Zum einen muss das exponentielle Wachstum bis zum Punkt der natürlichen Korrektur (Bevölkerungsgrenze) verhindert werden. Zum anderen muss die natürliche Kurve durch Verhaltensweisen wie das Tragen von Masken, das Einhalten von sozialer Distanz und das Vermeiden von Spreading-Ereignissen abgeflacht werden. Der erste Punkt wird durch die Bedrohung der großen Zahl (oder der steilen Kurve) unterstrichen, der zweite Punkt durch die Flatten-the-Curve-Ikonografie. Das simplifiziert dargestellte mathematische Modell als Signifikat und der argumentative Inhalt als Signifikant werden zu einer neuen symbolischen Einheit und können im Kontext des Roland Bartheschen Systems der Metasprache (vgl. Barthes 1964, S. 92 f.) kommuniziert werden. Die Darstellung entfernt sich von ihrer ursprünglichen modellhaften Anschauung komplexer mathematischer Phänomene. Dabei scheint jenes Symbol ein einfaches Erklärungsmuster zum Lösen der Pandemie anzubieten: Ist die Kurve abgeflacht, sind die Menschen gerettet bzw. das Gesundheitssystem bricht nicht zusammen. Im Ziel, Kompliziertes zu vereinfachen, entsteht eine dialektische Spannung, nämlich dass jene Vereinfachung zum politischen Spielball mutiert. Dies kann durchaus dazu beitragen, dass die metasprachliche Konstruktion mit ihrer Simplifizierung an der Oberfläche eine ebenso einfache Lösung suggeriert, wie die Pandemie zu beenden wäre. In der Folge wird die Darstellung als Sinnbild wissenschaftlicher Erklärungen interpretiert. Diese Gleichsetzung wissenschaftlicher Theoriebildung, die nicht holistisch gedacht ist, mit dem politisierten Flatten-the-Curve-Hashtag begünstigt insofern auch das Zweifeln an den Maßnahmen zur Eindämmung des Virus.

16.6 Conclusio

Die unterschiedlichen Beobachtungen unseres kollaborativen Textes werfen Schlaglichter auf ein breites Feld zwischen Wissenschaftskommunikation, Aufklärung, Entertainment, Krisenberichterstattung und persönlichen Bewältigungsstrategien. Gewisse Darstellungen des Virus und der Pandemie haben sich mittlerweile zu typischen visuellen Tropen verfestigt und sind so zum Teil des kollektiven Bildgedächtnisses geworden. Nicht selten führen dabei die Komplexität und Dynamik der Entwicklungen zu visuellen Vereinfachungen, die im Idealfall der Anschaulichkeit und einem informierten und verantwortungsvollen Umgang mit der aktuellen Situation dienen. Häufig versetzen sie uns als virologische und epidemiologische Lai*innen aber auch in eine vermeintliche Gewissheit, die Lage zu verstehen und psychologisch kontrollieren zu können, oder, im Gegensatz, überfordern uns dramatisch und können so zu Furcht oder Verleugnung führen.

Literatur

Barthes, R. (1964): *Mythen des Alltags*. Frankfurt am Main: Suhrkamp.
Broni, K. (2020): Spread of the Coronavirus Emoji. In: Emojipedia (https://blog.emojipedia.org/spread-of-the-coronavirus-emoji) [letzter Zugriff: 21.02.2021].
Eckert, A./Higgins, D. (2020): ID#: 23311. In: PHIL (Public Health Image Library) (http://phil.cdc.gov/Details.aspx?pid=23311) [letzter Zugriff: 21.02.2021].
Eyert, F. (2020): Epidemie und Modellierung: Das Mathematische ist politisch. In: *WZB Mitteilungen 168*, S. 82–85 (https://bibliothek.wzb.eu/artikel/2020/f-23105.pdf) [letzter Zugriff: 21.02.2021].
Freud, S. (1997): *Psychologische Schriften*. Studienausgabe Band 4. Frankfurt am Main: Fischer.
Giaimo, C. (2020): The Spiky Blob Seen Around the World. In: *New York Times* (http://www.nytimes.com/2020/04/01/health/coronavirus-illustration-cdc.html) [letzter Zugriff: 21.02.2021].
Goodsell, D. S. et al. (2020): Integrative Illustration for Coronavirus Outreach. In: *PLoS Biol 18.8* (https://doi.org/10.1371/journal.pbio.3000815) [letzter Zugriff: 21.02.2021].
Kant, I. (1913): Kritik der Urteilskraft, Akademie-Ausgabe Band 5. Berlin: Georg Reimer.
LePan, N. (2020): Visualizing the History of Pandemics. In: *Visual Capitalist* (https://www.visualcapitalist.com/history-of-pandemics-deadliest) [letzter Zugriff: 21.02.2021].
Nguyen, N. et al. (2021): Modeling in the Time of COVID-19: Statistical and Rule-Based Mesoscale Models. In: *IEEE Transactions on Visualization and Computer Graphics 27.2*, S. 722–732 (https://doi.org/10.1109/TVCG.2020.3030415) [letzter Zugriff: 21.02.2021].
Ormerod, M. (2021): Missverständnisse rund um die Erreger (Zeichnung). In: Salzburger Nachrichten (https://www.sn.at/panorama/international/die-besten-corona-witze-darf-man-darueber-lachen-85465642) [letzter Zugriff: 21.02.2021].
o. V. (2020): 2019-nCoV: Erste Bilder vom Virus und Erkenntnisse zum klinischen Verlauf. In: *Ärzteblatt* (https://www.aerzteblatt.de/nachrichten/108909/2019-nCoV-Erste-Bilder-vom-Virus-und-Erkenntnisse-zum-klinischen-Verlauf) [letzter Zugriff: 21.02.2021].

Teil VI

Pandemiefilme und Computerspiele

„Darkness and Decay and the Red Death held illimitable dominion over all."

Zur Darstellung von Pandemien im Spielfilm

Tobias Helbig

Zusammenfassung

Im Gefolge von Wolfgang Petersens erfolgreichem Thriller *Outbreak* (1995) entstanden im 21. Jahrhundert zahlreiche Filme, die sich mit dem Ausbruch, dem Verlauf, der Bekämpfung und/oder den Auswirkungen einer Epidemie befassen. Obwohl diese Produktionen im Zuge der Coronakrise zum Teil beachtliche Popularität erlangten, legen sie nur selten Wert auf wissenschaftliche und medizinische Korrektheit und stehen eher in der Tradition des Katastrophenfilms oder des postapokalyptischen Films. Wie schon der literarische Prototyp dieses Genres, Daniel Defoes *A Journal of the Plague Year* (1722), verwenden die Filme das Motiv der Epidemie häufig allegorisch, etwa im Sinn politischer, kultureller oder moralischer Degeneration. Aus vielen einschlägigen Filmen sprechen zudem xenophobe Tendenzen und ein Unbehagen vor den Auswirkungen der Globalisierung.

Schlüsselwörter

Pandemiefilm · Wissenschaftsthriller · Allegorie · Epidemie · Corona · Outbreak · Contagion

---

Schlusssatz von Edgar Allan Poes Erzählung „The Masque of the Red Death" (1842).

T. Helbig (✉)
Alpen-Adria-Universität Klagenfurt, Klagenfurt, Österreich
E-Mail: t1helbig@edu.aau.at

© Der/die Autor(en), exklusiv lizenziert durch Springer Fachmedien Wiesbaden GmbH, ein Teil von Springer Nature 2022
A. Krewani, P. Zimmermann (Hrsg.), *Das Virus im Netz medialer Diskurse*, ars digitalis, https://doi.org/10.1007/978-3-658-36312-3_17

17.1 Epidemien als Motiv in Literatur und audiovisuellen Medien

„A very terrible and melancholy thing to see", mit diesen Worten beschrieb Daniel Defoe in seinem Roman *A Journal of the Plague Year* (1722) den Exodus der Londoner Bevölkerung angesichts der Bedrohung durch die 1665 ausgebrochene Pest (Defoe 1722, S. 10). Die dreihundert Jahre alte Erzählung, die lange Zeit für einen nicht-fiktionalen Tatsachenbericht gehalten wurde,[1] erinnert mit ihren akribischen Auflistungen der wöchentlichen Todesraten auf verblüffende Weise an die mediale Berichterstattung während der aktuellen Coronakrise. Einige Aspekte des Romans scheinen sogar die in diesem Zusammenhang aufgekommenen Verschwörungstheorien vorwegzunehmen. So heißt es in Kindlers Literatur Lexikon, der Erzähler bezweifle „die Richtigkeit der über die Todesfälle veröffentlichten Statistiken" und berichte „von der verfrühten Sorglosigkeit der Menschen" beim Abflauen der Seuche, zudem kämen „immer wieder [...] die Entstehung und Verbreitung von Gerüchten und der in der heimgesuchten Stadt blühende Aberglaube zur Sprache" (Kindler 1989, S. 479 f.).

Bekanntermaßen besaß Defoe ein ausgeprägtes Gespür für publikumswirksame Themen, und der Ausbruch einer blind wütenden Seuche bot in dieser Hinsicht ein enormes Potenzial, das auch von zahlreichen anderen Autor*innen genutzt wurde. Die Palette einschlägiger Texte reicht von Giovanni Boccaccios *Il Decamerone* (ca. 1350) über Edgar Allan Poes „The Masque of the Red Death" (1842), Thomas Manns *Der Tod in Venedig* (1911), Albert Camus' *La Peste* (1947) und Margaret Atwoods *The Handmaid's Tale* (1985) bis zu José Saramagos *Ensaio sobre a Cegueira* (dt. *Die Stadt der Blinden*, 1995), um nur einige wenige zu nennen.

Dank ihrer Thrillerqualitäten und allegorischen Deutungsmöglichkeiten wurden Pandemien auch häufig zum Gegenstand audiovisueller Medien. Sie sind in Fernsehserien und Videospielen präsent sowie insbesondere in Spielfilmen.[2] Filme, die sich mit dem Auslöser, dem Verlauf, der Bekämpfung und/oder den Auswirkungen einer Epidemie befassen, lassen sich typologisch als Variationen des Katastrophenfilms, des postapokalyptischen bzw. Endzeitfilms oder, im weitesten Sinne, des Horrorfilms einordnen. Sie bilden ein eigenes Subgenre, das wahlweise u. a. als „Seuchenfilm" (Wulff 2020a), „Pandemie-Thriller" (Vietzen 2020) oder „*Outbreak* narrative" (Wald 2008) bezeichnet wurde.

Einen ausgezeichneten Überblick über die 90-jährige Geschichte und die typologischen Spielarten dieser Filme bietet Hans Jürgen Wulffs 2020 erschienener Beitrag *Der Seuchenfilm: Epidemien und virale Infektionen im Film*. Obwohl Wulff feststellt, dass Epidemien „im Spielfilm nur selten thematisiert" wurden, und „die existenzielle Bedrohung,

---

[1] Vgl. hierzu u. a. Mayer 1990.

[2] Zu den jüngeren einschlägigen Fernsehserien gehören u. a. *The Walking Dead* (2010–), *Cordon* (2014–2016), *Helix* (2014–2015), *Containment* (2016), *The Rain* (2018–2020), *The Hot Zone* (2019–) und *Sløborn* (2020–). Videogames, die auf dem Motiv einer Epidemie oder Pandemie basieren, sind u. a. *Dead Island* (2011), *Plague, Inc.* (2012), *How to Survive* (2013), *Thief* (2014), *A Plague Tale: Innocence* (2019), *Overgrown: Genesis* (2020) sowie *Covid: The Outbreak* (2020).

die von der Seuche ausgeht, in der Filmgeschichte eine […] nachgeordnete Rolle spielt" (2020a, S. 2), umfasst seine Filmografie immerhin rund 250 Titel. Diese Filme verortet Wulff in einem breiten generischen Spektrum, das von fiktiven und fantastischen Sujets bis zu realitätsnahen und semi-dokumentarischen Spielfilmen reicht. Zu den fiktionalen Varianten zählt Wulff neben postapokalyptischen Szenarien auch zahlreiche Vampir- und Zombiefilme. Auf der anderen Seite der typologischen Skala steht der Wissenschaftsthriller, der „den Arzt und den Wissenschaftler als Heldenfiguren wiederentdeckt" (2020a, S. 6) und seinen Fokus auf eine realistische Darstellung legt. Wenn sich aber so unterschiedliche Genres unter dem *umbrella term* des Epidemiefilms vereinen lassen, ergibt sich die Frage, ob ein Zombiefilm wie beispielsweise *World War Z* (2013) eine vergleichbare Wirkungsabsicht verfolgen kann wie der Wissenschaftsthriller *Outbreak* (1995).

17.2 Der Epidemiefilm als Wissenschaftsthriller

Wie bereits deutlich wurde, wird der Begriff ‚Epidemiefilm' für sehr heterogene Phänomene verwendet. Die Auslöser einer Infizierung müssen in den entsprechenden Filmen keineswegs immer im mikrobiologischen Bereich liegen oder auch nur wissenschaftlich plausibel sein, wie auch Wulff bestätigt: „Tatsächlich finden sich vor allem im neueren Kino zahllose Beispiele für die Beliebigkeit, mit der das Virus als Auslöser […] gegen andere Verursachungen ausgetauscht werden kann." (Wulff 2020b, S. 9). Besonders beliebt als Verbreiter von Epidemien sind personifizierte Antagonisten wie außerirdische Invasoren, Vampire oder Zombies. Medizinisch basierte Wissenschaftsthriller, denen an einer realistischen Schilderung eines Pandemieverlaufs gelegen ist, sind dagegen vergleichsweise selten. Von seinen rund 250 erfassten Epidemiefilmen beschreibt Wulff (2020a) nur 14 explizit als Wissenschafts- bzw. Medizinthriller oder Medizindrama. Diese geringe Anzahl dürfte nicht zuletzt darauf zurückzuführen sein, dass die mikrobiologischen Antagonisten des Menschen unsichtbar bleiben – ein im visuellen Medium des Films nicht zu unterschätzender Nachteil. Dennoch gibt es einige herausragende Beispiele für derartige Medizinthriller. Als prototypisch kann hier der von Robert Wise inszenierte Science-Fiction-Klassiker *The Andromeda Strain* (1971) gelten. Der auf einem Roman von Michael Crichton basierende Film erzählt betont nüchtern und analytisch die Erforschung eines unbekannten, tödlichen Erregers durch ein handverlesenes Team von Wissenschaftlern. Der hochinfektiöse Organismus erweist sich als Einzeller außerirdischen Ursprungs, dessen Ankunft auf der Erde kein Zufall ist, sondern das Resultat planvoller Suche des U.S.-Militärs nach potenziellen Biowaffen. Diese beiden Aspekte – die fremdartige Herkunft des Erregers und die immanente Warnung vor einem militärischen Missbrauch – können als typisch für viele Pandemiefilme betrachtet werden. Dies gilt auch für den wohl bekanntesten Medizinthriller über eine Pandemie, Wolfgang Petersens paradigmatischem Film *Outbreak*.

Outbreak beginnt mit Kriegsszenen in Zaire (heute Demokratische Republik Kongo) zur Zeit der Söldnerrebellion von 1967. Donald McClintock (Donald Sutherland) und

Billy Ford (Morgan Freeman), zwei hochrangige Offiziere des U.S.-Militärs und Virusexperten des U.S. Army Medical Research Institute of Infectious Diseases (USAMRIID), inspizieren in Schutzanzügen ein Söldnercamp. Die dort untergebrachten Soldaten sind von einem tödlichen, Ebola-artigen Virus befallen. McClintock verspricht, umgehend medizinische Hilfsgüter einfliegen zu lassen, doch stattdessen lässt er das Camp durch einen Bombenabwurf auslöschen, nicht ohne zuvor eine Blutprobe eines der Erkrankten genommen zu haben. Wie man später erfährt, verfolgt er den Plan, aus dem Virus einen biologischen Kampfstoff zu entwickeln.

Als die Seuche dreißig Jahre später in derselben Region erneut ausbricht, entsendet General Ford den Virologen Colonel Sam Daniels (Dustin Hoffman), der ebenfalls am USAMRIID arbeitet, nach Zaire, um die Lage vor Ort zu sondieren. Alarmiert von der Aggressivität und Gefährlichkeit des Virus, kehrt Daniels in die USA zurück, um den Erreger zu analysieren und einen Impfstoff zu entwickeln. Um dies zu verhindern, wird er auf Betreiben McClintocks von der Forschungsarbeit abgezogen. Daniels missachtet jedoch seine Befehle und setzt den Kampf gegen das Virus auf eigene Faust fort. Parallel hierzu wird in einer Nebenhandlung gezeigt, wie ein infizierter Kapuzineraffe aus dem afrikanischen Seuchengebiet gefangen wird und auf einem Schiff in die USA gelangt, wo er schließlich in einem Wald in der Nähe des kalifornischen Städtchens Cedar Creek in Freiheit gelangt.[3]

An dieser Stelle wird eine ideologische Ebene erkennbar, die in vielen Pandemiefilmen nachweisbar ist. Cedar Creek ist als modellhafte amerikanische Kleinstadt konzipiert – eine blitzsaubere Idylle, in der augenscheinlich nur Menschen mit weißer Hautfarbe leben. Dieses ‚Wir' wird durch eine Krankheit kontaminiert, die ‚das Andere' repräsentiert, dessen Ursprung in dunkler Ferne liegt:

> Wer sich diese Filme ansieht, merkt auch, welche Narrative unsere Vorstellung von Pandemien prägen: Das gefährliche Virus kommt aus dem Dschungel von Asien oder Afrika, aus westlicher Perspektive also aus der nicht so richtig zivilisierten Welt, wo Mensch und Tier sich noch näher sind als bei uns. Von dort dringt es in die Zivilisation ein, beschleunigt von globalisierten Transport- und Handelswegen. (Hildebrand 2020)

So gesehen ist es bemerkenswert, dass das Virus in *Outbreak* seinen Ursprung im kongolesischen Dschungel hat, dem symbolträchtigen Schauplatz von Joseph Conrads Erzählung *Heart of Darkness* (1902). Die Interpretation, hierin eine (zumindest unterschwellig) rassistische Aussage von *Outbreak* und anderen Pandemiefilmen zu sehen, ist nicht ohne Weiteres von der Hand zu weisen. So spricht Bill Albertini in seiner Analyse von *Outbreak* von „a host of racist links between African (and other nonwhite) bodies and animals" (Albertini 2008, S. 447).[4]

---

[3] Der Film ignoriert die Tatsache, dass Kapuzineraffen in Mittel- und Südamerika, nicht jedoch in Afrika vorkommen.

[4] Die Verbindung zwischen dem Ausbruch von Epidemien und rassistisch begründeten Vorurteilen kann auf eine lange Geschichte zurückblicken: „In der Geschichte befeuerten Epidemien den Ras-

Der Ausbruch der Seuche in Cedar Creek wird filmtechnisch auf spektakuläre Weise visualisiert. Die Infektionskette beginnt bei einem Labortechniker, der erkrankt, während er unachtsam mit Blutproben hantiert. Erste Symptome zeigt er, als er am Abend das örtliche Kino besucht, und genau dort wird, gemeinsam mit dem Virus, die bis dahin neutrale Kamera entfesselt. Sie zeigt zunächst eine Detailaufnahme vom Mund des hustenden Technikers, gefolgt von einer mikroskopischen *Point-of-View*-Einstellung aus der Perspektive der umherschwebenden Hustentröpfchen. Gleichsam wie eines dieser Tröpfchen folgt die Kamera den Partikeln durch die Sitzreihen des Kinos und zeigt, wie eines von ihnen im Mund einer lachenden Frau landet (und implizit in den Atemwegen zahlreicher weiterer Kontaktpersonen). Aus einem Krankheitsträger werden so in Sekundenschnelle Dutzende Infizierter. Der selbstreflexive Ansatz, ausgerechnet einen Kinosaal als Verbreitungsort des todbringenden Virus zu wählen, verwischt effektiv die Trennlinie zwischen Fiktion und Wirklichkeit und führt dem realen Kinopublikum vor Augen, dass der unsichtbare Erreger jederzeit unerwartet zuschlagen kann.

Nach dem Ausbruch der Epidemie wird Cedar Creek vom Militär abgeriegelt und soll auf Befehl McClintocks mitsamt seiner zweieinhalbtausend Einwohner durch eine Bombe vernichtet werden. Daniels, der sich inzwischen ebenfalls in Cedar Creek aufhält, gelingt es jedoch, alles zum Guten zu wenden: Er stiehlt einen Armeehubschrauber, entkommt damit aus der belagerten Stadt, macht den entlaufenen Affen – das Wirtstier – ausfindig (vgl. Abb. 17.1) kann aus dessen Blut Antikörper isolieren und ein Serum herstellen, liefert sich zwischendurch eine halsbrecherische Verfolgungsjagd mit zwei Kampfhubschraubern, die ihn abschießen wollen, und verhindert schließlich unter Einsatz seines Lebens den Bombenabwurf auf Cedar Creek.

Wie diese kurze Synopse verdeutlicht, nimmt es der von Richard Prestons Sachbuch-Bestseller *The Hot Zone* (1994) inspirierte Film mit der Wahrscheinlichkeit nicht sehr genau. Dies gilt zum einen für den Protagonisten des Virologen, der sich wie ein Actionheld aufführt, vor allem aber für die Entwicklung eines Impfstoffs. Was in Wahrheit eine Frage von Jahren oder bestenfalls Monaten ist, geschieht hier innerhalb weniger Minuten, und die heilende Wirkung des Impfstoffs setzt wundersamerweise nahezu sofort ein. Obwohl *Outbreak* bei seinem Erscheinen als der bis dahin wohl realistischste Spielfilm über einen Epidemie Ausbruch galt, zeichnet der Film aus wissenschaftlicher Sicht ein wirklichkeitsfremdes Bild der Virenbekämpfung, das mit dem Alltag in der Coronakrise nur wenig zu tun hat.[5] Aufschlussreich sind aber die ideologischen Botschaften, die der Film verbreitet.

---

sismus oft. Während der Pestwelle in den Jahren 1348 bis 1353 und ihrer Ausbreitung in Europa wurden Juden beschuldigt, sie hätten sie durch Brunnenvergiftungen ausgelöst – was regelmäßig zu Pogromen in jüdischen Vierteln führte. In den Vereinigten Staaten wurden im 19. Jahrhundert irische und italienische Einwanderer beschuldigt, Cholera und Polio zu verbreiten. Mit der Verbreitung des Ebolavirus wurden dunkelhäutige Menschen in vielen Ländern der Welt anfälliger für Diskriminierung und Marginalisierung. Und 2020 waren Menschen asiatischer Herkunft rassistischen Angriffen ausgesetzt, da die ersten Fälle von Corona in China auftraten." (Lichtsteiner 21.12.2020)[7]

[5] Brian Amman, Seuchenexperte am amerikanischen CDC (*Centers for Disease Control and Prevention*), fasst seine Rezeption des Films so zusammen: „It's total chaos. It's a mess. It's pure Hollywood fiction." (Sarkisian 2020)

Abb. 17.1 Col. Sam Daniels (Dustin Hoffman) auf der Suche nach dem Wirtstier. (Screenshot aus *Outbreak,* © 2013 Warner Bros. Entertainment)

Neben dem bereits erwähnten latenten Rassismus propagiert der Film eine wissenschaftsaffirmative Haltung, indem er einen Mediziner bzw. Wissenschaftler (zumal mit einem Sympathieträger wie Dustin Hoffman besetzt) idealisiert und zum Helden stilisiert, der seine Forschung selbstlos zum Wohl der Menschheit betreibt. In einem von Angst beherrschten Umfeld wird der Wissenschaftler so zum Hoffnungsträger und Identifikationsobjekt. Er repräsentiert das ‚Wir' und dient als Garant für die Aufrechterhaltung der gesellschaftlichen Ordnung. Der gefährlichste Gegenspieler des Wissenschaftlers ist nicht das tödliche Virus, sondern ein Repräsentant des U.S.-Militärs. Dadurch wird nicht nur auf den stets drohenden Missbrauch wissenschaftlicher Forschung hingewiesen, sondern auch gängigen Verschwörungstheorien Nährboden geboten.[6]

Ungeachtet seiner genannten Defizite kommt *Outbreak* aber zweifellos das Verdienst zu, das Genre des Epidemiefilms aus der Nische der B-Movies in den Mainstream geführt zu haben. Nicht zuletzt dank eines Großaufgebots an Stars (Dustin Hoffman, Rene Russo, Donald Sutherland, Morgan Freeman, Kevin Spacey) war der Film bei seinem Erscheinen ein beachtlicher kommerzieller Erfolg. *Outbreak* besaß ein Budget von 50 Millionen Dollar und spielte an den Kinokassen knapp das Vierfache dieser Summe ein ($ 189,8 Mio.).[7] Im Frühjahr 2020, zu Beginn der Coronapandemie, wurde der 25 Jahre alte Film wiederentdeckt und zählte auf Streaming Plattformen zu den populärsten Filmen.[8]

---

[6] Gerüchte, wonach bestimmte Viren künstlich erzeugt, aus Forschungslabors entwichen und/oder als Biowaffen eingesetzt werden, tauchten u. a. im Zusammenhang mit HIV und COVID-19 auf.
[7] https://en.wikipedia.org/wiki/Outbreak_(film)#Critical_reception.
[8] https://en.wikipedia.org/wiki/Outbreak_(film)#Critical_reception.

Gleiches gilt für Steven Soderberghs *Contagion* (2011), der den von Wolfgang Petersen eingeschlagenen Weg in den Mainstream konsequent fortführte.[9] Auch Soderberghs Film setzte auf ein massives Staraufgebot (u. a. Marion Cotillard, Matt Damon, Laurence Fishburne, Jude Law, Gwyneth Paltrow und Kate Winslet) und wurde ebenfalls ein Erfolg an den Kinokassen.[10] In der kritischen Rezeption herrscht weitgehend Konsens darüber, dass *Contagion* den Pandemieverlauf und die wissenschaftlichen Gegenmaßnahmen akkurater darstellt als *Outbreak*.[11] Auch bei einem Vergleich mit der aktuellen Coronapandemie hält *Contagion* in den Augen der meisten Kritiker*innen einer Prüfung stand. So schrieb etwa Owen Gleiberman im Variety Magazine, *Contagion* „predicted, in eyebrow-raising, scientifically rigorous, this-could-be-happening-to-you detail, exactly what's happening to us right now". (Gleiberman 2020)

Dennoch folgt auch *Contagion* in mancher Hinsicht typischen Genrekonventionen. So ist es auch hier das ‚Andere', das am Beginn der Infektionskette steht. Diese beginnt bei einer Fledermaus, die durch Baumrodungen im chinesischen Urwald aus ihrem Lebensraum vertrieben wurde. Sie findet Zuflucht in einem Zuchtbetrieb für Schweine, wo sie ein Stück Banane fallenlässt, das von einem Schwein gefressen wird. Bald darauf begrüßt ein chinesischer Restaurantkoch, der gerade dabei ist, das Fleisch des nunmehr infizierten Tiers zu portionieren, die amerikanische Geschäftsfrau Beth Emhoff (Gwyneth Paltrow), ohne sich zuvor die Hände zu waschen (vgl. Abb. 17.2). Damit überträgt sich das Virus vom Tier auf den Menschen. Als Beth kurz darauf den Heimflug antritt, schleppt sie das Virus in die USA ein. Ebenso wie in *Outbreak* wird also die amerikanische Gesellschaft durch Kontakt mit einem fremden Kulturkreis kontaminiert.

Zu der latenten Xenophobie und dem Unbehagen vor einer fortschreitenden Globalisierung gesellt sich in *Contagion* noch eine moralische Dimension, weil Beth, kaum zurück auf amerikanischem Boden, außerehelichen Sex mit ihrem früheren Partner hat. Hierzu kommentiert Kathleen Hildebrand in der *Süddeutschen Zeitung*:

> Selbst das uralte Motiv der Krankheit als Strafe für Sünden ist noch da: Paltrows Figur ist auf ihrem Zwischenstopp in Chicago mit ihrem Ex-Freund fremdgegangen. Die Person, die das Virus in ‚unsere' Welt bringt, ist also eine untreue Frau – der personifizierte Kontrollverlust. Ihr braver Ehemann, gespielt vom amerikanischen Jedermann Matt Damon, überlebt. (Hildebrand 2020)

Die Bestrafung sexueller Aktivität, zumal außerehelicher, bildet seit jeher ein gängiges Klischee in Horrorfilmen und kommt auch hier zum Tragen.[12] Beth ist nicht nur die Pati-

---

[9] https://en.wikipedia.org/wiki/Contagion_(2011_film)#Renewed_popularity.

[10] Bei einem Budget von $ 60 Mio. spielte der Film $ 136 Mio. ein. Vgl. https://en.wikipedia.org/wiki/Contagion_(2011_film)#Release_and_box_office.

[11] Dieser Ansicht schließen sich auch Mediziner*innen an, vgl. beispielsweise die Kommentare des CDC-Seuchenexperten Brian Amman: https://www.youtube.com/watch?v=feGHmv_eDcw.

[12] Vgl. die Genrekonventionen des Horrorfilms, welche die Figur des Randy (Jamie Kennedy) in Wes Cravens *Scream* (1996) postuliert: „There are certain rules that one must abide by in order to successfully survive a horror movie. For instance, number one: you can never have sex." (1:08:55-1:09:05)

Abb. 17.2 Ein chinesischer Koch begrüßt und infiziert Beth Emhoff (Gwyneth Paltrow). (Screenshot aus *Contagion*, © 2012 Warner Bros. Entertainment)

entin null der bald ausbrechenden Pandemie, sondern wird auch deren erstes Todesopfer. Die in vielen Pandemiefilmen geschürte Angst vor dem geografisch und kulturell ‚Anderen' wird daher von Albertini zu Recht um mehrere Aspekte erweitert: „[O]utbreak narratives mark as dangerous those bodies othered in terms of race, sexuality, nationality, and/or gender." (Albertini 456)

17.3 Der Epidemiefilm als Allegorie

Die im vorigen Abschnitt behandelten Medizinthriller lassen sich als teleologische Narrative beschreiben, deren Beginn und Schluss durch den Ausbruch einer epidemischen Viruserkrankung und deren Eindämmung strukturiert sind. Allerdings gibt es zahlreiche weniger zuversichtliche Filme, die entweder ein offenes Ende besitzen, bei dem kein Sieg über das Virus gelingt, wie etwa in Danny Boyles *28 Days Later* (2002), oder die zwar dem konventionellen Schema von Ausbruch und Eindämmung folgen, dann aber in einer Art Coda einen erneuten Ausbruch der Krankheit andeuten, wie beispielsweise in dem Fernsehfilm *Fatal Contact: Bird Flu in America* (2006). In dem Aufkommen dieser pessimistischeren Varianten sieht Albertini eine Reaktion auf das nach wie vor unbesiegte HIV-Virus: „Perhaps in response [to HIV/AIDS], narratives in which the mystery of the emerging epidemic is never solved, or in which the solution does not yield a simple cure, have become more common." (2008, S. 445)

Solche pessimistischen Ausblicke finden sich hauptsächlich in Filmen, die eine Epidemie in einem allegorischen Sinn verwenden, wie es beispielsweise in dem von Neil Marshall inszenierten *Doomsday* (2008) der Fall ist, der die möglichen Folgen eines Epidemie Ausbruchs im zeitgenössischen Schottland schildert.[13] Die Eröffnungssequenz erweckt zunächst den Eindruck, als handele es sich um einen realistischen Medizinthriller. Die ersten Bilder des Films sind mit einem quasi-dokumentarischen voice-over-Kommentar unterlegt, der an die diversen Lockdowns erinnert, mit dem das gegenwärtige Coronavirus eingedämmt werden sollte:

> Wie bei so vielen Epidemien in der Vergangenheit war der Auslöser für das große Sterben ein einzelner, mikroskopisch kleiner Organismus. […] Das Killervirus […] breitete sich unter der Bevölkerung von Glasgow so schnell aus wie eine gewöhnliche Grippe. Es war nicht aufzuhalten. Es gab kein Gegenmittel, keinen Impfstoff. […] Um der Epidemie irgendwie Herr zu werden, […] wurden Straßensperren errichtet, Ausgangssperren verhängt. Alle Flug- und Seehäfen sowie alle Grenzen wurden gesperrt. Schottland wurde unter Quarantäne gestellt. Die Bevölkerung wurde angewiesen, nicht aus dem Haus zu gehen, und jeglichen Kontakt zu vermeiden. (0:00:33–0:02:05)[14]

Was 2008 noch wie Science-Fiction klang, wurde schon zwölf Jahre später von der Wirklichkeit eingeholt. Im Vergleich zu den Maßnahmen, die zur Eindämmung von Corona ergriffen wurden, sind die Vorkehrungen in *Doomsday* allerdings wesentlich drastischer. Entlang des ehemaligen Hadrianswalls wird Schottland zwei Monate nach Ausbruch der Seuche von England abgeriegelt. Die schwer befestigte Grenze wird vermint und mit martialischem Aufwand ohne Rücksicht auf zivile Verluste verteidigt. Anders als in der Coronakrise ist die Abschottung zudem nicht temporärer Natur, sondern als Dauerlösung konzipiert. Als die Seuche im Jahr 2035 in London ausbricht, wird eine englische Militärexpedition nach Schottland entsandt, in der Hoffnung, dort möglicherweise ein Gegenmittel zu finden. Stattdessen stoßen die Soldaten bei ihren nördlichen Nachbarn jedoch auf eine böse Überraschung: Als Folge der dreißig Jahre währenden Isolation ist die schottische Zivilisation zu einer archaischen Stammeskultur degeneriert, die primitive Rituale bis hin zum Kannibalismus pflegt. Die filmische Darstellung der schottischen Gesellschaft macht Anleihen bei der postapokalyptischen *Mad Max*-Filmreihe: Tätowierte Schotten mit Irokesenschnitten und mittelalterlichen Waffen trotzen den hochgerüsteten englischen Eindringlingen (vgl. Abb. 17.3) und ihre kulturellen Errungenschaften reduzieren sich anscheinend auf Mischformen aus Rockkonzerten und *music hall*-Revuen, wo Männer in Kilts Can-Can tanzen (0:45:20–0:47:25).

Die karnevalesken Auswüchse dieser Zukunftsvision machen deutlich, dass es Regisseur und Drehbuchautor Neil Marshall, entgegen der zunächst geweckten Erwartungen,

---

[13] Die historische und die fiktionale Zeit liegen hier sehr dicht beieinander. *Doomsday* hatte seine Uraufführung in den USA am 14. März 2008, in Großbritannien am 9. Mai 2008. In der *story time* des Films bricht die Epidemie am 3. April 2008 aus.

[14] Die Timecodes beziehen sich auf die DVD *Doomsday: Tag der Rache*, Concorde Home Entertainment, 2008.

Abb. 17.3 Schottische Krieger. (Screenshot aus *Doomsday*, © 2008 Concorde Home Entertainment

nicht um die plausible Schilderung einer Epidemie ging, als er seinen Film konzipierte. Man könnte *Doomsday* treffender als satirisches Gedankenspiel beschreiben, ausgehend von der Frage, ‚Was wäre, wenn man die Schotten dreißig Jahre lang sich selbst überlässt?' Die polemisch überspitzte Antwort des Films ist eine apokalyptische Vision, in der das schottische Volk technologisch, kulturell und sozial degeneriert und sich, wie es einer der englischen Elitesoldaten formuliert, zu „Wilden" (0:39:50) zurückentwickelt. Die allegorische Dimension dieses Gedankenspiels ist nur schwer zu übersehen, zumal der Film 2008 entstand, in einer Zeit hitziger politischer Debatten um die schottische Unabhängigkeit und nur sechs Jahre vor dem ersten schottischen Unabhängigkeitsreferendum. Die Internetseite „scotsman.com" stellt daher zutreffend fest: „Marshall's premise of a Scotland abandoned to anarchy by a corrupt political elite in London must offer some scope for allegory" (The Newsroom, 2008). Neil Marshall selbst sprach im selben Zusammenhang von „independence taken to its extreme." (The Newsroom, 2008)

So wie im vorliegenden Fall Schottland sinnbildlich vom ‚Virus' der Unabhängigkeit befallen wird, ist die Darstellung von Epidemien in Spielfilmen häufig allegorisch zu deuten. Das klassische Beispiel hierfür bietet Don Siegels *Invasion of the Body Snatchers* (1956), wo die Bewohner*innen einer kalifornischen Kleinstadt durch kosmische Organismen infiziert werden, die ihre Opfer töten und durch empathielose Doppelgänger ersetzen. Viele Kritiker interpretierten diese Verwandlungen als Sinnbild einer ideologischen Unterwanderung, ähnlich wie in Eugène Ionescos ein Jahr später erschienenem Drama *Rhinocéros* (1957). Wie eine Filmbesprechung der BBC zusammenfasst, bot die Frage, welche konkrete Ideologie dabei gemeint war, durchaus Spielraum für unterschiedliche Auslegungen: „The sense of post-war, anti-communist paranoia is acute, as is the temptation to view the film as a metaphor for the tyranny of the McCarthy era." (Wood, 01.05.2001)

Noch interpretationsoffener sind Epidemiefilme, deren Handlungen, unabhängig von konkreten politischen Kontexten, sich der conditio humana im Allgemeinen zuwenden. Hierzu zählen u. a. die Filme *Blindness* (2008) und *Perfect Sense* (2011), in denen die menschlichen Sinneswahrnehmungen durch Viren teilweise oder ganz ausgeschaltet werden. Die Konsequenzen und die Reaktionen der staatlichen Autoritäten auf die Infektionen unterscheiden sich in beiden Filmen gravierend.

Fernando Meirelles' *Blindness* (2008), der auf dem Roman *Die Stadt der Blinden* des portugiesischen Nobelpreisträgers José Saramago basiert, spielt in einer nordamerikanischen Großstadt,[15] deren Einwohner*innen ihr Sehvermögen verlieren. Die Betroffenen nehmen dabei keine schwarze Finsternis wahr, sondern ein undurchdringliches, grelles Weiß, als würde man, wie es einer der Infizierten beschreibt, durch Milch schwimmen – ein visueller Effekt, den die Kamera gelegentlich simuliert und das Filmpublikum dadurch die Perspektive der Erblindeten teilen lässt. Zunächst ist es nur ein japanischer Autofahrer, der mitten im Stadtverkehr erblindet, doch schon bald geschieht dasselbe mit seiner Frau, seinem Augenarzt und zahlreichen weiteren Menschen, mit denen er in Kontakt war. Anschließend verbreitet sich das Phänomen explosionsartig. Als klar wird, dass ein hochinfektiöses Virus für die Erblindungen verantwortlich ist, kommt es zu einer politischen Reaktion, die derjenigen in dem nahezu zeitgleich erschienen Film *Doomsday* ähnelt.[16] In beiden Fällen erfolgen keine erkennbaren Versuche, das Virus zu bekämpfen oder die betroffenen Patient*innen zu therapieren. Stattdessen verfolgt die Politik lediglich das Ziel, die Infizierten zu isolieren und einen Ausbruch aus dieser Isolation mit militärischen Mitteln zu verhindern, wobei die wachhabenden Soldaten beim geringsten Anlass rücksichtslos von ihren Schusswaffen Gebrauch machen. Zwar wird in *Blindness* keine großflächige geografische Region abgeriegelt wie in *Doomsday*, doch werden auch in diesem Fall die betroffenen Personen in menschenunwürdigen Zuständen sich selbst überlassen. Der Film, der erstaunlich negative Rezensionen provozierte,[17] folgt dem Schicksal einiger Dutzend Menschen, die in einer leer stehenden, gefängnisartigen Anstalt kaserniert werden. Ähnlich wie in William Goldings Roman *Lord of the Flies* (1954) sind anfängliche Versuche der Isolierten, demokratische Prinzipien aufrecht zu erhalten, letztlich zum Scheitern verurteilt, und schon bald regieren Anarchie und Faustrecht.

Ebenso wie in *Doomsday* liegt die Priorität der staatlichen Maßnahmen also nicht auf der Heilung der Infizierten, sondern auf dem Schutz der Gesunden. In beiden Filmen erweist sich dieser Weg als kontraproduktiv. Für die Infizierten bedingt die Isolation eine

---

[15] Bei der anonymen Stadt, in der der Großteil der Handlung spielt, handelt es sich um das kanadische Toronto.

[16] *Doomsday* wurde am 14. März 2008 uraufgeführt, *Blindness* feierte am 14. Mai 2008 Premiere beim Filmfestival in Cannes.

[17] Der Filmkritiker Roger Ebert schrieb zu *Blindness* einen vernichtenden Verriss: „‚Blindness' is one of the most unpleasant, not to say unendurable, films I've ever seen. It is an allegory about a group of people who survive under great stress, but frankly I would rather have seen them perish than sit through the final three-quarters of the film. Not only is it despairing and sickening, it's ugly." (2.10.2008)

soziale und psychische Degeneration und mündet in einen Abstieg in die Niederungen von Gewalt, Raub, Vergewaltigung, Mord und Kannibalismus. Die politische Strategie wird zudem dadurch untergraben, dass die Isolierung der Kranken in keinem der Filme eine weitere Ausbreitung des Virus verhindern kann. Auch in der aktuellen Coronapandemie setzt die internationale Politik vorrangig auf eine Strategie der Isolation. Zwar wurden dabei keine der aus den genannten Filmen bekannten Eskalationsstufen beschritten – Internierung, militärische Gewalt oder gar, wie in Breck Eisners Film *The Crazies* (2010), nukleare Bombardierung von betroffenen Gebieten – wohl aber wurden Bürgerrechte teils massiv eingeschränkt. Quarantäne, Ausgangssperren, Reise- und Versammlungsverbote, Kontaktbeschränkungen und Abstandsregeln wurden allerdings in der Regel von einem breiten politischen und gesellschaftlichen Konsens getragen.

Die allegorische Dimension von *Blindness* tritt vor allem in der anonym bleibenden Protagonistin des Films (Julianne Moore) zu Tage.[18] Als einzige Figur bleibt sie vom Verlust des Sehvermögens verschont und wird so zur sprichwörtlichen Sehenden unter Blinden. Der Film knüpft damit an H.G. Wells' allegorische Erzählung „The Country of the Blind" (1904) an, deren Protagonist Nuñez sich ebenfalls unfreiwillig in einer Gemeinschaft blinder Menschen wiederfindet. Während der aufgeklärte Nuñez letztlich an der Ignoranz und am Aberglauben der mit Blindheit geschlagenen Menschen scheitert, endet *Blindness* optimistischer. Dank ihrer Sehkraft kann die Protagonistin ihre Gefolgschaft aus deren dunklem Gefängnis befreien und in die Freiheit führen, wo schließlich eine Rückkehr der Sehkraft einsetzt.

Eine gänzlich andere Möglichkeit, mit dem Ausbruch einer Pandemie umzugehen, zeigt der englische Regisseur David Mackenzie in *Perfect Sense* auf. In dem Film büßen Infizierte nicht nur einen, sondern vier ihrer fünf Sinne ein, dennoch interveniert keine staatliche Autorität. Der Krankheitsverlauf ist bei allen Betroffenen gleich. Jedem Verlust eines Sinns geht eine psychische Krise voraus. Das erste Symptom der Erkrankung ist ein von hemmungslosem Weinen begleiteter Schub von Trauer und Bedauern von Verlusten und Taten aus der persönlichen Vergangenheit. Kurz darauf geht den Infizierten der Geruchssinn verloren, ein Effekt, der die Lebensqualität noch nicht maßgeblich beeinflusst. Irgendwann stellen sich Angstzustände und ein heftiger Anfall maßloser Völlerei ein, gefolgt vom Verlust des Geschmackssinns. Obwohl dies eigentlich das Ende jeglicher Gastronomie bedeuten müsste, liefert der Protagonist Michael (Ewan McGregor), Chefkoch eines Glasgower Edelrestaurants, einen Beweis für die Anpassungsfähigkeit des Menschen, indem er Gerichte kreiert, die die Konsumenten aufgrund ihrer Ästhetik und Konsistenz ansprechen sollen. Auch der Verlust eines zweiten Sinns ist daher in gewisser Weise kompensierbar. Wesentlich einschneidender ist der Verlust des Gehörs, dem ein Ausbruch von Wut, Hass und Gewalt vorausgeht. Die plötzliche Taubheit wirkt sich gravierender als die bisherigen Symptome auf das menschliche Zusammenleben aus, doch auch sie lässt die soziale Gemeinschaft und die individuelle Existenz noch funktionieren. Zum gesellschaftlichen Zusammenbruch kommt es erst mit dem Verlust des Sehvermö-

---

[18] Moore spielt die Ehefrau des Augenarztes, der den erkrankten Japaner (Patient null) untersuchte.

gens, eingeleitet durch ein euphorisches Glücksgefühl und das Bedürfnis, für andere da zu sein und sie zu lieben. Anschließend wird es wortwörtlich dunkel, der Film endet mit einer Schwarzblende. Im Gegensatz zu der rigorosen Internierung von Infizierten in Filmen wie *Blindness* und *Doomsday* ergreift die Politik in *Perfect Sense* augenscheinlich überhaupt keine Maßnahmen zur Eindämmung oder Bekämpfung der Seuche. Doch auch diese *laissez faire*-Politik erweist sich nicht als zielführend. Es kommt zu einer Pandemie, der die gesamte Erdbevölkerung zum Opfer fällt – ein Endzeit-Szenario, das in der Coronakrise nicht einmal ansatzweise erkennbar war.

Mit dieser Erkenntnis trennen sich die Wege realer Pandemien und ihrer filmischen Repräsentationen. Spielfilme über den Ausbruch einer Seuche sind und wollen in der Regel keine Dokumentationen von Krankheitsverläufen und medizinischen Maßnahmen sein. Ihren vorrangigen Unterhaltungsanspruch verbinden sie oft mit einer Kritik an Fehlentwicklungen wie etwa die fortschreitende Zerstörung von Urwäldern, die in *Outbreak* und *Contagion* angedeutet wird. Die Vorstellung, dass sich die Natur durch das Auslösen einer Epidemie am Menschen rächen könnte, steht im Zentrum von M. Night Shyamalans *The Happening* (2008), wo die Pflanzenwelt durch Freisetzung eines Neurotoxins zahllose Menschen in den Suizid treibt. So wie hier übersteigern viele Epidemiethriller ein mögliches Krankheitsszenario zur Apokalypse. Dies wird besonders deutlich in dystopischen Filmen, die den Ausbruch und Verlauf einer Seuche quasi überspringen und lediglich die Auswirkungen einer Pandemie thematisieren, wie es beispielsweise in *I Am Legend* (2007), *Carriers* (2009) und *Pandemic* (2016) der Fall ist. Das Dystopische steht in Pandemiefilmen auch häufig in einem Dialog mit dem Gender-Diskurs, der sich als Gegenstand zukünftiger Untersuchungen aufdrängt. Dabei geht es im engeren Sinne um zentrale Frauenrollen, die zwischen Unheilsbringerin (*Contagion*) und Erlöserfigur (*Blindness*) variieren, in einem allgemeineren Sinne aber auch um grundlegende Fragen des Geschlechterverhältnisses, die in Filmen wie *The Handmaid's Tale* (1990, als Fernsehserie seit 2017), *Children of Men* (2006) und *Light of My Life* (2019) aufgeworfen werden.[19]

Man darf gespannt sein, wie sich die aktuelle Coronakrise auf die Produktion und Rezeption zukünftiger Pandemiethriller auswirkt. Für ein gesteigertes Publikumsinteresse spricht die Tatsache, dass der bereits 2013 veröffentlichte südkoreanische Epidemiefilm *Gamgi* im August 2020 unter dem Titel *Pandemie* seine deutsche Kinopremiere erlebte. Zudem wurden mitten in der Coronakrise, die zugleich eine massive Kinokrise war, weitere Epidemiefilme produziert. Hierzu zählen *Songbird* (2020) und *Locked Down* (2021), die unmittelbar von den einschneidenden Erfahrungen mit Corona inspiriert wurden. So spielt *Songbird* im vierten Jahr der Coronapandemie. Dem Virus, das von COVID-19 inzwischen zu COVID-23 mutiert ist, sind weltweit mehr als 100 Millionen Menschen zum Opfer gefallen. Es bleibt abzuwarten, ob in diesem Fall das Leben die Kunst imitiert.

---

[19] In diesen Filmen geht es um eine pandemisch bedingte Unfruchtbarkeit bzw. um ein Aussterben von Frauen.

Literatur

Albertini, Bill. 2008. "*zentagion* and the Necessary Accident." In: Discourse, 30/3 (Fall 2008), 443–467.

Defoe, Daniel. 1722. A Journal of the Plague Year. https://www.gutenberg.org/files/376/376-h/376-h.htm (letzter Zugriff 22.1.2021)

Ebert, Roger. 2. Oktober 2008. "The unbearable being of *Blindness*." https://www.rogerebert.com/reviews/*Blindness*-2008 (letzter Zugriff 13.1.2021)

Gleiberman, Owen. 2020. "'*Contagion*,' the Movie That Predicted Our *Pandemic*, Is Really About Our World Falling Apart." In: Variety, 27. April 2020. https://variety.com/2020/film/columns/Contagion-the-movie-that-predicted-our-Pandemic-1234590420/ (letzter Zugriff 13.2.2021)

Hildebrand, Kathleen. 2020. „Seuchenfilme in Corona-Zeiten: Wenn das echte Grauen nicht reicht." In: Süddeutsche Zeitung, 20. März 2020. https://www.sueddeutsche.de/kultur/Contagion-Outbreak-corona-1.4849702 (letzter Zugriff 15.2.2021)

Kindlers Neues Literatur Lexikon. 1989. Hrsg. von Walter Jens, München: Kindler.

Lichtsteiner, May Elmahdi. 21. Dezember 2020. „Epidemie und Rassismus – eine merkwürdig aktuelle Kurzgeschichte Friedrich Dürrenmatts." (Quellenangabe s. Anm. 8) https://www.swissinfo.ch/ger/gesellschaft/corona_epidemie-und-rassismus%2D%2D-eine-merkwuerdig-aktuelle-kurzgeschichte-friedrich-duerrenmatts/46232774 (letzter Zugriff 20.2.2021)

Mayer, Robert. 1990. "The Reception of A Journal of the Plague Year and the Nexus of Fiction and History in the Novel." In: ELH, Vol. 57, No. 3 (Autumn 1990), 529–555.

Sarkisian, Jacob. 6. März 2020. "A disease expert broke down iconic *Pandemic* scenes from film and TV, and he said '*Outbreak*' was 'a mess'." https://www.insider.com/disease-expert-breaks-down-Pandemic-scenes-film-tv-coronavirus-2020-3 (letzter Zugriff 14.2.2021)

The Newsroom. 29. April 2008. "Killer Location." The Scotsman. https://www.scotsman.com/news/killer-location-2468493 (letzter Zugriff 13.2.2021)

Vietzen, Julius. 29. Oktober 2020. „Pandemie-Thriller von Michael Bay: Im Trailer zu ‚Songbird' wütet ein tödliches Virus." http://www.filmstarts.de/nachrichten/18533154.html (letzter Zugriff 20.2.2021)

Wald, Priscilla. 2008. Contagious: Cultures, *Carriers*, and the *Outbreak* Narrative. Durham, N.C.: Duke University Press.

Wood, David. 1. Mai 2001. "*Invasion of the Body* Snatchers (1956)." BBC. http://www.bbc.co.uk/films/2001/05/01/invasion_of_the_body_snatchers_1956_review.shtml (letzter Zugriff 18.2.2021)

Wulff, Hans Jürgen. 2020a. Der Seuchenfilm: Epidemien und virale Infektionen im Film. Teil II: Filmographien 1930–2020. Westernkappeln: DerWulff.de 26/07/20 (Medienwissenschaft: Berichte und Papiere 194).

Wulff, Hans Jürgen. 2020b. „Populäre Modelle des Viralen im Film." 1.6.2020. Pop-Zeitschrift. https://pop-zeitschrift.de/2020/06/01/populaere-modelle-des-viralen-im-filmautorvon-hans-juergen-wulff-autordatum1-6-2020-datum/ (letzter Zugriff 13.2.2021)

Verzeichnis der Filme

28 Days Later. Regie: Danny Boyle, Twentieth Century Fox, GB 2002.
Blindness. Regie: Fernando Meirelles, Kinowelt, BRA/CDN/JP/GB/I 2008.
Carriers. Regie: David Pastor, Alex Pastor, Paramount, USA 2009.

Children of Men. Regie: Alfonso Cuarón, Universal, USA/GB/JP 2006.
Contagion. Regie: Steven Soderbergh, Warner Bros., AE/USA/HK 2011.
Doomsday: Tag der Rache [*Doomsday*]. Regie: Neil Marshall, Concorde, GB/USA/ZA/D 2008.
Fatal Contact: Bird Flu in America. Regie: Richard Pearce, ABC, NZ/USA 2006.
I Am Legend. Regie: Francis Lawrence, Warner Bros., USA 2007.
Invasion of the Body Snatchers. Regie: Don Siegel, Walter Wanger Productions, USA 1956.
Light of My Life. Regie: Casey Affleck, Universum Film, USA 2019.
Locked Down. Regie: Doug Liman, Warner Bros., GB/USA 2021.
Outbreak. Regie: Wolfgang Petersen, Warner Bros., USA 1995.
Pandemic. Regie: John Suits, Splendid Film, USA 2016.
Pandemie [*Gamgi*]. Regie: Sung-su Kim, iLoveCinema, SKOR 2013.
Perfect Sense. Regie: David Mackenzie, Senator, GB/S/DK/IRL 2011.
Scream. Regie: Wes Craven, Dimension Films, USA 1996.
Songbird. Regie: Adam Mason, STX Films, USA 2020.
The Andromeda Strain. Regie: Robert Wise, Universal, USA 1971.
The Crazies. Regie: Breck Eisner, Kinowelt, USA/AE 2010.
The Handmaid's Tale. Regie: Volker Schlöndorff, Justbridge Entertainment, USA/D 1990.
The Happening. Regie: M. Night Shyamalan, Twentieth Century Fox, USA/IND 2008.
World War Z. Regie: Marc Forster, Paramount, USA/GB/M 2013.

Spielfilm als Pandemie-Panorama mehrdeutiger Reproduktion

Zur politischen Wahrnehmung entgründeter Beziehungsweisen um 2020

Drehli Robnik

Zusammenfassung

Der Beitrag thematisiert Pandemiefilme aus den Jahren 2016 bis 2020, die in vielen Aspekten wie Prophetien der aktuellen Corona-Pandemie wirken. Dabei geht es nicht nur um die Dramaturgie und Botschaft dieser Dystopien, sondern insbesondere um deren Wirkungsweise in Hinblick auf die filmische Wahrnehmung und um die Entgründung scheinbar stabiler gesellschaftlicher Verhältnisse und der damit verbundenen Verunsicherung der Protagonist*innen wie der Zuschauer*innen. Durchgespielt werden auch Überwachungs-, Reglementierungs- und Überlebensstrategien in Zeiten der Seuche, die der aktuellen Corona-Krise ähneln.

Schlüsselwörter

Pandemiefilme · Wahrnehmung · Kontingenz · Entgründung · Entsolidarisierung · Deklassierung · Prophetie

18.1 Einleitung

Aufbauend auf meiner Studie zu Politik und Geschichte zum Ansteckkino geht es hier um politische Wahrnehmung mittels „Pandemiefilmen" dieser Art. Das ist ein Hilfsausdruck: Ich verwende ihn der Einfachheit halber, ohne Genretheorie-Anspruch, als Label für Spielfilme mit diesem gemeinsamen, heute markantem Thema; hier nun für einige inter-

---

D. Robnik (✉)
Wien, Österreich
E-Mail: robnik@monochrom.at

nationale Gegenwartsproduktionen (fast alle aus den Jahren 2016–2020). Mein hier verwendeter Begriff von Wahrnehmung meint filmisches Wahrnehmen im Sinn von annehmen, wahren, in seiner Wahrheit zur Geltung bringen – wovon? Von Kontingenz und von Chancen auf egalitäre Formierungen im politisierten Sozialen. Anders gesagt: Nicht erst die Etymologie von Pandemie als etwas, das Gesellschaft(en), de(re)n Demos, von Grund auf erfasst, legt uns nahe, Pandemie als ein teilweises Entgründungsgeschehen im Sozialen zu verstehen. Wobei in der Perspektive einer postfundamentalistischen Hegemonietheorie von Politik (Marchart 2010) zu betonen ist, dass gerade das Hervortreten der Kontingenz der Grundlagen gesellschaftlicher Ordnung die Frage anderer Gründungen und Einrichtungen von Sozietät akut macht (im Kontrast zu Beschwörungen von Refundamentierung durch Rückbesinnung aufs Echte und Heimatliche).

Mein Fokus auf Wahrnehmung unterstreicht die Frage nach Formen, durch die Entgründung wahrgenommen, in ihrer Wahrheit genommen, auf das eine oder andere egalitaristische Potenzial hin ausgelotet werden kann, ohne dies mit Ereignispathos, Apokalyptik oder Ordnungszwängen zu befrachten. Hier kommt als dritter Begriff der von Bini Adamczak (2017, S. 245 ff.) entlehnte der Beziehungsweise zum Tragen: Er erlaubt uns, Gesellschaft im Zeichen „affektiver ‚Nahbeziehung'" zu verstehen, sowie von Reproduktions-, besonders Care-Tätigkeit, die in der Begriffsbildung meist im Schatten von Tausch- bzw. Produktionsbeziehungen stehen. Jenes politisch dynamisierte Moment einer Beziehungsweise gewinnen diese Beziehungen, indem Adamczak sie in die Perspektive von Revolution (paradigmatisch 1917 und 1968) stellt: „Revolution" als ein – sinnvoller Weise – großer Name, eine ‚hohe Messlatte', für etwas, das die Autorin schlichter ein „reflexiv zur Disposition gestellt werden" verfestigter Sozial- und Selbst-Verhältnisse nennt. Solch reflexives Prekär-Werden von Festgründungen in Beziehungsgefügen – „Revolution" ist hier zuviel dafür gesagt (aber als regulative Idee mitgemeint) –, ein Wahrnehmen von Beziehungsweisen, das diese „nicht harmonistisch" verklärt, sondern als „konfliktfähig" fasst (ebd. S. 274, 285 f.), aber doch die Frage nach der Einrichtung von Behutsamkeit aufrecht erhält, sowie von Solidarität, die nicht bedingungslos wie Liebe ist, sondern bedingt, aber nicht gegründet auf Uniformität oder Staatsautorität, schon gar nicht auf die Mystik der Identität – dorthin in etwa geht meine Rede von Beziehungsweisen in Filmen, die pandemische Entgründungen wahrnehmen. Zumal so, dass ein Verlust an Grund nicht (nur) dystopisch als ‚Entsolidarisierung' aufscheint – ein problematischer Ausdruck, der unterstellt, Solidarität wäre ein (etwa vom Nationalstaat gewährleisteter) Normalzustand in Gesellschaften, wo diese doch um Hierarchie und Ausbeutung organisiert sind –, sondern uns auch wahrnehmen, vielleicht auch nur annehmen lässt, dass andere Bindungen herstellbar sind.

18.2 Aufarbeitung und Niedriglohnarbeit: *The Cured*

In dem irischen Horrordrama *The Cured* (IRL 2017) folgt die Entgründung sozialer Ordnungen und Abläufe dem vertrauten filmischen Muster der viral verbreiteten Rage-Zombie-Pandemie. Zu Beginn herrscht Containment: Das v. a. in Irland verheerende, extreme Aggression auslösende Maze-Virus ist eingedämmt. Nach (etwa in *28 Weeks Later*) bewährter Art weicht dieser Zustand gegen Ende einer neuen Eruption. Entscheidend ist, dass der Zwischenzustand in *The Cured* als eine Zeit danach gefasst ist, analog einer Situation prekärer ‚Befriedung' nach einem Bürgerkrieg, mit naheliegendem Echo/Innuendo der nordirischen troubles.

Vor diesem Hintergrund ist die Wahrnehmung in *The Cured* geprägt durch einen Fokus auf ‚Verbliebenes', auf Residuen sozialer Art. Der Umgang mit ihnen hat etwas von Aufarbeitung;[1] zunächst von Bestandsaufnahme, Sichtung, und die ist ‚vorsichtig' in mehrerlei Sinn. Das betrifft erstens das Panorama, mit dem *The Cured* diese post-civil war-Dystopie darlegt: Wie bei vielen klein budgetierten Science-Fiction-Filmen, Filmen von utopischem/dystopischem Charakter, verbindet sich zurückhaltende Kleinteiligkeit im Markieren dieser anderen sozialen Welt mit einer Nähe zur Erscheinung gewohnter Alltagswelten. Sprich: Die Stadt, in der *The Cured* spielt, sieht ganz ‚normal' aus – plus Checkpoints, an denen UNO-Soldaten Leuten ins Auge leuchten. Keine Zombiefilm-typischen Leerstände oder Ruinen; dafür Ablagerungen an Wänden (Warnplakate wie „Is a family you know hiding their infected children?", Hass-Graffiti), die von ‚Vorsicht' als Imperativ einer Dreiklassen-Gesellschaft zeugen. Deren Zusammensetzung vermittelt eine Sequenz aus Alltagsvignetten, TV- und Radio-Interviews: Die Gesunden, die die Mehrheit stellen, debattieren in Verwaltungsinstitutionen und auf der Straße (wo minderheitenfeindliche Wut-Demos dominieren), wie mit behandlungsresistenten infected umzugehen sei (Therapie oder „humane elimination") – und wie mit den cured: Diese rückfallanfälligen ‚Geheilten' erfahren Ausgrenzung, militärpolizeilichen Überwachungsdruck, aber auch Handreichungen in der ‚Resozialisierung'; bei dieser weicht jene Art objektivierender Vorsicht, die heute unter dem Label Sicherheit politisch geläufig ist, einer umgängigen Art von Vorsicht: Umsicht in Behutsamkeit.

Behutsamkeit ist hier in Verhandlung. Einerseits im Familienplot des Films: Eine kritische Journalistin nimmt ihren geheilten Schwager bei sich auf; als herauskommt, dass er es war, der zur Zeit des Outbreak in Raserei ihren Mann tötete, ist sie durch den Anspruch, ihm zu vergeben, fast überfordert; der Geheilte wiederum leidet bei der Aufarbeitung seines Schuldtraumas an PTSD-artigen Flashbacks seines Gewaltexzesses und an drohender Rückfälligkeit.[2] Anderseits im Plot rund um die Selbsthilfegruppe der cured; an dieser treten Formen von Gegenmacht-Organisation zutage (in anderer Form als einer ‚Sekten-Armee', wie sie in Pandemiefilmen wie *The Omega Man* und *Children of Men* häufig ist). Der Selbsthilfegruppe-Plot spielt v. a. in einem schäbigen accomodation center, das an

---

[1] Nachwirken und Aufarbeitung von ‚Ablagerungen': In diesem Themenkontext und mit Schwerpunkt auf Toxizität eher denn Infektion fungierte die Hauptdarstellerin und Koproduzentin von *The Cured*, die LGBTQI+-Filmstar-Aktivistin Ellen Page, 2019 als Koregisseurin des ökopolitischen Dokumentarfilms *There's Something in the Water*; es geht darin um Widerstand von First Nations und African Canadians gegen Environmental Racism (Industrievergiftung gruppenspezifischer Lebensbereiche) in Nova Scotia.

[2] Hier klingt das Aufarbeitungs-Ethos einer Post-Bürgerkriegs-Wahrheitsfindungskommission mit an.

kirchliche Wohnungslosenbetreuung erinnert und dessen Plakat-Ausstattung („Don't Suffer Your Maze Memories Alone" etc.) Teil des Trauma-Therapie-Diskurses in *The Cured* ist. Der Film operiert hier mit Andeutungen im Erzählen: Die Gruppe der Marginalisierten erscheint zunächst beim gemeinsamen Fernsehen und Debattieren, dann beim Vorbereiten und Ausführen von Anschlägen,[3] dann – ‚wieder zurück' – als Hinterzimmerversammlung; in diesem Rahmen hält einer der cured, vormals Anwalt mit politischen Aspirationen, euphorisch beklatschte Reden: Man müsse etwas tun, „that will make them listen", denn „This is our country, too!".

In seinem Entwurf politisierter Verbindungen, in denen Deklassierte sich organisieren, assoziiert *The Cured* Momente von Militanz rasch mit Habitus und Praktiken, die heute unter „toxic masculinity" firmieren, insbesondere mit homosozial-virilen, an Fußball-Hooligans erinnernden Gewaltposen.[4] Die v. a. therapiekulturell definierte Wahrnehmung in *The Cured* erschließt und verunklärt eine prekäre, unsicher gegründete Gesellschaft der Zwischen-Zeit, zwischen Ausbruch und Ausbruch – und hält dabei doch Ansätze politischer Artikulation mit fest. In seinem Therapie-Framework, und nicht auf dieses reduzierbar, macht der Film Spuren (als wären auch dies Residuen, allerdings mit dem Charakter halbverschütteter Potenziale) solidarischer Beziehungsweisen wahrnehmbar; dies zumal anhand von Klassenkonturen, die *The Cured* an der pandemiebedingten Verschärfung sozialer Machtverhältnisse hervortreten lässt. In diesem Register, somit auch in einem Erfahrungszusammenhang, in dem solidarische Beziehungsweisen insofern angepeilt sind, als ihr Fehlen eklatant wird, kommuniziert dieser Film von 2017 – ehe er die Politik in Zombiefilm-üblichen Dilemmata rund um Gewaltanwendung versus Gewaltverzicht zerstäubt – mit Phänomenen der gegenwärtigen Coronakrise, zugespitzt anhand schikanöser Arbeitsverhältnisse: Dass heute manche Leute an Nachwirkungen von Covid-19-Infektionen unerwartet lange laborieren, könnte in der Post-Phase der Pandemie-Nachlasten relevant werden: Diskriminierung entlang des Kriteriums, als wie ‚verlässlich' im sozialen Umfeld, wie ‚belastbar' am Arbeitsplatz man dann noch gilt, könnte Virus-Survivor-Selbsthilfegruppen-artige Einrichtungen nahelegen (oder Gewerkschaften doch einmal tätig werden lassen). In *The Cured* wird aus Quarantäne-Companions durch Außendruck eine ‚Unterklasse' samt Gruppen-Selbstbewusstsein im Bonding. Der Film zeigt, dass wer krank war, wahrscheinlich einen mies bezahlten Knochenjob bekommt; in Corona-Zeiten wird wahrscheinlicher krank, wer einen solchen Job hat.[5]

---

[3] Molotow-Cocktails auf Privathäuser von Militärs, vergleichbar Momenten von IRA-Terror.

[4] Wiewohl unter den *infected* wie unter den *cured* mehrere Frauen sind.

[5] Viele Medienberichte, in denen Corona zur Sichtbarmachung und Skandalisierung von Verhältnissen diente, die vor 2020 als *common knowledge* und recht normal galten, wiesen auf einen Konnex zwischen Migration (und Rassismus) und Niedriglohn-Arbeit hin. *The Cured* hingegen spielt eher auf *Klassenabstieg* an (der Ex-Anwalt arbeitet zwangsweise und unter drakonischem Anwesenheitsregime als Straßenreiniger).

18.3 Try a Little Tenderness: *93 Days*

In einem anderen Genrezusammenhang, der für Pandemie-Sujets heute ebenso kanonisch ist wie der Zombie-Horror, nämlich im Hybridbereich von Arzt- bzw. Krankenhausdrama und Katastrophenfilm operiert der nigerianische Film *93 Days* von 2016. Sein Ensembleplot behandelt eine dreimonatige Ebola-Epidemie in Lagos zwei Jahre zuvor. Die Anmutung einer Entgründung geht hier nicht nur vom Ausnahmezustand der Seuche aus, sondern vom Tonfall und Empfindungsregister des Films; und zwar nicht im Wege der Erhitzung und Aufwühlung, auf die Pandemiefilme ansonsten meist abzielen. Vielmehr besteht die Entgründung hier in einer Enthitzung der Filmerfahrung, einer Entfestigung ihrer Gefühlsaufladung; dies ermöglicht in *93 Days* die Wahrnehmung von Beziehungsweisen des caring, einer veritablen Soziokultur der Sanftmut.

Um dies zu erläutern: An den Interaktionen, die *93 Days* entfaltet – in einem Krankenhaus, in einem Quarantäne-Center, in den Familien der dort Tätigen bzw. Behandelten –, tritt ein Bemühen um Miteinander-Umgehen in Fürsorge in den Vordergrund und gerade nicht ein für Pandemiefilme typischer Eindruck von Brutalisierung oder Opferpathos, von institutioneller Routine oder satirischer Lächerlichkeit. Sie möge sich doch testen lassen, „to put the minds of those who love you at ease," rät ein Chefarzt einer (bis zu ihrem eigenen Tod) für ihre Patient*innen und Verwandten engagierten Kollegin; eine Ärztin legt einer Kranken zum Trost ihr Handy mit Gospelmusik ans Quarantänebett. Das mag an ‚Ärzteroman'- und Melodram-Stereotypen erinnern; im Unterschied zu diesen ist hier aber weniger heroisches Charisma oder ‚goldenes Herz' betont als vielmehr ein Gestus von Behutsamkeit im caring; und vom weepie-Modell des Melodrams übernimmt *93 Days* nicht das Schmachtende, wohl aber ein Wunsch-Moment, ein „Oh, wenn doch!", rund um caring in einem sozial erweiterten Sinn. Nämlich: Zu Filmbeginn situiert uns die Inszenierung (im narrativen Flash Forward zum Höhepunkt der Epidemie) mit einer Patientin im Laderaum eines Rettungswagens; das Auto hält, die Tür geht auf, davor steht ein Weißer im weißen chemsuit – ein beängstigender Anblick. Im Weiteren aber erweist sich diese Nebenfigur, ein britischer WHO-Beamter, der mit einem ägyptischen Kollegen die Infektionseindämmung managt, als sanft im Umgang mit Kranken; er spricht ihnen Mut zu und entschuldigt sich dafür, dass er in „full uniform" vor ihnen erscheint: „We are still learning." *93 Days* impliziert damit weniger ein White Savior-Narrativ als den Optativ einer Hoffnung: dass weiße Uniform- und Autoritätsträger lernfähig und um black lives bemüht sein könnten – und dass „Nigeria matters!". Diesen Satz sagt ein Schwarzer Gesundheitsbeamter in einer Büro-Szene, die in Washington, D.C. spielt, und diesem programmatischen Ausspruch folgen in späteren Dialogen emphatische Worte von Mediziner*innen in Nigeria: „We are not alone in this!" und „The whole world is watching!". Dass die ganzen Welt Anteil nimmt, auch das ist eine Hoffnung.

Who cares? Sollten diese Hoffnung und der Fokus auf Behutsamkeit naiv bzw. illusorisch anmuten, so lässt sich anhand der Schlussszene von *93 Days* dieser Eindruck seinerseits problematisieren. Nach Ende des Ebola-Ausbruchs hält Danny Glover (dem Hollywoodstar und Equality-Aktivisten, der dem Film einen big name im Weltmaßstab beifügt, wurde in Nigeria 2009 der Titel eines Chiefs verliehen) in der Hauptrolle des Chefarztes vor versammeltem Personal eine finale Rede: Feierlich appelliert er an ein nigerianisches Wir, das der Toten gedenken möge. Das erinnert wohl jene, die (wie ich) mit westlichem Kino weit vertrauter sind als mit afrikanischem, an das Repertoiremotiv der Jubelrede am Ende von US-Katastrophen- oder Kriegsfilmen. Verstärkt dies nun einen allfälligen Eindruck von Naivität, weil hier noch ideologischer Appell an National-Identität hinzukommt? Oder macht es die Naivität akzeptabler, weil sich gezeigt hat, dass solche Appelle (als Brexit- oder „America First!"-Kampagne) sich in institutionelle Macht umsetzen lassen? Ein Stück weit zeigt *93 Days* Nationalbewusstsein und Religiosität (Gospel als Erbauungstechnik) als konventionelle, insofern nicht überraschende (aber natürlich kritikwürdige) Rahmungen für gelebte Praktiken von Solidarität; von Solidarität unter solcherart fundamentalistischen – von festen Gründungen ausgehenden – Vorzeichen von Gesellschaftlichkeit. Allerdings zelebriert dieser Film kein „Nigeria First!"-Pathos, sondern ein watching der Welt, im Doppelsinn: als the world cares for Nigeria because it matters – und auch als ein watching over, eine dem caring verwandte Wahrnehmung, die ‚Welt' im Sinn von Kontingenz als wahrheitsfähig annimmt, die miterwägt, abwägt. So sehr dieser Film Problematiken staatlicher Politik und gesellschaftlicher Konfliktivität außen vor lässt, zumal wenn er in sein „We Nigerians" einmündet, so idealisiert er Nigeria doch auch nicht: „This is Nigeria: even simple things are complicated," seufzt eine Gesundheitsbeamtin in einer Szene. Auch dieses Urteil lässt sich ein wenig programmatisch nehmen, zusammen mit der initialen Voice-over einer Ärtztin (die, wie einige der Gesundheitsbediensteten in *93 Days*, zur Ebola-Patientin wird): In einer Krise zeige sich, „how complicated we are, how connected we are, how very fragile we are". Complicated connected – das meint ja nicht ein Verbunden-Sein ‚in Harmonie', sondern nur mal ein Wahrnehmen, ein Anerkennen, geteilter Prekarität; daraus kann etwas entstehen (muss nicht). Aggressive Aufladung und Feindbild-Identifizierungen fallen in *93 Days* weitgehend weg;[6] ein Preis dafür scheint der weitgehende Wegfall jeglicher Politik im Sinn einer Dynamisierung sozialer Verhältnisse zu sein. Zugleich aber (und im Vergleich mit einem kanonischen Hollywood-Pandemiefilm im nächsten Abschnitt) scheint ebendies zu ermöglichen, dass der Film seine Entgründung-als-Enthitzung beibehält: Auch dort, wo er an ein nationales Wir appelliert, setzt er nicht auf nationalistisch-populistische Tropen einer Identifizierung von Volk und charismatischer Führung.[7] Festgründe solcher Art macht *93 Days* nicht geltend: Wenn schon nicht politisierte Beziehungsweisen, so stehen

---

[6] *Weitgehend*: Ebola wird ‚eingeschleppt', von einem als unsympathisch (‚schwieriger Patient') gezeichneten liberischen Diplomaten; aber der Film macht nicht viel aus dieser ‚Ausländer'-Figur.

[7] Wie etwa 2013 der südkoreanische Epidemie-Katastrophen-Blockbuster *Gamgi*, der im Showdown eine außerinstitutionelle Direktverbindung offenbart: zwischen dem Leiden des Volkes und dem beherzten Staatspräsidenten, der das Volk *fühlt* und deshalb *führt*; dies richtet sich gegen Verwaltungsbürokratie, US-Besatzungstruppen und die als Fremdherrschaft stilisierte WHO (Robnik, *Ansteckkino* 107). Gar nicht zu reden von nazideutschen Arzt-Führer-Biopics mit Seuchen-Sujets (ebd. S. 25–39)

hier doch Umgangsformen, Techniken des ‚Takts', anstelle authentischer Gefühle oder Identitäten, wie sie patriotische Filme und Politiken so oft beschwören.

18.4 Schluss mit Sündenbocksuche: *Contagion – Viral – Virus*

Entgründung, Wahrnehmung, Beziehungsweise: Nähern wir uns mit diesen Kategorien einer Konstellation dreier Filme, die infiziertes Alltagsleben in seiner Formung durch permanente Kamera-Überwachung und Online-Kommunikation zeigen und sich ihrerseits dieser Sichtbarkeit und Daten-Lesbarkeit anschmiegen. Sprich: Pandemische Panmedialität wird hier ‚bildprägend'. Und zwar in *Contagion* (USA 2011), der Nummer 1 etlicher themeneinschlägiger Listen mit Spielfilmempfehlungen für Lockdown-Zeiten, wie sie im Frühjahr 2020 kursierten, sowie in den weniger weltprominenten Viral (USA 2016) und Virus (IND 2019). Diese beiden sind vermutlich nicht die einzigen Filme, die in den letzten Jahren an *Contagion*, an dessen Panorama umfassender Medialisierung einer tödlichen Seuche, angeknüpft haben; aber *Viral* und *Virus* tun dies recht direkt, in der Weise einer Antwort, einer Erwiderung.

Contagion gilt heute als der kanonische Pandemiefilm. Wohl auch deshalb, weil er sein von Hongkong ausgehendes Fiebervirus in einem prallvollen Ensembleplot abhandelt: so viele Stars, globale Schauplätze, Institutionen und Lokalsituationen. Daraus ergibt sich die Anmutung eines regelrechten Goldstandards in Sachen ‚Pandemiekino'. Dazu zählen auch Wiedererkennungseffekte: von Ausdrücken und Anblicken, mit denen Leute 2020 recht plötzlich vertraut wurden, etwa „Reproduktionszahl", „Triage", Hamsterkäufe, Notlazarette in Sporthallen: So etwas in einem Film von 2011 antizipiert zu sehen und zu hören, macht (nicht nur mir) schaudernden Spaß. Die Vielzahl an wissenschaftlichen, administrativen und medialen Details in Sachen Pandemie haben manche dazu verleitet, *Contagion* rückwirkend als eine ‚prophetische Warnung' zu nobilitieren. Eine solche Rückprojektion folgt letztlich dem ostentativen Anspruch dieses Films, schlechterdings alles zu zeigen, eben eine Überfülle an Situationen, und alles zu wissen, nämlich diese Überfülle erzählerisch und inszenatorisch auszuleuchten und sich und uns, wie man so sagt, keine Illusionen zu machen. Was heißt das? Ein Gestus ‚kompromisslosen Hinschauens', wie ihn die heroisierende Filmkritik schätzt, vermittelt uns hier eine Art Selbstkonfrontation als zerstreute Masse. Darin besteht das Entgründungsmoment von *Contagion*. Wie ist es konstruiert?

An der Masse macht dieser Film zweierlei Zerstreuung fest: einerseits Dispersion, zugespitzt in Form tiefgreifender ‚Entsolidarisierung', vermittels Plots rund um egoistische Machinationen und ‚alltagsnaher' Vignetten von Massenpanik (Vordrängeln in der Apotheke, leergehamsterter bzw. geplünderter Supermarkt, etc.). *Contagion* zeigt so nicht zuletzt selbstbezüglich, wie illusionslos er den Zerfall von Ordnungsroutinen zeigt. Anderseits Zerstreuung als Fragmentiertheit und Gedankenlosigkeit in der Masse als medialisierte: Siehe die markenzeichenhaften Massen-Montagen (zu Retro-Synthie-Disco-Puls) und Medien-Themen im Plot, besonders in Form von Analogsetzungen – epidemische und mediale Alldurchdringung; zu untersuchenden Menschenmassen und auszuwertenden Datenmassen; Ansteckung mit Erregern und Ansteckung mit Gerüchten, die sich im Fernsehen oder Internet verbreiten. In beiden Ansteckungsbereichen, so insinuiert *Contagion*, lässt die alltägliche Zerstreutheit – gedankenloses Angreifen infektiöser Türknäufe, gedankenloses Anklicken infektiöser Nachrichten – Verbreitungszahlen zu jener Massenhaftigkeit hochschnellen, die dieser Film als eine Unzahl darstellt; genauer: als Zerfall von Wahrscheinlichkeitskalkülen ins Zufällige. Das Zufällige ist im Film objektiviert durch markante ,Glücksspielmaschinen': die Impfstofflotterie gegen Ende und die Spielanlagen in einem Casino in Macau, das in zwecks Contact Tracing ausgewertetem CCTV-Material erscheint. Die Reproduktionszahl ist der Abgrund menschlicher Sozietät, in den *Contagion* standhaft starrt: Sein Wahrnehmen ist paradigmatisch die mediale Prozessierung (Montage, Verrechnung, Übertragung) von sich erweitert reproduzierenden Massen.

Die vertraute going viral-Metapher wird hier implizit in ihren medizinischen Herkunftskontext rückgeführt. Ebendies tut schon im Titel der kleiner produzierte Teen-Horror-Thriller *Viral* (USA 2016). Anhand einer Pandemie, einmal mehr von China ausgehend, die er im Mikromaßstab einer kalifornischen Kleinstadt dramatisiert, arbeitet *Viral* Plotelemente aus *Contagion* konzentriert aus, ehe er in handelsübliche Infektionszombie-Action mündet. Diese Elemente sind: Unsicherheit bis hin zur Angst davor, dass die Staatsmacht (Behördentruppen in chemsuits) nicht nur schützen, sondern auch – klandestine – Gewalt ausüben könnte; Lockdown-Langeweile promiskuitiver weißer Jugendlicher unter Aufsicht besorgter Väter; Starren auf Screens mit Datenspuren der Seuche, etwa Behördenwarnungen oder virale Videos, die Krankheitseruptionen in Alltagssituationen zeigen. Medialisierung der Zerstreuung, der Vorsicht und der Vorsicht vor der Zerstreuung: Ein panmediales Szenario besetzt in *Viral* den Bereich der Wahrnehmung. Auch hier gilt mediale Wahrnehmung der Reproduktion, im Doppelsinn von Verbreitung und Sexualität der Fortpflanzung (hier: Paarbildung); exemplarisch in Gags rund um Handynutzung, um die Frage nach adäquatem Abstand und – ein Teeniefilm-Klischee – danach, ob der Anblick von Küssen anziehend oder abstoßend wirkt.[8] So wie dieser Film die Metaphorizität des Medial- und Medizinisch-Infektiösen in seinem Titel kondensiert, so liefert er das verdichtete Label der doppeldeutigen Reproduktion auch selbst im Dialog (ich muss mir das ,nicht ausdenken') – und zwar so:

Die Frage der Beziehungsweisen stellt sich in *Viral* als Frage nach dem Verhältnis zur Reproduktion als einem greater good, einem höheren Ganzen. Es geht also ums Verhältnis zur Gesellschaft, genauer: Verhältnis junger Leute als Teile der Gesellschaft zu autoritären

---

[8] Die junge Heldin erhält bald nach Beginn eine SMS („I'm bleeding bitch. Bathroom. now"), in der ihre Schwester um einen Tampon bittet, und reicht ihr diesen in die Schulklo-Zelle, worauf die Schwestern über Kontakt mit der Hand, die eben die blutige Vagina berührte, scherzen; später telefoniert die Heldin per Handy mit ihrem Geliebten vor dem Safe Space des Reihenhauses, und zwar auf einen Meter Abstand, worüber beide lachen. (Dass Harvey Weinstein *Viral* koproduziert hat, auch das liest sich beim Sehen des Vorspanns heute mit Gedanken an durchzusetzende Abstandswahrung.)

Instanzen, die deren Ganzheit (symbolisch, funktional) zu verkörpern trachten. Kurz, es geht ums Verhältnis der Protagonistin und der Jugendlichen rund um sie – und der juvenilen Kernzielgruppe – zu Machtinstanzen, die Viral mit Männlichkeit, Seniorität und Staatlichkeit konnotiert. Die Prekarität und Dynamik einer Beziehungsweise gewinnt diese Beziehung kraft einer spezifischen Ambiguität: Politisch signifikant ist hier die Ambivalenz gegenüber zwei Teacher-Dad-Figuren, die über Reproduktion reden, aber ohnmächtig sind. Die eine Figur ist der Vater der Protagonistin und ihrer Schwester: vollmundig mit Vorschriften, aber erfolglos beim Versuch, sie während der Heimquarantäne von Treffen mit Jungs abzuhalten. Als High School-Biologielehrer – auch seiner Töchter – hat er bald nach Filmbeginn seinen großen Auftritt, als er die herannahende, im Fernsehen präsente Infektionsbedrohung im Unterricht erörtert und seine Klasse mit Videos schockiert, die parasitenbefallene Wirtstiere zeigen: So vermehren sich Viren, erklärt er; das erinnere ja an Zombies, meint ein Schüler; Teacher-Dad stimmt zu: Ja, genau – „It's always for the greater good: in the name of reproduction, of proliferation." Das sagt Teacher-Dad just, als das erste Viren-Parasiten-Opfer des Films Blut hustet. Ist damit der reproduktive Körperkontakt als Allgemein-Gut markant gesetzt, so spinnt *Viral* die Ambivalenz weiter aus: als Grundhaltung gegenüber dieser Prekarität und gegenüber Körpern in ihrer Gefährlichkeit als ‚Träger' und Gefährdetheit als Objekte staatlicher Gewalt; bis im Showdown ein Luftschlag der Air Force gegen einen Hive von Infizierten/Zombiefizierten als zwiespältiger Staatsexzessakt erscheint. Dann die Schlussszene: Bei einem Stopp auf der Autofahrt ins Ungewisse küsst die überlebende Schwester ihren Geliebten; danach fährt das Auto, quasi lapidar, weiter – obwohl die Inszenierung (Timing, Spiel, Soundscape) suggeriert hat, dass eine Kuss-induzierte Neu-Eruption des Zombievirus in der Luft liegt, wie dies als Schock-Schluss typisch für Teen-Horror ist.

Dieses Filmende spielt mit unserer Erwartungsangst und setzt dann den unerwarteten Akzent eines Sich-doch-Einlassens, das als berechtigt erscheint (Hingabe an einen anderen Körper im Kuss wird nicht ‚bestraft'). Zugleich steht damit ein Wunsch nach Aufschub stark markiert im Raum: Oh, möge doch die Reproduktion von sozialem, zumal jugendlichem, Leben weiterlaufen können, ohne dass es zu einem Einschnitt, einer machtvollen Entscheidung kommt, die dieses Leben ‚als Ganzes' erfasst – nicht jetzt, noch nicht! Dieser Wunsch, diese Zeitlogik, das entspricht – im Unterschied zur ‚Wunsch-Zeit' des Melodrams, die bei 93 Days prägend war – der Begehrens- und temporalen Logik des Horrorfilms, und zwar entlang Linda Williams klassischer Taxonomie filmischer body genres (1995).[9] Bei ihr geht es um die traumatische Erfahrung des Eintritts insbesondere junger Körper in Ordnungen sexueller Differenzierung; im Sinn von Williams' allgemein ordnungskritischem Ansatz weiter gefasst, geht es – eben auch in *Viral* – um Aufschubs-Wunsch, ums Hinauszögern eines Festgelegt-Seins, Zugeordnet-Werdens von Subjekten durch Einspeisung in die Reproduktion des Ganzen. In diesem Kontext ist *Viral* historisierbar – als ein im Sommer 2016 (online und im Kino) gestarteter Film, der vom Halten des

---

[9] Dem „Noch nicht!" bzw. „Zu früh!" im Horrorfilm stellt Williams das „Oh, wenn doch…" bzw. „Zu spät!" im Melodram gegenüber (und ein ekstatisches „Genau jetzt!" im Porno) (Williams 1995)

richtigen Abstands handelt und im Rahmen seiner Pandemie-Wahrnehmung zweimal den seinerzeit amtierenden US-Präsidenten in Nachrichtenclips zum Thema Seuchenausbreitung auftreten lässt (einmal als Stimme, einmal im Bild, beide Male auffällig): Der zweite redefreudige, besorgte, ohnmächtige Teacher-Dad in *Viral* ist Obama. Die pandemische Entgründung drückt sich in diesem Film in einer Haltung von Sicherheitsabstand und Ambivalenz gegenüber der Staatsmacht, ihrer ‚souveränen' Gewalt, ihren Figurationen, aus. Obamas Ära endet; unter welcher Autoritätsverkörperung wird sich das greater good der USA reproduzieren? 2015, Anfang 2016 ist zu vermuten, dass es Hillary Clinton sein wird, aber ganz sicher kann man sich nicht sein: *Viral* verharrt im Zwiespalt als Verhältnis zur Staatlichkeit – Zwiespalt als Schwundform einer Beziehungsweise. Von so etwas wie Solidarisierung, zumal mit ‚anderen', gibt es hier, unter weißen Teenies in Konfrontation mit weiß gekleideter Staatsmacht, nur Ansätze im Augenwinkel, analog zum ‚Aufblitzen' des schwarzen Präsidenten: einen Dialog, in dem die Heldin das Geblödel eines Freundes, der MNS-Masken und Roboterverhalten als typisch „asian" darstellt, rassistisch nennt, oder die Beziehung zu schwarzen Mitmenschen in der Nähe, die als erste zu Opfern der Krankheit bzw. der Staatsmacht werden (brutale nächtliche ‚Abholung' der Reihenhausnachbarn).

Pandemisch oder panmedial, alles vermehrt sich in großer Zahl. Blicken wir nun im Licht von *Viral* auf *Contagion* zurück, so zeigt sich: Auch *Contagion* stellt Ambivalenz gegenüber Reproduktionskörpern zur Schau; eher im Sinn von Abgeklärtheit, die sich einer Wertung enthält, als im Sinn von Aufschub einer Entscheidung. Und doch mündet *Contagion* in ein Ende, das eine wertende Entscheidung im Modus des Ressentiments fällt. Alles ist Reproduktion, growth medium des zerstreuten Demos – zuletzt aber zeigt *Contagion* erst die gute Reproduktion: Die Pandemie endet, ein weißer Witwer, gespielt von Matt Damon, der den Film hindurch, wie nach ihm der Dad in *Viral,* über das Lockdown-Grenzen sprengende Paarungsverhalten seiner Tochter besorgt war, gibt schließlich seinen Segen, richtet ihr und ihrem Geliebten im Quarantäne-Reihenhaus eine Kuschelecke für die stationär improvisierte Prom Night ein. Diesem ‚uramerikanischen' Brauch der juvenilen promenade/promotion folgt die böse Reproduktion: promenade und motion auch hier, ein Fall von illegitimer Promiskuität durch Mobilität in der Schlusssequenz, der nachgetragenen Vorgeschichte zur Eröffnungsszene. Nämlich: *Contagion* beginnt ostentativ vorgreifend mit dem Insert „Day 2" und einer US-Geschäftsreisenden (Gwyneth Paltrow), der Ehefrau der Matt Damon-Figur, auf dem Rückflug aus Hongkong. Nach heimlichem Stopover-Sex mit ihrem Ex in einem Flughafenhotel hustet die Reisende am Telefon; kurz nach Rückkehr zu ihrer Familie stirbt sie an dem Virus, das sie unwissentlich in die westliche Welt trug. Am Filmende ist diese Reisende durch Auswertung von CCTV-Videos und Handyfotos als Überträgerin, Unglücksbringerin, ausgehend vom Casino in Macau identifiziert; die Schlusssequenz schließt die Lücke und reicht „Day 1" nach: den Infektionsweg vom Baufahrzeug eines Konzerns (für den die Reisende arbeitet), das im chinesischen Urwald eine Fledermaus von ihrem Baum aufscheucht, die in einem Stall eine Frucht fallen lässt und so ein Ferkel ansteckt, das der Casino-Chefkoch berührt, bis zum Handshake-Foto des Kochs mit der Reisenden. Interspeziell von Tier zu

Mensch: das Spillover Event vor dem Stopover-Sex – *Contagion* setzt die ‚Ursünde' eines Übergriffs (‚Baggern' an der Natur), der im Finanz-Casino umgerechnet und distribuiert wird, parallel zum weiblich gegenderten, ‚volatilen' Weltmarkt; beide hintergehen, so legt der Film nahe, den besorgten American Dad (Demos, mobil, versus Damon, Matt). Ist das – Kapitalismuskritik? Die Frage ist rhetorisch. Dieses Ressentiment gegen ‚irgendwie ungesunde' Leute, die nicht am (angestammten, familialen) Ort bleiben, erinnert – um im US-Kontext zu bleiben – an den ‚antiglobalistischen' Protektionismus, Sexismus und Rassismus von Obamas Nachfolger, der Corona the China virus nannte.

Dieses Offenbarungsende tritt als rückwirkend ‚alles' bestimmend auf. Es erweist an *Contagion* ein Unvermögen (einen wem auch immer zuschreibbaren Unwillen?), Masse als zerstreute wahrzunehmen, d. h. Masse und ihre Zerstreutheit in ihrer Wahrheit zu nehmen, zu perspektivieren[10] – anstatt diese Kategorien von Sozietät als etwas, das Düsternis in die Welt trägt, zu verwerfen.[11] Gegenüber der ominösen Wirkung dieses Endes, das ‚immer schon' (von „Day 2" an) als kategorial impliziert ist, muten Momente von Solidarisierung in *Contagion*[12] wie punktuelle Ausbrüche von Nächstenliebe-Kitsch an; von ihnen aus lässt sich keine gesellschaftliche Beziehungsweise anpeilen. Umso bezeichnender, wenn fünf Jahre später *Viral* das ‚besiegelnde' Ende von *Contagion* quasi wieder auf die auszuhaltende, zu haltende Prekarität hin öffnet und offenhält; und wenn 2019 *Virus* mit einem Ende, das kaum weniger denn eine Variation und Direkt-Antwort auf das Ende von *Contagion* ist, nachgerade eine ethische Wendung vollzieht. Das geht so:

Das Epidemie-Desaster-Melodram *Virus*, in seinem Entstehungsland Indien 2019 ein Blockbuster, übernimmt von *Contagion* das Großmotiv retrospektiver Datendurcharbeitung: In der Provinz Kerala wütet das von Fledermäusen übergesprungene Nipah-Fieber (based on true events); ein Krisenstab steuert Contact Tracing im Alltagsmilieu und das Absuchen von CCTV-Videos des örtlichen Krankenhauses nach visuellen Datenspuren der Infektionsübertragung. Wir begegnen hier Beziehungsweisen, die – wenn auch kaum ‚revolutionär' – Fest-Formungen, Fest-Verortungen ethnisierter sozialer Alltage und Identitäten entgründen: Das Markieren und Beschriften, das Lesbar-Machen, der auf Video erfassten Abläufe im Krankenhaus hat sein Gegenüber nicht in einer ‚Verpolizeilichung' des Blicks auf soziale Milieus (wodurch, wie im Zombiepandemiefilm, Bedrohungsbilder und targets kenntlich werden); vielmehr korrespondiert dem ‚Bilder-Beschriften und -Lesen' in *Virus* ein ‚pandemisch' werdender, die Gesellschaft durchdringender, vielfältiger Prozess des Übersetzens (parallel zur Übertragung): Ohne so zu tun, als wüsste ich viel vom multi-

---

[10] Im Hintergrund meiner Argumentation steht wesentlich die (Film-affine) Auslotung demokratischer Potenziale von Zerstreuung und Massenhaftigkeit als Entgründungen sozialer Fest-Formen bei Kracauer (1963, *Kult Ornament*).

[11] In *Contagion* im Rekurs auf alte Horror- und Orientalismus-Motive: Fledermaus, Urwald, ‚asiatisches Fassadenlächeln'. Wir könnten motivhistorisch gar noch bis zur fürwitzigen Eva zurückgehen, die sich an der Frucht vom Paradies-Urwald-Baum der Erkenntnis ansteckt und das Übel weitergibt.

[12] Selbstaufopferungen von Wissenschafts-Autoritätsträger*innen über geopolitisch-ethnische bzw. rassifizierte und Klassen-Grenzen hinweg – aus Erbarmen mit dem chinesischen Dorf bzw. dem weißen Haustechniker.

ethnischen Leben in Südindien, sei hervorgehoben, wie sehr sich das Soziopanorama von *Virus* aus Übersetzungen im Sinn von Abwägung von und Abstammung auf die Andersheit aller zueinander zusammensetzt. Im Krisenstab werden etwa Fragen der Bestattung von Seuchentoten erörtert, nämlich Probleme der Kremierung ebenso wie die Zulässigkeit von Erdbestattung nach dem WHO-Reglement; durch Ganzkörper-chemsuits anonymisierte Krankenhausbedienstete werden durch aufgenähte Schrifttafeln als Doctor, Attender etc. erkennbar; eine Gesundheitsbeamtin erklärt einer alten Frau einen Behörden-Fragebogen, der Auskunft über ihre Versorgung in der Heimisolation geben soll; ein Mann liest den in Plastik folierten Abschiedsbrief seiner Frau – „I am almost on the way" –, die er im Sterbezimmer nicht besuchen durfte. Generell zeugen im Dialog viele englische Lehnwörter wie Sprachspuren von Kolonialgeschichte. Und ein Arzt und eine Beifahrerin, die im Autoradio die Hindi-Version eines Electropop-Hits hören, scherzen darüber, ob diese Version gleich gut ist wie die tamilische Erstfassung.

Übersetzung als ein reflexives, insofern Fundamentierungen lockerndes, umschreibendes Durchspielen: Die Mutter des Erstüberträgers sorgt sich, man werde sich an ihren am Virus verstorbenen Sohn nur mit Hass und mit dem Vorwurf, er sei an allem schuld, erinnern. Nicht Schuldprojektion, sondern deren Umschreibung prägt allerdings das Ende von *Virus*: das Spillover-Event im Nachtrag – als Erwiderung zum Ende von *Contagion*. *Virus* endet zunächst konventionell: Jubelszene samt Festrede, nachdem Nipah besiegt wurde; es folgt der Beginn des Abspanns – und dann eine stille, lapidare Coda mit dem Erstüberträger auf seiner Motorradreise, von der im Film zuvor nur dessen Handyfotos zu sehen waren, darunter das eines Fledermaus-Babys. Diese Coda führt die Beziehungsweise des Replay als Übersetzung zu Ende, einmündend in eine ethische Wendung. Wir sehen, wie das Fledermaus-Foto entsteht: Der Reisende hält an, knipst das auf einen Weg im Urwald gefallene kleine Tier und legt es sanft auf einen Baum zurück. Es folgt der komplette Abspann. Auch dieses Ende spielt mit unserer Erwartungsangst und betont dann unerwartet ein Sich-Einlassen: Statt die Begegnung mit dem infektiösen Tier zu dämonisieren, wirkt dies wie eine Bekräftigung von Behutsamkeit trotz allem, auch wenn sie sich als tödlich riskant erwiesen hat. Dies insbesondere in Vergleich mit dem Ende von *Contagion*, bei dem all die Abgeklärtheit im Ressentiment mündet; in beiden Filmen nachträglicher ‚Orient'-Urwald-Fledermaus-Erstkontakt, von dem Handyfotos zeugen. Vom Gendering her zeigt der Cluster aller drei Film(schlüss)e *Contagion, Viral* und *Virus* eine Flugreisende in Stopovers, die Körperkontakte ermöglichen (mit Casino-Koch bzw. Airporthotel-Lover), eine Autoreisende in einem Anhalten, das einen Kuss ermöglicht, und einen Motorradreisenden, der anhält und an einem exponierten ‚In-der-Welt-Sein' festhält. Der Mann in *Virus* ist zwar ‚Biker', agiert aber gerade nicht als Subjekt abenteuerlicher Entschlossenheit in der Welt, gegenüber ihrer Ansteckung.[13] Vielmehr drückt sein Tun Zartgefühl, auch Sentimentalität (Tierliebe), aus. Und ironischer Weise ist

---

[13] Eine solche Haltung zeigt mustergültig die Szene in *Papillon* (USA/F 1973), in der Steve McQueen, ganz todesmutiger Gambler, das Angebot eines Leprakranken annimmt, eine Zigarre zu genießen, die dieser angeraucht hat. (Dank an Bernhard Kern für diesen Filmhinweis.)

die Motorradreise-Coda hier in die Textur reflexiv beschrifteter Alltagsanblicke auch insofern eingebunden, als *Virus* – wohl nicht nur dieser indische Film, wohl nicht nur in meiner Ansichtsversion – Bildrandbeschriftungen enthält, die davor warnen, das zu tun, was in der jeweiligen Szene zu sehen ist, nämlich Tabak oder Alkohol konsumieren oder ohne Helm Motorrad fahren; der Biker am Filmende trägt Helm und Handschuhe – und stirbt dennoch infolge seiner Reise.

Hoch gegriffen, ließe sich sagen, dass sich an diesem Ende das Replay von medialisiertem Alltag auf eine Wahrnehmung hin öffnet, die der Wahrung von Kontingenz in der Welt gilt: vom erwartungsgemäßen Verhängnis zur Doch-Öffnung auf die Welt, ähnlich wie in *Viral*. Was wir somit in Aktion vor uns haben, ist das Ethos einer Wendung zur Welt, im Aufschub eines Abschluss-Urteils über sie; fast ein Bejahen des Sich-Aussetzens, von dessen „Wiederkunft", im Nietzsche'schen Sinn. In den Bereich der Politik übertragen, lässt sich dies einer Eigendynamik der aktuellen Brutalisierung autoritärer Politik entgegenhalten, die zu verstehen gibt, ‚wir' könnten uns Behutsamkeit und Zartgefühl ‚nicht mehr leisten', und zwar gemäß der Konkurrenzlogik, wonach ja ‚die anderen' immer brutaler würden.[14] Doch die End-Wendung in Virus bleibt, wie auch die in *Viral*, im Ethischen stecken, ohne dessen Gesten an Ansätze von Kollektivität, mithin von Politik, zu koppeln.[15] Immerhin aber markieren diese Filme in konkreten Inszenierungen entgründeter Gesellschaftlichkeit, wie sich zu Techniken des Staatsmachtdurchgriffs oder der Sündenbocksuche Abstand halten lässt.

18.5 Im Happy Team der kleinen Unterschiede: *Little Joe*

Exemplarisch für letztere Techniken ist die „Message Control" – Rhetorik und Strategie – der österreichischen Regierung während der Corona-Lockdowns 2020 (um nicht usual suspects und easy targets wie Trump oder Bolsonaro zu nennen). Einer britisch-österreichischen Produktion von 2019 wende ich mich zuletzt zu: In *Little Joe* bewirkt eine Infektion – im Anfangsstadium einer Epidemie, mit Potenzial zur Pandemie – direkt das Zur-Disposition-Stellen affektiver Nahbeziehungen (im Sinn Adamczaks). In Jessica Hausners Laborthriller züchten (mehrheitlich weiße) Londoner Biotechniker*innen die titelgebende Blume, deren Pollen bei Menschen Glückshormone aktivieren: Weltweite Verkaufserfolge winken; Nebenwirkungstests sind bloß eine Formsache. Die Spezies agiert allerdings eigendynamisch: Ihr Pollenstaub infiziert ihr Zuchtpersonal, sowie den

---

[14] Das lässt sich, zumal mit dem „China virus"-Diskurs im Hinterkopf, über ein frühes Exemplar (November 2020) von Corona-Spielfilm sagen: In *Borat Subsequent Moviefilm* sind Sacha Baron Cohens Attacken auf Anhänger*innen und den Anwalt des ‚brutal' regierenden Donald Trump (Rudy Giuliani im Fake-Interview: „China manufactured the virus and let it out. I don't think anybody was eating bats.") ihrerseits brachial; so wie schon 2016 Cohens Gags mit der fiktiven AIDS-Virus-Infektion des damaligen Vorwahlkandidaten Trump in *Grimsby*.

[15] Zur „post-politischen ethischen Wende" vgl. Jacques Rancière (2010); zur Interpretation des erörterten Drei-Filme-Clusters im Zeichen der *Aussätzung* vgl. Drehli Robnik (2021).

Sohn einer Genetikerin und dessen Freundin; die Blume speist die glücklich Gestimmten, die sich mit Hingabe um Little Joes Wohlbefinden bemühen, in ihr Reproduktionssystem ein. Spillover von Pflanze zu Mensch: Die Infektion in Little Joe hat Züge von Ansteckungskrankheit wie auch von konspirativer Unterwanderung; die Blüten-basierte unmerkliche Übernahme durch eine non-humane Lebensform steht offenkundig in der Tradition der *Invasion of the Bodysnatchers*-Filme. „A human pathogenic virus that infects people's brains – but you don't notice the difference [because] people act completely the same," fasst ein ungläubiger Laborkollege den Verdacht der Genetikerin (Emily Beecham) zusammen. Dieses Pflanzen von Glück in bürgerlichen Milieus, deren Alltage hochformalisiert sind, steht auch in der Tradition von Hausners Vorgängerfilmen: happy plants im Sinn von Glücks-Anlagen – im Alpinhotel (Hotel, 2004), in Heilsritualen einer Pilgerstätte (*Lourdes*, 2009) und in Inbrunsttechniken bürgerlicher Subjektivität (*Amour Fou*, 2014).

Ganz normale kontrollgesellschaftliche Implantierung von Gefühl, zumal Fürsorge: Das erscheint in *Little Joe* als freigelegter, zur Disposition gestellter Grund einer Vergesellschaftung, die durch Intrusion wie auch Einverleibung erfolgt. Diese Entgründung bewirkt Verunsicherungen, mit deren Phrasierung und Akzentuierung der Film spielt: Kann ich meinen Äußerungen und denen anderer noch trauen? Wer ist ‚echt', wer infiziert? Wer ist nett, weil infiziert? In dieser Situation gewinnt Wahrnehmung den Charakter optimierender Dauer-Überprüfung eigener Adäquatheit – insbesondere als Mutter und am Arbeitsplatz – und schmiegt sich, was die Kameraführung betrifft, der Überwachungsautomatik der CCTV-Anlage über dem Labor-Blumenbeet an: Ungerührt betreibt die Kadrage ihr Abtasten, Annähern, mitunter ostentativ in Bezug auf das Dazwischen, die Beziehung (das relationale ‚Beet'), von Figuren im Bild. Das Kolorit des Labor-Mobilars wiederum emuliert die Happiness-Anmutung der Blume: fröhliche Farben, die sich aber ‚beißen'. An der Stelle von Beziehungsweisen zeichnet sich zunehmend ein ansteckender Team(work)-Spirit als Lösung des Optimierungs-Argwohn-Problems ab: Die Infektion durch die happy plant ermöglicht der Gentikerin, ihre Muttersorgen zurück- und dafür ihren Workaholismus anzunehmen, was sie für die Paarbildung mit dem Kollegen öffnet; das Mantra „We are team after all" fungiert dabei als Liebesgeständnis. Das entspricht genau nicht einer Beziehungsweise. Aber *Little Joe* ermöglicht es, negativ Chancen solidarischer Beziehungsweisen wahrzunehmen, die durch Teamgeist- und Selbst-Monitoring-Techniken verschüttet sind, indem dieser Film einer Wiener Regisseurin und Produktionsfirma ebendiese Führungstechniken problematisiert – mehr noch, indem er in eine historische Konstellation eintritt, die nicht zuletzt eine von Kino und Coronakrise ist; die Krise wiederum verflochten mit ihrem Management durch gouvernementale (Medien-) Praktiken des Happy Teams.

Die Team-Metapher: In Österreich politisch genutzt wurde sie vor 50 Jahren seitens der technokratischen Modernisierungs-Sozialdemokratie (Wahlplakatslogan 1971 „Lasst Kreisky und sein Team arbeiten!"), später kleiner dimensioniert im organisierten

Rechtspopulismus (Team Stronach 2012–2017, Team HC Strache 2019–), in großem Maßstab zuletzt bei der Übernahme und Rechtsausrichtung der neoliberalen ÖVP durch den nachmaligen Kanzler Kurz („Unser Team. Für Österreich.") und 2020 in der „Team Österreich"-Corona-Medienkampagne des regierungsaffinen Österreichischen Roten Kreuzes. Vor diesem Hintergrund ist es ‚heilsam', dass *Little Joe* Teamgeist als Infektionsprodukt ausweist. In seinem Anklang an Verschwörungsthriller wiederum steht *Little Joe* quer zum Querdenken, zu diverser Konspirationsparanoia mit Rechtstendenz: Das Schema des Verschwörungsglaubens spendet Sicherheit und nachgerade Happiness für Communities von Erleuchteten, indem es ein Minimum an Wahrnehmungen in ein Maximum an stabilem Plot (‚Komplott') einspeist; dieses Schema stellt *Little Joe* auf den Kopf, indem er ein Übermaß an Wahrnehmung, an Symptomatologie, in einen nur gerüsthaften Plot einwebt, dessen Anmutung ultimativ wenig eindeutig ist. Denn, mit Gilles Deleuzes (1989, S. 219 ff.) Theorie einer Habitus- und Symptom-Form als „kleiner" bzw. B-Film-Form von Genrekino („Aktionsbild") gesagt: Während in Filmen wie *Invasion of the Body Snatchers* von 1956 eine kleine Verhaltensdifferenz eine große Situationsdifferenz – sehen wir Menschen oder non-humans? – indiziert, hält *Little Joe* auch den situativen Unterschied zwischen ‚normaler' und Blumen-infizierter Sozietät minimal: Nicht nur sind hier ein Komplott und eine Rede des Chefs, die zur happy Teamarbeit motiviert, kaum unterscheidbar; auch die ‚Übernahme' der Menschen durch virale Pollen macht kaum einen Unterschied, denn zwanghaft optimiert und gerackert wurde vorher auch schon.[16]

Dass man in diesem Film beim Teamwork MNS-Masken und Plastikhandschuhe trägt, wirkt in heutiger Sicht ohnehin normaler als je zu erwarten gewesen wäre. Gesellschaftliche Phänomene der Gegenwart: Einiges war schon lange im Raum, wurde aber erst rezent ‚schlagend' und grell deutlich; so wie die bunte Infrastruktur und manch anderes, das unsere Sicht mit der Zeit irritiert, in *Little Joe*. Sinn mit Delay: Dieser Film kam ins Kino, kurz bevor unser aller kategoriales Virus im Netz medialer Diskurse zum Weltstar wurde; in Österreich im November 2019, in Großbritannien noch Ende Februar 2020. Im März 2020 sollte er bei der Jessica Hausner-Personale der Diagonale in Graz laufen; dieses Austro-Filmfestival fiel der Pandemie zum Opfer, bzw. ging in Teilen online. So wie zahllose andere Lebensweisen und Aktivitäten. Unaufhaltsam scheint der virale Diskurs der Netz-Medialisierung rund um Home Office und Home Schooling. Seine Glücksversprechen, Teamworkprotokolle und Optionen zur Abwälzung von Fixkosten auf Arbeiter*innen zählen zu Nachlasten der Corona-bedingten Entgründung sozialer Routinen, die früh wahrnehmbar, schwer aufzuarbeiten und kaum loszuwerden sind.

---

[16] Ähnlich wie Fernsteuerungsparanoia rund um „Corona-Diktatur" in einer Gesellschaft, in der Macht (auch Reichtum) extrem ungleich verteilt ist, letztlich redundant, bestenfalls tröstlich, wirkt.

Literatur

Adamczak, B. (2017): *Beziehungsweise Revolution. 1917, 1968 und kommende*. Berlin: Suhrkamp.
Deleuze, G. (1989): *Das Bewegungs-Bild. Kino 1*. Frankfurt/M.: Suhrkamp.
Kracauer, S. (1963): Kult der Zerstreuung. Über die Berliner Lichtspielhäuser, Das Ornament der Masse. In: ders.: *Das Ornament der Masse*. Frankfurt/M: Suhrkamp, S. 50–63, 311–317.
Marchart, O. (2010): *Die politische Differenz. Zum Denken des Politischen bei Nancy, Lefort, Badiou, Laclau und Agamben*. Berlin: Suhrkamp.
Rancière, J. (2010): Die ethische Wende der Ästhetik und der Politik In: Drehli, R./ Hübel,T./ Mattl, S. (Hg.): *Das Streit-Bild. Film, Geschichte und Politik bei Jacques Rancière*. Wien, Berlin: Turia+Kant.
Robnik, D. (2020): *Ansteckkino: Eine politische Philosophie und Geschichte des Pandemie-Spielfilms von 1919 bis Covid-19*. Berlin: Neofelis.
Robnik, D. (2021): *Pandemie panmedial, national, noir: Spielfilme als Wahrnehmungsform von Politik-Clustern des Aussetzens*.
Williams, L. (1995): Film Bodies: Gender, Genre, and Excess. In: Grant, B. K. (Hg.): *Film Genre Reader* II. Austin: U of Texas P. 140–158.

Verzeichnis der Filme

Borat Subsequent Moviefilm (Borat Anschluss Moviefilm, USA 2020, R: Jason Woliner)
Contagion (USA/VAE 2011, R: Steven Soderbergh)
The Cured (The Cured: Infiziert. Geheilt. Verstoßen, IR/F 2017, R: David Freyne)
Gamgi (Pandemie, COR 2013, R: Kim Sung-su)
Little Joe (Little Joe – Glück ist ein Geschäft, GB/D/A 2019, R: Jessica Hausner)
93 Days (NGR 2016, R: Steve Gukas)
Papillon (USA/F 1973, R: Franklin J. Schaffner)
Viral (USA 2016, R: Henry Joost, Ariel Schulman)
Virus (IND 2019, R: Aashiq Abu)

Gemeinsame Boten der Einsamkeit

19

Über das (Wieder)erleben von Kontaktmetaphern in *Death Stranding*

Felix Schniz

Zusammenfassung

Dass die melancholische Postapokalypse von Death Stranding (Kojima Productions, 2019) einmal die emotionalen Folgen einer realen Katastrophe in unheimlicher Präzision abbilden würde, konnte im Herbst 2019 noch niemand ahnen. Nur ein halbes Jahr später jedoch erleben Videospieler weltweit Death Stranding und dessen Helden, den Lieferboten Sam Porter Bridges, der auf Grund seiner essenziellen Tätigkeit als kontaktschaffende Lebenslinie zwischen in Isolation lebenden Sozialeinheiten fungiert, mit einem neuen Verständnis von Einsamkeit und der Macht kontaktloser Gesten.

Dieser Beitrag untersucht den Wandel der Rezeption von Death Stranding in einer von Pandemie geprägten Retrospektive. Er illustriert den Erfahrungshorizont des Spieler-Avatar-Komplexes, abgesteckt von den zeitgenössisch relevanten Schlüsselanglizismen essential work(er), lockdown und social distancing.

Schlüsselwörter

COVID-19 · Death Stranding · Essential worker · Hideo Kojima · Metamodernismus · Multiplayer · Postmodernismus · Strand game · Videospiel

F. Schniz (✉)
Universität Klagenfurt, Klagenfurt am Wörthersee, Österreich
E-Mail: felix.schniz@aau.at

© Der/die Autor(en), exklusiv lizenziert durch Springer Fachmedien Wiesbaden GmbH, ein Teil von Springer Nature 2022
A. Krewani, P. Zimmermann (Hrsg.), *Das Virus im Netz medialer Diskurse*, ars digitalis, https://doi.org/10.1007/978-3-658-36312-3_19

19.1 Einleitung

In gelebten Krisenzeiten wird Kunst ein gesteigerter Bedeutungsgrad zugemessen. Mit den 2020er-Jahren, die für viele Menschen das erste Durchleben einer globalen Katastrophe bedeuten, projiziert Kunst einen neuen Sinn in bis dato unbekannte Dimensionen von Unsicherheit. So weist die *National Poetry Library* etwa in der Präambel ihrer aktuellen Gedichtsammlung *In the Beginning of Covid-19* darauf hin, dass es Lyrik mit ‚luminous details' vermag, Chaos bewältigbar zu machen (2020). Gleichzeitig ist diese Aussage aber auch ein Verweis in die Retrospektive, denn dieser notwendige Blick auf die brillante Detailkraft der Poesie, die erwähnt wird, ist eine Rückbesinnung auf den Modernisten Ezra Pound (1911, S. 130). Kunst war schon immer ein sensibler Rezeptor der Krise und somit besticht der Gedanke, dass auch bereits vorhandene Kunst neu erlebt wird in den Bestrebungen, die neue alltägliche Desorganisation, denen die Menschheit in Zeiten von COVID-19 ausgesetzt ist, zu entschlüsseln. Die Prinzipien hermeneutisch-zyklischer Rezeption, nach denen mit einer neuen Sensibilität an bekannte Werke herangetreten wird, um aus ihnen Sinnstiftung zu erfahren, ist selten so spürbar wie im Schatten einer globalen Pandemie.

Es hätte wohl niemand damit gerechnet, dass sich die sozialen und psychischen Auswirkungen einer lebenseinschneidenden Pandemie in der Erfahrung eines Videospiels so brillant äußern – oder gar vorausgeahnt werden, wird dem Medium doch immer noch häufig seine Eignung als künstlerische Ausdrucksform aberkannt (vgl. Perschak und Schniz 2020, S. 5). *Death Stranding*, das Erstlingswerk des Studios Kojima Productions, erschien im Herbst 2019 und thematisierte knapp ein halbes Jahr vor Ausbruch der ersten großen COVID-Herde die Folgen einer globalen Katastrophe, welche der Menschheit das Miteinander nahm und physischen Kontakt außerhalb der Sicherheit ihrer Wohnräume zur Gefahr machte. In diesem Leitmotiv von Isolation entfaltet *Death Stranding* sowohl auf narrativer als auch auf spielmechanischer Ebene die Erfahrung einer von Einsamkeit geprägten virtuellen Welt. Dass der Titel dazu in der Lage ist, ist nicht weiter verwunderlich, operieren Videospiele doch primär auf der Möglichkeit, uns selbst interaktiv in ein fiktives Geschehen einzubringen und so unsere eigenen Geschichten zu erfahren (vgl. Egenfeldt-Nielsen et al. 2016, S. 2). Die Prämisse, Einsamkeit zu verstehen und dennoch Verbundenheit zu erleben, wird im Spiel explizit durch eigenmächtiges Handeln spürbar gemacht und etabliert so eine metaphorische Sinngebung der aktuellen Lebensrealität unter COVID-19.

Die folgende Analyse widmet sich *Death Stranding* mit Fokus auf diese Neuentdeckung eines Videospiels während der COVID-Pandemie und seiner Eigenheiten, die bereits vor der Pandemie die sozialen Gepflogenheiten von Nähe und Distanz, Einsamkeit und Gemeinschaftssinn subversiv hinterfragten. Grundlage der Überlegungen zum Spiel ist die Close-Performing-Methode. Sie vereint literaturwissenschaftliche Traditionen des Close Readings mit dem dérive, einer Handlungspraxis der vornehmlich situationistischen Psychogeografie, die der „theory or practical activity of constructing situations" dient (Coverley 2006, S. 93). Mit dieser bewussten und gleichwohl unbefangenen Art des Flanierens in einer von Menschenhand geschaffenen virtuellen Umgebung können persönliche Empfindsamkeiten und Sinneswahrnehmungen intersubjektiv-kommunizierbare Zugänglichkeit erfahren. Das Videospiel, welches sich als Medium in erster Linie durch seine Interaktivität von anderen Medien unterscheidet, muss als virtueller Erlebnisraum erfasst werden, um ihm eine gerechte Analyse bieten zu können. Dies zeigt sich unter anderem in der Fülle an innerhalb der Raumtheorie orientierten transdisziplinären Ansätzen, etwa dem Verständnis von Videospielen als narrativer Architektur nach Jenkins (vgl. 2004, S. 1) sowie der Tatsache, dass Theorien des Flanierens auch in den zeitgenössischen Game Studies zur Anwendung gebracht werden (vgl. Carbo-Mascarell 2016, S. 1). Methodisch kombiniert das Close Performing so die analytischen Beobachtungen, die in einer symbolischen virtuellen Spielewelt gemacht werden können mit dem Verständnis der Spielenden, dass diese Beobachtungen erst durch das performative Ausleben ihrer Handlungsmacht, ihrer Agency, (vgl. Murray 1997, S. 128–129 f.) ermöglicht werden.[1] Gepaart mit Eindrücken der COVID-Pandemie vermittelt die Spielerfahrung von *Death Stranding* so das Bild eines positiven Eigenantriebs aus der Pandemie heraus, der aus einem Neuverständnis von zwischenmenschlichen Verbindungen und deren Bedeutungen gedeiht.

19.2 Eine Welt in Scherben

Death Stranding kann im weitesten Sinne als Action-Adventure in einem postapokalyptischen Setting klassifiziert werden. Im Avatar, also der Spielfigur des Lieferboten Sam Porter Bridges ist es Aufgabe der Spielenden, eine Welt post-*crisis* wieder zusammenzuführen, in dem über die versprengte Zivilisation lebensnotwendige Botengänge erledigt und so dazu inspiriert werden soll, sich zu einem Daten- und Hilfsnetzwerk zu verbinden und die Menschheit durch Gemeinschaft zu bestärken. Das ‚Death Stranding' ist hierbei auch der Name dieser Katastrophe, infolge derer die nahzukünftige Welt zu einem unerschlossenen, urkontinentalen Zustand zurückversetzt wurde. Als Spieler erlebe ich dieses Narrativ beginnend an der amerikanischen Ostküste, die in ihrer Darstellung auch eine skandinavische oder isländische Tundra sein könnte. Sie ist geprägt von ihrer kargen Ambivalenz: die wenigen Ruinen als Symbole des Vergangenen werden verschluckt von der erhabenen Einöde Moos überwucherter Felsformationen. Über eine mehrminütige, cineastische Einführungssequenz werden die Spieler an den Status Quo dieser Welt herangeführt, in der Sam vor ätzendem Regen und unsichtbaren Monstern, die dieses Wetterphänomen begleiten, Schutz sucht. Erst als die Wolken verschwinden, erlangen die Spielenden die Handlungsmacht über den Avatar.

Als Apokalypse hat das ‚Death Stranding' die Welt in eine Art Urzustand zurückgeworfen, der von den verbleibenden Menschen jedoch mit einer postmodernen ironischen Stoi

---

[1] Da Videospiele folgerichtig eine zutiefst persönlich und eigengestaltete mediale Erfahrung ist, sehe ich die gelegentliche Beschreibung von Spielphänomenen aus Ich-Perspektive als notwendig und zweckdienlich an.

akzeptiert wird. Dies spiegelt sich auch in der audio-visuellen Ausgestaltung des Titels wider, was sich schon in der eigentümlichen Ästhetik der Eröffnungsszene offenbart. Sobald die Spielenden Kontrolle über Sam haben, werden sie, getrieben von einer unsichtbaren Gefahr, dazu inspiriert, einen nahegelegenen Schutzraum aufzusuchen. Dieses Davonrennen wird allerdings im Stil eines Musikvideos präsentiert, inklusive der Einblendung von Künstlernamen und Liedtitel: der sanfte, aufbauende Poptitel *Don't be so Serious* der Band Low Roar begleitet die Spielenden auf diesem ersten Weg und tüncht die düstere Welt von *Death Standing* in einen unerwartet beschwichtigenden Klangteppich. Das Spiel präsentiert sich also nicht im archetypisch düsteren Gewand eines Weltuntergangsszenarios, sondern als eine oxymorone Cosy Catastrophe (vgl. Aldiss 1973, S. 294), in der das brachiale Ereignis mit der verstörenden Ruhe einer ordinären Stoa kontrapunktiert wird und die menschlichen Protagonisten auch im Antlitz des Verfalls so etwas wie einem geordneten Leben nachgehen können. Der Timefall, ein metaphysischer Regen, welcher die Regeln von Zeit außer Kraft setzt und den Verfall beschleunigt, zieht meteorologischen Strömungen gleich durch die Welt und werden auf Grund dieser Umwelt-entsprechenden Eigenheit sowohl als Bedrohung als auch naturgegeben verstanden.

Die Außenwelt von *Death Stranding* ist nicht mehr sicher und evoziert ein ewiges, zehrendes Neu für ihre Bewohner. An die Stelle der Vereinigten Staaten tritt ein loser Haufen autarker, subterraner Städte, deren Bewohner Kontakt mit der Außenwelt vermeiden. Als Sam werde ich es im gesamten Spielverlauf vornehmlich mit Hologrammen ihrer Bewohner zu tun haben, die mir bei der Übergabe von Transportgütern zum Gruß präsentiert werden. Dennoch kommuniziert Sam mit diesem Hologrammen und erfährt von ihren alltäglichen Problemen in dieser zersplitterten Welt. Ebenso typisch für die Cozy Catastrophe geht es bei *Death Stranding* nicht um die tosende große Apokalypse, sondern um die persönlichen kleinen Apokalypsen – um die menschlichen Nachbeben, die Einsamkeit und die Veränderungen innerhalb der verbleibenden Gesellschaft.

Trotz aller technologischer Mittel liegt die Welt von *Death Stranding* in Scherben – und in Kojimas Vision sind es Sam und somit die Spieler, die sie wieder zusammenzusetzen versuchen. Hideo Kojima sieht darin sein intendiertes Statement:

> Playing the game is a lonely feeling, because you play alone usually, even though you're online. A lot of people play on the couch, and perhaps they feel ... you're struggling all alone. But at a certain point, you realize, 'There is someone really similar to me who felt this loneliness,' because you see it when you're indirectly connecting (Kojima in Juba 2019, o. S.).

Kojima selbst versteht sich seit jeher als Designer-*Auteur* (vgl. Dawkins 2019, o. S.). Ungewöhnlich für ein Medium, bei dem gerade die mit Grandeur produzierten AAA-Titel nicht nur durch ein Millionenbudget, sondern auch durch das kollaborative Schaffen eines Teams gezeichnet sind, lässt er sich in seinem Schaffen nicht von den etablierten Konventionen der Videospielmechaniken dirigieren. Dies geht so weit, dass Kojima seinem Weltentwurf selbst eine eigene Genrebeschreibung in der Systematik auferlegt, die abseits der Funktion eines Action-Adventures liegt:

As I'm getting similar questions so I shall re-post. DS [Death Stranding] is not a stealth game. Could move subjectively but not a FPS [First-Person Shooter] shooting game either. By incorporating with the concept of connection(strand), it's totally brand new genre called action game/strand game (social strand system)[2] (Kojima 2019, o. S.).

Kojimas Idee des „strand" Games erfährt in seinem Videospiel eine doppelte, genredefinierende Bedeutung: neben dem Strand als visuell ausgestaltete Metapher als Limbo des statischen Gestrandet-seins, in dem nichts geschieht, wird um diese Sollbruchstelle ein Netz aus ‚strands' gespannt – den Leben und Lebensgeschichten seiner Bewohner. Ein ‚strand' repräsentiert nicht nur die Nichtspielercharaktere, denen man im Verlaufe von *Death Stranding* begegnet, sondern in erster Linie die Spieler, die über die gemeinsame, dennoch unweigerlich getrennt voneinander beeinflusste Spielerfahrung in *Death Stranding* vereint werden. Dieses „strand" Game spiegelt sich auch in meinen ersten Schritten im Spielgeschehen von *Death Stranding* wider und in der Lebensrealität einer globalen Pandemie.

19.3 Essential Worker, Lockdown, Social Distancing

Sam Porter Bridges Name verrät einiges über ihn: Er ist sowohl Träger von wichtigen Botschaften und Ressourcen als auch eine Art zwischenmenschliche Brücke. Als Sam scheue ich mich nicht davor, seine Umgebung zu durchqueren. Sprichwörtlich übernehme ich die Verantwortung, die sonst kein anderer tragen kann. Aus Sams Perspektive wird die Spielwelt als Geografie erfahren, die auf schwierigste Art und Weise wieder erschlossen werden muss. Im Englischen wird Sam so süffisant doppeldeutig von seiner Umwelt zum Deliverer erklärt, der die wichtigen Ressourcen überbringt und so gleichzeitig die Menschen von der Einsamkeit befreit. Dies projiziert sich auch auf die reale Welt, denn als Sam können Spielende aktiv werden, während sie im Lockdown der echten Welt zum Nichtstun verdammt sind. Im Spiel erzeugt Sam Struktur, in der gegenwärtigen Wirklichkeit sitzt der Spieler zuhause und weiß nicht, was mit sich anfangen oder wie eingreifen, um helfen zu können, während die Pandemie passiv erduldet werden muss. Durch meine Handlungen bringe ich Struktur in die von der Katastrophe zersprengte Spielewelt und schaffe Verbindungen zwischen den Außenposten. Im Spielnarrativ findet durch meine Handlungen so wieder reger Austausch zwischen den einzelnen Bunkerstädten statt, der über den Austausch von überlebensnotwendiger Technologie hinausgeht – so vereine ich beispielsweise ein getrenntes Paar, in dem ich einen der Partner sicher zwischen den Städten transportiere.

Exemplarisch erfüllt Sam vordefiniert den Begriff des Essential Workers – also einer gesellschaftlichen Funktion wie sie wohl bekannt, allerdings erst im Rahmen einer Krisensituation in besonderem Maße Bedeutung erfährt. Neben Personal im Verkaufs- und Gesundheitswesen wurde der Begriff auch auf Lieferanten angewandt, die die Logistik am

---

[2] Kojimas Twitter-Nachricht wurde in ihrer originalen Orthografie übernommen.

Laufen hielten. Als Role Avatar mit festgelegten Charakterzügen, die wir als Spieler performativ ausleben, jedoch nicht grundlegend verändern können (vgl. Schallegger 2017, S. 45), vermitteln die Charaktereigenschaften Sams auch die Belastungen, die mit dieser Arbeitssituation einhergehen. Auch wenn es unsere Aufgabe ist, Menschen zu verbinden, können wir dieser über unseren Avatar nicht körperlich nachgehen. Sam leidet an einer Form von Aphenphosmphobie – der Furcht, zu berühren oder berührt zu werden. *Death Stranding* thematisiert damit die Herausforderungen des kontaktlosen Kontakt-haltens zwischen Menschen nicht nur als äußere Angst, sondern auch als damit einhergehendes inneres Trauma. Nicht zuletzt kann einem in Zeiten der Pandemie selbst der Kontakt zu engsten Vertrauten auf einmal zur realen Bedrohung und so zur psychischen Belastung werden.

Um Sams Funktion als kontaktscheuer Kontaktmann zu begreifen, muss man zudem die Menschen, die er beliefert, sowie deren Alltag unter den Bedingungen des ‚Death Stranding' verstehen. Die Bewohner dieser verstreuten Städte Amerikas finden ihre Harmonie mit der Dystopie in Isolation von der Außenwelt. Sie zeichnen sich in erster Linie nicht durch Namen oder Persönlichkeit, sondern durch archetypisch umschriebene Berufsklassen aus, sind etwa Forscher, Meteorologen, oder Künstler. Ihren wichtigen, jedoch nicht-essenziellen Tätigkeiten können sie aus dem Schutz und der Beklommenheit ihrer unterirdischen Behausungen nachgehen, welche in Grundzügen auch den Spielenden offenbart wird. Sam bekommt ein Gästezimmer in jeder Zuflucht gestellt – einen kleinen Raum in dem, spielmechanisch relevant, jedes Mal einer ermüdenden Routine nachgegangen werden sollte, um die Lebensenergie und die Ausrüstung seiner Spielfigur in Stand zu halten. Um mindere, dennoch relevante Spielvorteile zu erhalten, muss ich als Sam in langwierigen Sequenzen schlafen, der Körperpflege nachgehen, Energy-Drinks konsumieren – ein Prozess, der ad absurdum wiederholt werden sollte. Es ist ein Pendeln zwischen der Monotonie in und der Bedrohung außerhalb des eigenen Schutzraumes.

19.4 Die metamoderne Heilung für den postmodern Blues?

Die Welt von *Death Stranding* leidet – so wie auch die Welt zur COVID-Pandemie – an einem paradoxen Bedürfnis nach Abstand und Nähe. Aufgegriffen wird das Motiv etwa in der Kurzgeschichte *Nawa* von Kōbō Abe, die während des Spiels zu verschiedenen Passagen zitiert oder angesprochen wird. Der Mensch, so Abe, definiert seine Gesellschaft grundlegend durch die zwei ersten Erfindungen: Der Stock, um Dinge fernzuhalten, die man abwehren möchte, und die Schnur, um Dinge an sich zu binden, die man nahe haben möchte (2019, o. S.).[3] Die Metapher beschreibt, dass der Mensch zwar Abstand halten aber auch Liebgewonnenes an sich heranholen möchte und ergründet so einen menschlichen Zwiespalt, der in *Death Stranding* in seinen Spitzen ausgelebt wird und unserer aktuellen Lebensrealität als betonendes Exemplum vorgelebt wird: In pandemischer Para-

---

[3] Verweis auf Übersetzung.

noia wehrt der Mensch ab, will aber gleichzeitig heranholen und durchlebt so eine permanente, unauflösbare Anspannung.

Das Wehleiden unserer Generation entpuppt sich im Begriff des Postmodern Blues (in Anlehnung an Shapira 2013): Die postmoderne Erfahrung ist nicht minder geprägt von Widersprüchen und Dissonanzen, in erster Linie von einem Fehlen sinnstiftender Prämissen (vgl. Connor 2004, S. 3). Diese Sehnsucht muss aufgelöst werden, damit sich die menschliche Gesellschaft weiterentwickeln kann. Einer der vielen Ansätze zur Überwindung einer postmodernen und der Anerkennung einer post-postmodernen kunstgesellschaftlichen Ära ist die Idee des Metamodernen. Der Metamodernismus erkenne die „oscillation to be the natural order of the world" (Turner 2011, o. S.). Thimoteus Vermeulen und Robin van Den Akker, die maßgeblichen Triebkräfte hinter dem Vorschlag des Metamodernismus, definieren dieses Wechselspiel

> between a modern enthusiasm and a postmodern irony, between hope and melancholy, between naïveté and knowingness, empathy and apathy, unity and plurality, totality and fragmentation, purity and ambiguity. Indeed, by oscillating to and fro or back and forth, the metamodern negotiates between the modern and the postmodern (2010, S. 5–6).

Das Medium Videospiel scheint in seiner Grundbeschaffenheit dem metamodernen Geiste entwachsen zu sein. Wie von Jesper Juul beschrieben, sind Videospiele *„half-real"* (2005, S. 1), Kompositionen konkreter Regeln in fiktions-ästhetischen Gewändern. Beide Dimensionen sieht Juul in stetigem Verweis aufeinander und beschreibt so die Spielerfahrung als Oszillation zwischen Handlungsbedarf und seiner narrativ-performativen Wirkung. Mitschwingend darin ist die metamoderne Oszillation: der inkompletten Welt werden Regeln auferlegt, die konstant aufeinander verweisen.

Ich erlebe *Death Stranding* in einem solchen Wechselspiel aus Jouissance und Pathos in einer virtuellen Geografie mit kaum physischen, aber vielen psychischen Fixpunkten. Kojimas Welt ist reich an Anspielungen und wirren Figuren, als Leitlinie zusammengehalten wird sie jedoch von Sam beziehungsweise durch den Spielenden, die in Sams Rolle schlüpfen. Das einzig Richtige, im Sinne einer Verbesserung produzierenden Aktes ist es, im Vergleich zu den statischen Städten, die ihre vermeintliche Sicherheit aussitzen, *überhaupt* zu Handeln – und durch das Handeln entstehen automatisch Verbindungen mit anderen Spielern. Der Spielprozess, in dem die verstreuten Bunkerstädte durch den handlungsmächtigen Spieler zu den ‚United Cities of America' wiedervereint werden, dient „as a sermon on belief; the power of putting one foot in front of another when all feels futile" (Dawkins 2019, o. S.). Die spirituelle Eigenverantwortung im Spiel ist bis in die kleinste Mechanik spürbar, die den zentralen Fokus des Action-Spiels von heroischen Klischees abwendet und den einfachsten Taten große Bedeutung zumisst, nämlich einen Schritt nach dem anderen zu setzen. Die Metamoderne ist kein neu ersonnenes Kulturparadigma, wohl aber eine neuerliche Anerkennung moderner und postmoderner Muster in unserer Lebensrealität. Sie betont eine notwendige Rückbesinnung auf romantische Ideale, im Sinne einer Suche, um eigentätig Sinn zu stiften (vgl. Vermeulen und van den Akker 2010, S. 8) und damit eine neue Art der Eigenverantwortung. Wie Rupert feststellt, ist in Action-Adventures jede Art der Handlung eine Metapher für den Stock und die Schnur (2019, o. S.) – klischiert etwa, indem feindliche Computerfiguren besiegt werden und wertvolle Gegenstände im Spiel aufbewahrt werden. Doch das größere Prinzip von *Death Stranding* forciert darüber hinaus das Gemeinsame. Die Idee des „strands" übersteigt in diesem Konzept die ausgediente, traditionelle Logik von Stock und Schnur.

All das kulminiert in der Online-Multiplayererfahrung von *Death Stranding*. Nahe am, aber nicht deckungsgleich mit dem Modus des Flaneurs, der bewusst und aufmerksam seine Gegend durchwandert (vgl. Solnit 2014, S. 198 f.) erlebe ich nicht nur eine leere virtuelle Geografie, sondern eine Welt, die gezeichnet ist von der Existenz anderer Spieler – auch wenn ich mit diesen nie direkt in Kontakt trete. Ich finde ihre verlorenen Pakete und kann sie bergen oder sehe Motivationsposter – aufgestellt von anderen Spielern und in ihrer Position verfestigt, in dem wiederum andere Spieler sie, mit einer ‚Like' Funktion ähnlich wie in den sozialen Medien, für gut befunden haben. Hier kommt Kojimas Logik des „strand" Videospiels in vollem Maße zum Vorschein. Anstatt eines synchronen Mehrspielermodus, in dem direkte Interaktion zwischen Spielern evoziert wird, erlaubt *Death Stranding* nur asynchrone Kommunikation. Trampelpfade in der eigenen Spielwelt sind Marschrouten, die von anderen Spielern genutzt worden sind – ebenso können diese Leitern oder Kletterseile zurücklassen. Durch die Wertschätzung anderer Spieler werden diese erhalten und konserviert. Man findet die Gegenstände anderer Spieler und ihre Pakete, die man ausliefern kann, kann gemeinsam Straßen errichten, indem man Ressourcen an Plätzen deponiert, oder sich ‚Likes' geben für Dinge, die man geleistet hat. Dennoch sieht man dabei nie einen anderen Spieler direkt. Man teilt sich die Welt, aber erfährt sie nicht gemeinsam. Was geteilt wird, ist eine Welterfahrung, in der alle Spieler, einem unüberwindbaren Abstand zum Trotze, ihre Verbundenheit mit der Welt erfahren und sich permanent motivieren und unterstützen, auch ohne sich zu begegnen. „This is about caring for people", fasst Kojima selbst das Credo seines „strand" Genres zusammen (in Juba 2019, o. S.). Im Sinne Daniel Martin Feiges durchspiele ich mich selbst und erfahre durch die Interaktion mit dem Videospiel mehr über meine eigenen Bedürfnisse und konstitutiven Persönlichkeitsmerkmale (2015, S. 173). Mit jeder spielimmanenten Handlung wird man konsequent auf sich selbst und das intime Erleben realweltlicher Isolation zu Pandemiezeiten zurückgeworfen – in eine allgegenwärtige Weltsituation aus dem innen sein müssen, dem außen sein der risikotragenden Berufsgruppen und dem Abwesend-Anwesend-Sein als Symptom einer digitalisierten Gegenwart. Artefakte der anderen in *Death Stranding* zu finden bei gleichzeitig verwehrtem synchronem, persönlichem Kontakt erweckt ein Bewusstsein dafür, das andere in der gleichen Situation sind – und schürt so Empathie. „Caring for each other is what makes people feel good. We've always been like that in the past", argumentiert Kojima (in Powell 2019, o. S.) und fasst damit das Leitmotiv seines Werks zusammen: die leergewordene Umwelt akzentuiert die Fürsorge der Menschen. Inmitten der Pandemie eruieren sie Wege, um einander verbunden zu sein und realisieren diese auch in kleinen virtuellen Gesten, von denen jede einzelne zählt.

19.5 Die ‚strands' verbinden

Dem Campbellschen Ideal der Heldenreise entsprechend (vgl. Campbell 1949) begann Sams Odyssee von Unsicherheit geprägt und mündet in bedeutsamer Erkenntnis. Sam beschreibt seine Metamorphose selbst wie folgt: „But somewhere along the way, I started changing. Started meeting people that made me think that maybe it wasn't all bad. People that put their faith in tomorrow and in me" (Kojima Productions 2019, o. S.). Im Prinzip des sich selbst Durchspielens teile ich diesen Weg. Ich verstehe mich als Triebfeder, die eine zerbrochene Welt wieder vereinen kann: „That kept the lights on and waited for hope to arrive. So I gotta deliver, for their sake" (ebd.). Dabei sehe ich mich stets als Teil eines Ganzen. Die Botschaften anderer Spieler motivieren mich und jede Infrastruktur, die ich wieder erstellen kann, wird einem anderen virtuellen Leidensgenossen zur Verfügung stehen. Das ‚Sich-Selbst-Durchspielen' nach Feige wird im Prinzip des „strand" Genres zu einem kollektiven ‚Uns-Durchspielen' und Begreifen dessen, was uns zusammenhält.

Die Bedeutung virtueller Räume für das menschliche Empfinden wächst mit der digitalen Infrastruktur. Längst schon sind insbesondere Videospiele mit einem online-Multiplayermodus zu sozialen Räumen und somit zu Räumen kulturellen Austauschs und Erkenntnis geworden (vgl. Flanagan 2013, S. 253). Während man dieses Phänomen vor einer Pandemie noch der stetigen Urbanisierung, dem Wegfall von Parks und öffentlichen Plätzen zuschreiben kann, sind die Menschen in einer Pandemie – ähnlich wie unsere Videospielerfahrungen – vor radikalere Herausforderungen der konkreten Realität gestellt. Die Virtualität als Kontaktrefugium blieb im Geiste jedoch dieselbe: In Zeiten von COVID war es so zum Beispiel das Videospiel *Fortnite* (Epic Games 2017), sehr populär unter Jugendlichen, das in COVID-Zeiten erst recht zum Tummelplatz geworden ist. *Death Stranding* verbindet dieses Prinzip nun mit einem sinnstiftenden Narrativ und einer Spielwelt, die vom Spieler eben jene Sinnstiftung einfordert. Reporter Joseph Albert Kuuire sagt:

> In Death Stranding, it feels like the end of the world. But as you progress, you learn that there is hope for humanity as you connect more and more people onto the network and progress through the game. In Death Stranding, the world almost ended. But it didn't (2020, o. S.).

Einmal, so zeigt es unserer Generation der Umgang mit der COVID-19 Pandemie, wird das Kunstschaffen zum Katalysator eines psychohygienischen Triebes. Explizit kokettiert *Death Stranding* mit dem Gemeinsam-Einsamen und bietet als Medium Videospiel eine Möglichkeit, narrativ sinnstiftend eingebettet und dennoch von eigener Agency handlungsmächtig bestimmt, in einer chaotischen Welt in ihrer virtuellen Konzeption selbst Ordnung gedeihen zu lassen: Sowohl Sam Porter Bridges narrative Welt als auch die asynchronen Multiplayer-Mechaniken der Spieler oszillieren zwischen Einflussnahme und Erdulden, Empathie und Ekpathie. Das Spiel zirkuliert um sich selbst, um Sam, um die Spielenden, um das Zurückgeworfensein auf sich selbst in einer Zeit, in der Kontakt und Berührungen schwierig sind. Es ist, im tatsächlichen Sinne, ein Spiel von Stock und Seil, dessen Moral suggeriert, dass eine Lösung der Dissonanz nur im Transzendentalen geschehen kann. Der Weg durch die Krise, so zeigt *Death Stranding*, ist das Ziel ist die Verbundenheit in Virtualität.[4]

Literatur

Abe, K. (2019): „Nawa" („The Rope"). Ins Englische übersetzt von Rogers, T. In: medium (https://medium.com/@108/nawa-the-rope-by-kobo-abe-19db9afa6dd3) [letzter Zugriff: 26.02.2021].

Aldiss, B. (1973): Billion year spree; the true history of science fiction. London: *Weidenfeld & Nicolson.*

Campbell, Joseph. 1949. *The Hero with a Thousand Faces.* New York: Pantheon.

Carbo-Mascarell, Rosa. 2016. "Walking Simulators: The Digitisation of an Aesthetic Practice". of 1st International Joint Conference of DiGRA and FDG, Dundee, August 1–6.

Connor, S. (2004): Introduction. In: Connor, S.: *The Cambridge Companion to Postmodernism.* Cambridge: Cambridge University Press, S. 1–19.

Coverley, M. (2006): *Psychogeographie.* Harvenden: Pocket Essentials.

Dawkins, D. (2019): Death Stranding: Hideo Kojima on making the year's most divisive game. In: The Guardian (https://www.theguardian.com/games/2019/nov/16/death-stranding-hideo-kojima-the-years-most-divisive-game) [letzter Zugriff: 26.02.2021].

Egenfeldt-Nielsen, S./Heide Smith J./Pajares Tosca, S. (2016): *Understanding Video Games: The Essential Introduction.* London: Routledge.

Epic Games (2017): *Fortnite.* Cary (NC): Epic Games.

Feige, D. (2015): *Computerspiele: Eine Ästhetik.* Berlin: Suhrkamp.

Flanagan, M. (2013): Critical Play: Radical Game Design. Cambridge (MA): MIT Press.

Jenkins, Henry. 2004. "Game design as narrative architecture." In eds. N. Wardrip-Fruin and P. Harrigan, First person: New media as story, performance, and game, 118–130. Cambridge, MA: MIT Press.

Juba, J. (2019): Hideo Kojima Answers Our Questions About Death Stranding. In: gameinformer (https://www.gameinformer.com/interview/2019/09/16/hideo-kojima-answers-our-questions-about-death-stranding) [letzter Zugriff: 26.02.2021].

Juul, J. (2005): *half-real: Video Games between Real Rules and Fictional Worlds.* Cambridge (MA): MIT Press.

Kojima, Hideo (2019): Tweet. In: Twitter. (https://twitter.com/HIDEO_KOJIMA_EN/status/1136074622711975936) [letzter Zugriff: 26.02.2021].

Kojima Productions (2019): *Death Stranding.* Tokyo: Sony Interactive Entertainment.

Kuuire, J. (2020): Death Stranding and the New Normal of COVID-19. In: Medium (https://jakuuire.medium.com/death-stranding-and-the-new-normal-of-covid-19-1b62266fc4a1) [letzter Zugriff: 26.02.2021].

Murray, J. (1997): *Hamlet on the holodeck.* New York: The Free Press.

National Poetry Foundation (2020): In the Beginning of Covid-19. In: In the Beginning of Covid-19 (https://www.nationalpoetrylibrary.org.uk/news-stories/beginning-covid-19) [letzter Zugriff: 26.02.2021].

Perschak, K./Schniz, F. (2020): Videospiele und Deutschunterricht: Eine Beziehung mit Zukunft. In: *ide* 44.2, S. 5–8.

---

[4] Mit großem Dank an Dr. Rebecca Haar für spannende, aufschlussreiche Gespräche am Strand zwischen Realität und Virtualität.

Pound, E. (1911): I Gather the Limbs of Osiris. In: *The New Age* X.6, S. 130–131.

Powell, S. (2019): Death Stranding: Hideo Kojima explains his new game. In: BBC News (https://www.bbc.com/news/newsbeat-50172917) [letzter Zugriff: 26.02.2021].

Rupert, D. (2019): Sticks and Ropes. In: daverupert (https://daverupert.com/2019/08/sticks-and-ropes/) [letzter Zugriff: 26.02.2021].

Schallegger, R. (2017): WTH Are Games? – Towards a Triad of Triads. In: Helbig, J./Schallegger, R.: *Digitale Spiele*. Köln: Herbert von Halem, S. 14–49.

Shapira, T. (2013): *Curing the Postmodern Blues: Reading Grant Morrison and Chris Weston's The Filth in the 21st Century*. Edwardsville (IL): Sequart Research & Literacy Organisation.

Solnit, R. (2014): *Wanderlust: A History of Walking*. London: Granta.

Turner, L. (2011): Metamodernist // Manifest. In: metamodernism (http://www.metamodernism.org/) [letzter Zugriff: 26.02.2021].

Vermeulen, T./van den Akker, R. (2010): Notes on metamodernism. In: *Journal of Aesthetics & Culture* 2, S. 1–14.

Autorinnen und Autoren

Sebastian Sierra Barra, Prof. Dr., verfasste zusammen mit Jiré Emine Gözen den Beitrag „Mensch – Medium – Corona: Zur Koevolution menschlicher Selbstentwürfe". Er ist Professor für Organisationsentwicklung an der Evangelischen Hochschule Berlin und forscht zu den Themen Mensch-Medien Koevolution, Digitalisierung, Infrastrukturen und Ökonomien.

Joan Kristin Bleicher, Prof. Dr., verfasste den Beitrag „Fun, Facts und Viren. Corona in der Fernsehunterhaltung". Sie ist Professorin an der Universität Hamburg und forscht in den Bereichen Aktuelle Medienentwicklungen, Mediengeschichte und Wechselwirkungen zwischen Fernsehen und Internet.

Samuel Breidenbach, M.A., verfasste zusammen mit Peter Klimczak den Beitrag „Wahrheit und Falschheit in Twitter. Zum Umgang der Plattform mit dem Coronavirus". Er ist akademischer Mitarbeiter an der Brandenburgischen Technischen Universität und forscht zur Selbstreflexion der Gesellschaft sowie zur computergestützten Social Media-Analyse.

Gabriele Dietze, PD Dr. verfasste den Beitrag „Corona Therapie. Corona Miniserien". Sie ist Research Fellow der VW Stiftung für das Projekt Quarantine Culture an der Humboldt Universität zu Berlin am Institut für Europäische Ethnologie. Forschungsfeld Gender- und Media-Studies mit Schwerpunkten auf Bilderpolitiken und Rechtspopulismus.

Judith Ellenbürger, Prof. Dr., verfasste zusammen mit Erwin Feyersinger, Martina R. Fröschl, Katrin von Kap-herr, Björn Hochschild, Maike Sarah Reinerth, Sebastian Richter und Janina Wildfeuer den Beitrag „OBSERVE! An Inanimate Virus (Animated): Beobachtungen zu Visualisierungen des Virus und der COVID-19-Pandemie als kollektiver Text". Sie ist Juniorprofessorin am Institut für Medien und Kommunikation der Universität Hamburg und forscht zu Bilddiskursen von Arbeit, Geld und Klima in audiovisuellen Medien sowie zur Medienästhetik der Komik.

Erwin Feyersinger, Dr., verfasste zusammen mit Judith Ellenbürger, Martina R. Fröschl, Katrin von Kap-herr, Björn Hochschild, Maike Sarah Reinerth, Sebastian Richter und Janina Wildfeuer den Beitrag „OBSERVE! An Inanimate Virus (Animated): Beobachtungen zu Visualisierungen des Virus und der COVID-19-Pandemie als kollektiver Text". Er ist akademischer Rat auf Zeit am Institut für Medienwissenschaft der Universität Tübingen und Kodirektor des Research Center for Animation and Emerging Media. Er forscht zu Datenvisualisierung, Animation und Wissenschaftskommunikation.

Martina R. Fröschl, Dr., verfasste zusammen mit Judith Ellenbürger, Erwin Feyersinger, Katrin von Kap-herr, Björn Hochschild, Maike Sarah Reinerth, Sebastian Richter und Janina Wildfeuer den Beitrag „OBSERVE! An Inanimate Virus (Animated): Beobachtungen zu Visualisierungen des Virus und der COVID-19-Pandemie als kollektiver Text". Sie ist Senior Scientist im Science Visualization Lab der Universität für angewandte Kunst Wien und arbeitet als interdisziplinäre Forscherin und Computeranimatorin an der Schnittstelle zwischen Kunst und Wissenschaft.

Miriam Goetz, Prof. Dr., verfasste den Beitrag „Visualisierung einer Pandemie – Corona Berichterstattung im Verlauf und am Beispiel der ARD-Tagesschau vom 1. März 2020 bis 31. Mai 2020. Sie ist Professorin für Kommunikations- & Medienmanagement an der IST- Hochschule für Management und forscht in den Bereichen Medienkommunikation, Mediendidaktik und Kommunikationsmanagement.

Jiré Emine Gözen, Prof. Dr., verfasste zusammen mit Sebastian Sierra Barra den Beitrag „Mensch – Medium – Corona: Zur Koevolution menschlicher Selbstentwürfe". Sie ist Professorin für Medien- und Kulturtheorie an der University of Europe for Applied Sciences und forscht in den Bereichen Mimikry in Politik und Medien, spekulativen Zukünften und künstlerischen Praktiken des kulturellen Erinnerns.

Dennis Gräf, PD Dr., verfasste zusammen mit Martin Hennig den Beitrag „Corona und Medien. Analyse- und Reflexionslinien von Krisenjournalismus". Er ist Privatdozent und Akademischer Oberrat am Lehrstuhl für Neuere deutsche Literaturwissenschaft der Universität Passau und forscht zu Film und Literatur seit 1945 sowie zur Wertevermittlung in den Medien sowie allgemein zu mediensemiotischen Fragestellungen.

Tobias Helbig, B.A., verfasste den Beitrag „Darkness and Decay and the Red Death held illimitable dominion over all: Zur Darstellung von Pandemien im Spielfilm". Er studiert an der Alpen-Adria Universität Klagenfurt.

Martin Hennig, Dr., verfasste zusammen mit Dennis Gräf den Beitrag „Corona und Medien. Analyse- und Reflexionslinien von Krisenjournalismus". In den letzten Jahren arbeitete er als Postdoc am DFG-Graduiertenkolleg 1681/2 „Privatheit und Digitalisierung" und vertrat 2019-2020 den Lehrstuhl für Medienkulturwissenschaft (Schwerpunkt: Digitale Kulturen) an der Universität Passau. Aktuell ist er Postdoc am Internationalen Zentrum für Ethik in den Wissenschaften an der Universität Tübingen.

Björn Hochschild, M. A., verfasste zusammen mit Judith Ellenbürger, Erwin Feyersinger, Martina R. Fröschl, Katrin von Kap-herr, Maike Sarah Reinerth, Sebastian Richter und Janina Wildfeuer den Beitrag „OBSERVE! An Inanimate Virus (Animated): Beobachtungen zu Visualisierungen des Virus und der COVID-19-Pandemie als kollektiver Text". Er ist wissenschaftlicher Mitarbeiter am Seminar für Filmwissenschaft der Freien Universität Berlin sowie der Kolleg-Forschungsgruppe „Cinepoetics. Poetologien audiovisueller Bilder". In seiner Forschung beschäftigt er sich mit Figuren und Subjektivitäten in Comics und Filmen.

Tobias D. Höhn, Dr. phil., verfasste zusammen mit Charmaine Voigt den Beitrag „Ernährungsbotschaften im #corona-Diskurs auf Twitter". Er leitet das Communication Office und den Bereich Medienforschung im interdisziplinären Kompetenzcluster für Ernährung und kardiovaskuläre Gesundheit (nutriCARD), einem vom BMBF geförderten Verbundprojekt der Universitäten Halle-Jena-Leipzig. Sein Fokus liegt auf Wissens- und Wissenschaftskommunikation, insbesondere im Bereich Journalismus und Public Relations, sowie der Ernährungskommunikation und -bildung.

Katrin von Kap-herr, Dr., verfasste zusammen mit Judith Ellenbürger, Erwin Feyersinger, Martina R. Fröschl, Björn Hochschild, Maike Sarah Reinerth, Sebastian Richter und Janina Wildfeuer den Beitrag „OBSERVE! An Inanimate Virus (Animated): Beobachtungen zu Visualisierungen des Virus und der COVID-19-Pandemie als kollektiver Text". Sie ist akademische Mitarbeiterin an der Filmuniversität Babelsberg KONRAD WOLF und im Kooperationsstudiengang „Europäische Medienwissenschaft" an der Fachhochschule und Universität Potsdam, wo sie zu medialen Inszenierungsformen und den visuellen, narrativen und ästhetischen Praktiken im digitalen Zeitalter forscht.

Peter Klimczak, PD Dr. Dr., verfasste zusammen mit Samuel Breidenbach den Beitrag „Wahrheit und Falschheit in Twitter. Zum Umgang der Plattform mit dem Coronavirus". Er ist Privatdozent an der Brandenburgischen Technischen Universität und Feodor Lynen Fellow der Alexander von Humboldt Foundation. Seine Forschungsschwerpunkte liegen im Bereich der Sozialen/Digitalen Medien, der Künstlichen Intelligenz/Kognitiven Systeme sowie der Medien- und Kultursemiotik.

Angela Krewani, Prof. Dr., verfasste den Beitrag „Kybernetik, Datenpolitik und Verschwörungsideologien". Sie ist Professorin für Medienwissenschaft an der Philipps-Universität Marburg und arbeitet zu Ästhetiken und Theorien digitaler Medien, zur digitalen Kunst und zur Medialität submariner Welten.

Désirée Kriesch, Dr., verfasste den Beitrag „‚Halt in haltloser Zeit': Audio-Podcasts als mediale Leitbilder in der Corona-Krise am Beispiel von Das Coronavirus-Update mit Christian Drosten und Fest & Flauschig Zuhause". Sie unterrichtet an der Universität Klagenfurt am Institut für Medien- und Kommunikationswissenschaft sowie am Institut für Anglistik an der Universität Innsbruck. Sie arbeitet v. a. in den Bereichen Filmgeschichte und -narratologie, visuelle Kultur und Künstliche Intelligenz im genderspezifischen Kontext.

Carolin Lano, Dr., verfasste den Beitrag „Die Irritation der Irritation - Corona-Verschwörungstheorien in der vernetzten Medienkultur". Sie ist Referentin für Nachhaltigkeit und Diversität an der Technischen Hochschule Nürnberg und beschäftigt sich mit Wissenschaftskommunikation an der Schnittstelle von Forschung, Lehre und Öffentlichkeitsarbeit. Ihre Schwerpunkte liegen in den Bereichen Medienrhetorik, Intermedialität und Dokumentarfilmgeschichte.

Thorben Mämecke, Dr. phil., verfasste den Beitrag „Flatten the Curve – Pandemic Dashboards & Tracing-Apps – Datenpolitiken und ihre Visualisierungen in der Corona-Krise".

Er ist wissenschaftlicher Geschäftsführer des interdisziplinären Forschungsschwerpunktes „*digitale_kultur*" an der FernUniversität. Er forscht zu Self-Tracking, Gouvernementalität und Verhaltenskontrolle sowie zur Methodizität digitaler Diskurse. Kontakt: www.dasquantifizierteselbst.de

Kevin Pauliks, M.A., verfasste den Beitrag „Infektion im Internet. Ursprung, Evolution und Medienpraxis von Memes am Beispiel *Corona-chan*". Er ist wissenschaftlicher Projektmitarbeiter am Institut für Medienwissenschaft der Philipps-Universität Marburg, wo er zu Internet-Memes in der Werbung promoviert.

Maike Sarah Reinerth, Dr., verfasste zusammen mit Judith Ellenbürger, Erwin Feyersinger, Martina R. Fröschl, Björn Hochschild, Katrin von Kap-herr, Sebastian Richter und Janina Wildfeuer den Beitrag „OBSERVE! An Inanimate Virus (Animated): Beobachtungen zu Visualisierungen des Virus und der COVID-19-Pandemie als kollektiver Text". Sie ist akademische Mitarbeiterin (Postdoc) an der Filmuniversität Babelsberg KONRAD WOLF und arbeitet zur Geschichte, Theorie und Analyse audiovisueller Medien mit Schwerpunkten in den Bereichen Film, Animation und digitale Medienkulturen.

Sebastian R. Richter, M.A., verfasste zusammen mit Judith Ellenbürger, Erwin Feyersinger, Martina R. Fröschl, Katrin von Kap-herr, Björn Hochschild, Maike Sarah Reinerth und Janina Wildfeuer den Beitrag „OBSERVE! An Inanimate Virus (Animated): Beobachtungen zu Visualisierungen des Virus und der COVID-19-Pandemie als kollektiver Text". Der freie Regisseur und Kulturphilosoph forscht zu Klangdramaturgien im Theater, Film und Videospiel, audiovisuellen Formen des Philosophierens, Transmedialität und zur Narrativität des Scheiterns.

Drehli Robnik, Dr. Mag., verfasste den Beitrag "Spielfilm als Pandemie-Panorama mehrdeutiger Reproduktion: zur politischen Wahrnehmung entgründeter Beziehungsweisen um 2020". Er ist Freelance-Theoriedienstleister, Essayist und Edutainer in Wien und forscht in den Bereichen politische Theorie, Geschichte und Film.

Felix Schniz, M.A. B.A., verfasste den Beitrag „Gemeinsame Boten der Einsamkeit". Er ist Studienprogrammleiter des Masterprogramms Game Studies and Engineering an der Universität Klagenfurt und forscht in den Bereichen Game Studies, kritische Theorie und Gattungswissenschaften.

Robin Schrade, Dr., verfasste den Beitrag „#WirBleibenZuhause. Häuslichkeit als Disziplinarmaßnahme, Tugend und Kulturtechnik". Er ist wissenschaftlicher Koordinator am DFG-Graduiertenkolleg „Das Dokumentarische. Exzess und Entzug" an der Ruhr-Universität Bochum und forscht zu den Bereichen Suchmaschinen, Mediengeschichte und Grenzpolitiken.

Anne Ulrich, Dr., verfasste den Beitrag „Televisuelle Geisterspiele. Das abwesende Studiopublikum und die Transformation massenmedialer Kommunikation". Sie ist Akademische Rätin am Institut für Medienwissenschaft der Universität Tübingen und forscht zur Rhetorik der Gespenstermetapher in der Medientheorie, zum (Polit-)Fernsehen, zu Medienrhetorik, Populismus und Propaganda.

Charmaine Voigt, M.A., verfasste zusammen mit Tobias D. Höhn den Beitrag „Ernährungsbotschaften im #corona-Diskurs auf Twitter". Sie ist wissenschaftliche Mitarbeiterin im Kompetenzcluster für Ernährung und kardiovaskuläre Gesundheit (nutriCARD) an der Universität Leipzig und forscht in den Bereichen Ernährungskommunikation, Medienethik und praktischer Medienausbildung.

Janina Wildfeuer, Ass.Prof. Dr., verfasste zusammen mit Judith Ellenbürger, Erwin Feyersinger, Martina R. Fröschl, Björn Hochschild, Katrin von Kap-herr, Maike Sarah Reinerth und Sebastian Richter den Beitrag „OBSERVE! An Inanimate Virus (Animated): Beobachtungen zu Visualisierungen des Virus und der COVID-19-Pandemie als kollektiver Text". Sie ist Assistenzprofessorin im Department of Communication and Information Studies an der Universität Groningen (NL) und arbeitet zur multimodalen Analyse von Filmen, Comics, sozialen Medien und Computerspielen mit einem text- und diskurslinguistischen sowie semiotischen Fokus.

Peter Zimmermann, PD Dr., verfasste den Beitrag „‚Die Mutanten werden uns überrennen'. Krisenberichterstattung zur Corona-Pandemie zwischen Information, Panikmache und Disziplinierung". Er ist Privatdozent an der Bergischen Universität Wuppertal, Publizist und Autor einer Geschichte des Dokumentarfilms in Deutschland von den Anfängen bis zur Gegenwart, die 2022 von der Bundeszentrale für politische Bildung veröffentlicht worden ist.

Ihr Bonus als Käufer dieses Buches

Als Käufer dieses Buches können Sie kostenlos das eBook zum Buch nutzen. Sie können es dauerhaft in Ihrem persönlichen, digitalen Bücherregal auf **springer.com** speichern oder auf Ihren PC/Tablet/eReader downloaden.

Gehen Sie bitte wie folgt vor:
1. Gehen Sie zu **springer.com/shop** und suchen Sie das vorliegende Buch (am schnellsten über die Eingabe der eISBN).
2. Legen Sie es in den Warenkorb und klicken Sie dann auf: **zum Einkaufswagen/zur Kasse.**
3. Geben Sie den untenstehenden Coupon ein. In der Bestellübersicht wird damit das eBook mit 0 Euro ausgewiesen, ist also kostenlos für Sie.
4. Gehen Sie weiter **zur Kasse** und schließen den Vorgang ab.
5. Sie können das eBook nun downloaden und auf einem Gerät Ihrer Wahl lesen. Das eBook bleibt dauerhaft in Ihrem digitalen Bücherregal gespeichert.

EBOOK INSIDE

eISBN	978-3-658-36312-3
Ihr persönlicher Coupon	HBfKH2R672qqVZe

Sollte der Coupon fehlen oder nicht funktionieren, senden Sie uns bitte eine E-Mail mit dem Betreff: **eBook inside** an **customerservice@springer.com**.

Printed by Printforce, the Netherlands